17

新世纪心理与心理健康教育文库
Xinshiji Xinli Yu Xinlijiankangjiaoyu Wenku

积极心理学

Jiji Xinlixue

任俊 ◆ 著
Ren Jun

开明出版社

新世纪心理与心理健康教育文库

编 委 会

总 序
Sequence

早在上个世纪 70 年代就有专家预言：21 世纪是心理学的世纪。
21 世纪人类所面临的最大挑战，不是其他，而是心理困惑和心理
问题。

进入新世纪，我国社会主义物质文明、政治文明、精神文明建设
不断加强，综合国力大幅度提高，人民生活显著改善。同时，我们也
要看到，我国已进入改革发展的关键时期，经济体制深刻变革，社会
结构深刻变动，利益格局深刻调整，思想观念深刻变化。这种空前的
社会变革，给我国发展进步带来巨大活力，也必然带来这样那样的矛
盾和问题。例如，城乡、区域经济社会发展很不平衡；就业、收入分
配、社会保障、教育、医疗、住房等方面关系群众切身利益的问题比
较突出；一些社会成员诚信缺失、道德失范；一些领域的腐败现象比
较严重等。这些矛盾和问题让人们感到心理困惑，时刻冲击着人们的
心理承受能力。

2006 年，中共中央《关于构建社会主义和谐社会若干重大问题
的决定》明确指出：我们必须坚持以人为本。要注重促进人的心理和
谐，加强人文关怀和心理疏导，引导人们正确对待自己、他人和社
会，正确对待困难、挫折和荣誉。要加强心理健康教育和保健，塑造
自尊自信、理性平和、积极向上的社会心态。心理和谐是构建和谐社
会的心理基础和重要标志。胡锦涛同志指出："科学发展观，第一要
义是发展，核心是以人为本。"以人为本就必须重视人、尊重人、关
心人、爱护人，就必须重视人的心理发展。加强心理健康教育和心理
保健，不断提高人们的心理素质，帮助人们形成积极心理品质，为和
谐社会建设奠定和谐的心理基础已经成为举国上下的共识。

促进人的心理和谐需要有科学心理学指引，加强心理健康教育需
要有合适的教材。近年来，国内虽然也陆续出版了一些心理学或心理
健康教育方面的图书，但不够系统，缺乏总体规划。正因为如此，我
们组织了一批心理学专家、学者，编写了这套反映我国心理学发展及

1

心理健康教育理论成果的"新世纪心理与心理健康教育文库"。

"新世纪心理与心理健康教育文库"具有系统性。文库参照心理学学科体系和我国现实需要，分为基础理论、应用理论和技术与实践三个系列。

"新世纪心理与心理健康教育文库"具有权威性。文库是国家出版基金资助项目；文库撰稿人的选择面向全国，每一本图书都由该领域的专家学者撰稿；文库的统稿工作由国内权威心理学家和心理健康教育专家负责完成。

"新世纪心理与心理健康教育文库"具有前沿性。文库在全国范围选聘心理学和心理健康教育领域的专家学者撰稿，既可以吸收心理学与心理健康教育的权威理论和最新研究成果，也可以保证所选内容资料贴近时代、贴近生活、贴近实际。

"新世纪心理与心理健康教育文库"具有实用性。文库在强调系统性、理论性、科学性的同时，更加强调实用性。力求做到理论联系实际，给出的理论实用，给出的技术可行，给出的方法可操作。

"新世纪心理与心理健康教育文库"理论性、实用性、资料性、工具性兼备，是心理学与心理健康教育的"百科全书"。它可以作为从事心理与心理健康教育工作的管理者和研究者的参考书、工具书；可以作为心理健康教育教师继续学习、自我提高的自修图书；可以作为心理健康教育教师的培训用书；可以作为师范院校心理与心理健康教育专业的教材或参考书。

我们相信，"新世纪心理与心理健康教育文库"对于从事心理与心理健康教育工作的人士会有所帮助；对于我国的心理与心理健康教育工作会起到推动促进作用；对于促进人的心理和谐、促进社会心理和谐会发挥一定作用。

我们希望，这套文库能够得到广大心理与心理健康教育工作者的认可、接纳。

郑日昌

于京师园

前 言
Preface

　　我是一个老师，有一件事让我感触颇深，我的一个教育硕士在做毕业论文的时候需要访谈一些学生，我建议她访谈一些她认为的好学生和差学生。为了研究的需要，这个教育硕士对所要访谈的学生从"缺点"和"优点"这两个维度进行了详细的描述，其中对一个所谓差学生的描述是这样的："缺点——他上课时经常做小动作（几乎每周都会因上课纪律问题而受老师批评），平时喜欢无缘无故招惹同学（多次因小事和同学发生争吵），学习成绩中等偏下（上学期期末成绩处于班级的后三分之一）。优点——他喜欢帮助别人（多次主动帮同学打水和做值日），有较好的实践动手能力（曾在上学期科学课的课外实验中获一等奖），有较好的集体荣誉感和吃苦耐劳的品质（学校运动会上鞋子掉了还坚持跑到终点，并获得第三名）。"我看了材料后告诉我的学生说："你为什么不先说这个孩子的优点却先说这个孩子的缺点呢？咱们现在把优缺点换个摆放位置试试。"

　　于是对这个所谓差生的描述就变成了"优点——他喜欢帮助别人（多次主动帮同学打水和做值日），有较好的实践动手能力（曾在上学期科学课的课外实验中获一等奖），有较好的集体荣誉感和吃苦耐劳的品质（学校运动会上鞋子掉了还坚持跑到终点，并获得第三名）。缺点——他上课时经常做小动作（几乎每周都会因上课纪律问题而受老师批评），平时喜欢无缘无故招惹同学（多次因小事和同学发生争吵），学习成绩中等偏下（上学期期末成绩处于班级的后三分之一）。"当这个教育硕士面对交换了优缺点摆放位置后的材料，说了这样一句话："老师，我弄错了，这个学生不应该属于差学生行列。"

　　为什么把有关优缺点的内容换了个位置就会出现形象的改变呢？套用一句目前流行的表达方式：你放或不放，优点就是这些，不多不少。但同样的优点却由于摆放位置的不同而产生了不一样的作用，这也许就是解释积极心理学为什么会兴起的最好理由。

过去的几十年，心理学取得了长足的进步，但这种进步似乎并没有因此让人们的生活变得更快乐，相反抑郁的倾向甚至还出现了年龄下移的现象。不仅如此，一些临床心理学家们也发现了一些令人困惑的临床现象，如一个人许多时候甚至可以同时快乐和悲伤；再如当心理学家们费尽心机地帮助患者摆脱了抑郁等问题时，却仍然不能保证这些人因此而变得快乐，也就是说心理学家治愈好个体已经具有的消极东西却仍然无法给他带来他所希望的积极东西，快乐不等于不悲伤、不焦虑或不愤怒等。正如塞利格曼所说的，悲伤和快乐之间的相关性根本没有达到 -1.00，多数情况下也许只达到了 -0.4 左右。

所以，这个世界需要一门学科来专门研究快乐或幸福的技术和技巧，而积极心理学正是这样的一门学科。积极心理学的研究表明，在日常的生活中要想不被繁琐所累，人们就要怀着一份快乐的心态去面对，要多欣赏美与优秀的事物，多宽恕和宽容他人他事，怀揣一颗感恩的心，多给他人带来快乐，要学会保持乐观，并在此基础上培养积极人格。

我曾经于 2010 年的 8 月和以研究积极人格而闻名的密歇根大学的彼得森教授做过面对面的交流，他认为积极心理学要想取得进一步的发展，当务之急是要吸引一大批有才华的年青人来加入这个领域。美国心理学界为此专门设立了"邓普顿奖"来鼓励年青人从事积极心理学研究，而中国心理学界又将准备怎样做呢？正是彼得森教授的这个问题使我觉得应该写一本有关积极心理学方面的教材，至少这可以在一定程度上起到传播积极心理学的作用。

借这本教材出版之际，我非常感谢开明出版社，出版社的工作效率之高出乎了我的想象，同时我也要感谢塞利格曼教授，谢谢他给了我许多的资料，当然我更要感谢其他许许多多给我关爱和帮助的人，正是你们的厚爱才使这本书得以顺利出版。

任　俊
于浙江师范大学校内

目 录

Contents

第一章　积极心理学概论

【本章提要】

　　积极心理学兴起于上世纪末，是由美国著名心理学家、习得性无助理论提出者塞利格曼（Martin E. P. Seligman）教授首先倡导，目前这一心理学运动已经遍及到世界各地。积极心理学主张心理学不仅要研究人类的各种问题，同时更要研究人类的美德和各种积极力量。积极心理学的这一主张至少有两个方面的含义：第一，强调心理学不能只关注少部分的问题人，而要关注这个社会的所有人，心理学必须要为这个社会的一切人获得应有的幸福提供技术支持；第二，强调心理学要研究一切心理现象，既包括各种心理问题现象，同时也包括各种积极心理现象。从价值意义角度来看，积极心理学的兴起一方面是心理学学科的一种自我求全，实现了心理学的价值平衡；另一方面它更体现了当今时代对人性的一种尊重和理智理解。

1

【学习重点】

　　1. 积极心理学和消极心理学的概念。第二次世界大战以后心理学逐渐出现消极倾向的主要原因。

　　2. 塞利格曼在积极心理学兴起过程中所起的作用。

　　3. 积极心理学的主要观点：心理学应该是价值平衡的一门学科、心理学要研究人的积极力量、提倡对出现的问题作出积极的解释。

　　4. 积极心理学兴起的必要性和必然性。

【重要术语】

　　积极心理学　消极心理学　积极体验　积极人格　积极环境制度

第一节　积极心理学的产生及发展

　　近年来，心理学界逐渐形成了一种共识，即心理学在研究人的各种问题的同时，也要把发展和培育人的积极力量作为自己的一项核心任务，这就是当代的积极心理学（positive psychology）运动。在 2004 年美国汤姆逊（Thomson）出版社出版的世界心理学史最具权威的《现代心理学史》（*A History of Modern Psychology*）第八版的前言中，美国最著名的心理学史专家舒尔兹（D. P. Shultz）

教授把积极心理学和进化心理学并称为当代心理学的两大最新进展（Shultz，2004）。

一、什么是积极心理学

积极心理学的出现及发展与美国著名心理学家、宾夕法尼亚大学教授塞利格曼①（Martin E. P. Seligman）的大力倡导分不开，毫不夸张地说，没有塞利格曼就没有积极心理学运动。特别是塞利格曼1997年当选为美国心理学会（American Psychological Association，简称 APA）②主席一职后，他更是利用其影响四处倡导积极心理学运动，并把创建积极心理学看做是自己 APA 主席任务中最重要的使命之一。在1998年美国心理学会的年度大会上，塞利格曼明确提出了20世纪心理学的发展存在着两个方面的不足：其一是在民族和宗教冲突上，心理学介入不够；其二是对强调和理解人的积极品质与积极力量的积极心理学运动重视不够。因此，21世纪的心理学要把这两个方面作为自己的工作中心。这是心理学历史上第一次在正式的公开场合使用"积极心理学"一词，不过当时塞利格曼在提到积极心理学时是加了引号的，就塞利格曼本人来说，也许他当时还并不十分清楚积极心理学今后到底会有什么命运。

什么是积极心理学？积极心理学是指心理学不仅要致力于研究人类的各种心理问题，同时也要致力于研究人的各种发展潜力、美德和积极力量等（Seligman & Csikszentmihalyi，2000）。国际积极心理学网站的首页对积极心理学有一个明确的解释，即积极心理学是一种以积极品质和积极力量为研究核心，致力于使个体和社会走向繁荣的科学研究③。心理学自从1879年取得独立地位以后就面临着三项主要使命：治疗人的精神或心理疾病、帮助普通人生活得更充实幸福、发现并培养具有非凡才能的人，这三项使命在第二次世界大战以前均得到了心理学工作者的同等程度的关注（Georage Faller，2001）。但在"二战"以后，心理学把自己的研究重心放了心理问题的研究上，如心理障碍、婚姻危机、毒品滥用和性犯罪等问题，心理学正在变成一门类似于病理学性质的学科。心理学研究重心的这种转移实际上背离了心理学存在的本意，因为它导致了很多心理学家几乎不知道正常人怎么样在良好的条件下获得自己应有的幸福（Seligman & Csikszentmi-

---

① 宾夕法尼亚大学是美国八所常春藤盟校之一。1967年，塞利格曼在该校取得博士学位，1970年再次回到这里提任教师至今。据调查研究，塞利格曼在20世纪的前100位心理学家中名列第31位。详见：Study ranks the top 20th century psychologise. Monitor on Psychology，2002，33（7）：28.

② APA（American Psychological Association）是世界最大的心理学会，有约15万多会员。一般每年都会选出一位具有较高学术成就的人担任学会主席，任期为一年。

③ 参见国际积极心理学网站：http：//www.ippanetwork.org/home/

halyi，2000）。积极心理学把自己的研究重点放在人自身的积极因素方面，主张心理学在研究人的各种问题的同时，也要以人固有的、实际的、潜在的具有建设性的力量、美德和善端为出发点，提倡用一种积极的心态来对人的许多心理现象（包括心理问题）作出新的解读，并以此来激发人自身内在的积极力量和优秀品质，并利用这些积极力量和优秀品质来帮助有问题的人、普通人或具有一定天赋的人最大限度地挖掘自己的潜力并获得良好的生活。

二、积极心理学的产生与发展

有趣的是，积极心理学的最初研究起点却是习得性无助（learned helpness-less）。所谓无助感，就是指人面对要做的事显得无可奈何，失去了行动的动力，从而只能选择放弃努力（因为你即使努力了也没有用）。无助感在生活中无处不在，有些是天生的，如当你要一个男人去生一个小孩时，他就会产生无助感；同样，当你要求一个小学生去完成高等数学题目时，他也会产生无助感。但塞利格曼在实验中发现，后天的学习也会导致无助感，由后天学习导致产生的无助感就被称为习得性无助。

人一旦产生了无助感，便会对相类似的任务失去行为动力，有时甚至会漫延到生活中的其他活动任务上。塞利格曼博士在研究中发现，一些动物（狗）或人在面对电刺激或噪音时都可能产生习得性无助（该部分内容参见本书第五章），这一发现最初只是证明了行为主义关于学习理论的不正确，即学习不一定完全就是行为的，它也可以发生在态度或情意方面。但随后的一次经历使塞利格曼意识到，习得性无助的意义可能不仅仅只是用来反行为主义。

1975 年 4 月，因习得性无助实验而轰动一时的塞利格曼被邀请到英国牛津大学的大礼堂为众多心理学大师级人物作有关习得性无助的报告，当时在座的心理学大师主要包括：现代信息加工认知心理学的代表人物布罗德本特[①]，以研究非言语交流而闻名的社会科学家格尔德（M. Gelder），1973 年获诺贝尔奖的生态学家廷伯根[②]，世界著名儿童教育家和心理学家布鲁纳（J. Bruner），著名的大脑和焦虑研究专家格雷（J. Gray）等。在这次报告结束的提问阶段，一位年轻的学者对塞利格曼提了一个尖锐的问题：你实验中尽管有一些狗或儿童出现了习得性无助，但也有另外约三分之一的狗和儿童在实验中永远也不会出现习得性无助，这是为什么？你为什么不去研究这些三分之一永远也不会出现习得性无助的对象呢？

---

① 唐纳德·布罗德本特（Donald Eric Broadbent，1926—1993），英国认知心理学家、实验心理学家。1970 年当选为英国国家科学院院士，1975 年获美国心理学会颁发的杰出科学贡献奖，注意过滤器理论模型的提出者。

② 廷伯根（Nikolaas Tinbergen）因对动物行为模式的研究而与著名心理学家洛伦兹（Konrad Zacharias Lorenz）等三人于 1973 年同获诺贝尔生理学奖。

　　这一问题深深刺激了塞利格曼，既然无助感可以习得，那乐观感是不是也可以习得呢？在随后的漫长时间里，塞利格曼开始专门致力于研究习得性乐观，并先后发表了许多相关成果，如出版了专著《习得性乐观》、《怎样教孩子乐观》等。在多年研究习得性乐观的基础上，塞利格曼把自己的眼光放得更远了，他有了建立一种以研究人的积极品质为核心的心理学理论的想法。因此，当塞利格曼于1998年正式担任美国心理学会主席时，他发起了一场积极心理学运动，倡导心理学在了解各种心理疾病机理的情况下，也要了解人的积极品质和积极力量的心理机理，因而他被世界公认为"积极心理学之父"。

　　提到积极心理学的具体产生时间，我们不得不提到的艾库玛尔（Akumal）会议，艾库玛尔会议虽是一次非正式的小型会议，但它在积极心理学的产生和发展过程中却是一个里程碑。1998年1月上旬，由塞利格曼出面邀请了西卡森特米哈伊（M. Csikszentmihalyi）、弗勒（R. Fowler）等几个知名心理学家到墨西哥尤卡坦半岛（Yucatan）的艾库玛尔共商积极心理学的有关内容、方法和基本结构等问题，所以这次会议也称艾库玛尔会议。艾库玛尔会议是以半休假、半开会的形式进行的，所以会议持续的时间较长。经过一个星期的讨论和研究，这次会议最终确定了积极心理学研究的三大支柱，也就是积极心理学研究的三大主要内容，并分别指定了相应的负责人。

4

　　第一大研究支柱是积极情绪体验，负责人是狄纳（Ed Diener）。这一部分内容主要以主观幸福感（subject well-being）为中心，着重研究人针对过去、现在和将来的积极情感体验的特征及产生机制。

　　第二大研究支柱是积极人格，负责人是西卡森特米哈伊。会议确定积极人格研究的关键是制定积极人格的分类系统，只有对积极人格进行了正确的分类和界定，才有可能为测量、编制量表等提供基础。在这次会议上还提出了一个设想，那就是依照美国精神病学会制定的《心理障碍诊断与统计手册》（*Diagnostic and Statistical Manual of Mental Disorders*，DSM）对心理疾病的分类方式来对人的积极力量或美德进行分类和界定。

　　第三大研究支柱是积极的社会组织系统，负责人是贾米森（K. H. Jamieson）。这一内容就是确定社会、家庭、学校、单位等怎样才有利于一个人形成积极的人格，并产生积极情感的。这要涉及到国家的方针、政策和具体单位的各种规章制度等的制定，其内容明显已超出了心理学的研究范围，单靠心理学本身已不能胜任。因此会议建议邀请社会学、人类学、政治学和经济学等领域的专家一起参与到研究中来。

　　另外这次会议还邀请心理学家诺扎克（R. Nozick）负责有关积极心理学的一些哲学问题的研究，对积极心理学所涉及的有关哲学问题进行澄清和厘定。在这次会议期间，塞利格曼等还决定成立一个积极心理学网站来宣传积极心理学的理论和思想，网站基地设在塞利格曼所在的宾夕法尼亚大学校内，由塞利格曼本人直接负责和领导，斯库尔曼（P. Schulman）等协助其做一些具体工作。

在研究方法的问题上，本次会议明确强调积极心理学主要是借助过去心理学业已形成的一些研究方法和技术。至于积极心理学的基本结构，还应该在实践中作进一步的思考和研究，目前还不宜简单作出定论。这次会议除了讨论有关积极心理学本身的理论问题之外，还讨论和提出了许多推动积极心理学发展的具体措施。如怎样吸引年轻的学者投入到积极心理学的研究中来，怎样让积极心理学和人们的日常生活更接近，怎样在普通的民众中提高积极心理学的影响等。

艾库玛尔会议之后，邓普顿（Templeton）和塞利格曼利用自己的名望为积极心理学研究拉来了大笔的赞助，许多有影响的基金会都在塞利格曼的影响下为积极心理学研究提供资金。其中基金会还专门为积极心理学研究设立了奖励基金，该奖励每年一次，主要是奖励那些在积极心理学研究中作出杰出贡献的年轻学者。

1999 年 11 月 9 日到 12 日，在美国盖洛普（Gallup）基金会的赞助下，积极心理学在内布拉斯加州（Nebraska）的首府林肯市（Lincoln）召开了第一次积极心理学高峰会议，塞利格曼、克里弗顿（Donald Clifton）、狄纳等人都参加了这次会议，这次会议重点讨论了积极心理学的几个重要问题和一些相关的概念，如"什么是人的积极力量？它是一种性格特点还是一种心理过程？"同时会议还进一步明确了积极心理学今后的发展方向——成为世界性的心理运动。

积极心理学正式为世人熟悉的标志是 2000 年 1 月塞利格曼和西卡森特米哈伊在美国心理学会会刊、世界著名的心理学杂志《美国心理学家》（第 55 卷第 1 期）上共同发表了《积极心理学导论》（*Positive Psychology：An Introduction*）一文，该文章具体介绍了积极心理兴起的主要原因、主要研究内容以及未来的发展方向等。该期的《美国心理学家》杂志还同时刊载了一个积极心理学研究专辑，这一研究专辑共有 15 篇文章，其中大多数都是由当时一些最著名的心理学家所写。这些文章主要从三个相互关联的方面详细论述了积极心理学的研究成果（也就是艾库玛尔会议上确定的积极心理学的三大研究支柱）：积极体验、积极人格和积极的社会组织系统，这三个方面自然也成为积极心理学的主要组成部分。

随后在 2001 年的 3 月份，《美国心理学家》杂志又建立了一个积极心理学研究专栏，进一步介绍了积极心理学（特别是一些年青心理学家们）的最新研究成果。2001 年的冬天，美国《人本主义心理学杂志》也刊出了一个积极心理学研究专辑，这一专辑总共有七篇文章，对积极心理学与人本主义心理学之间的关系作了全方位的介绍和阐述。

以上三个积极心理学专辑使积极心理学运动逐渐由美国走向了世界。特别是美国心理学会的会刊——《美国心理学家》，是一本世界知名的学术刊物，在心理学界有着举足轻重的影响，它连续两年发表有关积极心理学研究的专辑，这本

5

身就说明了当代心理学界对积极心理学的肯定和认同。到了 2002 年，辛德（C. R. Snyder）和洛佩兹（S. J. Lopez）主编的《积极心理学手册》（*Handbook of Positive Psychology*）由牛津大学（Oxford University）出版社正式出版。《积极心理学手册》对积极心理学在近几年所取得的各个方面的研究成果作了一个系统总结，全书共包括了 55 篇有影响的文章。其内容主要分为以下几个部分：辨识积极力量、以情感体验为中心的研究取向、以认知为中心的研究取向、基于自我的研究取向、人际交往方面的研究取向、生物研究取向、特定应对方法的研究取向、特定人群和特定情景的研究、积极心理学的发展展望等。

在 2002 年《积极心理学手册》发表以后，积极心理学运动更是呈现出了一派欣欣向荣的景象，一些有影响的著作相继出版，如塞利格曼的《真实的幸福》（*Authentic Happiness*）、阿斯宾沃（L. G. Aspinwall）和斯道金格（U. M. Stauginger）的《人类积极力量的心理学》（*A Psychology of Human Strengths*）、凯兹（C. M. Keyes）和海德特（J. Haidt）的《欣欣向荣——积极心理学与生活美满》（*Flourishing：Positive Psychology and the Life Well-Lived*）、洛佩兹和辛德的《积极心理学评估手册》（*Positive Psychological Assessment：A Handbook of Models and Measures*）、马文·莱文（Marvin Levine）的《佛教和瑜伽中的积极心理学》（*The Positive Psychology of Buddhism and Yoga*）、阿伦·卡尔（Alan Carr）的《积极心理学——关于幸福和人类积极心理力量的科学》（*Positive Psychology：The Science of Happiness and Human Strengths*）等。

同时积极心理学所设立的邓普顿奖竞争空前激烈，现在已经成为世界心理学界最重要的奖项之一，每年都吸引了很多有才华的年轻心理学家们来申报。积极心理学也开始在一系列的社会事件中表现出良好的作用，如在美国的"9·11 事件"中，以及盖洛普基金会合作进行的国家幸福度指数的民意调查等。

从目前积极心理学的发展状况来看，积极心理学的第一个阶段——通过发起一场运动而求得自己独立的阶段已经完成。如果说塞利格曼在 1998 年的 APA 大会上的发言是吹响了积极心理学行动的号角，那么 2002 年辛德和洛佩兹主编的《积极心理学手册》的出版则正式宣告了积极心理学运动的正式独立。不过对于积极心理学的这种独立还存在某些争论，争论的焦点在于积极心理学是作为一种新的心理学学科而独立还是作为一种新的心理学而独立？持前一种观点的人认为积极心理学只是原有心理学开辟的一个新领域，它的一些理论观点基本上是心理学自身各领域多年来发展的一种结果；持后一种观点的人则认为积极心理学的理论观点是在新的历史条件下出现的一种新现象，它的研究对象、哲学基础和研究目的等都和原有的心理学不同，因而，它的出现就如同人本主义心理学或信息加工认知心理学的出现一样，是一种全新的心理学。就目前来看，这两种观点似乎都有一定的道理，但也不全对。在今天这样一个社会里，人类的许多问题都已交织在了一起，问题本身已具有了多重属性，所谓"横看成岭侧成峰"，谁也没有办法从某一个侧面来穷其性质的全貌（关于积极心理学的性质请参阅本书第二章）。

不过对积极心理学性质问题的争论并没有影响到积极心理学本身的发展，积极心理学在其研究领域取得了令人瞩目的成就，并成立了三个研究中心，分别是积极情绪研究中心（Positive Emotion Center）、积极人格研究中心（Positive Character Center）和积极社会制度研究中心（Positive Institutions Center）。在积极情绪研究领域，狄纳成功地把主观幸福感引入积极心理学领域（这一名词现在几乎成了积极心理学的专有名词），并在全球 40 个国家同步开展了以大学生为被试的主观幸福感调查，到目前为止，这一调查研究是心理学历史上规模最大的一次，狄纳也因其对幸福感的研究而当选为国际生活质量研究会主席。到 2002 年底，狄纳和他的同事共为积极情绪的研究募集到了近 50 万美元的捐款作为研究经费。在积极人格研究领域，积极心理学和许多机构或公司合作，把自己的人格理论研究应用到实际中去，如和麦卡锡（McKinsey）咨询公司、爱立信（Ericsson）通讯公司合作以提高其员工的幸福感体验。同时积极人格中心还和美国蒙台梭利协会（American Montessori Association）、盖蒂教育基金会（Getty Educational Foundation）等合作，积极参与到教育教学的评估中。积极人格研究中心同样也争取到了许多基金会的经费资助。积极社会制度研究中心主要围绕正义和公平进行了研究，研究了市政府、州政府和联邦政府（美国社会的三级政府）应承担的社会职责。在此基础上，该中心特别鼓励青少年通过亲自参与各级别的选举来体会积极社会制度的真实意义。由于积极社会制度研究中心和社会现实结合得较紧密，其从皮尤慈善信托公司（The Pew Charitable Trusts）和安嫩伯格基金会（The Annenberg Foundation）共得到了数百万美元的活动经费资助。

积极心理学正以一种蓬勃的姿态影响着社会的许多领域，并在全社会掀起了一场积极运动，积极心理学的一些观点已经渗透进社会学、教育学、经济学、管理学等领域，并对其中的许多理论产生了重大影响。在心理学领域，积极心理学在理清了自己的理论建构之后，成功地吸引了一大批心理学工作者参与到研究中来，其中包括许多有名望的心理学专家。在积极心理学 2003 年的国际峰会上，获得诺贝尔奖的卡尼曼（Daniel Kahneman）教授作了《心理学有东西要对政策制定者说吗?》的发言；加德纳（Howard Gardner）教授作了《从多元智力到良好的工作》的发言；斯滕伯格（Robert Sternberg）教授作了《成功智力——为人们展现和开发全部的潜力扩大了机会》的发言，这些心理学大家都从自己的成名理论出发，对积极心理学的发展方向予以肯定。

美国哈佛大学很早就把积极心理学作为一门重要的公共选修课，这门课还曾在 2006 年被评为哈佛大学最受学生欢迎的课程。目前，仅在美国就已经由 200 多所各级院校开设了积极心理学课程，这还不包括众多的中小学。2005 年，美国宾夕法尼亚大学最早开设了应用积极心理学硕士学位专业（简称 MAPP），专门培养积极心理学硕士，这是全球第一个以积极心理学为专业方向的硕士点。从 2006 年开始，其他一些国家的许多大学也相继开始开设积极心理学方向的硕士专业，如英国、意大利、墨西哥、澳大利亚等国的一些大学，这些大学的全日制积极心理学硕士项目和颁发积极心理学硕士资格证书项目正如雨后春笋般地涌现出来，其中做的比较好的有英国的东伦敦大学等。到 2010 年上半年为止，世界上已经有了第一个专门培养积极心理学博士学位项目的地方，那就是美国的克莱蒙特研究生院，该项目的总负责人是西卡森特米哈伊。

第二节 关于积极心理

积极心理这一概念最早在心理学界被系统提出来是在 1958 年。在 20 世纪的五六十年代，美国心理健康运动出现了两个新理念：基本预防（primary prevention）和增进幸福（wellness enhancement）（E. L. Cowen & R. P. Kilmer，2002），即心理健康运动要从基本预防和增进幸福这两个方面一起抓。在这场"基本预防和增进幸福"的心理健康运动中，美国著名女心理学家贾霍达（M. Jahoda）在当时美国心理健康联合委员会编订的一套心理健康系列丛书中提出了一个新概念——"积极心理健康"。从那时起，积极心理这一概念就逐渐在心理学的一些文章中开始被提及到，但在很长一段时间内，心理学界对这一概念的理解并不是很清楚，更没有体会到积极心理在心理健康领域或心理学研究中的重要性。直到 1998 年塞利格曼正式开始担任美国心理学会主席一职以后，由于他的大力倡导，西方心理学界掀起了一场声势浩大的积极心理学运动，积极心理这一概念便逐渐在心理学界得到了明确的界定。

一、心理学对积极的理解

积极一词是对英文"positive"的翻译，"positive"在香港和台湾经常被翻译为"正向的"意思（港台的一些文章中经常把积极心理学称为正向心理学）。"positive"一词源自于拉丁文字"positum"，它的原意是指"实际而具有建设性的"或"潜在的"意思。因而现代意义上的积极，既包括了人外显的积极，也包括了人潜在的积极。

也许让我们从生活的具体事件中来认识积极的含义会更深刻，我们先来看一个真实的故事。著名的电子专家、美籍华人陈之藩教授有一套友人赠送的非常精美的茶具，当他举家搬迁到香港之前，在收拾整理行装时不幸把这套茶具的一只茶杯打破了。当时在场的许多人都为陈教授感到惋惜：如此精美而又心爱的一套茶具，现在破碎了一只杯子，又没有地方可以配到同样型号的，这是一件多么令人伤心的事。谁知陈教授却坦然笑道："真不错，我又多了一只碟子。"面对同样的事实——"破碎了一只杯子",当你分别用"少了一只杯子"和"多了一只碟子"来进行描述时,你的心态就不同,前一种是消极的心态,而后一种则显然是积极的心态。生活中我们每个人都会有"少了一只杯子"的时候,但这并不可怕,可怕的是我们不能看到又"多了一只碟子"。"多了一只碟子"的心态显然要比"少了一只杯子"的心态轻松得多,尽管客观存在的事实可能是一样的。

当然,当代积极心理学所倡导的积极并不是传统意义上的一种整天拍手称好的喝彩,更不是一种充满希望的良好祝愿,甚或是一种光说好话的自我欺骗。它更主要的应是寻找并研究社会或社会成员中存在的各种积极力量(包括外显的和潜在的),并在社会实践中对这些积极力量进行扩大和培育。在这过程中,人类要有意识地为全体社会成员寻找或创造一种良好的社会环境(积极的社会氛围),使每一个成员的积极力量能在这种环境中得到充分的表现和发挥,并进而培养全体社会成员个体层面和集体层面的积极品质。

长期以来,心理学领域对积极心理的机制的理解有着不同的看法,主要分歧在于把积极看做是消除消极以后的附属结果还是把积极和消极看做是两个完全独立的定义性变量。假如说积极仅仅是消极解除的结果,那社会就不需要积极心理学了,而只是需要一门消解消极的心理学,因为消除消极后就能自然产生积极了。那么事实到底如何呢? 要说清这个问题其实不难,我们可以用一个简单的图示来帮助分析,如图 1 - 1 所示:

9

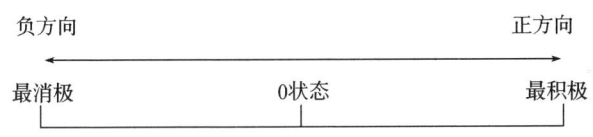

图 1 - 1 积极与消极的关系

当我们把最积极和最消极作为两个极点而把它们联成一条直线的话,这两个极点之间的中点就可以被称为"0"状态。"0"状态是一个理论上的中间状态,在这个状态下,个体对任何外在的事件既不积极,也不消极。一旦"0"状态被确定以后,任何由特定条件(如情绪、外在情形、内部动机等)所引起的情形变化如果向着正向(图 1 - 1 中的右方)也即个体喜爱的方向进行变化,那就是积极;反之,所引起的情形的变化如果向着负向(图 1 - 1 中的左方)即个体不喜爱的方向变化,那么就是消极。这样我们从图中就可以清楚地看到,积极和消极是两个完全独立的、有各自定义的变量,积极并不是消极解除之后的一个附属结果,并不会伴随着消极紧张的消除而自然产生。

举例来说,当一个饥饿的动物面对食物时,食物对于饥饿的动物来说是真正的积极还是对消极状态的一种解除? 我们说这不一定,当这个食物正是这个饥饿的动物所喜欢的,那食物就能产生一种积极的体验,但这绝不是饥饿紧张被消除后的必然结果;当这个食物不是这个动物所喜欢的,即使它同样能解除动物的饥饿，它也不具有积极的特性。一只再饥饿的老虎面对一盆土豆时，它也不会喜欢。同样，一个饥饿的人可以用树叶或树皮来解除自己的饥饿（这是人理性的结果），但当他用树叶或树皮解除饥饿之后，他决不会有积极的感受——感到心满意足。

二、当代心理学研究积极的必然性

从本质上说，心理学研究人的积极并不是某人的一时之念，而是其必然性的一面，可以说是一种客观上的力量所使。这种客观上的力量主要来自两个方面：一个是人所固有的积极本性，另一个是社会发展的要求。当这两个方面结合在一起以后，积极心理学的产生也就成了一种水到渠成的事。

（一）积极是人类固有的一种重要本性

人类社会致力于其社会成员的积极力量，这既是对人性的一种尊重和赞扬，更是对人性伟大的理智理解。我们说，人身上一定存在着某种远远优胜于其他生命形式——从野兽的残忍能力到现代显微条件下发现的引起可怕疾病的细菌的无理性能力——的源泉，这一源泉就是人外显的或潜在的积极力量。正像老虎以它的利牙、雄鹰以它的翅膀而骄傲一样，人类也以他身上存在的这种积极力量而欣喜。正因为有了这种能力，才使得人类在激烈的生存斗争中立于不败之地，并统治着地球上其他的各种生命形式。

有研究发现，刚出生一天的婴儿在听到别的婴儿忧伤的哭泣声后，他会立即哭起来，而且哭得很厉害，但他对自己哭声的录音却不作出任何反应，这一现象已在多个相关的实验研究中得到验证（L. P. Nucci，2003）。这是个相当了不起的发现，这证明了同情、关心等积极品质在人类进化过程中已成为了人类本性的组成部分。人性的这种积极本性还可以从我们的社会习俗中得到显而易见的反映，例如，我们的社会都期望儿童对一些特定的成人施以特定的称呼（如教师、长辈等），如果叫什么没有内在的积极或消极意义，那社会何不让事情变得简单，每个人都直呼其名？事实上，社会的这一习俗通过给儿童提供一系列关于适当的称呼的期待，从而有助于协调社会体系内每个个体间的相互作用，这种相互作用便体现了一种积极意义——尊重、关心、爱护、考虑他人的权力意义等。

曾有社会学家（朱新秤，2001）分别就同一问题用了两种不同的叙述方式来对大学生作问卷调查。

第一种情况，假定社会将要爆发一场灾难，预计将要有600人死于非命，现在有两种应付这种灾难的方案可供选择：如果选择方案 A，可挽救200人；如果选择方案 B，600人都被挽救的可能性为 1/3，一个人都救不活的可能性为 2/3。请问你更喜欢哪个方案？

第二种情况，假定社会将要爆发一场灾难，预计将要有600人死于非命，现在有两种应付这种灾难的方案可供选择：如果选择方案 C，400 人将会死亡；如果选择方案 D，一个人都不死亡的可能性为 1/3，600 人都死亡的可能性为 2/3。请问你更喜欢哪个方案？

　　当把这些问题呈现给大学生时，结果发现：在第一种情况下，72% 的大学生选择方案 A，而在第二种情况下，78% 的大学生选择方案 D。如果我们对以上的各方案稍作分析，就会发现方案 A 与方案 C 是等值的，方案 B 与方案 D 也是等值的。为什么具有等值的答案在不同情形下的选择会出现如此大的差异性？其主要原因在于，方案 A 是以挽救生命数来叙述的，而 C 是以死亡生命数来描述的，很明显，挽救生命比失去生命更具积极意义，这说明大多数人都讨厌消极而偏爱积极，人在本性上总是倾向于选择积极的一面。

　　社会心理学研究方面有一个社会促进效应，它是指某个人在进行某项工作时，若和从事同样工作的其他人在一起，则要比他自己单独进行这项工作做得好。这一效应最早是由奥尔波特（F. H. Allport）于 20 世纪 20 年代初提出来的，后来这一现象在低等动物——如小鸡、老鼠、麻雀、蚂蚁等动物身上也得到了印证。这一理论提出后受到了心理学界的重视，许多心理学家又在进一步研究的基础上对它进行了修正，如 20 世纪 60 年代，罗伯特·查荣克、科特雷尔等心理学家认为他人在场只是增强了优势反应，如果优势反应是正确的，那他人在场就是有利的；但如果优势反应是错误的（不熟练的行为），则他人在场就会加剧错误的反应而影响正确的反应。但现在人们又发现，事实远不是前辈心理学家们想象的那么简单，这里面还包含着许多更复杂的情况。当男性被试在做同样的活动时，如果在场的分别是漂亮和丑陋的女孩，则促进的效果又不一样，漂亮女孩的促进作用明显更大一些。而当青春期的女孩在做诸如俯卧撑等一些体力要求较强的活动时，如果旁边有青年男子在场时，结果反而是促退而不是促进。为什么会出现这一系列的变化，道理很简单，就是人类存在着积极的本性。男孩因为旁边有漂亮的女孩而会得到更好的发挥，女孩则要在男孩面前表现出自己的女性柔弱、宁静美，因而反而被促退了。其实人类积极的本性不仅仅只是在社会促进效应上表现出来，在首因效应、晕轮效应等一些社会心理学理论方面也都存在着同样的情况。

　　积极是人类固有的一种本性，但这并不就意味着人类的积极本性在任何情况下都能自发地表现出来。我们在这里所要表达的正确含义是说人的心灵中有着天生的积极种子，至于这些种子能否顺利发芽生长，还要依赖于后天的其他条件。这就如农民种下一颗种子，这颗种子能否生长发育，除了依赖种子本身的特性之外，还要有适宜的环境气候和后天的精心照料——浇水施肥。因此，人类心灵中的积极种子也同样依赖于人所生活的环境，同样依赖于社会和我们本身对它们精心浇水施肥。从某种程度上说，积极心理学就是为了营造一种能促使人类的积极

11

本性生长发育的环境，同时也是在为人类寻找一种为自己心灵中积极种子浇水施肥的方法和途径。

（二）积极的思想符合当前的社会条件的需要

从人类社会的发展历史来看，人类社会的发展，主要是人类所拥有的积极方面的东西的累积。你可以消灭一个王朝而结束一个时代，但你永远消灭不了这个时代所创造的积极，即使是人类历史上最黑暗的时代——不管是奴隶社会、封建社会还是欧洲的中世纪，也仍然保留了许多东西值得我们今天去敬仰。事实上，正是漫长的历史保存了人类的许多积极，我们的世界才达到了今天这样一个水平。

不仅如此，21世纪的社会已不同于过去的任何一个时代，今天的社会已不再像过去那样只是一味地为了使自己不再有任何问题而保持生存，而是趋向于使自己更完美、更舒适。社会的发展存在着一种必然性：当一个社会处于稳定、繁荣昌盛的和平时代时，这个社会的文化就会特别关注创造性、良好道德品质以及高质量的生活条件等一些个人层面和集体层面的积极品质。反过来，社会关注积极品质又会进一步大大促进社会本身的繁荣和发展，两者之间互为因果。关于这一点我们可以轻松地在历史中找到佐证，例如公元前5世纪的雅典、15世纪的佛罗伦萨、维多利亚时代的英格兰等就是最好的例子。

公元前5世纪的雅典是一个繁荣富强的民主共和社会，当时的哲学家们集中研究了人类的优秀品质，如什么是一个人的好行为和好品质？什么导致人的生活最有价值？这些哲人们的许多思想一直到今天仍然是我们的生活指导。由于最早出现了资本主义的萌芽，15世纪的佛罗伦萨在富裕之后，没有花费大量的金钱使自己成为欧洲最强大的军事机器，而是花大量的钱使自己成为欧洲最舒适、最优美的地方，佛罗伦萨至今仍是世人向往的旅游天堂。维多利亚时代的英格兰繁荣昌盛，因此那个时代的英格兰实施绅士教育，强调荣誉、纪律、勇猛和责任等积极品质，并把这些作为一个人优秀品质的核心，这种传统直到现在还是英国教育的最大特点。反过来，也正是公元前5世纪的雅典、15世纪的佛罗伦萨、维多利亚时代的英格兰等比较重视人类和社会的积极品质，才使得这些朝代成为那个时期社会繁荣的象征，也才给世人留下了更多值得记忆和尊敬的东西，以致我们今天还在津津乐道。

21世纪的今天，尽管还存在着许多不如意的地方，但总的来说，世界已开始进入一个相对较为富裕和稳定的时代，也就是说，我们已为关注积极创造了最好的社会条件。从世界范围内看，人类社会的许多领域内或多或少地正在兴起一场积极运动。比如积极的思想在经济学研究领域中的应用也取得了卓越的贡献，2002年10月9日，瑞典皇家科学院宣布把该年的诺贝尔经济学奖授予美国普林斯顿大学心理学和公共关系学教授卡尼曼（Daniel Kahneman）以及美国乔治·梅森大学的经济学和法学教授弗农·史密斯（Vernon L. Smith）。卡尼曼获得诺贝尔经济学奖是因为他把关于不确定条件下人的判断和决策的思想结合到了经济科学之中，他提出的前景理论（prospect theory）引起了世人的关注。如果仔细考察一下卡尼曼所提出的前景理论，我们就会发现，这一理论的核心思想就是建立在积极基础之上的。如他在前景理论中提出的回避损失（loss aversion）的理念——损失的效用要比等量收益的效用得到更大的优先权重，也即在经济活动中，如果从收益（积极）和损失（消极）两种不同的角度来提出问题，可以导致完全不同的结果（D. Kahneman & Tversky，1979）。具体表现在经济活动中就是：人们在生活中要么为获益而回避风险，要么为回避损失而冒风险，因此，从一定程度上说，卡尼曼教授的经济学理论可以被称之为积极经济学理论。

　　另外，教育领域内也掀起了一场积极教育运动，教育从原来过分关注学生所存在的问题转而关心学生的积极品质和积极体验，强调增进学生的积极体验既是教育目标达成的最主要途径，也是教育本身所追求的核心价值。积极的思想还在公共管理和社会政治活动中得到体现，如对于谈判活动来说，谈判双方在谈判中总是尽量回避提到对方可能会有的损失，而更多地从减少双方的收益着手来获得谈判的成功，即在双方的合作谈判中更多地强调双赢而不是强调双输。而面对紧急事件时，许多人会采取明哲保身的策略不去作决策或只作一些无关紧要的决策，因为如果一个人作出的决策导致了损失（消极），这比起不作决策或作出的无关紧要的决策来说，会使自己处于更为不利的地位。

　　从我国的实际情况来看，随着我国社会主义现代化建设的顺利进行，社会已发生了很大的变化，我国正在由一个贫穷、落后的社会逐渐成为一个和平的、文明的并且解决了温饱问题的小康社会。在这样的社会里，所有的科学研究（不仅仅是心理学）都应顺应社会时代发展的必然要求——远离消极而偏向积极。这就如一个城市，如果这个城市到处都存在问题，垃圾成堆、污染严重、交通不畅、食物短缺等，它的重心就必然是放在问题的解决上。而当一个城市发展了以后，它的一些必需性功能都得到满足后，它就要以追求舒适、享受为主，并注重整个城市的环境优美。当前，我们的社会已逐渐开始由必需性需要向享受性需要转化，因此，与此相关的所有科学研究也就应当适应这种社会发展趋势，用积极来实现当代我国科学研究的价值回归，并使这种科学研究真正回归于社会、回归于人。

　　当然，我们说一个和平、繁荣富强的社会必然要关注积极，但这并不意味着在一个不稳定、还有着许多麻烦和问题的社会就不需要关注积极。其实在任何一个社会，积极都是一条帮助人们驱散消极的有效途径，因为积极可以在人们面临不幸时或困难时抚慰自己的伤口，可以增加一个人心理的弹压性，以使自己在任何时候都变得从容不迫。面对今天这样一个飞速变化的社会，许多领域中一些不言而喻的观念正在失去它们的意义，积极与消极正在人类生活的许多层面表现出越来越明显的差异。社会已经创造了大量的物质财富，而这些物质财富不仅正在

13

改变着我们的生活，而且也正在改变着我们的思想和观念，它使我们所有的一切都产生了一种新的需要——让社会的方方面面变得更积极。

三、当代心理学研究积极的必要性

（一）从实践的角度来看

消极心理学在过去一段时间内确实为人类和人类社会的发展作出了很大的贡献，正如塞利格曼在美国心理协会 1998 的年度报告中提到的，现在心理学家们已经能对至少 14 种 50 年前我们还无能为力的心理疾病采取有效的治疗措施，同时对精神病患者的了解也大大增加了，这是一个实践性的伟大胜利。但就在我们为心理学的这一成就欢呼的时候，我们却也发现这个世界患心理疾病的人口数量也随着时间成倍地增长。以美国为例，20 世纪末美国患抑郁症的人口数量是 40 年前的 10 倍多，而且抑郁症患者也正呈现一个低龄化的倾向，40 年前抑郁症患者基本都是中年人，现在却出现了许多十几岁的抑郁症患者。据《参考消息》报道，一项由美国政府赞助也是迄今最全面的调查于 2005 年 6 月初公布，超过 50% 的美国人在一生中会出现精神方面的问题，而 20 世纪中叶精神疾病的患病比例只有 20%—30% 左右（凯里，2005），很难想象一个社会有超过一半的人患有"精神病"。我们只要看看美国精神病学会发布的《心理障碍诊断与统计手册》（DSM），它正变得越来越厚，DSM-I 在 1952 年发布时只包括了约 60 种失调病症，而现在的 DSM-IV 则增加到了 300 多种失调病症，包括从性欲失调、盗窃癖到嗜睡症等。世界卫生组织 2004 年的调查发现，就是在中国、日本这样的东方国家，即使由于文化的影响①，其患抑郁症的比例也达到了 3% 左右，比上世纪中叶至少增加了一倍。这一现象似乎和消极心理学的实践初衷相违背，因为今天的人类比过去拥有更充分的自由、更好的物质享受、更先进的技术、更多的教育和娱乐等等，而且人类在过去的 100 年里并没有生理上的大变异，照理说人类应该比过去更幸福，可结果却是大相径庭，人类反而越来越感到不幸福，塞利格曼把这一现象称为人类 20 世纪最大的困惑。

怎样消除这种困惑？消极心理学的已有实践证明我们不能依靠对问题的修补来为人类谋取幸福，因此，心理学必须转向于人类的积极品质，通过大力倡导积极心理学来帮助人类真正到达幸福的彼岸。积极心理学能否担当这一重任？或许人类本身长期的心理学实践能很好地回答这个问题。

心理学家对美国退伍军人管理委员会的 650 名病人进行了长期的研究，研究发现病人的积极态度与他良好的身体活力呈正相关，而与他的身体病痛状况呈负

---

① 东方文化比较强调忍受痛苦，不愿意谈论和公开有关精神方面的问题，而且许多人还把精神疾病当做是一件不光彩的事。

相关，总的来说，具有积极态度的病人的身体健康状况相对较好（Miller，2002）。在另一项研究中，研究者对 300 名心脏病病人进行了跟踪研究，结果发现：在做了心脏搭桥手术后，乐观积极的病人再次进医院做手术的人数比例远远低于消极悲观的病人（Miller，2002）。一些美国心理学家还作了一项长期的宏大研究，他们在 60 年代用《明尼苏达多相人格测验量表》对 800 名男女进行了测验，从中筛选出乐观型解释风格人格和悲观型解释风格人格（这是塞利格曼提出的一种人格分类标准，具体内容可以参阅后面第五章）。30 年后，心理学家对这些研究对象的各方面状况作了一个系统的分析研究，他们发现具有悲观型解释风格人格的人的总的身体状况要比整个团体平均数差，他们的死亡率明显高于团体平均数，接受医院治疗和心理治疗的次数也大大多于团体平均数，而具有乐观型解释风格人格的人的情形则正好相反。

　　当然，我们还可以列举出许多类似的例子，不过有一点要说明的是，我们列举再多的实例也不能充分证明积极心理学就一定能有效地减少人类心理问题的产生。积极心理学的兴起才只有短短的几年，它的实践尚不足以证明自己对解决人类问题的有效性。事实上，我们在这里也并不想通过列举实例来证明心理学关注积极的必要性，我们只想表明：消极心理学过去的实践已经证明了它对有效地解决人类自身的问题无能为力，那我们为什么不换一种思维、换一种方法试试呢？换一种思维、换一种方法，我们至少还有解决问题的希望，更不用说心理学过去的实践已经有意无意地证明了心理学关注积极对解决人类自身问题的有效性。

　　（二）从理论的角度来看

　　从理论上说，在人均 GDP 处于 1 000 美元到 4 000 美元之间的阶段，社会矛盾暴露最充分，如果处理得好社会就会进入一个相对良性循环的新层次，而如果处理得不好则可能导致经济徘徊和社会动荡。我国目前已进入了全面建设小康社会的新阶段，人均 GDP 已超过了 1 000 美元，正处于一个矛盾多发的时期。地区差距、城乡差别、贫富差别等问题极易诱发各种社会矛盾，因此和促进社会发展一样，维护社会稳定也是我国的头等大事。那我们靠什么来解决这些矛盾而实现我国社会的稳定呢？道理很简单：靠强调社会公平。所以从某种意义上说，我国也正处于由强调竞争到强调公平的转折点。社会学的理论告诉我们，如果一个社会过分强调竞争，其发展速度也许会较快，但也容易引起一系列的社会矛盾；反之如果一个社会强调公平，其经济发展的速度虽然会慢一点，但社会却会相对更安定。就我们今天的社会来说，发展和稳定是同等重要的，因此，我们怎样来找到"强调竞争"与"强调公平"之间的平衡点就显得事关重大，也许积极的思想才是帮助我们寻找到这一平衡点的关键。

　　其实，我们说人与人、人与万物是靠各自的积极来组成我们的社会，人只有积极地对待他人、对待世界万物，社会才能和睦相处而安宁，人类也才能获得永

15

久的幸福。而反之如果我们消极地应对他人或世界万物，社会就会被各种问题所控制而失去存在的可能，人类也会很快走到自己的尽头，更不用说获得什么幸福了。从一定程度上说，社会的某种价值倾向对于整个社会来说担当了社会变化的诱导者角色，这就如一个心理治疗师对于他的病人一样，他以什么方式导入就会影响到其治疗对象发生什么样的变化，虽然也许会有同样的结果出现，但同样的结果其实是蕴藏了不同的价值意义（任俊，叶浩生，2004）。因此，一个社会只有以积极作为自己的根本价值，这个社会才能变成有效、公正、人道的社会。

我们今天的社会已不同于我们祖先的时代，人类的一切活动都不再是为了生存，而是为了生活得更幸福。在这样一个追求幸福的时代，人类已不再需要消极来时时对我们发出警告，而是需要积极来增强我们的力量和信心，这是我们当前社会的最大实际需要。心理学是一门研究人的科学，它以人类的心灵及其产物作为自己的研究对象，同时心理学的研究活动又是一种主观见之于客观的过程，"它并非某种心理规律或本质的认识，而是一种文化建构，反映了特定文化的价值观。"（叶浩生，2003）因此，心理学从本质上说是一种社会性的、历史性的存在，帮助人类获得自身应获得的幸福是当代心理学最迫切的任务。人类的一切科学从本质上说都是一种生活科学，其目的是为了帮助全体社会成员更加自然、容易地获得幸福和共享幸福。消极心理学只看到人的心理问题和外在世界的不良事件、恶劣环境，把心理学的目的定位于消除人心理和社会的各种问题，期望问题被消除的同时能自然给人类和人类社会带来繁荣。这种价值取向不仅使心理学本身的发展走向了畸形化，而且也导致了社会价值观的扭曲，影响了社会的和谐发展。美国心理学家谢尔顿（Sheldon）曾描绘了这样一种现象，当一个人回顾自己的过去并总结说自己是一个好人时，心理学家们马上就会给他贴上一个标签：自恋狂；当一个人帮助了另一个陌生人时，心理学家们就一定会从这个人的行为中寻找到他的自私利益。总之，消极心理学的视野中是不存在利他主义、同情、美德等，有的只是错觉、幻觉、非理性、怪癖、自负等字眼（Faller，2001）。在消极心理学看来，消极的社会动机是真实的，是放之四海而皆准的，积极的社会动机只是一个副产品，是人类偶然为之。

第三节　积极心理学的主要观点

积极心理学是在人类快要进入 21 世纪时兴起的一场心理学运动，但它在短短的几年间就得到了迅速的发展，而且似乎在不经意间已发展成为了一场世界性的心理学运动。这固然有多方面的原因，但有一个原因也许是最重要的：那就是积极心理学所提倡的独特的心理学观点。概括起来说，积极心理学的观点主要表现为三个方面：

一、实现平衡的心理学价值观

积极心理学是对前期集中于心理问题研究的消极心理学的反动，强调心理学应实现其本体价值回归的再次平衡。在这里，积极心理学表现出了两个相关联的特性，其一是对"二战"后心理学性质和价值的反动，其二是实现了心理学本体价值的再次回归。

（一）积极心理学是对"二战"后消极心理学的反动

从目前来看，积极心理学最吸引人眼球的是它对过去心理学的概括，它一语中的地把"二战"以来的心理学从性质和价值认定上概括为消极心理学。消极心理学这一名称带有强烈的视觉冲击性，它的出现一方面引起了人们的好奇，另一方面更主要的是促使了人们的思索：什么是消极心理学？心理学又怎么演变成了消极心理学？

1. 什么是消极心理学

第二次世界大战以后，心理学逐渐放弃了我们上面所讲到的后两项任务而把自己的注意集中在了第一项任务上，即变成了专门致力于纠正人生命中所存在的问题的科学。在这种价值观念指导下，心理学把自己的工作重点完全放在了对心理问题的评估和矫正上，侧重于研究一些外在的紧张性刺激给人心理所带来的消极影响及其消解方法。同时心理学家们又把人的心理问题纳入到生理病理学的框架之中，以医生治疗病人身体疾病的模式来对待人类的心理问题。积极心理学把这种以矫治社会或人所存在的问题为中心的心理学称为"病理式"心理学（pathology psychology），也称消极心理学。消极心理学暗含着一个前提或预设：即心理学是"治问题"的科学，而人的各种心理问题等同于人的身体疾病，去除人的心理问题就如同去除人的身体疾病一样。因此，在消极心理学观念的影响下，这一时期心理学的核心任务就在于对问题的修复，修复个体损坏的习惯、损坏的动机、损坏的童年，甚至于损坏的思想，期望通过修复人类的损坏部分来达到心理健康。

心理学是一门关于人的科学，涉及到人的精神事件的参与，因而它特别关注社会事件的性质色彩。长期以来，心理学研究把自己的注意力都集中到了消极社会事件或社会事件的消极方面，在某种程度上，心理学变成了以纠正社会现象或人心理的消极面为唯一任务，使心理学具有了病理学的特性而成为了一种"类医学"。消极心理学最大的特点是以发现社会或人所存在的问题作为自己工作的出发点，而又以纠正这些问题作为自己工作的最终归宿点。因此，消极心理学视野下的研究者总是把自己的全部注意或绝大部分注意放在研究社会或人所存在的问题上（外显的或潜在的），并在病理学的范式内提出处理这些问题的意见和措施，这就使得个体的许多正常的积极功能受到了极大的限制，如个体的自我完善、自我激励等功能。我们都知道，人生命的全部意义都是由社会赋予的，如果

17

社会却又总是在寻找着每个人的问题和缺点，总是在限制着人正常的积极功能的发挥，这对我们所有的社会成员来说似乎不是一个好消息。如果从本质上作一个分析，我们就会发现消极心理学存在以下几个方面的问题。

第一，消极心理学感兴趣的不是人或人类社会，而是人或人类社会中所存在的问题。这样在消极心理学情景条件下的心理学研究者眼里也就没有人，而只有去而又生的人身上所存在的各种问题，这就使得这种消极心理学表现出了典型的非人性化特征，从而违背了社会必须以人为本的基本原则。消极心理学把人看做是一种被动的只会对外界强化刺激作出反应的物，即只有当你指出并纠正了他的缺点和问题，他才会作出相应的反应——改正并取得发展。这样，消极心理学在社会成员的积极品质尚未萌芽时就在他的周围设置了围栏——假定每个人都是问题人。这种去人性化的心理学已使人的主动发展倒退为被动的生物进化，人的发展又回复成了受外界压力而不得不产生的一种消极适应。所以消极心理学在其背后就存在着一个潜在的信念，即人不是一个自在的人，不是一个能自己决定自己、自己发展自己的人。生物适应性是每个生物都有的，而进化之后的人的发展则主要是建立在学习基础上的自我主动发展，即通过学习人类已发明的物体、符号等来使自己已有的积极力量得到发展。人类生物因素的进化已为人类通过学习而获得主动发展作好了充分准备，生命过程在今天已经变成了一个不间断的主动学习和主动发展的过程。

第二，一方面，消极心理学的理论导向会使人对这种社会文化的不平衡（总是偏向于问题的一面）所产生的危险逐渐变得麻木不仁，人在这种社会文化氛围中会变得被动和因循守旧而逐渐失去了创新和创造的精神。当我们把一只青蛙一下子放进一盆很热的水中时，它会尽其所能跳出来逃生（改变自己的生活环境）；而当你把一只青蛙放进一盆冷水里而逐渐去加热时，它就会由于适应的特性而对即将来的危险一无所知，一直到快要被烫死时它也不会跳出来。这个道理也适用我们人类，当我们总是生活在一种偏向于问题的社会环境中时，我们就可能会变得习惯于这种环境，从而忽视这种环境可能对我们造成的伤害，就像青蛙到死时也不知道要改变自己所生活的环境一样。另一方面，这种不平衡的社会文化氛围也会使其成员产生受害的感觉，因为人处在这种社会文化氛围中总是被呈现问题，这无形中增加了人自身的紧张状态。因此，过分关注问题的消极心理学有可能反而导致了人自身的不安全感，并可能会使其社会成员产生诸多的反社会行为。如果我们作进一步的分析推理的话，就会发现，这种不平衡的社会文化氛围还破坏了人的生理组织与他的个性、性格之间的平衡——因为没有哪一个人类的生理组织或神经系统是为了有"问题"而进化成现在这样的。

第三，消极心理学过分强调了自己的矫治功能，习惯于从问题入手来开展工作，消极心理学的这一传统研究范式使许多心理学家学会了如何在困境中帮助社会成员得到改变并生活幸福，但却不知道如何对待良好条件下的社会成员。心理学工作者的这种单一的矫治技能有时反而使问题本身变得更糟糕，因为他会用问题的眼光去审察他碰到的每一个社会成员，最好的社会成员在他眼里也只能被看到问题，所谓的"有则改之、无则加勉"，这就如一个能活百岁的健康人什么时候到医院去都能受到医生的"谆谆叮咛"一样。因此放大社会问题或放大人身上所存在的问题已成为消极心理学研究的一大通病。人生命的一切意义在于生活，尤其是在于社会生活，是什么让我们值得过社会生活？是因为有了问题要去纠正吗？人类社会以及它的大多数成员真有那么多或那么大的问题需要矫治吗？其实这种"医学式"的心理科学也许正是导致社会或心理问题泛滥的根本原因，因为"医学式"的心理学已忘记了自己在寻找社会或社会成员的问题时也要去寻找他们的优点。医院不是每一个人都要去的，更不是让人享受的地方。谁能高高兴兴地自己去医院？而社会生活则是每一个人都不可能少的，许多人之所以要逃避社会，就是因为我们的社会生活氛围太像医院了，所有的人在这样的社会生活氛围里只能被看到问题并遭受到各种各样的修理。

第四，传统消极心理学侧重于单一的修补功能，其工作重心常常只在少部分问题社会成员身上，而把心理学促使全体成员主动发展并生活幸福的功能放在了一边，即忽视了心理科学在培养全体社会成员的勇气、理想、信念、人际和睦、工作热情、乐观、诚实、坚定和从容不迫等方面的作用。事实上，每一个社会成员都是一个独立的自我决定者和自我实现者，他们都有为自己作出合适选择的愿望和能力。社会要改善和发展所有的人，而不仅仅是只针对那些有问题的社会成员，大多数正常健康的社会成员也需要指导，和所有人一样，他们也需要心理学的指导来使自己的生活变得更完美而不是更普通。

也许我们经常可以听到这样的言论，消极心理学之所以能得到发展并生存到现在，一定是包含了某种重要的真理性的东西。对于消极心理学的价值意义，我们可以借用一个形象的比喻来加以说明：爬山的盲人也许对他经过的不同陡峭程度具有相当准确的估计，他甚至可能合理地述说他当时正在站立之处的确定坡度，但是这个斜坡直接通向险峻的悬崖，还是实际上就是峰顶呢，他却无话可说（皮尔逊，1999）。这就是说消极心理学的许多做法也许是对的，有些甚至是相当有价值的，但它在导向上却出了问题。正所谓"事物的构成要素通过它最后的行动使事物的流向发生了偏离，却又和事物的流向本身应当呈现的样子相符合。"（弗兰克，2001）

2. 消极心理学产生的原因

那么心理学为什么在"二战"以后会发生如此的转向呢？这是一个比较复杂的问题，它既有人类自身的原因，也有社会环境的影响。

首先，从人类自身发展的角度来看，按照进化论的观点，人类的某些消极特

19

性在人类的一定发展阶段具有有利于人类进化的意义。人类的消极情感体验就有一种自我保护的作用，它可以促使我们提高警惕以应对外界的危险，因为人类的消极体验常常和停止、逃跑、攻击等行为结合在一起（关于这一部分内容我们在第三章中有进一步详细的论述）。因此，这种进化机制就常常会使人类在发展过程中不知不觉地偏向消极。

其次，心理学研究的这种转向有着它特定的社会背景。一方面，长期而严酷的"二战"极大地破坏了人类曾有的幸福生活，战后人类面对的是一个千疮百孔、难以生存的世界（既包括物质世界也包括人类的精神世界），当社会面临战争威胁、食物短缺、秩序动荡等问题时，各种问题的修复和解决自然就成了当时形势下最紧迫的任务。另一方面，这种转向也有着资金不足的原因。"二战"以后，社会的各个方面都面临着百废待兴，而战争又使社会的财力遭到了巨大的破坏，在这种情况下，有限的财力就只能放在对现实的迫切问题的解决上。因此，在这一个时期，不仅仅是心理学，其他许多学科也都存在着把自己的研究重心偏向于问题解决的倾向（也就是消极的倾向），如社会学、教育学，甚至经济学等都是如此。

再次是西方工具主义教育观念的影响。西方工具主义观最早是由杜威提出来的，这种观念强调以实现现实目的和现实任务为宗旨，把一切思想、概念或理论等都当做是人们为了实现预期的现实目的的工具，把眼前的即时利益当做是生活的核心。杜威曾说道："如果观念、意义、概念、学说和体系，对于一定环境的主动的改造，或对于某种特殊的困苦和纷扰的排除确是一种工具般的东西，它们的效能和价值就全系于这个工作的成功与否。如果它们成功了，它们就是可靠、健全、有效、是好的、是真的；如果它们不能排除纷扰，摆脱谬误，反致增加混乱、疑惑和祸患，那么它们便是虚妄。"（杜威，1958）工具主义观念遵从最小努力原则，强调怎么方便怎么做，这样直接解决或应对问题本身的心理学自然就是最方便、最有效和最真的心理学了。

心理学在这一时期的这种转向首先发生在美国，由于美国当时已成为世界心理学研究和发展的中心，因而这种转向很快就蔓延到了世界各地。如果要就美国当时心理学的转向而分析其直接原因的话，那经济因素则是一个最重要的直接原因。第二次世界大战以后，美国当时出现了两个对心理学有重大影响的事件。第一个事件是1946年美国老兵管理委员会（Veterans Administration）的成立。众所周知，第二次世界大战使成千上万的无辜普通人卷入了战争，不管是战败者还是胜利者，他们的身体和心灵都不同程度地受到了伤害。而这种伤害对直接参加这场战争的军人来说尤为严重，因此，许多美国军人在战后患上了"战争综合症"，于是美国政府拨出巨额资金决定成立老兵管理委员会，旨在帮助那些有心理问题的退伍军人恢复正常。在这种情况下，许多心理学家看到，如果他们致力于研究心理问题或心理疾病，就能获得老兵管理委员会大量的资金援助，这样成百上千的心理学家都开始蜂拥而成为临床心理治疗师。第二个事件是 1947 年美国国家心理健康委员会（National Institute of Mental Health）的成立。美国国家心理健康委员会是在美国精神病学会（American Psychiatric Association）基础上成立的，它是一个带有官方色彩的机构，具有一定的官方权威，同时又具有雄厚的经济基础。国家心理健康委员会继承了美国精神病学会的传统，因而它完全把病理性作为自己的工作理念，自然它也是按照病理性模式来开展自己的研究工作，在这里 "National Institute of Mental Health" 其实是 "National Institute of Mental Illness"（心理问题委员会）的意思。国家心理健康委员会成立以后，它一方面吸纳许多心理学家参加这个协会，另一方面它还采用资金资助、奖励、帮助出版著作等形式来鼓励一大批心理学家进行心理病理学方面的研究。

（二）积极心理学回归了心理学本应有的价值平衡

尽管心理学的这种转向也取得了一些让人高兴的成就，如美国精神病学会编著的《心理障碍诊断与统计手册》（DSM）成为了一种世界性的诊断标准。这一标准对 300 多种的心理疾病进行了分类说明并提供了治疗的借鉴方案（目前该标准已发展到了第四版——DSM-IV），这为世界各国治疗心理疾病提供了参考依据。在对疑难精神和心理疾病的治疗上，心理学家至少已经能对 14 种 50 年前心理学还无能为力的心理疾病能采取有效的诊断和治疗措施等。但心理学所取得的这些成就并不能掩盖心理学本体价值的失落，旨在为全人类服务的心理学已逐渐沦落成了一种只为少数人服务的科学。要知道任何社会的组成基础是普通人，他们既没有多大的问题，也不是什么天才，只有使他们感到幸福了，这个社会才算得上是一个幸福而人道的社会。而且就社会本身来说，即使我们把所有问题都摆脱了，我们的社会也只不过是处于一个 "0" 的状态，因为我们并没有累积起我们所敬仰的东西。

21

积极心理学既是对当代心理学研究价值的一种重新回归，也是对消极心理学的一种反动，更是在新的社会背景条件下对心理学的一种深刻理解。原因有以下几点。

首先，从一定意义上说，积极心理学充分体现了以人为本的思想，提倡积极人性论。它消解了消极心理学过于偏重问题的片面性，真正恢复了心理学本来应有的功能和使命——使所有人的潜力得到充分的发挥并幸福地生活，这体现了一种社会意义上的博爱和人性。如果心理学能集中力量于利用人积极的本性使人更像人，而人又能在个人和集体的解放中表现出充分的积极，那么，心理学在使社会更具有人性方面就能作出巨大的贡献。人类现在的生存环境已大大不同于人类祖先生活的环境，人类的奋斗目的不再是生存而是享受。今天的社会已达成一个共识：使一切生命过得更有积极意义、更有人性，即全社会都要以人的良好生活为追求目标，让所有人都过上幸福的生活。就目前我国的实际现状来说，随着现代化建设的进展，我们的社会已经能够为每一个人提供良好的生活条件，如何在良好的条件下使普通人生活得更幸福就自然成了当代心理学最迫切的任务。

其次，积极心理学不把人的优点仅仅当做是克服其缺点的工具，而是把培养社会成员的积极品质作为社会科学研究本身的根本目标，这对人和社会的和谐发展都是有利的。消极心理学过分致力于克服缺点，用一种"快餐式"的工作方式来应对问题，这种没有经过心灵反思的、即时的工作方式很难适应我们今天的社会。克服缺点本身并没有任何问题，但心理学把自身的工作重心完全放在克服缺点上则不仅有失偏颇，而且也太急功近利。更不用说克服缺点也有一个适当性的问题，一个事物总是具有两个方面，并不是所有的缺点都可以被克服的，有些缺点被克服了，与其相关的优点也就消失了，同时，心理学的这种过分致力于克服缺点的特性也易导致人与其所在的社会出现对立。有人甚至认为"经常被冠以消极的思想、态度、行为、感情和疾病，实际上起到了保护你的积极作用，防止你的情感和社会生活受到威胁。与其设法立即丢掉所谓的消极行为，还不如先鼓励自己抓住它们。"（Tony Humphreys，2002）其实，人类的一些消极品质的发展总是有其特定的功能，如嫉妒可以削弱个体自身的快乐，并可能导致一些不良品质的产生，但它却是人类进取的源动力之一。有时候我们也许可以下这样一个结论：社会有时候在保存其成员的某些缺点方面的重要性要远远大于克服这些缺点。

积极心理学则由于其工作目标与人性目标高度一致，就更能使人与社会和睦相处。不仅如此，积极心理学还有助于培养社会成员的一种积极的归属感：使他感到他是属于一个国家和一个社会，从而使每个人都能很好地同化于他自己所在的环境和社会。对于一个社会来说，社会的发展主要是靠这个社会所拥有的积极的累积，而不仅仅是靠对消极东西的纠正，因此，我们的心理学应主动引导人们去积极向上，去累积自己的优秀。让所有人生活幸福是我们当代社会的主旋律，积极的心理学正是达到这一目标的一个有力保证。

心理学的一个非常重要的任务是预防社会问题的产生，但传统消极心理学的预防观总是针对成员外部环境的不良影响（如父母离异、大众传媒的不良导向、交友不慎等）而采取措施，并从外部制定了许多的规章制度，期望用这种外科手术式的方式所造成的消极体验（焦虑、恐惧等）来预防社会问题的产生。积极社会科学提倡一种新的预防观，即让社会成员自己防自己。什么样的人才会自己预防自己？积极心理学家们研究了在同样恶劣的环境下为什么有些人能保持自己，而有些人却成了问题人？到底是什么使有些人总是能有尊严地活着？他们发现只有人自身的积极品质和积极力量（如爱心、胜任、爱美性、乐观、勇气、工作热情、对未来充满希望等）才是预防问题产生的最好工具（E. P. Seligman &

Mihaly Csikszentmihalyi, 2000)。

很多人可能认为"积极心理学"的提出似乎意味着在此之前的心理学都具有一定的消极性,这种理解其实是错误的,并非积极心理学的本意。积极心理学只是想告诉世界,心理学在长期的发展过程中出现了一种不平衡。"临床心理学关注心理疾病;社会心理学关注社会偏见、种族主义和侵犯行为等;认知心理学关注影响人作出正确结论的偏见和误差。……积极心理学是现实主义的,它从不声称人类的本性都是美好而光明的,它只提出了一种更平衡的观点。这个世界的绝大多数人都在过着有理性的生活,而且有能力使自己活得更美好和更旺盛,即使当他们或尤其是当他们面对各种挑战、挫折和困境的时候。"(C. L. M. Keyes & J. Haidt, 2003)

心理学的最大使命在于使一切生命过得更有意义,消极心理学虽然在纠正问题上取得了令人瞩目的成就,但这并不能掩盖心理学使命的缺失。社会既是现实的,但更是历史的。心理学必须面对"应该是"和"可以是"的问题,"应该是"是心理学的本体价值。"可以是"是心理学的非本体价值,是在一定的时间段上应对特定社会问题的一种权宜之计,本质上是一种非理性行为,具有一种"快餐式"的特性。我们不应把这种"可以是"理解为绝对的规律,具有绝对的价值,而只应把它理解为一种迟早要达到"应该是"的变通手段,"应该是"最终必将消灭"可以是"。心理学研究一定要以"应该是"作为自己的核心价值,积极心理学是当今时代发展"应该是"的必然结果,它代表了未来心理学研究发展的方向。至少对于一个民主社会和一个公平社会来说,积极心理学的观点应该是受欢迎的,因为它与社会的本质、人性的本质有着太多的一致性。

二、强调要研究每个人的积极力量

西方积极心理学提倡用一种开放和欣赏的眼光来看待每一个人,强调心理学要着力研究每一个普通人所具有的积极力量。

(一)什么是积极力量

什么是积极力量①(positive strength)？从字面上看就是指正向的、具有建设性的力量和潜力。不过这种从功能上作的解释似乎还存在一个问题,那就是定义中的"正向的、建设性的"到底是对谁而言,是对个体自己而言还是对他人而言。这样积极力量就存在着一个主观标准和一个客观标准,在大部分情况下,这两者是不统一的。积极心理学认为,定义积极力量时,主观与客观的标准都要考虑,从理论上说,真正的积极力量应该是主客标准两者之间的一个最佳平衡点

① 力量(strength)在英文里既包含有人外显的力量、品质等,同时也包括人潜在的力量源泉,在本书中力量一词就包含有这两层意思。

（Aspinwall & Staudinger，2003）。例如，智慧是人的一种重要积极力量，但如果纯粹以主观标准来衡量的话，那它和自私自利的阴谋诡计就没什么区别了；当然，如果反过来以纯粹的客观标准来衡量，那智慧又可能接近于我们日常生活中所说的"缺心眼"。

人们在认识积极力量时，更多地是在个体水平上把它当做是与良好结果相联系的某些人格特质，如乐观主义、自我效能（self-efficacy）、自我弹压（ego resilience）等。其实，人的积极力量不仅仅只是一种静态的人格特质，它还是一种动态的心理过程，能对周围的环境进行有效的分析并作出合理的选择。以乐观为例，乐观主义者并不是不顾环境的具体状况而一味地盲目乐观，从而使自己处于危险的境地，而是能小心地留心周围环境中的危险信息，有选择地面对不同问题的具体情况而用一种合理的方式来表达或开展自己的行动。所以，人的积极力量不仅仅只包括了人格类的某些特征，它还包括人在正确的时间能正确地运用自己的各种资源和技能来实现自己的目标或解决自己所面临困难的能力，简单地说是一种为了得到良好的结果而灵活地进行自我调节的能力。

积极心理学认为并不是所有的积极力量都一定要有意识来参与，人的有些积极力量（潜力）已经成为了一种自动化的机制，这些积极力量和个体的生长发育一样，已在人类的进化过程中形成了一种"积极机制模式"（strength patterns）。进化心理学认为，人主要由两部分组成：生理机制和心理机制。达尔文已经证明了人的生理机制是受进化规律的制约，同样道理，人的心理机制也受进化规律的制约。例如：心理学的一些研究者对各个行业的成年人进行了主观幸福感的测量，如果用 10 点量表来表示的话，按照一般规律，大样本人群所得到的主观幸福感指数应该是平均数，而事实上结果却发现不同群体的主观幸福感指数总是在 0.6 以上，这高于我们理论上的平均数 0.5。对于这一现象，狄纳等人（Diener et al，1994）认为这一结果是由于人类保持或恢复诸如幸福等积极体验的能力已经表现出了生存性优势，它们开始具有了类似人本能的特征。至于为什么会出现这一情况，这主要是因为人类在漫长的发展过程中随着有关积极这一方面知识和技能的增加已形成了一种积极的心理机制，也就是说，人类在积极方面的知识越多、技能越高，人类的积极特性就会越自动化、越似本能化，这一过程实际上也是一个进化过程。

（二）为什么要提倡研究积极力量

"二战"以后的心理学以问题为中心，这在一定程度上背离了心理学研究的本意，因为心理学的根本目的并不仅仅在于去掉人心理或行为上的问题，而是要帮助人形成一种良好的心理或行为模式。没有问题的人并不意味着就一定是一个健康的人、生活幸福的人，同样去掉心理或行为上的问题也并不意味着人就能自然形成一种良好的心理或行为模式。人的生命系统不是由问题构成的，而是一个开放的、自我决定的系统，他既有潜在的自我内心冲突，也有潜在的自我完善的内在能力，个体一般都能自己决定自己的最终发展状态。因此，心理学应改变这种偏向问题的价值取向，把自己的工作重心放在培养人固有的积极能力上，通过培养或扩大人固有的积极力量和积极品质而使人成为一个真正健康并生活幸福的人，积极心理学正是以这种新的价值取向为核心而逐渐成长起来的一种新的研究范式。托尔斯泰有一句名言："幸福的生活都是相似的，不幸的生活各有各的不幸。"我们与其花大气力去探寻不幸的各不相同，还不如先想想幸福的普遍相似，这也许对我们更有启发。同情、理解、宽容、利他、乐观、坚持等，这些都是幸福具备的普遍共性，同时也是每一个人都具有的积极力量和积极品质，我们为何不把研究这些积极力量当做是帮助人类获得幸福的有效途径呢？

如果我们只是一味地研究各种生活中的不幸，那我们面临的任务也许就是成千上万，到人类灭亡时都可能解决不了这些问题。而如果我们反过来研究幸福时，那人类面临的任务就会轻松许多。心理学在过去过分关注人和社会所存在的各种问题的同时，带来了两个问题。

首先，缩小了心理学的研究范围。心理学应该是研究人类的一切心理现象而不仅仅只是问题性心理现象，心理问题只是心理现象的一个组成部分，而且是一个很小的、不具有代表性的特例。当心理学鼓励所有聪明的心理学工作者们都只把自己的精力放在研究一部分心理现象——心理疾病、问题和缺陷等方面时，这显然是不明智的。因为即使就以摆脱问题本身来说，当我们只研究问题本身时，就可能会使我们失去了另一条有效的摆脱问题的途径，有些问题也许只有通过研究人性或社会的积极方面才能得到更好的解决。

25

其次，它限制了人自身正常的积极功能的发挥。我们说人既有产生问题的可能也有追求卓越的能力，如果我们只是掌握了人类产生问题的"病理性机理"而对人类追求卓越的"积极机理"一无所知的话，那我们就把人在进化过程中保存下来的最有价值的东西丢失了。事实上，心理学过去50多年的"病理性"实践已经使事情变得很清楚：人类正常的积极心理功能不可能通过纯粹的消极性框架而得到充分的发挥。

下面是一个真实的故事：

一个妇女，她的儿子三岁那年，被人贩子拐走了。她受不了这个打击，精神崩溃，神经错乱，半疯半傻的。她有时候很平静，有时候见人就打，见东西就摔，弄得家里不得安宁。家里人实在没有办法，将她送进了市郊的精神病医院。

妇女入院的第三天，就从精神病医院跑了出来。离精神病医院不远的地方，有一家乡里开办的鞭炮厂，此时正接近中午，大门口的保安恰好进屋去接一个电话，就在这一会儿的空当，疯女人跑进了厂里。她径直闯进了生产车间，顺手抓起一些东西就往地上摔，等车间里的工人和保安跑来制止她时，她正举起一个小铁箱，要往地上摔。工人和保安看到这个场面顿时都吓傻了，一个个目瞪口呆，甚至忘记了往外逃跑。因为这个疯女人举起的小铁箱，是一箱用来做鞭炮的火药，这箱火药一落地，强烈的撞击很可能会引起火药的爆炸。而这箱火药一爆炸，一定会引起周围更多成品或半成品的爆炸，后果不堪设想！

这时，有人反应过来向她叫喊："放下它！放下它！"可是疯女人只是看了她一眼，反而更高地举起了火药箱。保安急得大叫："别动！那是火药，摔下来，你自己也会没命的！"但疯女人显然不明白他们的话，看着他们又咯咯地大笑起来。

情况万分危急！保安和工人想拼命冲上去，夺下疯女人手中的火药箱，但他们又不敢动，怕这样做反倒激发这个疯女人迅速把火药箱扔下去！眼看着一场惨烈的灾难就要发生了，车间里的人们纷纷跑出去，往工厂大门外跑。就在这时，一直在追寻疯女人的精神病医院的医生赶到了，医生看到这些工人一边跑一边大喊大叫："疯女人要摔炸药了……"医生从这个混乱的场面和人们惊惶失措的喊叫声中猜测到这个疯女人可能在这个鞭炮厂里，医生立即冲进了厂里并迅速跑进了车间。果然不出所料，医生看见几个工人远远地围着那个疯女人，而那个疯女人的手中正举着一个小铁箱，医生顿时意识到那个小铁箱的危险性和重要性，说时迟那时快，医生灵机一动立即冲疯女人叫了起来："别摔坏了你的孩子！"

医生刚说出这句话，只见那个疯女人顿时愣住了，她睁大一双无神的眼睛，直直地看着医生，那箱火药却仍举在头上，没有立即落下。医生又大声而和蔼地说了一句："你手上举的是你的孩子。"

疯女人的神情立即安定了许多，她将举在头顶的火药箱放了下来。紧紧地抱在怀里，低头打量着怀里的东西。就在这一瞬间，保安和工人们冲了过去，夺下了那箱火药。

所有在场的人都松了一口气，这时有两个人紧紧抓住了疯女人就往外走，而疯女人还在吼叫着要抢回那个小铁箱，一场重大的血腥的灾难就这样避免了！人们把目光投向了那位医生，人们感激他，又钦佩他。在他们看来，医生说的"别摔坏了你的孩子"和"你手上举的是你的孩子"这两句意思一样的话具有无比神奇的力量，因为疯女人什么话也听不明白，也听不进去，却"听懂"了这两句话的"含义"。

医生一边告诉人们把疯女人送回精神病医院去，一边对大家说："我能说出这两句管用的话，是因为我知道她的病根，我能找到她心灵深处最牢固，也是最能唤起她的记忆的一丝东西——那就是她对自己孩子的深厚的母爱。"

（佚名，2005）

从这个例子我们可以看出，不管是处于什么状态，只要故事中的妇女还是一个人，她就必然存在着积极力量，我们只要通过启动她的心扉来唤醒她积极

（爱）的力量和品质，就可以制止她的"疯狂"和"错乱"，就可以让她学会"理智"和"善良"……一个精神病人况且能这样，那我们正常的人自然会做得更好。事实上，即使一个人处于绝望、消沉等痛苦的境地时，他也不仅仅只是关心怎样来解除自己的这些痛苦，在他内心深处，还是更关心自己的尊严、品德、生活目的和生活意义，要不为什么还有很多人在极度痛苦时常常选择自杀而不去选择做伤害其他人或社会的一些极端行为呢？

积极心理学在研究人心理的积极力量方面取得了引人瞩目的成绩。如狄纳研究了人为什么以及在什么时候具有主观幸福感（subjective well-being），并指出主观幸福感应成为人类社会发展的行动指南；马西米尼和凡弗从生物进化和文化进化的角度认为人类的快乐体验（optimal experience）这一积极品质是影响人心理选择的一个重要因素，并且直接影响着人类的行为模式（F. Massimini & A. D. Fave, 2000）；彼德森研究了乐观主义（optimism）的培养途径、与现实及悲观主义的关系等，指出乐观主义这一积极品质是社会发展的一个重要条件（C. Peterson, 2000）；迈尔斯从人类是怎样幸福（happiness）的以及谁是幸福的人着手，用实证的方法证明了年龄、性别和收入等不是幸福的来源，只有社会性支持、对未来充满希望、有明确的生活目标等集体层面和个体层面的积极品质才是幸福的真正来源（D. G. Myers, 2000），这一研究成果正好和英国著名学者巴克莱在《花香满径》开篇所指出的幸福生活的三个因素（一是充满希望，二是有事做，三是能爱人）不约而同；布思则从进化论的角度对人类的幸福作了分析，指出幸福既是人类追求的目标，但更是人类进化过程中所形成的一种心理机制，人类只有对其充分关注，才能真正改善人类自身的生活质量（D. M. Buss, 2000）；雷扬和戴茨从人的本质出发研究了自我决定（self-determination）这一积极品质，认为个体的自我决定对内部动机、社会发展和人生幸福具有重大的促进作用（R. M. Ryan & E. L. Deci, 2000）；泰勒、凯梅尼、里德、鲍尔和格林沃德等人用实证等方法研究了积极情感（positive emotions）与身体健康的关系，最终得出结论：积极情感不仅能帮助人消解生活中的压力，而且也能增进人的身体健康（S. E. Taylor, M. E. Kemeny, E. M. Reed, J. E. Bower & T. L. Gruenwald, 2000）。

（三）积极心理学研究积极力量的三个层面

积极心理学提倡心理学要研究人类或人类社会的积极力量，具体来说，积极心理学主要从三个方面来研究积极力量：

首先，从主观层面上看，积极心理学主张心理学要研究个体对待过去、现在和将来的积极体验。在对待过去方面，主要研究了满足、满意、骄傲、安宁、成就感等积极体验；在对待现在方面，主要研究了高兴、幸福、福乐（flow）和身体愉悦等积极体验；在对待将来方面，则主要研究了乐观、充满信心和希望等积极体验。

27

其次，从个体层面上看，积极心理学主张心理学要研究积极人格。人格研究是积极心理学非常重要的一个方面，积极心理学提出了自己独特的，以积极为核心的人格分类标准：乐观型解释风格人格和悲观型解释风格人格。积极心理学在人格研究中特别强调心理学要重点研究人格中所包含的积极方面和积极特质，特别是研究人格中关于积极力量和美德的人格特质。在这方面，积极心理学主要研究了包括智慧、友好、尊严和慈祥等在内的 24 种人格特质（也即人的 24 种积极力量），并对它们的形成过程做了具体的实证研究。

再次，从集体层面上看，积极心理学主张研究积极的组织系统。积极心理学主要研究了家庭、学校和社会等组织系统，提出这些系统的建立都要有利于培育和发展人的积极力量和积极品质，也就是说这些系统的建立要以人的主观幸福感为出发点和归宿点。不过总的来说，和其他两个方面相比，积极心理学在这个方面的研究相对还比较薄弱。

三、提倡对问题作出积极的解释

积极心理学提倡对个体或社会所具有的问题要作出积极的解释，并使个体或社会能从中获得积极的意义。"积极心理学认为心理问题本身虽然不能为人类增添力量和优秀品质，但问题的出现也为人类提供了一个展现自己优秀品质和潜在能力的机会。"（任俊，叶浩生，2004）我们生活在一个并不总是安全的世界里，因此，我们不可避免地会遇到这样或那样的问题。但当问题出现后，作为一个自在的人，每个人都有自己的自由来选择自己的思想，也就是说可以对问题作出各种自己的理解。比如面对一件我们所谓办砸了的事，我们既可以去看到它好的一面，也可以去看到它坏的一面，因此，从某种程度上说积极与消极可以说是掌握在我们自己的手中，关键是你到底去刻意注意些什么。

例如，如果你是个学生，在一次考试中你一门学科考了 50 分，另一门学科考了 90 分，那么接下来的一天时间，你会总是想到 50 分的这一科还是 90 分的这一科？

如果你到外地去旅游，你在旅游目的地玩得很开心，吃得好、住得好再加上那里景色宜人，可当你回家时，下飞机后却发现自己的行李不见了。第二天，当你的朋友们问你玩得怎样时？你是告诉他们自己愉快的旅游经历呢？还是向他们抱怨自己倒霉的行李丢失的不幸遭遇呢？如果我们仔细想想我们生活中最近所发生的一些事，我们就能发现自己是在用一种积极的方式还是在用一种消极的方式来表达或解释自己。

19 世纪末，有一位名叫沃兹（G. F. Watts）的英国维多利亚画家画了一幅画，这幅画以暗淡的蓝色和灰色为主色调，画面上是一位被蒙着双眼却低着头的少女，少女手里拿着一把古希腊的七弦竖琴，其中的一根琴弦却已经断了。少女隐约地似乎是坐在一个球上，球的四周则布满了云雾。就是这样一幅展现绝望的画面，沃兹却把它命名为《希望》，沃兹认为绝望意味着放弃，而希望则意味着尽管遇到了极大的困难，但绝不放弃，就像画面中少女的琴，即使断了弦，也要努力演奏出音乐。这告诉我们，对我们每一个人来说，希望总是能激励我们，即使只剩下一点点资源，我们也要有前进的勇气。

因此，积极心理学主张从两个方面来寻求问题的积极意义，一是多方面探寻问题为什么会产生的根本原因，二是从问题本身去获得积极的体验（Miller & Harvey，2001）。

首先是多方面探寻问题产生的原因。一个问题之所以会产生，肯定会有它特定的原因，原因本身并不重要，重要的是我们怎么去看它，也就是说我们心理上的归因是怎样的。归因是指个体根据已获得的各种信息，对自己或他人的行为背后所包含的因果关系作出解释和推断的过程。当我们把原因归结为是可控制的、暂时的时，我们就会以一种积极的态度去面对问题，反之则会出现消极的态度。为了达到积极的目的，积极心理学常常从另一个角度或用另一种文化来对问题作出新的解释和理解，如表 1-1。

表 1-1

问题现象	传统解释	积极的解释
性欲缺乏	无法达到性快感	能不以身委人
抑郁	被动的情绪低落	能对冲突作出深刻的情绪反应
懒惰	没志气、不勤奋、性格软弱	能避免争强好胜
孤独症	跟自己都处不来	说明乐于与他人相处
神经性呕吐	食欲缺乏、青春期过分地追求苗条	能约束自己；能用饥饿摆脱女性角色；能分担世界饥荒

（佩塞施基安，1998）

29

事实上，有时候正是文化的差异才使得我们对一个现象或事件作出了消极的解释。例如在 20 世纪 70 年代以前，人们一直把同性恋当做是一种典型的精神失调，同性恋也成了一种精神病的名称。可是随着文化的发展和改变，人们渐渐意识到没有证据表明同性恋与人的精神失调有关，美国精神病学会也于 1973 年把同性恋从 DSM 目录中删除了。今天绝大多数人已把同性恋看做是一件正常的事，更有一些国家甚至用法律肯定了同性恋的合法性。一夜之间，同性恋者由"精神病患者"而成为了健康人，为什么会出现这种情况？道理很简单，这只是人们的一种文化解释和文化选择。

在本章的第二节我们曾提到了人所具有的"积极和消极是两个完全独立的、有各自定义的变量"的事实，但这并不是说积极和消极就毫无关系。我们的意思是指积极与消极的形成是独立的，积极并不会随着消极的消除而自然产生，积极本身有它自己形成的特定机制和特点，并不受消极机制的影响，也就是说积极与消极之间存在着对立性。不过从另一方面来看积极和消极又是相互依存的，它们之间离开了任何一方，其他一方也就不存在，积极和消极共同构成了矛盾的两个方面，也就是说积极与消极之间存在着同一性。这正如人的存在一样，人总是在生与死、得与失、自主与依赖的矛盾中存在，从某种程度上说，人如果没有失去也就没有发展。既然是矛盾的两个方面，用哲学的观点来看，积极和消极在一定条件下就存在着转化的可能。所以，心理学要求研究积极的呼声不应被误当做是要求忽视研究消极的呼声，也就是说，积极心理学并不提倡人类要故意避开或忽视自己的某些消极方面，而是提倡人类要学会在消极与积极之间寻找关联，从而创造一定的条件来促使消极向积极转化。

在这里有一点要引起注意，所谓消极向积极转化，很多时候更主要的是指人们要从消极（不幸或困境）中寻找到某些积极意义。如当一个人步入中年以后，随着年龄进一步的增加，其身体的活动能力开始逐渐下降（消极）。但是，他的一些生活经验、生活技能却更加丰富了（积极的意义），并弥补了自己身体活动能力的下降。心理学家泰勒曾以一些患致命性疾病的人为研究对象，在研究中，泰勒教给这些患者一些认知方面的策略以使他们能从自己疾病的情形中寻找到某些积极意义，从而增强他们的信心和自尊。许多病人报告学习了泰勒的策略之后，明显感觉到自己的身体状况比以前好了，也从自己现在所处的境况中看到了希望（Taylor，1983）。

目前新兴的神经科学研究表明，人的积极特性和消极特性之间的关系比较复杂，远不只是相对或彼此相反那么简单。以情绪体验为例，神经科学的最新研究显示，人的积极情绪和消极情绪是由不同的神经递质——多巴胺（dopamine）和不同的大脑部位所控制（Isen，2002）。但不管怎样，提倡对问题作出积极的解释总是可取的。

从长远来说，用积极的方式来对人的心理障碍等问题作出解释是最切合实际的。因为对问题本身作出积极的理解会更有助于问题本身的解决，不懂或不善积极的人就像是一部没有装上弹簧的汽车，人坐在上面，碰到任何小的障碍它都会颠簸得厉害，使人总是处于不舒服的状态。而积极的人就像是装有弹簧的车子，即使在最崎岖的山路上，你除了感受到一种舒服的左右、前后的晃动之外，再没有任何其他的不适感觉。正如马斯洛所说："心理学应当成为一门具有更多积极和较少消极的科学，它应当具有一个较高的主题，不要对人类所具有的种种崇高潜力有所顾虑。"（Maslow，1965）积极心理学的宗旨在于帮助人生活得更美好而不仅仅只是普普通通地活着，每个人活着的真正意义在于生活幸福。

【建议参考资料】

1. 叶浩生．西方心理学研究新进展［M］．北京：人民教育出版社，2003．

2. 任俊，叶浩生. 积极心理学——实现心理学价值回归的新视野 ［N］. 光明日报（学术版），2004 - 11 - 30.

3. 任俊. 写给教育者的积极心理学 ［M］. 北京：中国轻工业出版社，2010.

4. SELIGMAN E P，CSIKSZENTMIHALYI M. Positive psychology：an introduction ［J］. American Psychologist，2000，55（1）：5 - 14.

【问题与思考】

1. 积极心理学的主要观点有哪些?

2. 简述积极心理学兴起的必要性和必然性。

3. 塞利格曼为积极心理学的兴起作出了哪些贡献?

4. 不妨举几个生活中的例子，试着用积极的解释去重新审视事件本身。

31

第二章　积极心理学的性质

【本章提要】

　　积极心理学是时代背景下应运而生的一场心理学革命，是社会发展的产物。除了人格特质理论、马斯洛的人本主义心理学及西方 20 世纪五六十年代心理健康运动等心理学渊源外，积极心理学还远溯古老的东方哲学——主要是佛教哲学文化，近至建构主义哲学——主要是社会建构主义这两方面哲学基础。积极心理学的兴起以研究人的积极力量和积极品质为突破口，但它的根本变化只在于心理学平衡观的变化，即用平衡的心理学取代倾斜的心理学，在本质上并未超出传统主流心理学的特征。传统心理学与消极心理学并不等同，积极心理学对传统主流心理学的不满和批判仅限于抱怨传统主流心理学在过去的一段时间内变得失衡了——过分关注了"问题"而忘记了人类还有自己的积极力量和积极品质等。因此从某种程度上说，积极心理学只是对传统主流心理学的一种修正，或者说是一种完善式的发展。因此，积极心理学是心理学史上一场非革命性的发展。

32

【学习重点】

　　1. 积极心理学产生的社会背景、心理学渊源及哲学基础。
　　2. 与传统主流心理学相比较，积极心理学的主要变化表现。
　　3. 积极心理学与人本主义心理学的关系。
　　4. 心理学历史上的几次革命性的发展。

【重要术语】

　　建构主义　佛教文化　人本主义心理学　革命性发展

　　上世纪末，首先在美国兴起的积极心理学（positive psychology）运动，由于它独特的以人的积极力量、善端和美德为研究对象，强调心理学不仅要帮助处于某种"逆境"条件下的人们知道如何求得生存和发展，更要帮助处于正常环境条件下的人们学会怎样建立起高质量的社会和高质量的个人生活。积极心理学运动一出现就吸引了各国心理学界的注意，因而这场运动也很快成为一种世界性的心理学运动。伴随着积极心理学运动影响的日益扩大，许多人把这场运动称为是一种心理学的革命（苗元江，余嘉元，2002）、一种心理学研究范式的转变

（George Faller，2001）。积极心理学运动的发起人塞利格曼在早期也曾认为："这一门科学（心理学）不仅只是需要注入新的活力，很大程度上需要从科学本源上对它进行重新定位。"（Seligman & Csikszentmihalyi，2000）事实是否果真如此？下面我们就这一问题作一全面的分析和考察。

第一节　积极心理学产生的社会背景及心理学渊源

从表面来看，积极心理学似乎只是心理学自身的一种简单转向，但如果仔细对这种转向作一个深入考察的话，我们就会发现，积极心理学的这种转向并不是源于某些智者的一时之念，而是有着它特定的时代背景和心理学渊源。

一、积极心理学产生的社会背景

首先，积极心理学是对当前人类社会愈演愈烈的种族和宗教冲突反思的结果。尽管进入 21 世纪的人类创造了高度发达的物质文明，但社会在种族和宗教方面的紧张和冲突却丝毫不比前几个世纪有所缓解。无论是在欧洲、亚洲、非洲还是在美洲，我们到处都可以看见种族和宗教冲突的例子，许多冲突甚至酿成了人间悲剧，如非洲的卢旺达、欧洲的科索沃和亚洲的中东地区等。这些悲剧促使人们去思考：种族和宗教冲突的根源到底在哪里？为什么同样存在着种族和宗教的矛盾，有些地区会酿成悲剧而有些地区却能和平相处呢？这也许是一个复杂的社会问题，需要社会各方面的共同努力才能解决。但有一点却是非常明显的，那就是人类只有从人性共同的部分才能真正寻找到解决这一问题的最终办法。在这里，人性的共同部分就是人性的积极，也就是说不论哪个民族、哪个宗教信仰的人，他们都有自尊、满意、快乐等积极品质，并把这些看做是自己追求的生活目标。当世界的各个民族、各个宗教信仰的人都在努力实现自己的这些积极品质，都在过着相同或类似的幸福生活时，这种冲突和争端也许就会停止。

其次，科技和社会经济的发展给人类带来了困惑。从整个西方社会的现实来看，科技和社会经济的发展并没有解决社会的全部问题，特别是没有给人类带来想象中的幸福。第二次世界大战以后，人类经过几十年的和平建设，西方社会在许多方面都出现了令人瞩目的进步，如婴儿死亡率明显下降、儿童受教育水平得到了大幅度的提高、生活贫困人口的绝对数量显著缩小等。但在另一方面，人类社会的某些领域却并没有随着这几十年来经济的发展而发展，有些甚至还倒退了。如以美国为例，1960—2000 年来美国的经济增长很快，但其国民的生活幸福度指数却几乎没有什么增加（Ed Diener，2000），而在这一时期美国的抑郁症患者的数量却反而增加了，几乎是 40 年前的 10 倍多，而且抑郁症患者也正呈现一个低龄化的倾向，出现了许多十几岁的抑郁症小患者；同样的状况还表现在社会稳定和安全方面，在这一时期美国感觉不安全的人数增加了，青少年性犯罪、

33

儿童自杀、吸毒等都出现了较稳定的增长（Keyes & Haidt，2003）。

再次，西方广大的普通民众对自己生活质量的要求不断提高。由于民主运动的发展和人类自我认识的提高，西方民众对自己生活质量方面的要求变得越来越高，他们比以前更渴望过有意义的幸福生活。美国《纽约时代杂志》（*New York Times Magazine*）曾对成年人进行过一个很有意义的调查，问卷题目是"假如每一天会多出 3 个小时（有 27 个小时），你会怎么过这三个小时来使自己更满意?"结果约 2/3 的人说要和家人平安地待在一起，另外 11% 的人说要和朋友待在一起（Egan，2000）。尽管这是一个反事实问题，但从人们对这个问题的回答我们不难发现，大多数人希望有更多的时间和自己的亲人、朋友平安地待在一起，而不是去挣更多的金钱或物质，并把这看做是幸福和有意义的生活享受。

二、积极心理学的心理学渊源

塞利格曼自认为积极心理学渊源于奥尔波特（G. W. Allport，1897—1968）的人格特质理论和马斯洛的人本主义心理学（Seligman，2002），事实确实如此，但又不完全尽如此。其实除了人格心理学和人本主义心理学的影响之外，西方 20 世纪五六十年代的心理健康运动也对当代积极心理学的发展起了重大的推动作用。

34

（一）积极心理学与人格心理学理论

奥尔波特是一位杰出的人格心理学家，经过 30 多年对人格的研究，他逐渐形成了自己系统的人格理论。奥尔波特认为"个性①（人格）是个体内那些决定个人特有的行为与思想的心身系统的动态结构。"奥尔波特的这个人格定义主要包含了三个含义：第一，人格的复杂性。奥尔波特强调人格是"心身系统"的结构，即人格是由遗传、社会和心理等因素构成的，它的形成是一个复杂的过程，只分析任何一个因素都不能充分说明人格的全貌。第二，人格的独特性。奥尔波特认为人格是"特有的"，尽管一个人和其他人有着许多的共同点，但每一个人都有着自己独特的人格。第三，人格在结构上是动态的。所谓人格的"动态结构"，就是说人格是一种发展的、变化的结构，是一种动态平衡，它在某种意义上反映了个体的动机状况。

奥尔波特认为个体的动机系统为其人格的形成提供动力，因此个体的不同动机直接就能影响到人格的形成。但动机与人格的关系又不是简单的线性决定关系，动机具有一种机能自主的特性，所谓动机的机能自主就是指任何一种由学习而获得的动机系统，只要这种动机所包含的紧张和这一习得系统由之发展形成的

----

① 如果不作严格区分的话，个性、人格和性格其实表示了同一个意义。个性是苏俄心理学的习惯名称，人格是西方心理学的习惯名称，而性格则是中国人喜欢的名称。

先行紧张不是同一种紧张，则这一个习得的动机就表现出了机能自主（Allport，1961）。而一旦动机获得了机能自主，那它就变成了自给自足的"自在体"，而不再依赖原来的紧张。例如一个小孩练习弹钢琴，在初始阶段，他可能是因为害怕父母的训斥而去练习弹琴，因此逃避父母训斥的紧张心理就成为了他练习弹琴的动机。但当他经过五六年的练习以后，他练习弹琴的唯一理由是由于演奏自身已成为了一种享受，追求获得快乐享受的心理就成为了他练习弹琴的动机。在这一过程中，这个孩子的后一个习得的动机系统就表现出了机能自主，其导致动机的心理紧张已发生了变化。这种动机机能自主的现象在生活中有很多，如一个优秀的画家即使不再依赖其绘画谋生却仍然会继续从事他的精彩作业，商人超过他的生活消费需要的贪婪积财等。正是动机的这种机能自主的特性才使得个体的人格是动态的，塞利格曼也正是从这里受到了启示。

　　1967 年，美国宾夕法尼亚大学一位 21 岁的大学生塞利格曼第一次去自己教授的实验室时发现了一个奇怪的现象。当时教授和他的助手们正在做一个实验，他们在一个大笼子里用一排矮栅栏（狗可以轻易跨越过去）隔断成两个小笼子，两个小笼子一个有电击，另一个则没有。教授和他的助手希望狗在受到电击之后或在听到某个和电击相关联的声音之后能很快逃到另一个小笼子去躲避电击。但实验却进行得很不成功，狗在受电击后或在听到那个和电击相关联的声音时却一动不动地蹲在那，发出呜呜的吠声。这令在场的所有人都不知所措，谁也不能解释这个奇怪的现象。

　　年轻的塞利格曼却由这一现象受到了启发，他发现这些狗在此之前已经学会了一种情意态度（即某种人格特质）：把某个声音和电击联系在一起后产生一种特定的情意态度的条件反射。也就是说狗在此之前已经接受过多次的电击，不管声音在什么时候响起，也不管它做怎样的挣扎，它从来就没有逃脱过电击，这种再怎么努力也逃脱不了电击的经历逐渐使狗形成了一种"习得性无助"的心理特性。现在换了一个新的情景条件，它们能够通过自己的努力来逃脱电击，但"习得性无助"的特性使它们还是像以前一样，依然认为自己无论做些什么也都逃不脱电击的厄运。依据这个发现，塞利格曼对人类作出了一个大胆的假设：许多人存在的诸如压抑等心理问题的主要原因可能就是缘于形成了"习得性无助"类人格特质——对现实具有了一种无可奈何的信念，而不是他们真的无法解决自己的问题，随后的一系列的调查研究证实了塞利格曼的这个假设。

　　到了 20 世纪 80 年代，塞利格曼又作出一个新的推论：既然压抑、退缩等消极品质能够通过一定的学习而获得，那么乐观、高兴等积极品质也一定可以通过学习而获得。于是他又进一步将其理论进行了修改和扩展，他把修改和扩展后的理论命名为"解释风格"理论。塞利格曼认为个体后天不同的学习体验使个体形成了不同的人格特征，他用"解释风格"来对人格进行描述，把人格分为

"乐观型解释风格"和"悲观型解释风格"。"乐观型解释风格"的人会认为失败和挫折是暂时的、是特定性的情景事件，是由外部原因引起的，而且这种失败和挫折只限于此时此地；而"悲观型解释风格"的人则会把失败和挫折归咎于自身的原因，并认为这种失败和挫折是长期的、永久的，会影响到自己所做的其他事情，因而悲观型解释风格的人更容易形成抑郁。到了90年代末，塞利格曼终于在这些观点的基础上提出了自己的积极心理学主张（具体内容见下文）。在这里我们可以简单地概括出积极心理学的形成过程：动物习得性无助的发现——推论1（人也具有习得性无助）——推论2（人也可以习得性乐观）——积极心理学理论的提出。

（二）人本主义心理学

积极心理学的另一个渊源是人本主义心理学，尽管积极心理学的创始人塞利格曼早期曾在多个场合指责人本主义心理学，认为人本主义心理学"没有形成产生任何研究传统、具有自恋主义倾向、是反科学的。"（Eugene Taylop, 2001）但从积极心理学的研究主题来看，不管积极心理学承认与否，它显然是受到了人本主义心理学的影响。人本主义心理学在心理学历史上第一次为心理学树立了一个充分体现人性意义的主题——使人生活得更像个人，这也正是积极心理学所追求的目标和所体现的意志，在这一点上积极心理学和人本主义心理学几乎有着完全的重合。不过在另一方面，始终没有汇入心理学主流的人本主义心理学却又似乎更多地是以经验教训的方式影响着积极心理学的发展。关于积极心理学和人本主义心理学之间关系的这一部分内容我们在随后的第三小节会有进一步的详细论述。

（三）20世纪五六十年代西方的心理健康运动

不过就积极心理学的直接起源来看，它似乎和美国20世纪50年代末、60年代初出现的初级预防（primary prevention）和增进健康（wellness enhancement）等两个心理健康运动的观点一脉相承，有人（Cowen & Kilmer, 2002）就曾形象地把早期的初级预防和增进健康这两个心理学运动称做是当代积极心理学的"嫡亲长兄"（first cousins）。初级预防和增进健康这两个心理学运动始于上世纪50年代末的美国，当时美国心理健康联合委员会（Joint Commission on Mental Health）为了在国内推动心理健康运动而推出了一套关于心理健康方面的系列丛书，其中心理学家贾霍达（Marie Jahoda）的《积极心理健康的当代理解》（*Current Concepts of Positive Mental Health*）一书是这套丛书的第一本。艾沃特（Ewalt）在这本书的前言里写道："行为主义科学家们已经加入到了心理健康运动的行列并正在为这一运动的发展作出重要的贡献，他们对心理学过分关注人类的'病态行为'感到不满。他们认为假如我们把兴趣放在心理的健康方面，就会有一个新的更宽阔的视野。心理的健康方面作为一种积极力量，在被我们理解的同时也在发挥着实际的作用。"（Jahoda，1958）贾霍达在此书里第一次在心理学界提出了"积极"的概念，并认为积极的心理健康要从六个方面来加以定义其性质。这六个方面是：1. 积极的自我态度；2. 全面的成长、发展和自我实现；3. 整合性——一种集中统合的心理功能；4. 自主发挥功能的能力；5. 对现实的准确认知；6. 能掌控自己周围的环境（Cowen & Kilmer，2002）。

在谈到初级预防和增进健康等西方心理学运动对积极心理学的影响时，我们不得不提起心理学家霍力斯特（Hollister），他也一直反对心理学过分关注消极的东西。他认为英语中有一个专门用来描述身体或心理感受到消极打击时的单词——trauma，但却没有一个专门用来描述身体和心理感受到积极体验时的单词，他于是就创造了一个新的英语单词——stren（stren 其实是 strength 的变形词），并以此来表示人的积极体验（Hollister，1965）。从目前来看，stren 这个概念似乎很有用，stren 及 stren 的形成过程几乎就成了积极心理的研究核心。同样心理学家安东诺维斯基（Antonovsky）在 1979 年也指出，心理学研究中有关于描述病人"致病机理"的专门术语——pathogenesis，但却不存在描述健康人"健康机理"的专门术语，为此他也仿照霍力斯特的做法，在他的著作《健康、压力和应对》（*Health，Stress and Coping*）中创造了"健康机理"（salutogenesis）一词。从某种程度上说，stren 和 salutogenesis 概念的出现可以被看做是今天西方积极心理学运动产生的最直接先驱。

第二节　积极心理学的哲学基础

积极心理学运动产生于 20 世纪末，其思想根源比较复杂，我们在积极心理学的观点中既可以看到功利主义哲学观影响的结果，也可以看到实证主义哲学观影响的影子。但总的来说，积极心理学的哲学基础主要有两个方面：远可以追溯到古老的东方哲学——主要是佛教哲学文化，近可以从建构主义哲学——主要是社会建构主义① （social constructivism） 中找到其理论依据。

一、东方佛教文化与积极心理学

古老的东方佛教哲学文化是世界文化的一个重要组成部分，尽管东方的佛教文化是异于西方文化而自成体系的一种文化，但它在许多方面却对积极心理学产生了重大的影响，这也正应了一句谚语：美好的东西最终都会走到一起来。

苦难（dukkha），轮回（reincarnation），因果报应（karma）等概念构成了佛

---

① 　K. J. Gergen 把社会建构主义称为"social constructionism"，constructionism 这个词 Gergen 为了区别于用泛了的"constructivism"而新造的，这一行为本身也许就是一种社会建构主义。

37

教文化的基本框架，佛教的一切哲学思想都是在这个框架中建构起来的。概括起来说，佛教文化思想的核心主要包含了四条基本原理，在佛教里被称为四条高尚箴言（the Four Noble Truths），它们分别是 Dukkha 箴言（人的苦难）、Tanha 箴言（人的欲望）、Nirvana 箴言（苦难中的涅槃）和 Magga 箴言（摆脱苦难的路径）（Marvin Levine，2000）。这四条基本原理在中国被称为苦、集、灭、道"四圣谛"（"谛"即真理的意思）。

（一）Dukkha 箴言（苦谛）——关于苦难的理解

Dukkha 箴言主要是对苦难的分析和理解。佛教认为世俗世界的一切在本性上都是苦难的，这些苦难包括：寒热饥渴所引起的苦难、荣华富贵不能长久的苦难、生活环境经常变幻的苦难等。Dukkha 箴言告诉人们要从两个方面来理解苦难的意义：首先，Dukkha 箴言认为这个世界有许多让人不快乐的事件，如个人的生活不幸、孤独、焦虑、饥饿等，这些事件会使我们产生长期的或即时的不愉快情绪体验，如愤怒、讨厌、紧张等。这就是说世俗中的每一个人在面对如饥饿、痛苦、害怕、孤独和厌倦等苦难体验时都是脆弱的，会暴露出自己天生的一些弱点。苦难的大爆发就是以战争或自然灾害等方式出现，但大多数情况下苦难是以一种常见的方式在我们的生活中出现，如生活挫折、失望和受侮辱等。其次，Dukkha 箴言强调变化的理念，认为在这个世界没有什么东西是永久的，一切都会发生变化。这就意味着一个人只要是生活在这个世界上，苦难或幸福就不会永久是原来的那种状态，他的苦难或幸福都有可能随时发生变化，正所谓在一个人死之前永远不要说他是幸福的或是不幸的，因为这还为时过早，这实际上是强调苦难与幸福的轮回思想。

（二）Tanha 箴言（集谛）——关于人内心的欲望

人类之所以会有苦难主要是因为人存在本性上的弱点，从本性上说，我们每个人在内心深处有许多欲望在骚动，这些欲望就会使我们处于苦难的境地，并使我们变得脆弱。这些欲望有两种，一种是想获得的欲望——如食物、性、交往和友谊等；另一种是想逃避的欲望——如痛苦、烦恼、伤心等。如果用当代心理学的术语来具体描述的话，人的欲望可以分为三个方面：第一是基本的生理需要欲望，如食物、水和性等；第二是自我需要的欲望，如渴望成功、害怕失败等；第三是社会文化方面的需要，这主要是指人都需要得到社会价值的认同。每个人都生活在一定的社会文化环境中，人在发展过程中会逐渐地把他所在的社会价值观内化为自己的思想，从而使自己产生相应的追求欲望。这就是昆德拉所说的"时代情节"——要跟上时代，要不惜一切代价地取得所在时代的社会的认同。

佛教的这一思想其实是把人类苦难的原因由外在而转向了内在，强调苦难是由于人自身的原因，不要老是去怨天尤人。比如我们饥饿时会感到难受，但人的这种难受并不完全是由饥饿造成的，更主要的是人心中的欲望——想获得食物的欲望使我们感到痛苦。饥饿并不完全能决定我们的痛苦，世界上有一些民族（如伊斯兰教）的人在斋戒时非但不感到痛苦，反而会感到幸福；中国文化中（主要是道教文化）也有"辟谷"的传统，一些人会有意地几天几夜不吃饭，这些人在"辟谷"时也会饿，但他们并不感到痛苦，相反他们会很高兴，因为他们相信"辟谷"对他们有好处。佛教的这一强调人幸福与否不在于外在条件而在于人内心的思想其实是突出了人的主体性，它对积极心理学有着深刻的影响：事件是客观的，但对它的体验却是我们可以把握的，我们可以用积极的态度去对待生活中的任何事件。

（三）Nirvana 箴言（灭谛）——关于涅槃

既然我们知道了人类苦难的原因，我们就可以想办法来断灭世俗诸苦产生的一切原因，从而达到结束这种苦难的理想境界。为此佛教提出了涅槃的思想，涅槃思想的核心就是改变我们自己的生活状态，主要是改变我们自己内心的欲望（包括减少、缩小直至取消我们上面所提到的三个方面的欲望），并以此来摆脱我们的苦难而达到无苦境界。

其实，当我们用一种客观的态度来仔细审视我们内心的欲望时，我们发现我们的许多欲望实际上超过了我们的需要，我们事实上是为超过了我们需要的欲望在受苦难。这里佛教文化所提出的改变欲望和我们现代心理学常说的控制欲望不同，改变欲望是指我们把欲望本身缩小了或取消了，这样欲望就不再有力量来驱动我们；而控制欲望则是指欲望本身还在，我们只是运用我们的心理能量把它们压制住，使它们不爆发。如一个人受到了别人的侮辱，他想要发怒，现代心理学就告诉他可以通过咬紧牙关或握紧拳头来控制住自己的这种消极情绪的爆发，自然这一控制过程要消耗掉他极大的心理能量。佛教的 Nirvana 箴言则认为当你受到侮辱时，你可以用你的智力、良好的幽默甚至主动的关心来应对他，这一过程不需要人付出太多的心理能量。当然要真正做到通过改变欲望来使自己获得涅槃是有一定的困难，这也是一种能力，要通过多年的修行才能获得。事实上，佛教修行的最终目的就是为了获得这种能力，只有具备了这种能力，人也才算得上是到了涅槃的境界。

（四）Magga 箴言（道谛）——获得涅槃的八条路径

要想脱离苦难，人就要改变自己的欲望，那么人怎样才能改变自身的欲望呢？Magga 箴言提出了改变人自身欲望的八条途径（在某种程度上也可以说是修行的八条准则），也就是我们平时所说的"八正道"。

1. 对事物或事件要正确地理解：这就是说一个人不要被周围事物的表面现象所迷惑，要努力地在理解的基础上看到事物的本质；2. 要有正确的思想：也即我们不要有损害他人的想法，即使在别人出现了冒犯的言行时，我们也不要有报复的思想，我们要冷静地善待周围的事和人，多从好的一面去想别人。Magga

箴言把以上两条合起来看做是一个人修行的"智慧"（wisdom）部分。3. 要有正确的表达方式：这一条强调我们即使在有可能伤害到我们自身利益的时候也要敢于说真话，我们要诚恳地、温和地和别人交流，要使自己成为一个值得别人信赖的人，不要说别人的坏话或冒犯别人的话；4. 要正确地行为：正确行为的一个核心是不杀生、非暴力，同时一个人要多做善事，多做有利于别人的事，不要去由着自己的欲望行事，更不要惹是生非；5. 要正确地谋生：一个人是要生存，但人并不能为了生存而不择手段，要靠自己的劳动来获得生存，不要靠欺骗、剥削、行贿和损害他人利益的行为来维持生计。要选择那些有利于服务他人的职业（如教书、种植、建筑和医生等职业），而不要选择那些能损害他人的职业（如酿酒、卷烟、制造武器等职业）。工作中要尽心尽力，不能投机取巧，最简单的工作也要认真去做，不能总盯着金钱或报酬。Magga 箴言把以上 3、4、5 三条看做是一个人的"道德伦理规范"（ethics）部分。6. 要正确地努力：每个人的精力是有限的，因此，人要把自己的精力用在正确的地方——即把自己的精力用在控制自己的欲望上。一个人要想控制自己的欲望就必须要克服五个障碍——懒惰、过分焦虑、疑心、恶意和对财富的贪婪，只有克服了这五个方面的障碍，个体才能使自己变得更沉着和更有耐心；7. 要小心谨慎地多反省：一个人要小心谨慎地生活，要时时反省自己。要谨慎地说——留心自己平时的说话不要伤害了他人，要谨慎地想——留心自己不要有非分的想法，要谨慎地做——要谦逊地做各种日常行为，包括洗脸、刷牙和吃饭等；8. 要经常地沉思冥想：人要经常地静坐深思，这是东方传统中最重要的一种修身养性方式，在东方传统中有时也称为"打坐"。东方的一些民族对静坐深思很推崇，认为它有利于人的身心健康，并进而形成了两种典型的东方运动——中国的气功和印度的瑜伽。Magga 箴言把以上 6、7、8 三条看做是一个人修行的"心理训练"（mental discipline）部分。佛教认为一个人如果按照这八条方法去修行，就可以由"凡"入"圣"，就可以由苦难此岸通向幸福彼岸。

40

从上面的分析我们可以看到，佛教文化虽然是一种宗教文化，但它并没有在自己的哲学文化里出现太多的神性概念，如灵魂、上帝等。相反在佛教文化里更多的是我们今天积极心理学常讲到的感觉、体验、幸福和欲望等心理学概念。涅槃是佛教修行的最高目标，但涅槃的获得并不是什么神的作用，而只是人们改变自己欲望的一种结果，因而人们有时把佛教称为"无神论宗教"（The Atheistic Religion）（Marvin Levine，2000）。佛教文化的这种特性使得它不仅成为积极心理学基本观点的重要理论来源——如对于痛苦和幸福的辩证理解、对于成熟和成长的理解等，同时还在方法论上对积极心理学产生了一定的影响——如强调通过无条件的积极应对来改变个体的内在欲望，提倡静思默想来使自己把握自己生活的意义等。当代的一些心理学家在论述人的积极品质时，总是经常利用佛教的一

些观点来为自己的理论作证明，因而一些心理学的概念和佛教中的概念也有着很
大的共同点。幸福感是当代积极心理学的一个核心概念，而这个概念和佛教的涅
槃状态有着很大的联系。如本森（Benson，H.）在 1987 年的著作《你的极限心
理》（*Your Maximum Mind*）中论述到人的身体幸福（physical well-being）和心理
幸福（psychological well-being）之间的关系时，就多次应用了佛教中关于涅槃的
八条途径的内容；西卡森特米哈伊是积极心理学运动的重要发起人之一，他在他
的著作中也曾多次应用佛教的有关涅槃的观点来对心理的福乐状态（flow）和心
理的创造性状态加以说明（Csikszentmihalyi，1990）。这些都说明东方的佛教哲学
文化对西方的积极心理学有着重大的影响。

二、社会建构主义与积极心理学

建构主义已成为一种重要的哲学思潮，它的思想已逐渐渗透到社会科学的多
个领域。"建"或"构"在其字里行间都带有一种人力而为的含义，它其中暗含
了一个重要的隐喻：人类可以对自然事物的构成或结构进行重新加工，这本身既
体现了现代人的一种浪漫主义情怀，更体现了现代人所拥有的一分乐观和自信。
建构主义思想在心理学中有着很悠久的传统，德国心理学家凡辛格（Hans
Vaihinger）早在上世纪初就提出，人的生活都是个人或集体的功能性编构（func-
tional fictions）所致，"你的心理不纯粹是你所特有的，它也是一种同化和建构的
结果。"（Michael，2002）继凡辛格之后，许多心理学家都开始把建构主义的思想
应用到心理学的研究中，如巴特莱特（Frederic Bartlett）、皮亚杰和凯利（Geor-
age A. Kelly）等。巴特莱特是继艾滨浩斯（H. Ebbinghaus）之后又一个对记忆
研究作出重大贡献的心理学家，他在一系列的实验研究后得出结论：人的记忆过
程其实是一个建构和重构过程。皮亚杰则通过他的临床法研究认为，儿童的生活
是一种自我组织的生活，通过组织自己来建构他的生活世界，而这一过程又主要
依靠儿童主动的同化作用。心理学家凯利强调个体人格的形成过程就是一个建构
过程，他的《个人建构心理学》（*The Psychology of Personal Constructs*）更是建构
主义思想在心理学发展史上的一个里程碑。但早期心理学中的这些建构主义观还
只是一种自发的行为，没有成为一种系统的方法论，也不是一种潮流。

从建构主义概念本身的发展来看，建构主义最早产生于知识社会学，早期它
主要是代表了一种知识观和认识论，后来才逐渐发展成为了一种哲学观方法论。
像大多数新理论的产生一样，建构主义在其产生之初是一个松散、驳杂的思想体
系，其观点含糊不清而又斑驳陆离，正所谓"有多少建构主义者就有多少种建构
主义理论"（斯特弗，杰里盖尔，2002）。到了上世纪末，随着建构主义思想的
广泛传播，美国乔治亚大学教育学院分别于 1990 年 1 月和 1992 年 2 月先后两次
组织国际著名学者对建构主义作为一种认识论进行了研讨。在研讨会上，学者们

41

对建构主义的核心进行了界定：即"人类并非是'发现'了这个世界，而是通过引入一个结构（或借助于语言的媒介）而在某种意义上'创造'了它。"（赵万里，2002）同时，这次研讨会还根据性质的不同而把建构主义分为六大类，社会建构主义则是其中最重要的一个类目。这两次世界性的研讨会是建构主义发展史上的一个重要转折点，为建构主义作为一种方法论在各社会科学、甚至自然科学中的应用厘清了条理。我们可以这么说，也就是从这个时期开始，建构主义开始由一种自发的思想而成为了一种方法论和哲学观。

不过在这两次大会以后，建构主义自身作为一种方法论的发展也出现了一个重大的变化，人们开始更多地关注社会建构主义。1999年剑桥大学出版的哲学辞典对社会建构主义作了明确的界定："社会建构主义，它虽有不同形式，但一个共性的观点是：某些领域的知识（作者注：这里是指广义的知识，相当于我们平常所说的'意义'）是我们的社会实践和社会制度的产物，或者相关的社会群体互动和协商的结果。温和的社会建构主义观点坚持社会要素形成了世界的解释。激进的社会建构主义则认为，世界或它的某些重要部分，在某种程度上是理论、实践和制度的建构。"（Robert Audi，1999）从这个定义我们可以看出，不论什么样的社会建构主义——激进的抑或温和的——都认为意义既不是来自于客观世界所固有的本源，也不是来自于主观的被认识的世界，意义是来自于社会共同体的一种主动建构。在意义的生成过程中，人本身的内在特点（如主动性等）、外在条件以及一定的时空场域等因素都具有同等重要的作用，它们一个都不能缺少。这里所谓的意义，就是指在主客二元世界里与物质世界对应的心理的、语词的、知识的世界，它主要是对世界的一种表征。

社会建构主义的这一思想对积极心理学的影响是显而易见的。首先，积极心理学也强调意义的重要性，在积极心理学看来意义寻求是人类的一种基本需要，它反映了人类渴求秩序、交往、快乐和希望等的本能。因此，积极心理学强调心理学不能光致力于病理性的心理学研究，更需要关注人积极力量和积极潜力的研究，因为这些才是人类生活意义的真正所在。人不是为了没有问题而存在，人是为了生活幸福而活着，这是人类生存的永恒主题。心理学只有以这样的主题为价值核心，才能真正实现其价值的平衡。其次，人类的这些意义需要的满足必须借助于主体积极主动的寻求和合适的外在社会条件的帮助，人类心灵深处确实有着积极的种子，这是不用怀疑的，但如果要让这粒种子开花结果，我们还必须小心主动地为它浇水施肥，在这一点上积极心理学和建构主义也有着共同的地方。具体来说，社会建构主义对心理学的影响主要表现在两个方面。

（一）人类的"积极"与"消极"的意义特性在一定程度上就是一种建构

就人本身来说，人们在生活中时常会面临着各种问题——失业、婚姻不幸福、亲人发生意外等，这是一个必然。但对于这些问题，不同的人由于建构了不

42

同的信念而会采取不同的行为选择。格根在《饱和的自我》(*The Saturated Self*)一书中曾描绘了三个情景对话，我们在这里不妨借鉴来看一下。

对话情景一：

詹姆斯：底线已经很清楚，除了关闭工厂我们别无选择。

福瑞特：我觉得我们不能那样做，那样对所有工人和他们的家庭太没有良心了。

对话情景二：

麦琪：山姆，你能不能实际点？如果你不多管管孩子，我的职业生涯就全毁了。

山姆：你是个什么妈妈?！对你自己的孩子没有一点奉献和爱心，对我就更不用说。

对话情景三：

苏珊：卡罗尔，你要买那房子简直就是傻瓜，那么破不说，你还得为它背上一辈子的债。

卡罗尔：但是苏珊，不知怎么这些都不能阻碍我。每当我想到要住在那里，内心深处立刻就会有某些东西变得生动、活跃起来。(Gergen，1991)

在以上的三个对话情景中，詹姆斯、麦琪、苏珊认为人应受客观的外在条件决定，具有因果必然性，人的行为不能选择而只能是一种外在条件下的"必然结果"，外界出现什么情况，你就只能做出相应的"应答性行为"；而福瑞特、山姆、卡罗尔则认为人的行为不完全是受外在条件的制约，它还受人内心深处某种力量的支配——良心、母爱本能、追求快乐的本能（这些都是人的积极力量）。那么这里就存在了一个问题：从进化论的角度说，良心、母爱和追求快乐等积极力量其实是每一个人都具有的本能，但为什么在福瑞特、山姆、卡罗尔等人身上能表现出来，而在詹姆斯、麦琪、苏珊等人身上却表现不出来呢？我们只能这样解释，每个人都参与了他所经历的、能作出反应的、相互联系的周围世界的建构，他的思想不仅仅是他本能的自然演化而是他与周围世界互动的结果。这正如上文社会建构主义的定义所指出的，人的思想、信念或观念等是我们的社会实践和社会制度的产物，或者是相关的社会群体互动和协商的结果，因而它们在发展过程中出现了很大的差异性。

从心理学的发展来看，现代心理学在相当长的一段时间内不仅没有帮助人们有效地解决现实问题、对日常工作和生活提供有益的指导，相反却"制造"出了更多的问题。我们可以看一下最近几十年在心理健康领域中的一些最新流行词汇，这些词汇正如格根所说，都集中在关注个体的心理问题、缺陷或无能上，而且这些词似乎还正呈现出不断增长的趋势。这些词包括：

burned out（工作或职业倦怠）；low self-esteem（低自尊）；authoritarian（独

43

裁）；externally controlled（易受外控的）；repressed（压抑）；depressed（抑郁）；anorexic（厌食症）；stressed（应激过度）；paranoid（妄想狂）；obsessive - compulsive（强迫症）；bulimic（进食障碍）；sadomasochistic（施虐 - 受虐狂）；midlife crisis（中年危机）；identity crisis（同一性危机）；anxious（焦虑症）；seasonal affective disorder（情感混乱）；kleptomaniac（偷窃狂）；self-alienated（自我异化）；psychopathic deviate（精神病性偏离）；post-traumatic stress disorder（应激障碍）；voyeuristic（观淫癖）；antisocial personality（反社会人格）。（杨莉萍，2004）

为什么会产生这一现象？这主要是因为现代心理学在过去的一段时间内事实上建构出了一套病理性的机制，这套机制的工作过程我们可以用格根关于心理失调的知识考古来加以说明，"事实上我们发现自己面对的是'一个不断增长的疾病链'：1. 心理健康专家宣布心理失调存在的客观性和真实性；2. 这种真实性通过教育、公共政策和媒体向社会扩散；3. 我们开始使用这些术语来认识和理解自己——'我有点抑郁'；4. 寻求心理健康专家的帮助；5. 于是对心理健康职业需求的增加；6. 这一专业队伍越是扩大，有关描绘心理失调的语词就会更多。这样这个病症链就会一直不断地、连续地扩展下去，以至于饮食、工作和性等现代社会生活的方方面面都可以和心理失调——如肥胖、厌食、工作狂、紧张、焦虑等相联系起来。"（Gergen，1999）由此，现代心理学就出现了一个怪现象：心理健康研究越发达，人们的心理问题反而越多，这就是说，心理学非但没有解决问题，反而制造出了更多的问题。

（二）人类的"积极"和"消极"是人类自身主动寻求的结果

每一个人都是一个自我组织的人，也就是说能自我调整，个体的活动从本质上说是为了适应周围环境的一种自我表达方式，个体为了获得生存和发展，他就必须要应对他生活中所面临的一些挑战。而到底用什么方式来应对这些挑战呢？一般认为，每个人都有一套属于自己的应对模式，这种应对模式是一种自我组织系统，它一旦形成，就会保持相对的稳定。在大多数情况下，个体会直接应用这种已储存的应对模式来应对自己所面临的问题。那么，个体的这种应对模式又是怎样形成的呢？这主要受三个因素影响。

第一个因素是日常行为。一个人的行为是由他所具有的应对模式所决定，但每一个行为本身又是一个人应对模式的一个组成部分。我们假定生命系统在最初是一个空白状态，当他有了第一个行为（在本能基础上的）后，他在这次行为中的经验就会保存在大脑里而构成他最早的应对模式。随着他的行为越来越多，他的应对模式也就会在综合这些行为的基础上变得越来越丰富，我们把这一过程称为个体的自我组织（self-organizing）过程。因此，当个体在平时总是主动用积极的行为来应对他所面临的问题时，就会形成具有积极性质的应对系统，而一旦形成积极性质的应对系统之后，这个系统又反过来会促使其在今后采取更多的积极行为。反之，当个体在平时总是主动用消极行为来应对他所面临的问题时，就会形成具有消极特性的应对系统，而消极性质的应对系统则又会促使其在今后采取更多的消极行为。但在这里有一点必须加以说明：所谓具有积极性质或具有消极性质的应对模式只是一种泛指，而且是针对一个人的总的行为来说的。一个人在其发展过程中还会针对不同的对象或不同的情景而形成一些具体的应对模式，如面对突如其来的生活不幸、面对从天而降的喜事、面对朋友或面对敌人等不同情况时的应对模式。而且就模式本身的性质来说，积极性质的应对模式并不意味着这个模式都是由积极行为构成的，消极性质的应对模式同样也不意味着都是由消极行为构成。事实上，每一个人的应对模式（不管它是积极性质还是消极性质）都包含有积极行为和消极行为，只不过不同性质的模式中积极与消极行为的构成比不同。我们一般把积极行为多于消极行为的应对模式称为积极性质的应对模式（简称积极应对模式），反之则是消极性质的应对模式（简称消极应对模式）。

第二个因素是情感①。情感是一个人行为的必要准备，是行为的动力系统，它为人的自我组织提供最原始却又是最直接的动力。因此，个体应对模式的背后一定存在有一个与之相应的情感支持系统，假如一个人从来没有体验过爱、安全或胜任等，他就很难产生或保持一种与之相对应的积极应对模式。所以从某种意义上说，正是某种情感在支撑着我们应对模式的建构。

有一则故事似乎能对我们理解情感对行为的影响作用以启示。

在一条正在海上航行的海轮上，有一位工作非常认真的大副，他以行为正直高尚而著称。有一天，他突然得到消息，他的妻子跟一个不怎么样的男人跑了，他为此十分难过，于是就借酒消愁，平生第一次喝得酩酊大醉。正好这一天是船长值班，船长就在这一天的航海日志上写道："大副今天喝醉酒了。"第二天，大副酒醒后看到这样的航海日志就对船长提出抗议，说这个记录如果不加上相关的说明或解释，就会使别人觉得他常常喝酒或醉酒（事实上这是他一生中的第一次醉酒），从而影响他的前程。但船长说航海日志就是记录事实，不能加上相关的解释或说明，也不能去掉。第二个星期正好是轮到大副记航海日志了，在这个星期的最后一天，大副在航海日志上写了这样一句话："船长今天没喝醉。"

在这个故事里，首先，我们来分析一下大副，大副是一个正直且高尚的人，也就是说他在日常生活中是一个积极的人，但他在消极情感（难受）的影响下也会产生消极行为——酩酊大醉。船长是一个只相信事实而不相信情感的人，认

45

_____

① 在本节内容中我们把情绪与情感不作严格区分而当做是两个通用词，因为在这里我们只涉及它们的一些共同特征，并不涉及它们各自的具体内涵。

为事实就是一切，于是他记下了大副的消极行为事实——酩酊大醉。而这一所谓的"不带感情色彩"的行为事实又激起了大副的消极情感（不快），于是大副又在消极情感影响下记下了船长的事实——船长今天没喝醉。既然船长相信航海日志只要记录事实就行，而船长事实上又没喝醉，那大副如实记载也就无可厚非了。不过，显然大副的这一记载是为了让后来的人看到这个记载而产生另外一种想象，我们相信船长在看到这个记录之后也一定会产生不快。其次，我们对船长也做一个分析，船长自认为自己是一个不带感情色彩的人，他只关心如实反映行为事实，也就是说船长自认为自己的行为是不受情感影响的。其实不然，如果我们作进一步分析的话，船长的行为也是受一定的感情影响的。在船长值班的那些日子里，船上肯定会出现有无数的行为事实，如船上所有人的吃、喝、娱乐、休息等都是行为事实，但船长为什么偏偏要把大副喝醉酒的行为记上呢？从本质上来说，大副的醉酒行为和大副的其他行为并没有什么本质的差异，它们都一样是行为事实。这说明在船长心目中，行为事实之间是存在有价值差异的，也就是说，至少在船长记载事实的时候，他对事实本身有着好恶——至少是喜欢或不喜欢之分，因此，船长的行为本身其实就是一种情感行为。

也许不同的人对这个故事有着自己特定的解读，但有一点却是非常明显的，那就是一个人的情感一定会影响到他的行为，一个人的每一个行为背后——除了本能行为之外——也都一定会有一个相应的情感在起着支撑作用。因此，对于每一个个体来说，寻求积极情感不仅具有一定的情感意义——使自己的主观体验更快乐，同时也具有一定的行为意义——使自己的行为更积极。那么在这里我们要问，个体的这种积极或消极情感体验是否是一种自发性的呢？要回答这个问题，我们可以再回到上面这个例子，为了使问题表现得更清楚，我们现在用一个简单的表达式来对上面的例子做一个概括。

不可预料的消极刺激——大副产生消极情感——大副出现消极行为——船长的消极情感——船长的消极行为——大副的消极情感——大副的消极行为——船长的消极情感（推理的结果）。在这一过程中，大副面临的是他不可控制的突发不幸事件，因此他在短时间内的行为带有一定的自发性和不可控性，带有很大的本能驱动。因此，整个过程中船长的行为是一个关键，如果船长选择另外一种方式——不记或是在记录的后面加上相应的补充说明（事实上船长完全可以这么做，因为醉酒毕竟是大副在面临强烈的不可预料的消极刺激时的一种偶然行为，而且船长这样做本身更是尊重了事实），那情况就完全可能是另一回事。从表面看，船长在当时是选择了一种行为，但其实船长也是选择了一种情绪体验，他选择了一种对大副本能性消极行为不满的情绪，而这种不满的情绪又直接导致了大副的不快情绪，于是便出现了大副在当班时写上"船长今天没喝醉"的记载。我们不需要做更多的猜测也可以知道，船长看了这个记载肯定会不高兴。但这又能怪谁呢？是船长自己首先主动选择了消极情绪才导致了这一切的发生。所以，我们说一个人建构的行为应对系统具有什么样的性质时，在很大程度上取决于他主动寻求的结果，主动寻求了积极就有可能形成积极性质的应对系统，主动寻求了消极当然也就会形成消极性质的应对系统。

第三个因素是符号表征系统，在这其中又主要是语言的影响。像其他观念在人头脑中的存在一样，一个人的应对系统也主要是以符号表征（语言）的方式在人头脑中存在。这就是说，每一个人的行为应对方式，它都首先必须转化成一定的符号，然后再以一定的方式表征①于人的头脑。语言是人们使用得最多的符号，因此语言在个体应对模式的形成过程中起着重大的作用。正如索绪尔所说的，语言本身是一个自在的系统，它有自己的内在逻辑。这句话的含义是深刻的：如果语言的作用取决于它的内在逻辑，我们所谓的意义就可能会独立于语言之外，语言就将与它所描述的世界完全剥离。如果说语言不是对世界的描绘，那么我们平时所讲的"知识"或"真理"又是什么呢？社会建构主义认为，"知识"或"真理"是我们在社会过程中的一种建构，而这一建构过程又有赖于参与者在其中所表现出的主动性。格根曾举了一个例子来说明这个问题。

我在假期中曾找到了一份粉刷匠助理的工作，为一个坏脾气、满嘴口臭的粉刷匠马文做助手。尽管马文在做人方面不太令人满意，但他的工作却做得很出色。每当他爬在梯子上，挥动胳膊将泥灰很完美地抹在天花板上时，我的一项很重要的工作就是按照他的要求，将搅拌合适的灰泥递给他。他所需要的灰泥有时必须搅拌得很稀——以便可以很细致地反复抹，有时又必须搅拌得很干——以便能很快地封好要粉刷的轮廓，而这一切都取决于他工作的具体进程。刚开始那几天，他叫"skosh"（湿泥的意思）或"dry-un"（干泥的意思）时我无动于衷，因为它们对于我没有任何意义。但过了几天之后，我已经能够熟练地搅拌出他所需要的"skosh"或"dry-un"，事实上，"skosh"或"dry-un"已成了我们共同生活中的一个重要的组成形式。

然而，想一想这些最初的语词、行为和所指对象之间的活动又导致了什么样的结果呢？经过两个星期的实践，马文和我已经在灰泥的各种性状上达成了共识，也就是说，我们在什么是"skosh"上和什么是"dry-un"上取得了一致意见。如果我说"dry-un"来了，他会和我一样认为来的就是干泥。他的这一预测随着我每次递上去的东西得到强化或削弱。这样，凭借着"skosh"和"dry-un"在相关活动中所起的作用，"skosh"和"dry-un"开始以描述真理的方式在起作

47

①　关于心理表征的具体方式可以参阅王苏、汪安圣所著的《认知心理学》，北京大学出版社，1992年出版。也可以参阅余嘉元所著的《当代认知心理学》，江苏教育出版社2001年出版。

用。不，语词本身并没有描述世界，但由于它们在关系情景过程中的有效作用，它们就变成了对真理的描述。（Gergen，1999）

从以上的分析我们可以看到，积极心理学中所表现出的社会建构主义很明显是温和的社会建构主义（有时也称"弱的"社会建构主义）。所谓温和的社会建构主义是和激进的社会建构主义相对而言的一个概念，温和的社会建构主义的"建构"主要把观念和精神的东西作为自己的针对对象，特别是知识和科学，"这类建构主义在认识论上仍然保留了现代文化的特征，相信作为认识对象的客观世界的存在，同时不否定现代文化赋予认识的根本属性，而只是强调人们对世界的认识不是被动的反应或接受，而是通过主客观的相互作用，由主体主动建构起来的。"（杨莉萍，2004）也就是说，积极心理学在其内心深处还是相信客观的现象世界背后存在着一定的规律——"积极"的规律，心理学的任务在于寻找到这种规律。

因此从某种意义上说，积极心理学并不完全属于后现代主义范畴，而是现代与后现代的一个交汇。具体就积极心理学本身来说，积极心理学期望寻找到人类是怎样建构起自己的"积极"？人在建构"积极"的过程中又具有哪些规律？人在建构"积极"的过程中的主动性又表现出怎样的特性等？当心理学在为人文主义倾向、实证主义倾向和后现代主义倾向而争得不可开交的时候，我们却发现一个奇怪的现象：人文主义、实证主义和后现代主义等却在积极心理学身上得到了和谐的统一，这种和谐统一也许为积极心理学平添了一分神奇。

第三节 积极心理学运动是一场心理学革命吗

传统心理学是一个泛概念，意指在此之前的一切心理学。由于我们不可能就每一个心理学流派和积极心理学间的关系来展开论述（事实上也没有必要这样做），因此，为了更有利于论述，我们首先就得对传统心理学作一简单化处理。按照通常的办法，我们总是把传统心理学分为两个部分，一部分是实证主义倾向的心理学，由于实证主义倾向的心理学从1879年科学心理学产生起就一直占据着心理学的主流，所以我们常把这一部分心理学称为传统主流心理学；另一部分是人文倾向的心理学，人文倾向的心理学虽然一直以来都不是心理学的主流，但它在临床、教育等领域却表现出了强大的生命力。人文倾向的心理学有很多，如意动心理学、人本主义精神分析等，但真正能代表人文倾向心理学的本质、并且又对心理学的发展产生了重大影响的却只有人本主义心理学。所以在大多数情况下，我们在谈到人文主义倾向的心理学时，常常把人本主义心理学作为其最好的代表。基于以上分析，本文在论述积极心理学与传统心理学的关系时，主要也就从论述积极心理学与传统主流心理学、积极心理学与人本主义心理学这两个方面入手。

一、积极心理学与传统主流心理学

传统主流心理学具有两个明显的特征：第一个特征，它以实证主义和逻辑实证主义为科学哲学基础，这种科学观信奉事物存在着内在的、恒定不变的普遍规律，相信经验证实是人类了解现实世界普遍规律的唯一途径。尽管主流心理学中的行为主义心理学和认知心理学各有各的特点，但它们在这一信念上却是保持高度一致，都是典型的经验主义心理学。行为主义希望借助于强化来揭示刺激与行为间的联结规律，认知心理学则试图通过计算机模拟来揭示人脑的信息加工过程的事实和规律，并以此来推演出一般的、抽象的和普遍的定理或结论。传统主流心理学的第二个主要特征是方法论上的还原论，这种理论认为生命过程或思维活动是遵循物理和化学法则的，心理学应倾向于用相对简单的原理来解释复杂的心理现象或心理结构。如行为主义心理学把人的心理还原为"刺激—反应"的联结，认知心理学把人的心理还原为类似计算机"输入—储存—加工—输出"的信息加工过程。传统主流心理学的这两大特征使西方心理学表现出了极大的科学激情，同时也促使了西方心理学向现代社会的各个领域不断渗透和扩张。

积极心理学的兴起是以研究人的积极力量和积极品质为突破口，但它的根本变化只在于心理学平衡观的变化，即用平衡的心理学取代倾斜的心理学，它在本质上并未超出传统主流心理学的两大特征。有人认为"积极心理学"这一词语的出现，便意味着传统主流心理学是一种消极心理学，因而这是一场心理学的革命，这其实是一种误解。积极心理学确实对传统主流心理学表现出了不满，而且也在多种场合对它进行了批判。但这种不满和批判仅限于抱怨传统主流心理学在过去的一段时间内变得失衡了——过分关注了"问题"而忘记了人类还有自己的积极力量和积极品质等。因此从某种程度上说，积极心理学只是对传统主流心理学的一种修正，或者说是一种完善式的发展，这从以下几个方面可以得到佐证。

49

（一）从积极心理学的研究目的来看

积极心理学的目的有两个方面——最终目的和直接目的。首先，从最终目的来看，积极心理学和其他流派或形式的心理学一样有三个目的：即治疗人的心理疾病、使每一个人的生活更有活力和更圆满、从社会人群中区分出天才并使这些天才得到尽可能好的发展。

其次，从直接目的来看，积极心理学主要是反对过去心理学所表现出的消极特性，而致力于揭示"人类有效地充分发挥自己积极功能的本质是什么？什么样的人能够获得更好的进化性适应技能和学习技能？尽管面临许多困难，但大多数人仍然会设法使自己过一种有尊严、有目的意义的生活，对这一现象又怎样解释呢？"（K. M. Sheldon & King, 2001）积极心理学的直接目的其实就是想寻找到现象世界背后的规律——一种使普通人生活得更幸福、更圆满和更有意义的规律，这种信念和传统主流心理学的信念是一脉相承的：都想通过现象来寻找到事物背后的客观规律，从而把握事物的真实意义。

另外，积极心理学中"积极"一词和实证主义中"实证"一词在英语里是同一个单词，它们都是"positive"。这种同词性并不是偶然的，因为在英语里"积极"一词还有其他的一些英语单词：如"active"、"enthusiastic"等，但积极心理学却偏偏选择了"positive"一词。积极心理学的这种举动肯定不是无意而为，而是有意为之，其目的很清楚，就是想表明自己与传统主流心理学的某种联系。

（二）从研究方法上来看

积极心理学主要是"利用心理学目前已比较完善和有效的实验方法和测量手段，来研究人类的力量和美德等积极方面的一个心理学思潮。"（李金珍，王文忠，施建农，2003）和传统主流心理学相比，积极心理学在研究方法上基本没有什么实质性的新突破，它还是借助于主流心理学在其发展过程中所积累的一些方法，如调查研究法、比较法、实验法等。正如塞利格曼自己所说："积极心理科学的形成并不是一件很困难的事，因为病理性心理科学已经为我们做了许多方法论方面的工作。我们可以通过使用病理性心理科学所创造的那些操作性定义、评估方法、结构方程模型、实验方法、干预手段和结果检验等，从而取得积极心理学研究的进步。"（Seligman，2003）在这些具体研究方法的背后，积极心理学也总是千方百计地想简单化人类的一些复杂心理现象，希望寻找到人类"怎样变得积极"的普适性规律。

如积极心理学研究的一个核心概念是主观幸福感（subject well-being），为了研究人为什么以及在什么时候具有主观幸福感，一些积极心理学家们采用了各种实证研究方法，从而抽取出了一些影响因素。典型的如二因素论（B. Headey & Wearing，1991）认为，影响人主观幸福感的因素主要可以分为两个方面：一是相对比较稳定的因素，如一个人的社会背景、人格特质和社会网络（家庭、工作单位）等；二是常变因素，主要指一个人在特定的时间里，由于满意的事件或不幸的事件所导致的心理变化。前一个影响因素被称为"心理储备"（psychic stocks），后一种因素被称为"心理收入"（psychic income）。还有一种三因素论（Myers，2000）则认为，影响人主观幸福感的因素主要有三个：第一是经济增长和个人的收入；第二是良好的人际关系，主要包括朋友关系、夫妻关系等社会人际交往关系等；第三是宗教信仰。但不管是二因素论还是三因素论，都和传统主流心理学的研究方法具有同样的特征，是一种对人心理活动的简单还原（在此我们并不是一概否定这种方法的有效性，事实上科学中的许多进步都是由这种方法而取得的），这总归没有反映出人心理的全貌。因为生活中每个人的幸福是一种非常个性化的体验，它有时可能是想象，有时又可能是一种感受，有时还可能是一种记忆，任何人都不可能用特定的几个具体因素来涵盖它的全部意义。

　　不过在具体研究方法的应用上，积极心理学和传统主流心理学相比还是有一些自己的特点，它比传统主流心理学更宽容、更灵活。它一方面以实证的研究方法为主，另一方面又不拒绝非实证研究方法，这一点我们可以很清楚地从2000年美国心理学杂志——《美国心理学》（*American Psychologist*）所发的关于积极心理学内容的专栏中看出。如积极心理学在研究人的"积极"的进化及发展时就采用了大量的演绎推理（Buss，2000），甚至还用文化解释学方法来论述个体的发展历程（Larson，2000；Massimini & Fave，2000）。这里我们也许可以下这样一个结论：积极心理学对研究内容的关注远胜过于对研究方法的关注。也就是说积极心理学更关心研究什么，而不太关心用什么方法去研究，只要能充分说明"幸福"，什么样的研究方法它都可以接受。这实际上体现了积极心理学在方法论上的"拿来主义"思想，只要是对研究人的良好品质和积极力量有用，不管是人文主义研究方法、实证主义研究方法、后现代的"知识考古"（该方法主要是格根提出的）的研究方法，甚至是哲学思辨的方法，积极心理学都可以接受。

　　（三）从研究对象和内容来看

　　从总的方面来看，积极心理学强调研究人性积极的一面，强调研究人的积极品质、积极力量和积极潜力等。如果要把这些内容进行具体归类的话，则主要包括三个方面：第一是积极情感体验，主要研究各种积极情感体验的作用及其产生的机制，并特别强调积极情感体验是一个人幸福的主要途径。第二是积极人格，即"乐观型解释风格"的人格，主要研究各种积极人格特质的作用及形成过程，在这其中又主要以人产生积极行为的能力和潜力等为研究的重点，到目前为止，积极心理学共研究了24种重要的积极人格特质。第三是积极的社会组织系统，主要研究积极的社会大系统（包括国家的法律、法规和政策等）和积极的小系统（学校、社区、工作单位和家庭等系统）及其他们对人幸福的影响。

51

　　积极心理学的这些研究内容——情感体验、人格和社会环境等同样在"二战"以后的主流心理学的研究中都有所涉及，只不过它们各自研究的角度不同。积极心理学主张从"积极"入手，主张关注人的积极力量和积极潜力及其他们的形成机制，其核心是强调心理学应更多关注人积极方面的内容，从而使心理学在研究"积极"和"消极"之间求得平衡。而传统主流心理学则更多的是从"消极"入手，以去除人所存在的各种"问题"为主要目的，希望以此来帮助人们获得生活幸福。有人曾在网上对1887年至2000年间就有关心理学文章的内容摘要进行了一个搜索，结果发现关于生气的文章有8 072篇、关于焦虑的文章有57 800篇、关于抑郁的文章有70 856篇；而在同一时期关于高兴的文章有851篇、关于幸福的文章有2 958篇、关于生活满意的文章有5 701篇，前者与后者之间的比约为14:1（Myers，2000）。

　　以情感为例，从科学心理学在西方诞生的那一天起，情感体验就是心理学的一个重要研究领域，但"二战"以后的传统主流心理学则主要是从研究人的消极情感入手，如嫉妒、焦虑、恐惧等，带有一种典型的"病理性"性质。传统主流心理学认为人消极情感的去除就意味着问题的消失，因此传统主流心理学总是致力于帮助人们提高摆脱各种有关消极情感的策略、手段、能力和勇气等，并把这看做是心理学的全部。积极心理学也研究情感，但积极心理学是从研究人的积极情感入手的，如乐观、幸福、愉快等。积极心理学认为人消极情感的去除并不意味着积极情感的生成，人只有通过有意识地培养自己的积极情感，才能使自己真正战胜消极情感。因此，积极心理学主要致力于帮助人们提高自己生成积极情感的能力、策略和手段等，期望通过培育积极情感来预防情感问题的产生。当然在这一过程中，积极心理学并没有把培育积极情感来预防情感问题的产生看做是解决问题的全部，而只是把它看做是解决问题的一个重要方面。事实上，人的发展（包括情感、认知和意志等的发展）是一个系统的、整体的过程，在不同的阶段也许会有所侧重，但就人的整个发展来看，问题的克服和积极的培养也许应是一个平衡的统一过程，两者起到相互补偿的作用，这一点也正符合了积极心理学所持的心理学的平衡价值观。

52

二、积极心理学与人本主义心理学

　　有一件事很奇怪，人本主义心理学家们在积极心理学一兴起时就总是千方百计地想证明积极心理学与自己有着割不断的渊源关系，强调人本主义心理学是积极心理学的起源。为此美国《人本主义心理学杂志》（*Journal of Humanistic Psychology*）还在 2001 年专门刊载了一个积极心理学与人本主义心理学关系的专辑，这个专辑共包含有 7 篇文章，其中有 6 篇文章从多个角度论述了积极心理学与人本主义心理学的渊源关系[①]。如：莱斯尼克（S. Resnick），沃姆斯（A. Warmoth），赛林（I. A. Serlin）等人在回顾人本主义心理运动过程中指出，人本主义心理学的发展过程其实就是积极心理学的形成过程。积极心理学的兴起一方面是对人本主义心理学主题的肯定，在另一方面，它也不过是进一步强化了早就由实验、存在、身体和精神等价值定向的心理治疗所实践的各种"积极方向"。里奇（G. J. Rich）认为积极心理学就是一场人本主义心理学的"新运动"，它起源的根就是人本主义心理学；谢尔顿（K. M. Sheldon），卡塞（T. Kasser）认

---

　　① 具体详情参阅美国人本主义心理学杂志：*Journal of Humanistic Psychology*，2001，41（1）。以下 Resnick，Warmoth，Serlin，Rich，Sheldon，Kasser，Follette，Linnerooth，Ruckstuhl，Rathunde 等人的内容均出自这一期杂志。

为人本主义心理学从来没有天生反对心理学的量化研究，而是强调两者之间的互补，积极心理学正是继承了人本主义心理学的这一研究传统并把它发扬光大的结果；弗莱特（W. C. Follette），林内卢斯（P. J. N. Linnerooth），卢卡斯蒂尔（L. E. Jr. Ruckstuhl）等人认为人本主义心理学和积极心理学的行为分析研究是相统一的，它们之间不可割裂；拉尚德（K. Rathunde）则具体分析了詹姆斯（W. James），杜威（J. Dewey），马斯洛（A. H. Maslow）等人对积极心理学所产生的影响，并以此来说明积极心理学与人本主义心理学之间的渊源关系。

而与此相反的是积极心理学家们在一开始时却总是不愿意提及自己与人本主义心理学有任何关系，有一个现象可以为此提供证明。积极心理学在宾夕法尼亚大学有一个内容丰富的网站，该网站内容从会议通知、积极品质的当场测试、经费资助和相关的参考资料等一应俱全，但在这个网站推荐的众多参考书目中却没有一本是关于人本主义心理学方面的著作，甚至连前美国心理学会主席马斯洛、罗杰斯等人的著作都没有被列出来。积极心理学甚至还在各种场合多次对人本主义心理学进行公开的批评和指责，批评和指责的范围包括从研究方法到研究对象等。塞利格曼等人在早期就曾严厉地指出人本主义心理学并不能代表积极心理学的发展方向，并从三个方面对人本主义进行了指责：1. 认为积极心理学的研究更具有科学的特性，而人本主义心理学并不符合心理学的科学研究传统；2. 认为人本主义心理学宣扬了一种不好的个人自恋（narcissism）风气，导致了社会"唯我论"（solipsism）现象的出现；3. 认为人本主义只是一种光说好话的自欺欺人，在本质上是反科学的（Taylor, 2001）。为什么人本主义心理学家们和早期的积极心理学家们在对待相互关系的态度上会出现如此之大的差异呢？这主要是因为它们各自有不同的目的。

53

从人本主义心理学的角度来看，它想用与积极心理学之间的亲密关系来证明自己生命力的依然存在。自从马斯洛逝世之后，由于内部的纷争以及人本主义心理学本身所固有的一些缺陷，人本主义心理学变得四分五裂了。但那些分散在各个心理学领域中的人本主义心理学者们总希望有一天能重新团结起来，使人本主义心理学能再一次发扬光大。因此，当他们看到与自己理论的性质有些相似的积极心理学时，他们自然就迫不及待地想把这当做是自己的新的归属了。

而从积极心理学的角度来看，早期积极心理学刚刚兴起时，一方面，它想要吸引更多世人的注意，从而使自己成为一种世界性的心理学潮流，因此，它总是千方百计地想突出自己的创新与创造，不想被别人看做是新瓶装旧酒，自然就不肯承认自己和人本主义心理学能扯上关系；另一方面，早期的积极心理学还想通过表明自己与人本主义心理学的无关来使自己融入当代西方主流心理学。因为积极心理学如果承认自己和人本主义心理学是一脉相承，那势必就会引起其他众多实证心理学或具有实证倾向的心理学的反感，这不利于它被西方主流心理学所接受。不过，到了2002年以后，事情似乎发生了很大的变化①，大多数积极心理学家已开始承认人本主义心理学是积极心理学的一个重要发展渊源。正如我们上面所提到的，积极心理学的创始人塞利格曼先生自己在2002年出版的《积极心理学手册》一书中也开始认为人本主义心理学是积极心理学的一个重要渊源，下面我们就积极心理学与人本主义心理学之间的联系与区别作一简单分析。

（一）积极心理学和人本主义心理学有着密切的联系

由马斯洛和罗杰斯在20世纪60年代早期创立的人本主义心理学几乎和积极心理学有着同样的主题，它们都对人的存在、心智与良心等感兴趣，都强调激发或培养主体的愿望、责任、期望、积极情绪和积极人格（马斯洛称为健康人格）等，这一点已成为当代心理学的共识。这些共同方面主要表现在以下几个方面。

1. 强调研究人性的善或积极的方面。在20世纪50年代初，人本主义心理学开创者马斯洛曾对心理学提出过一种革新的构想：

心理学作为一门科学，在研究人类消极方面所取得的成功远远大于它在人类积极方面的研究。它向我们展示了人类大量的缺点、病态和恶习，但很少揭示人类的潜力、美德、抱负或者可能达到的心理高度。心理学似乎自愿放弃其合法管辖区域的一半，而仅仅局限于另一半，即黑暗、平庸的一半。……总之我坚持认为，心理学尚未达到应有的高度，并且，我将探求这种悲观主义的心理学是怎样产生的，为何至今尚未纠正，应该怎样纠正。我们不仅要了解心理学的现状，还必须了解它的天职，了解心理学如果不能摆脱它对人性悲观、狭隘的偏见，其前景将是一种什么状态。（爱德华·霍夫曼，2003）

马斯洛的这一构想简直和40多年以后塞利格曼的积极心理学构想完全一样。人本主义心理学的另一个杰出代表罗杰斯不仅是一个"性善论"者，更是一个"扬善论"者。他认为："就我而言，我非常清楚在当今世界上，破坏性的、残酷的、恶意的行为多得让人不可思议——包括各种战争威胁到街头形形色色的无知暴力。但是，要说这种邪恶是人的本性中天生就具有的，我并未能发现这种根据。在有利于发展和选择的心理氛围中，我从来不曾知道有任何人选择残暴的或破坏性的道路。选择似乎总是朝向更高的社会化方向发展、向和他人改善关系的方向发展。所以，我的经验使我相信，我们的邪恶行为的主要成因就是文化影响。……我看到的人类成员，像其他物种的成员一样，实质上在他们的根本天性

① 产生这一变化的一个主要原因是因为积极心理学通过几年来的努力，其在心理学界的地位已得到了巩固。详情参阅 SELIGMAN E P. Authentic happiness ［M］. New York：The Free Press，2002：265－269.

方面都是建设性的，只是受到了他们经历的损害而已。"（Rogers，1981）罗杰斯认为人在本性上是富有建设性的，要努力保持一种乐观的感受和自我实现的感受，只要我们用亲切和积极的态度对待他们，每个人都会成为一个充满爱和期望的人。积极心理学也认为"积极"是属于人本能的一个重要组成部分，是一颗种子，只要对它精心照料，它就能长出积极的果实。因而，积极心理学强调心理学研究要关注研究人的积极力量和积极潜力，研究人"积极"的机制。在这一方面积极心理学和人本主义心理学有着最大、也是最重要的共同之处。

2. 都强调积极体验在人发展中的作用。两者都把人的积极体验摆到了一个重要的地位，都强调积极体验在人身心发展中的重要作用。马斯洛认为人的"高峰体验"（peak experience）是一个人自我实现的一个重要标志，也是一个人存在主义的一种生活方式。"一位年轻的母亲早晨起床后在厨房里忙碌着，为丈夫和孩子准备早餐。孩子们穿着整洁漂亮的衣服，一边吃着东西，一边叽叽喳喳说个不停，丈夫也正轻松悠闲地与孩子们逗乐。这时一束明媚的阳光洒进屋内，照在地面上。她看着他们，突然强烈地感到了丈夫和孩子的美，心里充满了对他们的爱，意识到了自己的幸运。此时她产生了高峰体验。"（马斯洛，1987）马斯洛在其后期还提出了一个与高峰体验不同的体验——高原体验（plateau experience），高原体验也是一种积极体验。高峰体验是一种短暂、强烈和不可预料的积极体验，而高原体验则是一种持续平稳的、宁静而平和的积极体验。不管是高峰体验还是高原体验，它们都和积极心理学提出的感官愉悦和心理享受基本相似。

55

罗杰斯也强调人的积极体验，他提出的"来访者中心疗法"的本质就是要让来访者有一种好的体验——被接受、被理解、被喜欢和尊重的体验。后来，罗杰斯把"来访者中心疗法"进一步发展成为了"以人为中心疗法"，在这个时候，以人为中心疗法其实已不仅仅只是一种心理疗法，而开始成为一种人生哲学和生活哲学了。罗杰斯认为以人为中心的世界将是一个新的世界，"这个新世界将是更有人性和更具人道的，它将探究和开发人的智力和精神的蕴藏和能力，它将产生出更加互相协调的个人和集体，……它将是一个对大自然恢复其热爱和尊重的、更为自然的世界，……它的技术将以增进人与大自然的同一发展为目的，而不是榨取人和大自然。随着个人意识和体验到他们的权力、他们的能力、他们的自由，他们就会释放出创造力。"（Rogers，1980）罗杰斯的这一观点也和积极心理学关于增强人的积极体验是一个人实现生活幸福的重要途径相类似，只不过罗杰斯是从存在主义的观点出发，更多的是采用了现象学分析的方法，而积极心理学则是从实证的途径出发，更多地采用了实验和调查研究的方法，有关这方面的具体内容我们将在后面的第三章和第四章作详细的介绍。

3. 人本主义心理学和积极心理学在心理治疗方面的观点也有着太多的共同

点。积极心理治疗认为："治疗并非首先以消除病人身上现有的紊乱为准，而是首先在于努力发动每个患者身上所存在的种种能力和自助潜力。积极二字按其本义是指'事实之物'、'给定之物'，事实和给定的东西不一定必然是障碍和紊乱，也是每个人与生俱来的种种能力。"（佩塞斯基安，1998）积极心理治疗的这种观点和人本主义"当事人中心"或"来访者中心"的心理治疗观如出一辙，都强调治疗者要对当事人提供无条件的尊重和真正的关怀，要对当事人有同情性的理解和移情，而在治疗过程中也都强调当事人自己的自助变化。罗杰斯在心理学历史上号称是人性治疗的大师，美国心理学会1968年授予罗杰斯杰出专业贡献奖时的颁奖词中有这样的描述："他创立了独特的心理治疗与咨询的理论，也提供了心理治疗的研究、教学和训练的方法；他的理论与技巧使得个人有机会发掘自己的潜能和展现自己的个性。"（郭本禹，2005）

（二）积极心理学与人本主义心理学也有着一定的区别

尽管人本主义心理学的"以人为本"的思想主题高尚并富有吸引力，而且这一主题对心理学本身和社会的其他领域（如教育、管理等领域）都发生了很大的影响。但遗憾的是，人本主义心理学的这种美好主题却从未能汇入主流心理学的洪流，似乎总是在主流心理学的外围徜徉，即使在马斯洛和罗杰斯先后担任了美国心理学会主席一职后，这种情况也没有得到什么实质性的改变。这一现象的原因也正是人本主义心理学和当今积极心理学的最重要的区别，具体来说有以下几个方面：

1. 在对待主流心理学的态度上存在着重大的区别。人本主义心理学是以反行为主义的姿态登上心理学舞台的，但人本主义心理学却在这里犯了一个大错，它在反行为主义的道路上走过了头，以致使自己成为了一种反一切实证主义倾向的心理学，使自己走到了所有实证主义倾向心理学——而不仅仅是行为主义心理学——的对立面。事实上，不管是20世纪的60年代，还是21世纪的今天，实证主义倾向的心理学一直占据了心理学发展的主流。当你本身在反主流时，你自然就融不进主流了。

也许是吸取了人本主义心理学的教训，积极心理学在这方面和人本主义心理学完全不同，表现出了很大的超越性。积极心理学从2002年开始就公开否认自己是一次心理学革命，它一直自称是对20世纪第二次世界大战以来传统主流心理学的补充，最多说是一种发展（在正式场合中积极心理学几乎不用"发展"这个词）。积极心理学从不攻击整个传统主流心理学，甚至还在各种场合多次指出传统主流心理学的贡献，它只是用一种不太响亮的声音指出传统主流心理学的不足——忽视了培养人的积极方面，偏离了心理学的平衡观。还曾一度自称想模仿 DSM-Ⅳ①（Diagnostic and Statistical Manual of Mental Disorders，Ⅳ）的模式而建立一个世界性的 DSWB（Diagnostic and Statistical Standard of Well-Being）标准。积极心理学的这些努力使得自己在传统主流心理学面前有着一张和蔼可亲的脸，主流心理学自然也就比较乐意接受它。所以当积极心理学以和人本主义心理学同样的主题出现之后，立刻就融入了主流心理学，一大批主流心理学家争相投身于它的怀抱，积极心理学现在已成为了人格和社会心理学的一股主导力量。

2. 在研究方法上两者存在着重大的差异。尽管人本主义本身确实有着受到人们普遍欢迎的良好主题，但它在实际研究中却把这种主题松散的、激进的、抽象的人性"存在"完全和现象学方法结合了起来，把现象学方法作为自己唯一的方法论。我们说现象学方法是有它的合理之处，但它总是太抽象，太过于描述化，也太过于主观化，它对个案研究也许有着重要的作用，但对普遍规律的证明有时就显得力不从心。人本主义心理学的这种反对量化研究的思想使人们对它主题的普遍适用性产生了怀疑，因为人们无法用客观的方法来证明它，自然人们对人本主义心理学的科学性也就不会苟同。

而积极心理学则在方法论上兼容并蓄，正如本节第一部分所说，它几乎接受了主流心理学的一切研究方法，把主流心理学发展而来的操作性定义、评估方法、结构方程模型、实验方法、干预手段和结果检验等全盘继承了下来。也许人本主义学者加伯尔（B. Gable）下面的这段话对我们更好地理解人本主义心理学与积极心理学之间的关系有一定帮助。

> 看到你（作者注：塞利格曼）现在所做的一切，我想马斯洛一定会很高兴。马斯洛迫切需要许多顽强的实证主义者……来证明他的自我实现的观点。作为马斯洛曾经的教学助手，除了理论上的热爱之外，我想我没有任何其他特别的条件去热爱操作性条件反射。马斯洛曾担任美国心理协会主席一职的经历增加了人本主义心理学的合法性，但马斯洛对一件从未能发生的事——由斯金纳（B. F. Skinner，作者注：操作性条件反射的创立者）打来的一个一起吃午饭并谈论一下关于人本主义心理学研究策略的回复电话——一直感到很高兴，尽管他们两人的办公室仅仅相距 10 英里远。从 20 世纪 60 年代中期以来，马斯洛因他的贡献明显受到人们的忽视而受到伤害，人本主义心理学已经走过了一条错误的路，而你和你的积极心理学的同事们正在建设一幅本该由我们来建设的蓝图。（Seligman，2002）

三、积极心理学不是心理学历史上的一次革命性发展

心理学是一门关于人的科学，在其发展历史进程中一般存在两种发展形式，

①　DSM-Ⅳ是由美国精神病学会制定的一个各种心理疾病的世界性诊断标准（第四版）。

一种是革命性的，另一种是非革命性的。所谓革命性的发展，是指新出现的心理学对其原有的一切基本持否定的态度，它在具体的研究对象、内容和方法上，尤其是在研究范式上是以一种全新的面貌出现，这主要是指心理学在宏观方面的一种大变革。这种革命性的发展既会给心理学的发展带来一定的机遇，导致心理学出现跨越式的发展。但它也有可能违背自然法则，从而给心理学带来很大的阵痛，导致心理学的发展出现分裂与离心，如行为主义的革命和认知心理学的革命等都是如此。就我们按照以上的标准来对心理学的发展历史做一考察的话，心理学历史上大的革命性主要有四次（见表 2－1）。

（一）心理学历史上的几次革命性的发展

1. 科学心理学革命

1879 年冯特在德国莱比锡大学成立了第一个心理实验室，从而使心理学从哲学的怀抱中脱离出来而成为一门独立的学科，这也成为现代科学心理学的开始。科学心理学和过去的哲学心理学在研究对象、研究方法和研究范式上有了明显的区别，这是一次典型的心理学革命，也是心理学历史上意义最深远的一次革命。

2. 行为主义心理学革命

20 世纪初，心理学历史上发生了一次最震撼人心的心理学革命，这就是行为主义心理学的产生，其发起人是美国著名的心理学家华生（J. B. Watson），代表人物主要有华生、赫尔（G. S. Hall）、托尔曼（E. C. Tolman）、斯金纳（B. F. Skinner）等人。行为主义在 20 世纪 60 年代兴起后，先后有三种形式：首先是以华生为代表的早期行为主义和斯金纳为代表的操作性行为主义，其次是以托尔曼、赫尔等为代表的新行为主义，再次是以班杜拉等为代表的新的新行为主义。行为主义曾在世界范围内引起了一场重大的行为革命，这不仅体现在心理学界，在教育领域、心理治疗、动物驯养甚至在社会改造等方面都产生了重要的影响。

3. 人本主义心理学革命

人本主义心理学在 20 世纪 50 年代兴起于美国，60 年代到 70 年代之间迅速发展成为一种世界潮流，并波及到心理学以外的其他一些领域，它是现代西方心理学的一个主要流派。人本主义有广义和狭义之分，广义的人本主义心理学包含了所有具有人本主义倾向的心理学理论，如弗洛姆（E. Fromm）的人本主义精神分析理论等。狭义的人本主义心理学是指以马斯洛、罗杰斯、罗洛·梅（Rollo May）等为代表的心理学理论。尽管现在人本主义心理学由于内部纷争等原因已趋向衰落，但它在心理学的发展历史上也是一次重要的革命，号称心理学的第三势力。

4. 认知心理学革命

认知心理学也有广义和狭义之分，广义的认知心理学是指所有主要以认识过程为研究对象的心理学理论流派，如格式塔心理学、拓扑心理学等。狭义的认知心理学主要指 20 世纪 60 年代产生的信息加工认知心理学，这代表了当代认知心理学发展的主流。本文所提到的认知心理学革命是指狭义上的，也即指的信息加工认知心理学革命，其代表人物主要是美国心理学家西蒙（Simon）。信息加工认知心理学和人本主义心理学是当代反对行为主义心理学和精神分析心理学的两支主要力量。

表 2 - 1　心理学发展史上的几次重要的心理学革命

	研究内容	研究方法	主要研究范式
哲学心理学	意识形式	思辨方法	哲学范式
内容心理学	直接经验 意识的内容	实验内省法	重实验的内省范式
行为主义心理学	行为（刺激—反应）	纯客观方法	纯自然科学范式
人本主义心理学	个体的意识体验 自我实现	折中融合的方法论 整体的方法论 具体方法兼容并蓄	主观的经验范式为主
认知心理学 （信息加工）	认知过程	实验法 出声思考法 计算机模拟法	人机模拟范式

59

注：科学心理学现在更多是作为一种统称，我们常把冯特的心理学称为内容心理学，它标志着科学心理学的诞生。

也有很多人认为 19 世纪末 20 世纪初弗洛伊德（Freud）始创的、兴起于奥地利的精神分析心理学也是一次心理学革命。从精神分析心理学的研究内容、方法、手段和范式来看，它确实可以算做是一次心理学革命。但问题是精神分析心理学不是由学院而兴起的，它是由临床精神病的治疗而兴起的，其理论跟以前的心理学理论基本无关，而且其描述方式也不被许多人所接受，许多正统的心理学家甚至都不承认它是一门心理学理论，因此，在大多数情况下，我们都不把它算做是一场心理学革命，而把它看做是一个单独的心理学理论体系。

（二）积极心理学是心理学史上一场非革命性的发展

心理学历史中除开革命性的发展之外，还有另一种非革命性发展。这种非革命性发展是指新出现的心理学理论和原有理论相比，新理论本身的研究对象、研究方法等能包容前理论的研究对象和研究方法，有时候新理论甚至是以前理论为基础的，前后两种理论在研究范式上没有根本的区别，这种发展一般只涉及心理学在微观上的变革。因此，这种新理论的出现并不会对已存在的理论构成威胁，相反它能通过对方法或研究对象的进一步完善或改进来助长或延长原理论的生命力。心理学历史上有许多这样的情形，如：构造主义心理学对冯特内容心理学的发展、新行为主义对行为主义的发展、新皮亚杰主义对皮亚杰理论的发展、联结主义心理学对信息加工认知心理学的发展、超个人心理学对人本主义心理学的发展等。和心理学的革命性的发展相比，非革命性的发展并不会对心理学造成很大的阵痛，心理学自身在研究对象、内容特别是研究方法上的变化也不是很剧烈。

那么，积极心理学到底是哪一种性质的发展呢？通过上面我们对积极心理学和传统主流心理学、人本主义心理学关系的详细分析和比较，我们可以发现，积极心理学在目前明显不具有革命的特征，因而它不能算作是一场心理学革命。积极心理学运动的兴起至多只能算是当代心理学发展的一种补充，或说是一种非革命性的发展，它使原来具有片面倾向的心理学变得更全面、更合理和更平衡。而且就目前来说，积极心理学的这种变革运动更主要的是发生在心理咨询和临床心理学领域，它还没有涉及到整个心理学领域，因而自然也谈不上是一种整个心理学领域意义上的"范式"革命。正如塞利格曼自己所说"迈克（Mike）、雷（Ray）和我都接受了过去那些较有效的科学研究方法，这也许会使积极心理学显得不那么惹人注目，这也可能会使那些期望发生心理学革命的人失望，但我认为过分使用范式变化的概念来定义心理学领域中的这种新变化可能是一种急躁的表现。我们只是把积极心理学看做是一种纯粹的变化——一种从研究生命中最不幸的事件到研究生命中最值得过的事件的转化，我们并不把积极心理学看做是对过去心理学的一种替代，而把它仅仅看做是过去已有心理学的一种补充。"（Seligman，2002）

不过，尽管我们现在把积极心理学的兴起界定为只是心理学领域中一种微观的非革命性变革，但这并不是说积极心理学就能被简单地归入传统心理学阵营，或者说积极心理学在将来就一定不会变成为一场心理学革命。从目前积极心理学的发展态势来看，它正显现出和传统主流心理学越来越多的区别，而且其影响也波及到越来越多的心理学领域。积极心理学把自己界定为不仅要修补更要建设，"真正恢复了心理学本来应有的功能和使命，这体现了一种社会意义上的博爱和人性。"（任俊，叶浩生，2004）也就是说积极心理学在其理念上存在有一个理想的常模，其目标是把所有人——不仅仅是小部分的问题人——尽可能地建设到一个他可能达到的理想状态。而传统心理学则主要是致力于"修补"，它把普通人作为了标准常模，其目标是把小部分的"问题"人修补成大多数没有问题的普通人。前者致力于使社会成员追求幸福的理想，而后者则致力于使社会成员变成为正常的普通。

和其他许多学科一样，心理学的发展不是一条直线，过去和现在之间并不存在一种确定无疑的线性关系。心理学在某种程度上是以一个板块的形式向前推进的，在这个板块之中本身就有前有后，但它们却是共处在同一个历史时期，有着共同的基本立场。因此，如果我们想要真正认识积极心理学的性质，那我们就必须打破心理学的界限，跳出心理学的板块，从社会的文化、政治、经济、教育等多个非心理学角度来看，看它是否为社会带来了更多的公正和自由。如果我们只从心理学本身的发展逻辑来看，我们也许很难弄清它的真实性质。从目前来看，积极心理学的兴起虽不是一场轰轰烈烈的心理学革命，但它确实是人类社会自身发展现状的一种实践要求，这种要求反映了当代社会人类的真实需要，因而它仍然值得我们给予高度关注。

【建议参考资料】

1. 叶浩生. 心理学史［M］. 北京：高等教育出版社，2005.
2. 任俊，叶浩生. 积极心理学是一场心理学革命吗？［J］. 心理科学进展，2005，4.
3. 塞利格曼. 真实的幸福［M］. 洪兰，译. 北京：万卷出版公司，2010.

【问题与思考】

1. 积极心理学产生的社会背景、心理学渊源及哲学基础分别是什么？
2. 积极心理学与人本主义心理学的关系是怎样的？
3. 心理学历史上有哪几次革命性的发展？
4. 在心理学史上还有没有像积极心理学这样非革命性的发展呢？如果有，试进行一下分析。

61

第三章 积极体验（一）

【本章提要】

积极体验是积极心理学研究的一个最重要的领域，一般来说，积极的情绪体验分为感官愉悦和心理享受两种；而在对个体人格及社会性行为的影响方面，积极情绪具有扩建和对心理紧张（压力）的消解两种功能。积极心理学主张幸福是人类追求的终极目标，在多种多样的积极体验中，主观幸福感体验（SWB）是最综合、最复杂，也是最核心的。由此，积极心理学也生成了三种主要的相关理论：实现论、信息加工判断理论和基因或人格特质理论。心理学家们除了对影响主观幸福感的因素进行分析外，为了可靠地测量这一主观性强且又具有一定评估难度的体验，发展出了一系列较实用的评估方法和技术，如量表测量法等。

【学习重点】

1. 积极情绪体验以及它的分类。
2. 积极情绪扩建理论的内容。
3. 主观幸福感的含义，由主观幸福感生成的主要理论以及影响主观幸福感的因素分类理论。
4. 主观幸福感的评估与测量方法。

【重要术语】

积极情绪体验　积极情绪扩建理论　主观幸福感

所谓体验就是指人对外界的各种刺激所作出的一种心理反应，它常常以情绪的方式表现出来，所以我们又称它为情绪体验。我们在本文中不对体验、情绪与情绪体验作严格的区分，而是把它们视作是三个等同的概念。

第一节　概　述

情绪是心理学中一个非常重要的概念，在心理学史上，除格式塔心理学家之外，几乎其他所有学派的心理学家们都曾对情绪作过研究。而且，除心理学之外，人类其他一些学科也从不同的角度对情绪现象作过一些研究，如生理学、神经病学等。不过，令人遗憾的是，尽管人们花了很多的精力、物力，但直到现在我们仍然不能完全清楚地解释情绪发生的机制，甚至没有形成一个统一的、并得到公认的情绪定义。不过现代心理学一般认为情绪是一种心理过程，是主体对待认知对象的某种态度，它包括认知、主观体验、情绪行为等多个复杂的成分。以下是一个初中生写的日记，其内容似乎很好地解释了什么是情绪："今天送某某回家，刚把他送到家，突然间在路上看到了周老师，心情那个激动，猛地奔过去，兴奋地跟老师打了个招呼，周老师还是那么的年轻、美丽，那双笑眯眯的大眼睛，显得那样温柔。"

一、情绪研究的简单回顾

当然情绪定义的不确定性似乎并没有影响人们对情绪研究的热情，只不过人们在研究情绪时做了一些技术上的处理。

第一种技术性的处理方法是干脆回避对情绪概念的描述。有许多心理学家研究情绪时都避免在概念的描述上纠缠，而是着重研究情绪的组成成分，希望通过对其成分的确定来描述情绪的定义、性质和功能等。例如，弗里杰达（N. H. Frijda）曾提出情绪是由五个相关联的成分组成：一是感染（对欢乐或痛苦的体验），二是评价（对客体进行积极或消极的价值认定），三是行为准备（针对环境作出相应反应的预备），四是自动唤醒（相当于对行为的激励），五是认知性行为发生改变（Frijda，1999）。弗里杰达的这种成分分析法很快就遭到许多心理学家的反对，他们认为对有明显价值倾向的情绪，弗里杰达的这种成分分析方法也许有效。但是人类却还存在许多无任何价值倾向的情绪，也就是我们常说的中性情绪，对于这些情绪弗里杰达的成分分析显然就不正确了，因为这些中性情绪的产生是不需要通过评价这一环节的。但不管怎样，弗里杰达提出的情绪是由多个成分所组成的观念已基本得到心理学界的认同，后期的许多情绪研究常常都以此为前提。

第二种技术性的处理方法是不断对情绪进行分析和分类，然后再通过归纳和概括来寻找到情绪的基本成分，并在此基础上提出人类的基本情绪，期望通过情绪的组成成分来确定情绪的本质和定义。这种研究方法在科学心理学刚开始时就被采用，如冯特就曾根据强度和性质把情绪分为三个维度：即愉快—不愉快；紧张—松弛；兴奋—抑制。到目前为止，人类共命名了约200多种不同的情绪，许多人都曾对这些情绪进行过多种形式的分类，如普拉契克（Plutchik）就从四个维度指标来区分不同的情绪（这四个维度指标分别是：积极与消极，单一性与综合性，两极性和强度），并提出了人类的八种基本情绪，即高兴、接受、害怕、惊奇、悲痛、憎恨、愤怒、期待（Gerrit Antonides，1991）。另外情绪心理学家伊扎德则提出从愉快度、紧张度、激动度、确信度四个维度来对情绪进行分类，他提出了人类有九种基本的情绪，它们分别是兴奋、喜悦、惊奇、悲痛、憎恨、愤

63

怒、羞耻、恐惧和傲慢。还有奥斯古德从愉快—不愉快、强度、控制三个维度来对情绪进行分类等。上述的这些分类方法主要是根据生活常识和知识本身的内在逻辑关系而进行的，除此之外，还有人用实验的方式来研究情绪的组成成分，如斯坎特（Schachter）和辛格（Singer）在1962年曾做了一个著名的情绪唤醒实验，从而得出情绪中包含有认知的成分。

二、心理学关于情绪研究的消极倾向

尽管不同的心理学家在情绪研究中得出了一些不同的观点，有些观点甚至还是相互矛盾的（如詹姆士—兰格情绪理论和坎农—博德情绪理论），但这些研究却也给心理学带来了一些真理性的结论。如通过这些研究，我们明白了情绪是一种主观体验、有积极（兴奋）与消极（悲伤）之分、有强度大小的差异、能影响到人的生理健康状态；不同的情绪有不同的表达方式，即使是同一种情绪，由于强度的不同，其表达方式也不尽相同等。所以我们可以毫不夸张地说，自从科学心理学诞生以来，人类在情绪领域的研究还是取得了很大的成就。但是我们且慢高兴，当我们仔细审视心理学在情绪领域的成就时，却发现由于受到消极心理学观的影响，心理学在情绪研究中也犯了一个不该犯的错：那就是越来越多的研究都把重点放在了消极情绪的研究上，积极情绪存在着一种被边缘化、甚至被忽视的倾向。

64

正如我们前面所提到的美国心理学家迈尔斯（Myers）曾做过的一个调查，从1887年至2000年的所有在因特网上公布的心理学文章的摘要来看，消极情绪的文章与关于积极情绪的文章之比达到了14：1；即使在电脑中输入"治疗"（treatment）和"预防"（prevention）这两个词来进行检索，它们之间的比例也高达7：1。

再让我们来看看对情绪生理机制的研究。早在上世纪40年代，赫斯（Hess）和布鲁格（Brugger）就通过刺激动物的下丘脑而发现动物有斗争类愤怒模式（怒吼或发出嘶叫等）和逃避类恐惧模式（瞳孔扩张、头左右转动、眼珠四处游动等），进一步把动物的大脑去掉以后刺激下丘脑，动物也同样能产生相类似的愤怒和恐惧行为（黄希庭，1991）。因此，心理学从那时起就把丘脑下部当做是支配愤怒和恐惧的中枢。后来巴德（Bard）和芒卡斯尔（Mountcastle）又通过类似的实验发现杏仁核对丘脑的作用机制起着控制的作用，它像是一个开关，能减轻或消退动物的愤怒或恐惧行为（黄希庭，1991）。与此相对应的是，心理学、神经科学到现在也没搞清楚快乐情绪的生理机制，只知道人大脑的边缘系统可能存在着一个快乐中枢，但具体的机制及相应的位置情况还不太清楚。

我们说这种现象的出现肯定不是心理学研究的无意疏忽，那么心理学家们为什么对积极情绪漠不关心而又对消极情绪如此偏爱呢？这是有多方面的原因的。

　　首先，这是由于心理学研究的总方向所致。"二战"以后的心理学本身就是以问题研究为核心、以修补问题为重点，作为心理学研究的一个组成部分，情绪研究也就逃脱不了这种发展趋向。尤其是战后，人们更多地亲自看到了消极情绪所带来的一些问题，如恐怖症、焦虑症、暴力倾向、抑郁症等，因此，心理学家们自然就把消极情绪作为自己的研究重点了。

　　其次，情绪研究中还存在有一种不成文的"消极开道"的习惯。所谓"消极开道"，就是指大多数心理学家每当提出一种新的情绪理论时，他们总是以消极情绪为研究对象来进行自己的理论建构，而对积极情绪则总是避而不谈或干脆轻描淡写地采取"和以上同证"的形式，如弗里杰达、拉扎鲁斯（Lazarus）等人的理论基本都是如此。这样，一旦这些理论被应用到具体的实践活动时，它常常就对消极情绪表现出良好的适应性，而对积极情绪则有的适应不良。也就是说在实际问题的应用中，这些理论对于解释或应对消极情绪时很有成效，但对于积极情绪则常常无能为力，于是在一些应用性的文章中，自然关于消极情绪方面的文章就会远远多于关于积极情绪方面的文章。

　　很多人也看到了这个问题，他们曾希望通过对理论的修正（即在原有理论中加塞进积极情绪的相关内容）来避免出现"积极情绪适应不良"的问题。如埃克曼（Ekman）、拉扎鲁斯分别在 1992 年和 1991 年就做过这方面的工作，也取得了一些成效（Fredrickson，2002）。但是硬性加塞并不能消除情绪理论本身的这种先天缺陷，有时候反过来还会促使积极情绪更加边缘化——变得不伦不类。因为每一个理论的创立者都希望自己的理论能具有最大的正确性，而一旦自己的理论被夹塞之后，其正确性势必要下降。这样，有些理论的创立者为了求得自己理论的最大正确性，就开始故意冷落积极情绪，有的甚至干脆不涉及积极情绪。

　　再次，这种倾向也许是人类进化过程中形成的一种适应。从进化心理学的角度来看，我们可以把消极情绪定义为适应性情绪，而把积极情绪定义为发展性情绪。我们的祖先生活在比较严酷的环境之中，他们必须要在和大自然——尤其是要在和比自己凶猛得多的猛兽的争斗中求得生存。而在这种生存环境中，人类的消极情绪也许更具有适应的能力。这是因为情绪常常是和某些特定的行为或行为倾向相联系，也就是说不同的情绪会有不同的特定行为或行为倾向。比如，当一个人产生恐惧的情绪时，他就会相应地产生逃跑——而不是接近——的行为或行为倾向，同样愤怒会产生攻击、喜爱会产生接近等。我们不难想象，早期的原始环境，人类要面对许多无法想象的危险、挑战，人类的攻击、驱逐、逃跑等行为会更具有生存价值，因而相应的情绪也就得到优先发展。世界各民族早期的历史中，大量关于争斗的英雄神话的出现就充分说明了这一问题，如后羿射日、赫拉克勒斯建十件大功等都是此类。而积极情绪则是在人类适应或生存以后才发展起来的，它是一种好上加好，因此它也许真的必须等到人类繁荣到了一定的地步才

65

会受到重视。

三、什么是积极情绪体验

　　积极体验也是一个有争议的概念，这种争议主要来自于对积极的理解不同。一部分人认为积极就是一种愉快和快乐的特性，如拉尔森和狄纳（Larsen & Diener, 1992）在《人格与社会心理学的回顾——情绪》一文中说，积极情绪就是一种具有正向价值的情绪。而另一部分心理学家则认为积极情绪不一定就具有正向价值，它指的是能激发人产生接近性行为或行为倾向的一种情绪，所谓接近性行为或行为倾向就是指产生情绪的主体对情绪的对象能够出现接近或接近的趋向。按照这种标准，一些价值中性化的情绪就被认为是积极情绪，如：兴趣是一个中性化价值的情绪，但它能产生接近性行为或行为趋向，因此，它就应被认为是积极情绪。而另外一些具有正向价值的情绪则被认为不是积极情绪，如：满足、放松等情绪，满足、放松都是具有正向价值的情绪，但它们不能引起主体的接近性行为，因此就不能被看做是积极情绪。从现在看来，积极情绪概念的这两种争论都有一定的道理，前者从价值功能上来定义，具有明显的价值意义，易和我们的生活常识相结合；后者具有操作性意义，便于在心理学研究中得到控制和应用。本文中的积极情绪主要指的是后者，强调情绪研究的操作意义，这也是现在大多数心理学研究的共同趋势，即所有能激发个体产生接近性行为或行为倾向的情绪都被称为积极情绪。

　　从当代心理学研究的结果来看，人积极情绪的感受性与其人格特质的关系比较紧密，也就是说这种感受性有一定的先天性成分。有研究表明（Watson, 2002），积极情绪的感受性与"大五"人格中的"外倾性"（extraversion）特质有关，而消极情绪的感受性则与"大五"人格中的"神经性"（neuroticism）特质有关，它们的相关程度大概在 0.4—0.6 之间。除此之外，人积极情绪的感受性还受环境的影响。如有学者（Headey & Wearing, 1991）在一项为期 6 年的研究中发现，31% 的研究对象的积极情绪感受性会由于他们具有了满意的工作和满意的物质财富后而得到改善。而且研究还发现，这两者之间是一种双向作用：积极情绪感受性高的人在工作中会产生更多的快乐，而工作中更多的快乐又会进一步提高一个人的积极情绪的感受性。

　　积极情绪体验有多种分类，一种是根据情感本身的特性来分类。这种分类的一大好处是和过去的情绪研究具有一致性，这种分类常把积极情绪体验分为积极情感①（positive feeling，如愉快、欣喜等）和积极心境（positive state，如福乐、

---

　　① 从严格意义上说，情感与情绪有着一定的区别，情感是指主体对情绪过程的主观体验，而情绪则包括情绪过程的各个方面：如主观体验、行为表现和相关的生理及心理机制等。

心醉神迷等）。但这种分类也存在一个缺点，那就是这种分类并没有把积极本身的特性表达出来。也就是说，这种分类在很大程度上还是把重点放在了情绪的状态上，而没有放在积极上。现在在积极心理学常用的是另一种分类，即把积极情绪体验分为感官愉悦和心理享受，这种分类是依据积极的不同特性为标准来进行的，这更有利于人们对积极进行有效的把握。

感官愉悦（sensory pleasure）是积极体验的一种较重要的形式。感官愉悦是指机体消除自身内部紧张力后的一种主观体验，它来自于某种自我机体平衡的保持，是人感觉器官放松的结果，如饥、渴、性等的满足后的体验就属于感官愉悦。而心理享受（psychological pleasure）则来自于对个体固有的某种自我平衡的打破，即所做的超越了个体自身的原有状态，如运动员超越自己而创造新的纪录，艺术家达到前所未有的最好表演，学生解决了某个百思不解的难题等。在这一方面，心理享受有点类似于人本主义心理学家马斯洛所说的自我实现以后的高峰体验（马斯洛的高峰体验也包含感官愉悦）。与感官愉悦相比较，心理享受更有利于个体的成长和积极品质的培养，因此积极心理学主要以培养或增进个体的心理享受为核心。但在生活中，如果有机会对感官愉悦和心理享受作出选择的话，大多数人却会选择感官愉悦，这是因为感官愉悦更接近人的本能，它的作用形式更直接，几乎是一种自动化的反应。比如大多数人宁可选择看电视而不是去阅读对他们有用的书，尽管他们知道看电视只是带来一时的感官快乐而看书则可以给他们带来长期的生活享受，因此，积极心理学在实际中也不忽视个体感官愉悦的培养。许多时候人们常常会把心理享受和感官愉悦相混淆，更多时候是把感官愉悦归入了心理享受，其实，感官愉悦和心理享受两者之间除了上文我们所说的存在着概念上的区别之外，还存在着其他一些区别。

第一，心理享受是由相互关联的多个成分组成，它的产生必须要以主体的认知评价为先导，是一种知觉类的心理现象。主体在产生积极情绪之前，他必须先把握对象对于自己的意义，拉扎鲁斯称之为"个人—情景关联"或"适应性接触"。如一个运动员在创造了一个新的个人成绩纪录之后，他一定会很高兴（产生积极情绪），但当他在较长的一段时间内总是获得这一成绩时，他就不会再因这一成绩而高兴了，同样的成绩引起了不同的情绪，这就是认知评价的结果。主体的这一认知评价过程有时是能清醒地意识到，有时则是无意识的，但不管怎样，这种认知性评价是个体随后的机体变化、面部表情和主观体验的基础。感官愉悦则没有认知性评价这一环节，它是由外在刺激引发的一种直接感官反映，是一种感觉类的心理现象。

第二，心理享受持续的时间长，不同的外在刺激可能引起同一种心理享受，而同一种外在刺激也可能引起不同的心理享受。如个体的心理享受既可能由自己工作上的成就所致，也可能是由于买到了中奖的彩票引起，而同样的成就由于场

67

合的不同、时间的不同、对象的不同等则可能导致不同程度的心理享受。个体一旦产生了某种心理享受，它能持续相当长的一段时间，并能迁移到自己生活或工作的其他方面，这一点有点类似于积极心境。感官愉悦持续的时间较短，具有专门化的特性，它一般是随着外在刺激的消失而消失，随着外在刺激的改变而改变。

尽管两者之间存在着这些区别，但感官愉悦与心理享受都属于积极体验的范畴，因此，两者之间也存在着密切的联系。

首先，心理享受与感官愉悦许多时候是同时发生的，而且它们之间能相互促进。也就是说，心理享受状态下，人可能会体验到更多的感官愉悦（在同等程度的刺激条件下），而感官愉悦的增多也利于心理享受的形成。如一个处于成就后快乐状态的人，他吃饭会更香，喝水会更甜；而反过来一个经常吃可口饭菜、喝香甜清水的人则更容易出现心理享受。

其次，感官愉悦在一定条件下能转化为心理享受，特别是某种感官愉悦和个体的自我实现的需要相匹配时，这种转化就能形成。如：只要经济、时间等条件许可，有些人在饥饿时会到环境条件比较优越的高级餐馆，而不是路边环境条件比较差的大排档，这是因为前者和个体的自我实现有一定的联系，它在满足饥饿感的同时还能体现出一定的价值意义，因而原本是满足饥饿感的感官愉悦就转化为了心理享受。

第二节　积极情绪的功能分析

上一节我们分析了积极体验的两种主要形式，但还未就积极体验的功能展开分析，本小节我们将就这个问题做一探讨。积极心理学的研究表明，增进个体的积极体验是发展个体积极人格、积极力量和积极品质的一条最有效途径。当个体有了更多的积极体验之后，他就会对自己提出更高的要求，这种要求由于是来自个体自身的内部，所以它更容易形成某种人格类特征。从目前积极心理学的研究来看，不管是感官愉悦还是心理享受，它们都对个体的人格及社会性行为的形成有着重要的影响。

一、积极情绪的扩建功能

传统的一般性情绪理论都有一个共同点，它们把所有的各种特征的情绪状态混为一谈，忽视了积极情绪的特殊功能，这使得这种一般性情绪理论并不能为人类获得自己应有的幸福而提供多少帮助。积极心理学家弗雷德里克森（Fredrickson，2002）对传统的一般情绪理论进行了发展，针对积极情绪的特定功能与作用提出了自己的"积极情绪扩建理论"（the broaden-and-build theory of positive emotions）。

弗雷德里克森认为，心理学历史上漫长的情绪理论研究已经表明，每一种情绪都有自己相对应的、特别的行为，心理学上称之为特定行为倾向（specific action tendencies）。而这种特定行为倾向总的来说可以分为两类：一类是逃避倾向，另一类是接近倾向。这种特定行为倾向是人类在进化过程中形成的一种适应性心理机制，它既可以是外显的行为，也可以是潜行为或意向性的行为准备。如人类早期时，当面对凶猛的食肉动物——狮子、老虎时，就会产生一种情绪（害怕），这种情绪促使人迅速地逃避，而当面对小动物——野兔、梅花鹿时，就会产生另一种情绪（高兴），这种情绪就促使人主动地去接近。

正如上文我们所讲到的，和逃避倾向行为①相伴随的情绪我们称之为消极情绪，当这种情绪产生后，它会限制一个人在当时情景条件下瞬间的思想和行为指令系统，即促使个体在当时的情景条件下只产生由进化而形成的某些特定行为，如逃跑、攻击、躲避等。当我们的祖先生活在一个生命受到严重威胁的情景中时，这些特定行为或行为倾向具有很好的保护作用，它能使个体得到最直接的利益——生命得到保存。因此，从某种条件来说，消极情绪是限制了人的思想和行为，使人的思想和行为缩小在以保护自己的生存为核心的几种特定方式上。在漫长的进化过程中，人类为了生存下去就可能使这种限制个体在特定情景条件下瞬间的思想和行为指令系统的情绪——消极情绪——得到充分的发展。如假定一个人在第一天狩猎时碰到一头凶猛的老虎，为了活命他只有逃跑，第二天狩猎时他又碰到了一头凶猛的狮子，为了活命他还只能是逃跑而没有别的选择。

从心理进化的角度来看，消极情绪因具有生存意义而获得了进化优先，不过人类在获得生存以后就必然为了活得更好而发展出积极情绪。尽管我们可以推测人类在早期险恶的环境下难得产生积极情绪，但其实积极情绪和消极情绪有着同样的作用机制和功能——影响一个人的行为或行为倾向。只不过积极情绪的功能是和消极情绪正好相反，它扩大了一个人在特定情景条件下瞬间的思想和行为指令系统，也即它能在当时特定的情景下促使人冲破一定的限制而产生更多的思想（思维）、出现更多的行为（或行为倾向）。这些行为不仅表现在社会性行为和身体行为上，也表现在智力行为和艺术行为上，弗雷德里克森把这称为"积极情绪的扩建理论"。如再回到上面的例子，假定一个人在第一天狩猎时获得了一头肥硕的梅花鹿，他肯定会产生高兴的情绪，这时候他的行为可能是手舞足蹈；而当第二天他又获得一头肥硕的大山羊时，他不一定就还和第一天那样手舞足蹈了，而可能会大喊大叫来庆祝。也就是说在高兴的情绪影响下，个体的行为可能是多种多样而没有规律——只要这些行为能表达出他的高兴就好。因此，在积极情绪

69

---

① 我们把争斗、攻击等行为也看做是属于逃避行为倾向，因为从本质上说，行为者这些行为的目的也是为了疏离而不是接近行为对象。

条件作用下，人就会有多种行为（或思想）选择，甚至于创造出一个前所未有的新行为、新思想。反过来，当个体能用各种方式来表达自己高兴的情绪时，它对积极情绪的体验又会更深刻、更彻底，这本身又会促使个体不断地想去创造条件复制这种积极情绪体验。你只要看看世界各民族在欢乐时所跳的千姿百态的舞蹈，你就不难想象积极情绪的扩建功能。

弗雷德里克森等人曾做了一个心理学实验来证实积极情绪扩建理论。他们选录了一些含有喜悦、满意、害怕和愤怒等情感镜头的影片片断，为了进行比较，研究者还同时准备了一组不含任何情感镜头的影片，每组镜头持续的时间约为15分钟。当被试看完含有某一情绪或不含任何情绪的一组影片镜头后，就停下来要求被试想像自己也正处在这样的情景中（被试可以回忆自己过去具有同样情绪的一些生活场景），以此来确保使被试也沉浸在相同的情绪体验中。在此基础上，让被试在早已由主试预先列出的20条"我想要"式样的横线上填上自己当时的真实想法，被试这时候想要做什么就应该填上什么。在对被试的反应记录进行统计后发现：在喜悦情绪状态下，被试平均列出了约14.4条；在满意情绪状态下，被试列出了约13.5条；在害怕情绪状态下，被试列出了约9.8条；在愤怒情绪状态下，被试列出了约8.5条；在没有任何积极或消极的情绪状态下，被试则列出了约11.9条（B. L. Fredrickson & C. Branigan，2001）。这一实验结果正符合了弗雷德里克森预先的假设：积极情绪能扩建个体的行为或思想，而消极情绪则能缩小个体的行为或思想。而且这一实验结果还表明，积极情绪和消极情绪本身的不同强度（也即是唤醒水平的高低）对个体行为或思想的扩建或缩小功能也有着一定的影响。对积极情绪来说，强度越大，其扩建功能就越大，对消极情绪来说，强度越大，其缩小功能也就越大。

消极情绪和积极情绪所导致行为倾向不同的主要原因是在于这两种不同的情绪能使人建构起不同的心理资源。一般认为，消极情绪能通过缩小个体即时的思想或行为资源而组织起一种应激资源（包括身体资源、智力资源和社会性资源等），主要应对各种威胁到自我的危险，这种资源能使个体迅速采取特定的行为，从而避免使自己受到侵害或伤害，这是个体最低要求的自我保护——获得生存。和消极情绪的应激保护不同，积极情绪则能通过扩建个体即时的思想或行为资源而帮助个体建立起持久的个人发展资源（包括身体资源、智力资源和社会性资源等），这些资源趋向于从长远的角度、用间接的方式来给个体带来各种利益。具体来说，它能促使个体充分发挥自己的主动性，从而产生多种思想和行为，特别是能产生一些创造性或创新性的思想和行为，并把这些思想和行为迁移到其他方面。如："兴趣是一种明显带有积极特征的情绪，它能促使个体把自己已有的经验和新的信息相整合，从而进行创造和开拓；满意也是一种重要的、特征明显的积极情绪，它在促使个体尽情享受当时生活的同时，还能促使个体把自己的这种生活体验迁移到对自我与对周围世界的看法上；爱是一种产生于安全和良好关系基础之上的、由多种情绪（高兴、兴趣和满意等）成分组成的合金式的积极情绪，它会不断地重现我们的爱意以及我们对所爱对象所做的一些行为，并能把这些思想和行为迁移到其他方面。"（Fredrickson，2002）

弗雷德里克森曾用相关的两个图表来形象地展示自己"积极情绪的扩建理论"的作用过程，他特别提到，这一过程是一个螺旋式上升的过程，也就是说，个体每一次的积极情绪体验都会使个体原来的思想或行为模式上升到一个新的高度。参阅图 3 - 1 和 3 - 2。

图 3 - 1 是"积极情绪的扩建理论"从产生积极情绪到改变人们原来的思想和行为模式的全过程，从图上我们可以看出，积极情绪最终能扩建个体的行为和思想，这一进程是一个螺旋式上升的不间断过程。图 3 - 2 是积极情绪和心理应对资源的不间断螺旋式上升图。这两张图基本反映了弗雷德里克森"积极情绪的扩建理论"的核心。

71

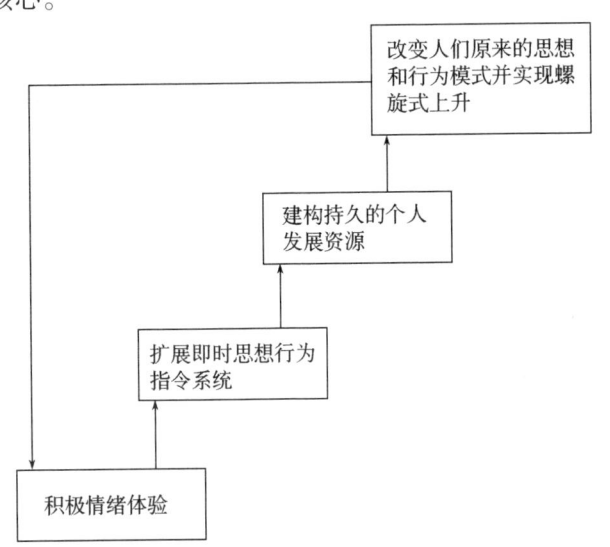

图 3 - 1　积极情绪扩建理论（Fredrickson，2002）

有些人甚至认为人类的艺术行为就是积极情绪扩建的一种直接结果，这种猜想不无道理。因为人类在应激资源的状态下只会出现一些本能性的保护行为，这种行为具有刻板的特点，它不能创造出艺术。只有在积极情绪所导致的个人持久发展资源的状态下，人类才会想到用一些不同寻常的奇特行为方式或思想来表现自己，艺术便由此而产生了。如同样是跑步，当一个人面临生命危险的情景时，他唯一的选择是尽全力跑，跑得越快越好，绝不会讲究跑步姿态的美观。但当一个人处在一种兴奋或满足等快乐情景中时，他就会有意识地选择各种样式的跑，而且会是一种游戏式的、讲究花样和美观的跑，也许这种状态下的跑步就是今天

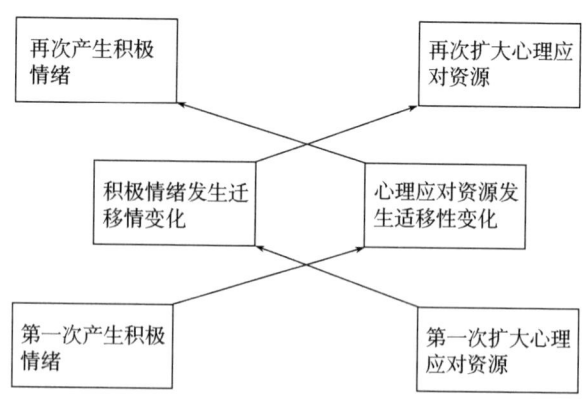

图 3 - 2　积极情绪与心理应对资源相互促进的螺旋式上升图（Fredrickson，2002）

人类舞蹈的起源。而从艺术的本质来看，尽管艺术有着各式各样的表现方式，但其主要的目的和功能还在于给人类带来各种愉悦和享受。

现代人在日常生活中的一些现象也能从某种程度上说明积极情绪确实能拓展人类的行为或思想方式，而消极情绪则会限制人类的行为或思想方式。如当出现悲痛的情绪时，大多数人的行为模式基本都是相同的，如哭泣、沉默、收敛自己的行为而变得不愿多活动等，其行为模式大都是大家可以想象的。而当人们处在快乐或高兴的情绪状态时，绝大多数人的行为方式却各有千秋、互不相同，很难找出一个具有代表性的统一模式：跳舞、喝酒、唱歌等行为好像都是这种行为模式，但又好像都不是。正如我们生活中常说的一句俗话：在现代社会葬礼的方式永远赶不上结婚的方式多或新。在这里我们也许可以得出这样的结论：消极情绪只是保存了人类，而积极情绪才能发展人类，促使人类产生新的思想、新的行为。所以，人类要想得到更好的发展、要想具有更多创造性和创新性，也许经常有意识地多体验积极情绪不失为一条好途径。

二、积极情绪对心理紧张（压力）的消解功能

积极情绪能使人释放由消极情绪所造成的心理紧张，从而使人的机体保持健康和活力。长期的消极情绪体验会给人造成严重的心理紧张，这种心理紧张能使机体长期处于应激状态，这对人的身体健康非常有害。据世界卫生组织的有关研究表明，人体患癌症并非完全是由基因因素和外在的各种致癌物所引起，人的心理因素也是一个值得人们引起高度重视的致癌因素。英国伦敦皇家抗癌研究会曾对 1 080 名肿瘤患者进行了调查，其调查结果显示：有81.2%的恶性肿瘤病人在患病前都曾受到过失业、离婚、失去亲人等消极生活事件的影响和刺激，也就是说他们都曾经历长期的消极情绪的体验。另外，我国心理学家在这方面的一些相关研究也发现：长期的情绪压抑容易患消化道癌症，长期的悲观、失望情绪易患子宫颈癌，长期极度焦虑、恐惧的情绪则易患乳腺癌，长期的个体情绪释放受到某种限制则是肺癌的主要诱因之一。美国心理学家塞利曾在上世纪 50 年代做过一个消极情绪对机体影响的系统实验研究。塞利以老鼠作为研究被试，分别用各种方式使它们处于消极情绪体验状态：把老鼠放进一个不断活动的笼子，使它们一直处于疲劳状态；使老鼠不断接受警报器发出的噪音的骚扰；把老鼠捆在木板上使它们经受挫折；给老鼠注射毒药等物质或冷冻它们使它们感受痛苦等。最终这些老鼠出现了同样的结果：都不同程度地经受了消化性溃疡、糖尿病、关节炎或冠状动脉硬化等疾病的折磨并最后死去。

　　为什么消极情绪能对机体造成如此大的伤害呢？现代医学和心理学的研究表明，消极情绪——如焦虑、紧张、悲观、抑郁等能使机体自然产生警觉、反抗、消解的过程，在这一过程中，由于消极情绪本身能影响有机体内部的巨噬细胞、淋巴细胞和免疫抗体的生长，因此当机体在警觉、反抗、消解负性情绪的过程时，就会形成一种恶性循环。即一方面机体内部的巨噬细胞、淋巴细胞和免疫抗体的生长由于受消极情绪的影响而受到抑制，另一方面，机体在警觉、反抗、消解消极情绪的过程中又要更多地消耗巨噬细胞、淋巴细胞和免疫抗体。在这种恶性循环过程中，伴随着机体的巨噬细胞、淋巴细胞和免疫抗体的不断减少，机体免疫系统功能自然就会下降，从而诱发或激发一系列的疾病。一般认为，机体在经历长期的消极情绪体验时所经历的应激状态主要可以分为以下三个明显的阶段。

73

　　第一，惊恐反应阶段：面对消极情绪体验，机体本身会有一种特定的应对机制，其主要特点是通过唤醒人的自主神经系统而使机体体内的肾上腺素分泌大量增加，而肾上腺素又和下丘脑的冲动一起使脑垂体的分泌量增加，以致出现心率加速、体温升高和肌肉弹性降低等症状，这一过程我们称之为惊恐反应阶段。惊恐反应阶段是每一个人面临某种消极体验时都会产生的自然反应，如一个初次上台表演的演员或歌手在登台前都会有不同程度的呼吸短促、嗓子发干等。如果这种反应持续的时间较短，那机体尚不至于出现某种病变，而要是这种反应持续的时间较长，也就是说，机体长期处于惊恐反应阶段时，个体就会出现头痛、疲倦、神经衰弱、肌肉酸痛和食欲不振等亚健康状态。亚健康状态既是机体产生病变的信号，其实它本身在一定程度上也就是机体病变的第一步。

　　第二，反抗阶段：为了防止机体由于反应过强而使本身受到伤害，也即抑制机体的亚健康状态，有机体必须产生进一步的应激反应以使自己处于某种适应状态，这包括分泌更多的肾上腺素、可的松等激素。而长期大量的肾上腺素、可的松的分泌则会造成机体生理性的损害，使血压产生波动、心脏负荷加重等。长期如此，身体的防御系统便逐渐衰弱，体质开始下降，抗病能力也随之减弱，这时候的机体便极易受到疾病的威胁。

　　第三，衰竭阶段：即机体原本储存的能量基本耗竭，身体再也不能分泌更多的激素来适应或抵抗应激状态，进而人的免疫功能就会出现严重失调，这大大降低了机体对人体突变细胞的免疫监视作用，从而导致一系列疾病，甚至死亡的发生。一般认为，一个人在其一生中的适应性能量（分泌的激素）是一定量的，一旦能量由于消极体验超出时间极限而被耗尽，就无法得到重新恢复。

　　2004年7月12日，包括中央电视台新闻频道在内的国内众多新闻媒体相继播发了一条消息，中国第一个因涉嫌"黑哨"事件的前国际级足球裁判员龚建平在北京304医院因血癌病逝，享年只有43岁。龚是第一个因"黑哨"事件而被捕的执法中国足球甲A联赛的裁判员，并因"企业人员受贿罪"而被法院判处有期徒刑10年。据龚的主治医生介绍，正值壮年的龚建平真正的死因是由于长期体验消极情绪所造成的心理压力。龚的例子也许只是一个偶然的事件，并不具有普遍意义，但长期的消极情绪体验能导致人机体发生病变已成为一个不争的事实。因此要拥有健康的身体，避免癌症或其他恶性疾病的发生，就必须拥有积极的情绪。积极的情绪体验不但能帮助你远离癌症或其他一些机体疾病，而且即使当机体生了某些疾病，也相对容易通过治疗而得到及时恢复。

　　但对于每一个人来说，生活中的压力性事件几乎是不可避免的，再加上人性在进化过程中本身所存在的一些弱点，消极情绪也几乎是不可避免。因此，如何帮助人们摆脱消极情绪的困扰，特别是帮助人们释放由消极情绪所造成的心理紧张，自然也就成了心理学的一大任务。但怎样摆脱呢？过去的心理学实践已经证明，如果只是一味地纠缠于消极情绪本身是不能解决这个问题的，积极心理学认为释放由消极情绪所造成的心理紧张可以通过积极情绪的扩建作用来得以实现。有关这方面的实验室研究表明，积极情绪体验能控制或延缓消极情绪所导致的各种心血管的异常变化，如血压上升、心跳加快等，它能迅速使心血管的这种异常变化回归到正常的基准线（Fredrickson & Levenson，1998）。不管是活跃性程度较高的积极情绪——如欣喜、兴奋等，还是活跃性程度较低的积极情绪——如满足、安详等，它们都具有这种功能。

第三节　主观幸福感体验

　　积极情绪体验是多种多样的，埃弗里尔（Averill, 1997）曾做了一个简单的统计，他发现光是描述情绪体验的英语单词的数量就大概在550与600个之间，以此类推的话，那积极情绪体验也应该会有上百种。但在众多的积极体验中，有一种积极体验是最综合、最复杂，也是人积极体验的核心，那就是主观幸福感（subjective well-being）体验。

一、什么是幸福

　　什么是幸福？这是一个很难回答的问题，因为它涉及到多方面、多层次的因素。幸福在人类文化中是一个古老的概念，如果我们把从古到今有关幸福的书都搜集起来的话，那绝对可以办一个小型的"幸福图书馆"。但同时幸福也是人类历史上意义混乱最大的概念之一，它曾遭受政治的强暴、经济的腐蚀和文化的曲解，因而它在不同的时期，总是承载了不同的意义。对普通民众来说幸福是一种希望，对统治阶级来说幸福是他们进行统治的借口，对各种大小宗教来说幸福又是它们教义的核心。不过有一点却是明确的，幸福是一种主观体验，不同的人从各自的角度出发会有多种多样的主观理解。这从我国《现代汉语词典》对幸福的解释中也可以看出，《现代汉语词典》把幸福解释为"使人心情舒畅的境遇和生活。"（中国社会科学院语言研究所词典编辑室，1983）也就是说，幸福是一种主观精神层面的情绪体验——一种称心如意的主观体验。

一般来说，人类对幸福的研究大致可以分为三个阶段。

第一个阶段：古代期。主要指中国古代、古希腊和古罗马时期的一些先哲们对幸福所作的各种描述，只不过他们大多是从人性圆满存在的角度来论述的，强调爱心、智慧、不贪婪、克己复礼等是人最大的幸福，也是人性的本能。中国古代传统文化中的主流文化——儒家文化就具有这样的特点，儒家文化强调人生最大的幸福就是"内圣外王"完美人格的追求和实现。所谓"内圣"是指主体心性修养方面的要求，强调以追求"仁""圣"为目的，其核心是善的德性，孔子曾把"恭、宽、信、敏、惠"看做是"仁"的具体内容（《论语·阳货》）；所谓"外王"是指治国平天下的事功，也就是一个人社会政治教化方面的要求，其核心是强调实现"王道"和"仁政"。古希腊、古罗马时期的幸福观主要可以分为两类：理性主义幸福观（eudaimonia）和感性主义幸福观（hedonic），但不管是理性主义幸福观还是感性主义幸福观，它们都把道德和精神作为幸福的核心。如理性主义者苏格拉底、柏拉图等认为，幸福就是要抑制自己的感性、情感和欲望而服从理性的要求，不贪图感官享受而去追求道德的完善和精神的意义。而感性主义者赫拉克利特、伊壁鸠鲁学派等虽强调幸福就是感性欲望的满足与快乐，但他们更强调感性欲望的满足必须符合道德的要求。同时在承认肉体快乐的同时，更承认精神的快乐高于肉体的快乐，认为精神是人类最大的生活乐趣所在。

第二个阶段：启蒙期。它以西方启蒙运动为标志，启蒙运动是18世纪首先出现在西方的一个哲学运动，强调运用理智来审视先前被接受了的信条和传统。该思想运动强调道德哲学、人道哲学，给社会带来了许多人道主义改革。

第三个阶段：现代期。它是现代后工业社会的产物，强调幸福的本质在于生活的质量和生活的真实意义，这一阶段大概始于上世纪的后半期。在幸福研究的现代期，人们对幸福的研究已不再停留在抽象的哲学层面和现代社会的物质层面，而是用更现实的观点、更科学的方法来对幸福作出更全面的评价，幸福已被

75

细分为多个层面的多种要素。人们也认识到，幸福是多种多样的，我们不能要求自己生活的每一个方面都同时变得好时才叫做幸福，幸福的概念已得到了新的定义和理解。

二、什么是主观幸福感

从前面的分析我们可以看出，幸福是一种主观性很强的体验，有时候是兴高采烈，有时候又是心平气和。所以，当代大多数心理学家都是从人主观的感受方面来研究幸福，认为幸福就是每一个人根据自己的标准对其生活质量进行综合评价后的一种积极体验，也即以研究人的主观幸福感（subjective well-being，简称SWB）为主。积极心理学同样持有这一观点，认为主观幸福感就是指主体主观上对自己已有的生活状态正是自己心目中理想的生活状态的一种肯定的态度和感受（Diener，2000）。也就是说，主观幸福感既是一个人对自我的生活状态、周围环境和相关事件的关于满意的认知和评价，同时也是一个人在情绪体验上对这些方面的主观认同。美国心理学家狄纳比较全面地概括了主观幸福感的三个特点：第一，它存在于个体的体验之中，具有主观性。个体是否幸福主要依赖于个体自己定的标准，而不是依赖他人或外界的标准，每个人都可能具有同等程度的幸福，但它们的实际标准却是不一样的；第二，主观幸福感不仅指主体没有消极的情绪体验，同时更是指主体要能体验到积极的情绪；第三，主观幸福感不是指个体对其某一个单独的生活领域评估后的体验，而是指个体对其整个生活评价后的总的体验（Diener，2000）。积极心理学认为主观幸福感是一个人积极体验的核心，同时也是其生活的最高目标。

积极心理学关于主观幸福感的理解和19世纪英国伦理学家、法学家、功利主义的代表杰里米·边沁（Jeremy Bentham）的功利主义哲学观比较接近。边沁认为，一个社会要想使这个社会的所有人自动善良，就必须制定一个能使人自动善良的社会制度，而要制定这样一种制度，就必须以"德"为原则，而"德"的最确切定义是尽可能使最多数的人能获得最大的幸福。因此，使最多数人得到最大的幸福应是人类的唯一终极目标。在这个原则下，边沁提出了他的功利主义主张："所谓善便是快乐和幸福（作者注：他拿这两个词当同义词使用），所谓恶便是痛苦。因此，一种事态如果其中包含的快乐超过痛苦的盈余大于另一种事态，或者痛苦超过快乐的盈余小于另一种事态，它就比另一种事态善。在一切可能有的事态当中，包含着快乐超过痛苦的最大盈余的那种事态是最善的。"（罗素，1981）按照功利主义观点的解释，快乐是人生的主要追求，每个人总是追求他所认为的自己的幸福，而人的幸福主要集中在个体所经历的情绪、心理和身体的快乐和痛苦上。因此，幸福生活的特征就是人心理和生理上快乐的出现和痛苦的去除，这样不经意间，功利主义者倒变成了研究主观幸福感的先驱。

　　但不管是人类早期的先哲还是后来的功利主义者，他们对幸福或主观幸福感的研究都还只是建立在理性基础上的推测和分析，更多的是一种思辨。真正对主观幸福感进行实证研究还是到了 20 世纪早期，弗鲁格尔（J. C. Flugel）在 1925 年通过记录一定样本的人群在不同时刻的情绪性事件（行为）来研究人的心境，根据这些记录，他最终概括出不同时刻的情绪反应模式，这也许是关于主观幸福感最早的实证研究。

　　"二战"以后，关于人类的幸福度和生活满意度的调查研究开始得到蓬勃发展，在这方面的代表人物主要有盖洛普（G. Gallup）、加林（G. Gurin）、肯屈尔（H. Cantril）等人。他们运用一些相对较简单的量表对世界范围内具有代表性的各层次人群进行幸福度和生活满意度的调查统计，这种调查主要是通过让被试回答一些量表问题来获得有关的信息。量表中的问题有些是开放性的（不提供答案，让被试根据实际情况任意回答），有些是迫选性的（提供几种现成的答案让被试自由选择）。后来这种大规模的调查研究方法逐渐发展成为一种评估技术，并在人类社会的许多生活领域中得到应用，如在经济领域、政治领域、娱乐领域和消费领域等，甚至其本身还发展成为了一种产业，如盖洛普民意调查公司的成立。到 2000 年，美国心理学家狄纳为了能对美国不同时期、不同地区的人的幸福进行相互比较，还提出了美国国家幸福度指数，也即关于幸福的一个全国性的常模。

77

　　人类进入 21 世纪以后，关于主观幸福感的研究更是呈现出了一派兴旺的景象，在这其中积极心理学的兴起尤其起着重大的作用。对于积极心理学来说，主观幸福感既是它研究的立足点，更是它追求的最高目标。人类现在之所以如此重视主观幸福感的研究，这主要有以下几个方面的原因。

　　第一，"后物质社会"的影响。人类在进入 21 世纪以后，世界各国在物质财富上取得了巨大的成就，尤其是西方发达国家已开始进入"后物质社会"，人们已不仅仅满足于追求物质的享受。物质财富的增加导致许多人对幸福概念的认识有了很大的升华，幸福已不再是囿于物质的一种物欲，而是一种更高层次上的、超物质的主观心灵享受。从世界范围来看，对主观幸福感的研究存在着这样一个现象：越是物质文明发达的国家，人们对主观幸福感的研究就越重视；反之，越是物质文明不发达的国家则越不重视这方面的研究。从我国的情况来看，近年来对主观幸福研究的兴起也主要是有赖于我国改革开放后物质财富的迅速增长。

　　第二，主观幸福感研究的繁荣也是人类民主的进一步发展。在今天的社会，民主的含义已不仅仅只是体现在某种政治权力意义上，它在更大程度上也体现在对民众自我感觉的尊重上。也就是说，民众是否幸福并不是由某些专家或政治领导人来作出评价，而是应由民众自己的感觉来决定。从某种意义上说这是对民主概念的深化，是一种真正的以人为本。

第三，这还源于对人类的天性——自我意识的尊重。人之所以为人，就在于人有自我意识，每个人都能意识到自己是由自然力量创造的独一无二，这是人的天性之一。我们说自然的力量是无穷的，更是伟大的，自然能轻而易举地创造出一片绿叶，并赋予每片绿叶以特有的独特性，而人类倾其所能也造不出一片绿叶，更不用说创造出独特的人。因此，每个人的独特感觉都理应得到尊重，这既是个性的真实体现，也是时代精神的一种发展趋向。

第四，心理学在研究方法上的新进展是主观幸福感研究繁荣的另一个重要原因。"二战"以后，一些高科技、新设备开始普遍应用于心理学研究，这使人们研究主观幸福感的方法变得更科学、也更有效。如计算机使大规模的数据处理变得更简单，新统计方法也使人们所获得的数据变得更准确等。

尽管人类对主观幸福感真正进行科学研究的时间并不太长，但这种研究还是取得了一些成果。从目前来看，这些成果给心理学的发展带来了一定的影响，特别是对积极心理学的兴起及将来的发展方向产生了很大的影响（积极心理学的产生在某种意义上就是人类研究主观幸福感所获得的一个心理学成果）。

如在 1969 年，布拉德本恩（N. Bradburn）通过调查研究发现，人类的快乐和不快乐的情绪是相互独立的，它们各自和不同的因素相关联（Diener, Lucas & Oishi, 2002）。这个结论告诉我们，快乐情绪和不快乐情绪之间并不像人们通常

78

想象的那样有着一定的对应关系，也即快乐情绪的增加并不意味着不快乐情绪的减少，快乐情绪的减少也不意味着不快乐情绪的增加；同样，反过来不快乐情绪的减少也不会增加快乐情绪，不快乐情绪的增加也不会减少快乐情绪。这对主观幸福感的研究来说是一个很重要的结论，这意味着心理学对积极情绪和消极情绪的研究必须独立进行，传统的诊疗性心理学把自己的研究重心放在问题的研究上存在着片面性。人类不能借助于去除社会所存在的各种问题来建设一个幸福的社会，同样，人类也不能借助于消除人类自身所存在的各种不幸福的问题而获得幸福。

最近的情绪神经科学的研究也表明，积极情绪和消极情绪分属于人前额皮层的不同部位控制。戴维德森等人（Davidson, Jackson & Kalin, 2000）通过分别测量婴儿和成人前额皮层区的脑电（EEG）活动，发现前额皮层区右侧的激活水平与消极情绪体验有关，前额皮层区左侧的激活水平与积极情绪体验有关。如：10个月大的婴儿，如果其前额皮层右侧的激活水平明显比前额皮层左侧的激活水平高的话，则这些孩子对他们与父母短期分离更可能产生哭的反应倾向。进一步通过严格的实验方法来观察这些孩子在学走路时的行为，戴维德森等人发现，那些前额皮层右侧激活水平高于基准线的孩子比其他孩子表现出更多的抑制行为。在成人身上，这种前额皮层右侧的激活水平测量上的差异同样能很好地预测个体的情绪风格、对诱发积极情绪或消极情绪刺激物的反应等。戴维德森等人曾让一名

社交恐惧症患者作一次公开的讲演，结果其前额皮层右侧的激活水平比控制组的基准线明显增加了（Davidson et al，2000）。另外，在戴维德森和卡林（Kalin）共同进行的另一项实验研究中发现，恒河猴身上也表现出和以上相类似的特征。而且他们还发现，那些前额皮层右侧激活水平较高的动物，其荷尔蒙分泌水平也比较高，同样的结果在人身上也得到了证实。

在前额皮层区左侧的激活水平与积极情绪体验的实验方面，戴维德森等人在实验中发现，那些前额皮层区左侧的激活水平高于基准线的人更容易从消极体验中恢复过来，似乎这些人比普通人和前额皮层右侧激活水平高的人更能抵消消极刺激的影响，同时，实验也证明，这些人更容易体验到积极情绪。

在对主观幸福感的测量方面，心理学界目前基本明确了主观幸福感的三个主要衡量指标：即体验到快乐的情绪、较低水平的消极体验和较高水平的生活满意度。也就是说，从内涵上看，主观幸福感主要包括三个方面：生活满意、积极情绪、消极情绪，这为积极心理学对主观幸福感的测量奠定了良好的基础。在主观幸福感的这三个衡量指标中，有些人认为，只有体验到频度较高的、强度较大的积极情绪并同时伴随着较少的、强度较小的消极情绪时，主体才可能产生主观幸福感；也有些人认为，或者是频度较高但强度中等，或者是强度较大但频度一般的积极情绪才是产生主观幸福感的必要条件。但从心理学现在的研究来看，主观幸福感的产生主要与一个人体验积极情绪与消极情绪的频度有关，特别是经常的积极情绪体验（不管其强度）既是主观幸福感产生的必要条件，也是充分条件。而对于积极情绪的强度，它对主观幸福感的产生既不必要也不充分。尽管从表面看来，强烈的积极情绪体验似乎能增强一个人的主观幸福感，但从本质上说，其实这种增强作用只能表现在增强那些主要由体验频度而引起的主观幸福感上，强度本身并不直接导致主观幸福感的产生。同时伴随着强烈的积极情绪体验之后，人们在心理上会产生一种失落感，甚至是痛苦感。并且这种强烈的积极情绪体验还会造成个体对随后的事件或情形进行扭曲的理解或解释，这反而会减少个体已有的主观幸福感（Diener et al，1991）。

心理学在主观幸福感研究方面所取得的这些成果告诉我们：幸福的获得必须踏上获得幸福的正确途径，心理学在关于"不幸"研究的途径上走得最远也无助于人们获得真正的幸福，积极心理学的产生也因而可以被说成是一个势在必行的行动。

另外，这里还有一个有关主观幸福感的小问题需要作一讨论，积极心理学在其研究的一些文献中除了提到主观幸福感之外，还时常提到另一个概念："psychological well-being"（简称PWB），对于这个概念，我们一般仿照主观幸福感的译法把它译成"心理幸福感"。有人认为"psychological well-being"与"subjective well-being"是意义相对的另一个关于幸福的概念。如苗元江认为主观幸福感

79

与心理幸福感是基于快乐论（hedonic）和实现论（eudaimonia）两种不同的哲学观而出现的两种不同的"概念模型"，它们在研究范式、概念体系、理论框架、测评技术、研究重心等方面存在有很大的差别，是对幸福两种理解的不同路线。"主观幸福感涉及人们如何评价他们的生活状况，主要有三个组成部分：生活满意、令人愉快的感情和低水平的不愉快的感情。""心理幸福感的概念模型是人的心理机能良好状态，是人的潜能的充分实现，具体来说，就是重视积极的自尊、社会服务、生活目的、友好关系的普遍意义，这些构成幸福感的核心要素，这与主观幸福感的快乐体验模型是不同的。"（苗元江，2003）

本人认为把主观幸福感与心理幸福感看做"是对幸福两种理解的不同路线"这种观点有待商榷。从古希腊的亚里士多德开始，一些哲学家就开始提出两个概念：eudaimonia 和 hedonic，其本义只在于区别理性条件下的幸福和感官条件下的幸福，它们的意义大致相当于我们前面所讲到的"心理享受"和"感官愉悦"。但在这里有一点要引起我们的注意，那就是 eudaimonia 和 hedonic 都是对幸福的具体描述，它们并不和 SWB 及 PWB 呈一一对应的关系，也就是说不能把 eudaimonia 看做是 PWB，而把 hedonic 看做是 SWB。事实上，正如我们前面所讲到的，心理学界已经把幸福等同于主观幸福感了（郑雪，严标宾，邱林，张兴贵，2004）。这就是说，主观幸福感也可以分为 eudaimonia 和 hedonic 这两种类型。积极心理学强调研究人的积极体验，不管是主观幸福感还是心理幸福感，它们都是一种快乐的主观感受，即积极体验。所以在积极心理学的视野里，主观幸福感与心理幸福感是同一个概念——都是指积极体验的核心（许多文章会用这一核心概念来指代积极体验）。积极体验之所以在不同的场合有时会以不同的名称出现，主要是因为不同的心理学家在描述时喜欢使用不同的描述词，这就如我们常用不同的词来表达同一个意思一样。如 2000 年世界著名心理学杂志《美国心理学家》第 56 卷第 1 期发表了一个关于积极心理学的专辑，其中心理学家迈尔斯有一篇题目叫《论幸福人的金钱、朋友和信仰》（*The Funds, Friends and Faith of Happy People*）的文章。在这篇文章里，迈尔斯就把 subjective well-being 和 psychological well-being 这两个词当做是等价词而进行了混用，有的地方用的是 subjective well-being，而在另外的地方就用了 psychological well-being。再如美国《人格与社会心理学杂志》于 2003 年也发表了一篇关于谨慎在人心理幸福中所起作用的文章，该文章也把 PWB 等同于 SWB（Brown & Ryan，2003）。

从幸福感这个概念来看，幸福感主要指的是一种主观体验，不管是所谓的"实现论"还是"快乐论"，最终都是强调人的主观体验，因此当代积极心理学一般统一以主观幸福感来代之，可以说主观幸福感已成了当代积极心理学的一个专用词。至于"psychological well-being"这个词，现在心理学界通常把它译为"心理健康"，等同于"mental health"这个词的意思。当然，也许 subjective well-being 和 psychological well-being 这两个词确实有一点区别，但我们认为心理学的研究不能人为地制造概念，更不能搞"概念崇拜"。在本书中 subjective well-being、psychological well-being 和 happiness 这几个词都是等价的。

三、主观幸福感生成的三种主要理论

（一）实现论

长期以来，需要或目标的满足导致个体主观幸福感产生的观点一直在心理学界比较流行，我们把这种理论观点称之为实现论。这一理论的核心在于认为幸福是个体各种紧张压力解除的结果，当人的各种生理、心理需要得到满足后，就会体验到幸福感。精神分析之父弗洛伊德的快乐原则和人本主义心理学先驱马斯洛的需要层次理论都是这种观点的理论基础，而且这种观点还受到了许多实证心理学的支持。如欧姆代（Omodei）和威尔林（Wearing）曾在 1990 年用实证的方式证明了个体需要满足的程度与其对生活的满意度之间有直接的关系。

早期持实现论观点的心理学家曾一度把主观幸福感看成是目标或需要实现的直接结果，这就带来一个问题，因为人在生活或工作中存在有许多目标，有些目标的实现并不一定会带来幸福。如一个人如果实现了别人早已实现的目标，并为此付出了很大的代价，他就不一定会有主观幸福感的产生。因此，后来的一些心理学家发展了这一理论，他们认为一个人需要和目标的实现固然重要，但这种需要或目标实现后的结果必须和个人或他人的一些潜在标准相比较，相比较后的差异性决定了一个人的主观幸福感。如：一个人实现了某种价值目标，但他必须把这种实现的结果与自己已拥有的、自己最想实现的、别人所拥有的进行比较，这些比较所导致的差异性最终决定这个人的主观幸福感。

从本质上说，一个人目标或需要的实现过程就是一个人的积极体验和消极体验的过程，持实现论观点的心理学家是把主观幸福感看做是人生活经验直接生成的结果，是人生活体验数量的一种线性相加。因此，实现论的心理学家对主观幸福感的描述主要是通过一些主观性的社会指标来反映，也即通过抽取一个有代表性的大样本量的被试，然后让被试本身对自己各个生活领域的幸福或满意状况进行概括，并在此基础上自我报告总的幸福或满意的程度。这种方法在现代社会科学——如经济学、社会学和公共关系学等的研究中应用得非常广泛。但"这种研究方法的运用暗含着一个重要的假设：即个体每天在不同领域内的生活体验要能被一天天地分别相加而得到一个各领域的总的体验，而这些不同领域的总的幸福体验要能在经过一个漫长的时期后仍然保持相对不变，这样人们才能清楚而正确地描绘他们。"（Campbell，1981）现在看来，这种实现论主观幸福感生成模式存在以下一些问题。

首先，它把主观幸福感仅看做是个人体验的一个量的自然相加，而一旦形

81

成，它又长期不变。这显然是不可能的，现代心理学研究证明，人的记忆系统总是会产生遗忘的，人不可能把它所经历的事件全部记住；而且就是储存在头脑中的内容也可能发生一定的变化，特别是情景记忆，它更容易受到干扰而发生遗忘或变形。而且，按照这种逻辑来进行推理，一个快乐体验最多的人就是一个主观幸福感最高的人，同样儿童一般来说会获得比成人更多的快乐体验，因而儿童就会比成人具有更高的主观幸福感；或者说得更简单一些，一个人只要经常吃巧克力、看轻松的电影、接受别人的表扬、冲淋浴或看漂亮的物或人就能成为一个幸福的人，这一结论显然是不成立的。

其次，这种观点还把人的主观幸福感完全看做是由外部影响所引发的，主体在这过程中只是被动地接受外界的刺激而作出相应的反应，这实际上是一种机械还原论思想。一些心理学的研究表明，"个体的生活体验和客观的生活状况与主观的幸福知觉之间的相关是非常小的，有时候它们之间毫无联系，甚至是相反的。大多数情况下的客观生活状况只能影响主观幸福感的所有相关变量中的近5%，就是把许多生活领域中的各种客观生活状况相加也不过达到10%左右。"（Schwarz & Strack，1991）生活中的许多例子似乎也反映了这种情况，如有的穷人比富人更幸福，经历过癌症切除手术的患者比正常的健康人更幸福，一些小县城的人比大都市的人更幸福等。

82　　再次，根据这种生成模式进行的主观幸福感测量的信度较低。据格拉泽尔（Glatzer）在1984年的统计检验，经过一小时后的重测信度大概在0.40左右徘徊，最高也不会超过0.60。这种程度的信度在心理学研究中基本不具有什么价值，至多只能被当做是一个参考数据。不仅如此，根据这种生成模式进行的测量还受问卷题目呈现的不同顺序的影响，如果是面谈，则受谈话内容的不同顺序的影响。

（二）信息加工判断理论

上世纪60年代，信息加工认知心理学兴起以后，一些心理学家结合了信息加工认知心理学理论的优点而提出了主观幸福感的比较判断模式。这一模式比较强调认知在主观幸福感形成中的作用，认为幸福感的产生并不完全是由外在刺激所引起，它是个体的愿望或已有的经验与外在刺激相互作用的结果，如图3-3。

图3-3是斯沃茨（Schwarz）概括的主观幸福感的比较判断模式。这个模式认为主观幸福感的生成有两条通道。第一条通道：当被试面临一项报告他对生活总的来说是否感到幸福或满意的任务时，他首先会基于当时的情绪状态，如果总的任务和当前的情绪状态相一致，或比较接近，那作出判断就会非常容易。他会很自然地把当时的情绪状态作为判断的信息资源，然后在考虑一些社会因素的基础上，综合概括出自己的判断结论（不考虑社会因素时则直接得出结论）；至于和总的任务相对应的和当前情绪状态不一致的某些特定领域，个体则通过第二条

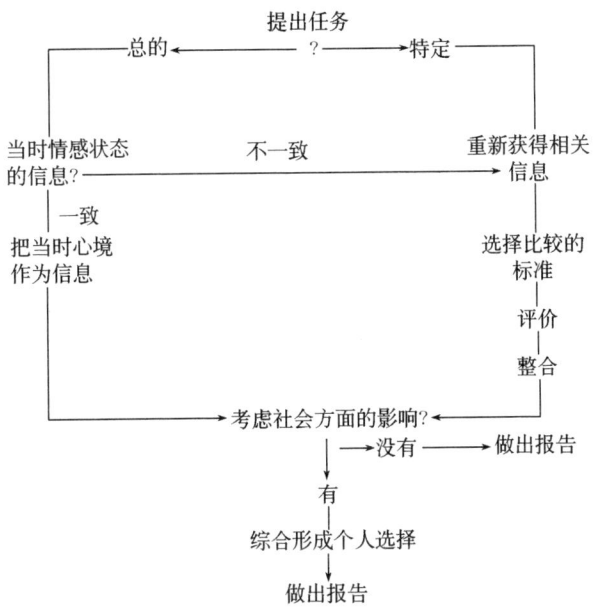

图 3 - 3　主观幸福感的加工判断模式（Schwarz & Strack，1991）

通道来进一步加工。

　　第二条通道：经过第二条通道进行加工的信息主要有两类：一类是某些特定 83
生活领域的信息，另一类是个体所面临的总的任务和当前的情绪状态不一致时的
信息。假如个体面临的总的任务和当前的情绪状态不一致，就会采用比较策略，
也就是第二条通道。个体在选用比较策略时他会主动寻找与任务相关的信息和适
当的比较标准，并根据这些信息和标准对任务进行评价和整合，然后考虑一些社
会其他因素，从而得出判断结论。一般来说，第二条通道比第一条更复杂，因为
它有一个认知比较的加工过程。个体在进行认知比较加工时会遵循一些规则：首
先，那些最先想起来的并与将要进行的判断相关联的信息最可能被采用；其次，
想起的或被采用的信息到底是作为一种比较标准还是作为一种描述性信息（指对
任务的描述），主要取决于信息本身和个体当前的生活状态有没有关系。如果信
息和个体当前的生活状态关系不大，则它就会成为一种比较标准，因为这种信息
肯定和个体的其他生活情景相关联、或与其他人的生活状态相关联，否则，个体
不会想起或采用它。在另一方面，那些直接涉及到个体当前生活状态的信息则作
为描述性信息并最终被同化到任务之中。

　　两条通道最后在作出判断时会合，但不管是哪一条通道，其在作出主观幸福
感的最终判断时都有考虑或不考虑社会因素（如社会期望、道德要求等）的情
况。斯沃茨的这一模式虽然主要是借以说明主观幸福感的加工机制，但其实它也
正好说明了主观幸福感的生成过程。和前一种模式相比，这种模式突出了人的认

知在主观幸福感形成中的作用，强调了人对外在信息的主动加工作用，它意味着主观幸福感并不是完全由外在刺激所引起的主观体验。

（三）基因或人格特质论

实现论和信息加工判断理论有一个共同的特点：都是基于外在刺激条件而提出的，都特别强调外在环境条件的影响而忽视了人本身的人格特点。基因或人格特质论则与它们正好相反，它是基于人本身的人格特征而提出的一种主观幸福感生成理论。基因或人格特质论认为主观幸福感的实现论或加工判断理论把对生活情景的认知与人的情绪体验相结合，这有它的合理性。但从人的社会生活实际来看，人的生活情景是暂时的和多变的，这种过多考虑生活情景的做法必然导致人们只关心人即时的主观幸福感。其实，对心理学来说，不仅要关心一个人即时的主观幸福体验，更要关心人长期的主观幸福体验，因为只有长期的主观幸福感才可能具有弗雷德里克森所说的"积极情绪扩建"的功能，而长期的主观幸福感则与人的基因或特质紧密相关。

那么，个体即时的主观幸福感与他长期的主观幸福感之间有没有很紧密的联系呢？要想回答这个问题，就必须首先回答另外两个问题。

第一，个体在不同的时间或地点所获得的各个即时主观幸福感之间是不是关联的？狄纳和拉尔森曾在1984年做过相关的研究，他们发现一个单独的即时性快乐与其他一些随机时间段的快乐之间的相关很小，其相关系数大概只有0.1左右，这意味着人们总是趋向于对即时刺激做出即时体验，而体验过后又很快忘记，各即时体验之间基本没有什么联系。这个结论很重要，它告诉我们个体的长期主观幸福感并不是如人们所想象的那样是由即时主观幸福感的直接相加所组成的，即时主观幸福感与个体的长期主观幸福之间并不呈必然的线性关系。也就是说，一个总体上是抑郁寡欢的人在有些特定的时刻或地点也会有强烈的主观幸福感，但这并不能从根本上改变他抑郁的状况而成为一个快乐的人；反之，一个总体上快乐的人也会在某些特定的时间或场合体验较大的不快乐感（如焦虑、烦躁等消极体验），但这也不会影响到他总体上是一个快乐的人。

第二，怎样来测量一个人的长期主观幸福感？长期的主观幸福感不同于即时的主观幸福感可以通过量表、问卷等直接获得，它是一个综合性的东西，应考虑到各方面的因素。目前心理学研究中常用的一种技术是把一个人在某一领域的不同情景下所获得的即时主观幸福感相加后进行平均，从而求得其某一领域主观幸福感的平均值。如在一周的时间内，通过一定的方法和手段求得一个人在工作过程中的幸福水平是35，那么个体这一周在工作领域的平均幸福水平就是5。当然这个平均值既可以是一天的，也可以是一周的、一个月的、一年的或更长时间段的。只要时间跨度足够大（从心理学过去的研究来看，一般4年左右就足够了），那么从这个平均值就可以大致推测出一个人在某领域的长期主观幸福感水平，而个体在该领域的长期主观幸福感水平也大致就是这个人总的长期主观幸福感水平。

　　狄纳和拉尔森在 1984 年曾用这种方法研究了一个人在工作情形下的平均幸福感与其休闲娱乐情形下的平均幸福感之间的关系，结果发现这两者之间有很高的相关，其相关系数达到了 0.74；而在另一项研究中，狄纳和拉尔森更是发现，一个人在集体情形下的平均生活满意度和他个人独处时的平均生活满意度之间也是极高相关的，其相关系数达到了 0.92。而且进一步的研究还表明，快乐、幸福或生活满意度的平均值在生活中有着相对较高的稳定性。马格纽斯（Magnus）和狄纳 1991 年在经过一个周期为 4 年的研究后发现，个体在某一领域内的各个生活满意度平均值之间的相关系数为 0.58，也即它们是大致稳定的。这样一来，很现实的问题就摆在了心理学家们的面前：为什么个体在各个不同领域的长期主观幸福感会有如此高的相关呢？于是一些心理学家就开始考虑一个人先天的人格特质和基因因素在主观幸福感生成中的作用，他们认为个体的长期主观幸福感很可能就是一个人先天就具有的主观幸福感基准点。

　　狄纳、桑德维克（Sandvik）等人则在一项 10 年跨度的研究中发现：不管一个人的收入是增是降，还是原地不动，他的平均主观幸福感基本保持不变。另外一些心理学家通过研究也发现，那些生活状态稳定的人的主观幸福感并不比那些生活状态动荡的人的主观幸福感更稳定，那些生活动荡状态（包括离婚、失业及丧偶等情形）似乎并没有影响到一个人的长期主观幸福感。这一研究结论使心理学家相信，"尽管生活的特定事件能影响人们的主观幸福感，但人们最终都会适应这些特定变化并使自己回归到由个体所具有的生物性特点和适应水平上。"也就是说，从最终来看，人的主观幸福感还主要是由人的先天基因或人格素质来决定的，也许人先天的生物因素才是决定主观幸福感体验的最根本因素。

　　这种观点听起来似乎有点宿命论，也不大对积极心理学本身的发展有利，但它却有着丰富的实证支持，其中泰勒井（Tellegen）等人的研究最具有代表性。泰勒井等人分别对分开扶养的同卵双生子和异卵双生子的生活情况进行了调查（主要指双生子由于一些特殊的原因而生活在不同家庭的情形），同时又分别对同时扶养的同卵双生子和异卵双生子的生活情况也进行了调查（双生子生活在同一个家庭的情形）。在比较这些调查材料的时候，他们发现约有 40% 的积极情绪方面的变化和约有 55% 的消极情绪方面的变化可以通过基因变量来得到预测，尽管这些双生子各自的生活环境差异很大，但这种基因因素在情绪体验中的作用非常明显（Tellegen et al, 1988）。这说明对于同样的情形，有些人生下来就倾向于比其他人更能体验到幸福，而另外一些人生下来就倾向于比其他人更能体验到不幸。也就是说，每个人在主观幸福感的体验上天生就有着某种稳定性和一致性，这种稳定性和一致性并不会受到外界生活环境的太大影响。日常生活中我们

85

也经常看到这种相类似的情形，有些人天性充满乐观，对什么事都往积极方面去想，正所谓"天塌下来有高个子顶着"；平时回忆时也总是回忆那些令自己愉快的事，相信"天生我材必有用"。而另一些人则正好相反，他们天性充满悲观，整天怨声载道，度日如年，好事也往消极方面去想：坐火车，想着火车会出轨，坐汽车，想着汽车会翻车，坐轮船，想着轮船会沉没……；平时回忆也总是回忆些不愉快的事，对事物看到阴暗面多，光明面少。当然，在目前心理学对主观幸福感研究还不是很深入、很充分的情况下，基因或特质理论只是强调人的先天因素在人主观幸福感形成中的影响可能要超过我们通常的想象，人类在研究个体主观幸福感形成过程时绝对不应该忽视它，但这并不意味着基因就是一个人主观幸福感形成的唯一决定因素。

从以上三种主观幸福感的生成理论来看，他们都有一定的道理，但也都似乎只是从某一个侧面正确反映了主观幸福感的生成。实现论强调了需要、期望和目标等的作用，加工判断理论强调了认知的影响，基因人格论强调了遗传素质的作用。事实上，人的主观幸福感是一种心理现象，也是一个心理过程，它的发生和发展有着一定的规律，但更有着无序性。从目前心理学比较一致的观点来看，人的心理现象应是多种因素综合作用的结果，也就是说把上面三种理论结合起来也许更全面地反映了主观幸福感的生成。威尔逊（Wilson，1967）曾概括说：一个幸福的人应该是"和有自尊的人结婚、年青、健康、受过良好教育、收入较高、外向、乐观、不烦恼、有宗教信仰、有职业道德、适度的热情、满意的性生活和多才多艺"。这也许是对主观幸福感生成的最好回答。

四、影响主观幸福感的因素分析

在以上主观幸福感生成的研究基础上，心理学家们又对影响主观幸福感的各种因素进行了分析和归类，并对其中的一些重要因素，特别是从人口统计学上所反映出来的一些差异因素进行了重点研究，如金钱、年龄和性别等。现在一般认为：人口统计学特征和人的主观幸福感有一定的关系，但这些因素的影响作用比较小。从实际来看，绝大部分人的幸福度指数都是处于中等程度，所以人口统计学因素更趋向于反映那些中等程度幸福的人和那些很幸福的人之间的不同。

（一）影响主观幸福感的因素分类理论

目前心理学研究主观幸福感影响因素的主要思路是：首先，通过比较幸福与不幸福的人之间的不同来寻找到影响主观幸福感的各种具体要素；其次，根据寻找到的各种要素来编制相应的测验量表；最后，运用相应的技术手段对所获得的数据进行适当的处理——如相关分析、误差检验等，从而得出有关的结论，也即证实各因素的作用并对其进行归类。在这个方面，积极心理学做了大量的研究，并取得了一些引人瞩目的成就，但也存在一些问题，其中最大的问题就是没有形

86

成一个统一的因素分类理论。目前对影响主观幸福感的因素分类有很多，其中有代表性的主要有两种。

1. 二因素论

二因素论认为影响主观幸福感的因素主要可以分为两个方面：第一个方面是相对比较稳定的因素，如一个人的社会背景、人格特质和社会网络系统（家庭、工作单位）等；第二个方面是常变因素，这主要指一个人在特定的时间里，由于满意的事件或不幸的事件所导致的心理变化。前一个方面的影响因素又被称为"心理储备"（psychic stocks），后一个方面的影响因素则被称为"心理收入"（psychic income）。持这种观点的代表人物是亨得利（B. Headey）和威尔林（A. Wearing），他们认为个体的"心理储备"对一个人的主观幸福感起着稳定而持久的作用，许多人在同样的外在条件下对某些事件比其他人能体验到更多的主观幸福感，这主要就是因为不同的人有着不同的"心理储备"。但不管一个人的"心理储备"是怎样，它都要和他的"心理收入"相整合才能起作用（Headey & Wearing, 1991）。也就是说，个体体验到的主观幸福感是他"心理储备"和"心理收入"之间的一个动态平衡的结果（参阅图3-4）。你有最好的"心理储备"，但如果你老是体验生活的不幸（失业、失去亲人、孩子行为不良等），也就是说你的"心理收入"总是处于负值的状态，你也会经常体验不到主观幸福感。

87

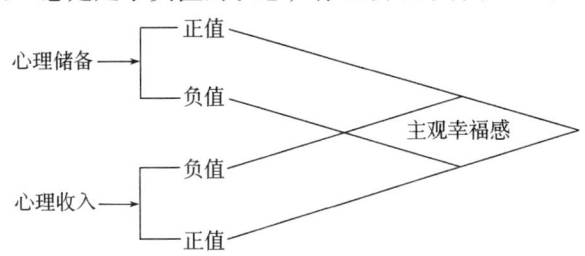

图3-4　影响主观幸福感的二因素分析（Headey & Wearing, 1991）

这种观点显然是受到了家庭经济学的影响，在这里，一个人的主观幸福感就好比是一个家庭的购买力，"心理储备"就是这个家庭里上代留下的遗产，"心理收入"就好比是这个家庭现在的净收入（收支相抵以后的结果）。一般说来，家庭上代遗下的遗产是一个固定的资产，它既可能是正值，也可能是负值，而家庭的净收入则是不断变化的，也有正值或负值两种情况。这样就存在四种可能：（1）当家庭上代留下的遗产为正值，家庭净收入也为正值时，这个家庭就会比较富足；（2）当家庭上代留下的遗产为正值而家庭净收入为负值时，这时就要看这个负值是大于还是小于原有的遗产值了；（3）当家庭上代留下的遗产为负值时，家庭净收入为正值，这也要看收入的正值是大于还是小于原有的遗产值；（4）当家庭上代留下的遗产为负值时，家庭净收入也为负值时，这样的生活最为悲惨。在这四种可能的情况下，第一种情况最有可能体验到主观幸福感，第四种情况最不可能体会到主观幸福感，其他两种情况则视具体情形而定。

二因素论和人们的日常生活经验比较接近，因而它也易为大多数人所接受。其实，如果对二因素理论作进一步分析的话，我们就可以发现这种二因素论的实质和大多数积极心理学家对主观幸福感的理解是相同的，都认为主观幸福感是由三个部分的内容组成：生活满意、积极情绪（包括积极情感和积极心境）和消极情绪（包括消极情感和消极心境）。"心理储备"从某种意义上就是一个人对自己生活的一个总的看法，而"心理收入"则是一个人积极情绪与消极情绪综合的结果，它们共同决定了一个人的主观幸福感。

2. 多因素论

另外一种观点认为，主观幸福感是人的需要满足之后产生的一种主观体验，因此，影响主观幸福感的各种因素其实也就是人的各种不同的需要，这种观点明显是受人本主义心理学思想的影响，特别是受马斯洛需要层次论的影响。人的需要主要可以分为两部分：先天的生理性需要（如性、饥、渴等的需要）和后天的社会性需要（如交往、成就和休闲娱乐等的需要）。因此，这种观点认为影响主观幸福感的主要因素有：环境、生理、交往、文化、成就等因素（Alan Carr, 2004）。环境因素是一个最复杂的因素，它主要包括财富、地理位置、身体状态、工作、所受的教育状况、休闲娱乐等因素；生理因素主要包括一个人由先天遗传而获得的人格特质、基因条件等（这一部分内容我们在上面主观幸福感形成的"基因或特质理论"中已做过简单的论述）；文化因素主要包括一个人所在社会的特定意识形态以及与之相关的社会制度、生活风俗习惯、思想等；交往因素主要包括朋友关系、夫妻关系、亲戚关系、各种会员关系等；成就因素主要指个体在生活、工作等方面所取得的成功等。

事实上，从积极心理学的研究来看，影响人的主观幸福感的各种因素也许不是一个稳定的常量，不同的人、不同的文化、不同的时间和地点等都会使主观幸福感发生变化。所以当代大部分积极心理学家不再以寻求影响主观幸福感的所有因素为目标，也不再致力于研究这些因素的准确分类而寻求形成系统的理论，他们把更多的研究重点放在了研究一些具有实际意义而又被大多数人所关心的因素上，如经济条件、人际交往、社会文化、宗教信仰、个人期望和先天人格特质（在这里主要指人格因素）等因素。这些心理学家的这种做法一方面避免了在概念及有关概念分类上的纠缠，另一方面也使自己的研究能表现出最大的实用性和灵活性，因而这也成为当代积极心理学研究的一个总的发展趋势。在以下这部分内容中，我们着重分析与人类生活比较密切的一些因素——如经济因素、文化模式、身体健康状况、朋友关系等对主观幸福感的影响。

（二）影响主观幸福感的具体因素

1. 经济条件与主观幸福感

　　积极心理学认为主观幸福感是主体对客观生活的主观感受，这种主观感受受经济因素的影响不是很大。迈尔斯（Myers，2000）从多个方面研究了经济与幸福感之间的关系（迈尔斯在其论文中用的是心理幸福感一词），并从中发现了一些和我们通常的认识不太符合的现象。

　　首先，迈尔斯在分析人均国民收入和幸福感的统计中发现，在最贫穷的国家里，财富对主观幸福感的影响还是比较大的，国家越富裕，人民越能感受到主观幸福感。当人均国民收入超过 8 000 美元时，这两者之间的相关就消失了，而平等、人权等指标的影响开始明显增大，美国、加拿大、西欧和北欧等发达国家都出现了这种情况。

　　其次，从对 1985 年福布斯杂志公布的前 100 位美国最富的人的调查来看，这些人的幸福度指数只比美国人均幸福度指数略高。其中有一个富人报告说，他从不记得曾经幸福过。49 名超级富翁中的 80% 认为"金钱既能增加幸福，也能减少幸福，关键是看你怎么去使用它"。这一观点和普通人的观点基本相同，这说明富裕的人并不比一般的人更幸福。

　　再次，经济的发展并不意味着幸福的增加。迈尔斯研究了第二次世界大战以后的 50 年美国及欧洲一些发达国家的经济发展水平与这些国家人民的主观幸福感之间的关系，他发现这些国家的经济在过去的 50 年里取得了巨大的增长，而它们国民的主观幸福感则实质上没有什么变化，如果用 10 点量表来表示的话（1 表示最不幸福，10 表示最幸福），基本上维持在 6.75 的水平上。以美国为例，到上世纪末，美国整个社会的财富几乎比 1957 年时翻了一番，中产阶级扩大了近两倍，绝大部分家庭的收入都有了明显的增加。但从调查的结果来看，报告自己是"非常幸福"的人数却从 1957 年的 35% 下降到了 1998 年的 33%，幸福度指数还略有下降。如果从一些具体的数字来看这 30 年，这一现象就更加触目惊心：离婚率翻了一番，青少年自杀率增长了 3 倍，暴力犯罪几乎增加了 4 倍，抑郁症患者——尤其是青少年患者的人数大幅度增加。迈尔斯称这种物质增长而社会倒退的现象为"美国困惑"，其实何止是美国有这种困惑，整个世界都有这样的困惑。

　　另外，狄纳还对一些幸运地中了彩票大奖的人进行了调查，发现这些人并不如人们想象的那样幸福，尽管他们都对能中奖感到很高兴，但他们这种快乐只是暂时性的，大部分人到后来甚至还不如他们中奖之前快乐。

　　表 3-1 中的材料是对 29 个国家的平均生活满意度与其收入的比较，这个调查持续了近四年（1990—1993），狄纳及其同事分别从这些国家各选取了有代表性的 1 000 个样本，然后通过问卷的形式进行调查。购买力平价是通过各国的年人均收入能购买相同商品的比价而计算出来的，然后把美国的人均购买力平价定为 100，其他国家的人均购买力和美国的进行比较，所得到的数字就是各国的实

际购买力水平。通过计算，这个调查中各国的平均购买力和平均生活满意度之间的相关系数是0.62。这说明一个国家的经济条件对本国民众的生活满意度有一定影响，但这种影响不是直线式的，也不是很大。

表3-1　不同国家的平均生活满意度与其收入购买力平价的比较

国家	生活满意度	生活购买力平价（1992年）
保加利亚	5.03	22
俄罗斯	5.37	27
白俄罗斯	5.52	30
拉脱维亚	5.7	20
罗马尼亚	5.88	12
爱沙尼亚	6.00	27
立陶宛	6.01	16
匈牙利	6.03	25
土耳其	6.41	22
日本	6.53	87
尼日利亚	6.59	6
韩国	6.69	39
印度	6.70	5
葡萄牙	7.07	44
西班牙	7.15	57
德国	7.22	89
阿根廷	7.25	25
中国（大陆）	7.29	9
意大利	7.30	77
巴西	7.38	23
智利	7.55	35
挪威	7.68	78
芬兰	7.68	69
美国	7.73	100
荷兰	7.77	76
爱尔兰	7.88	52
加拿大	7.89	85
丹麦	8.16	81
瑞士	8.36	96

注：被试的生活满意度主要是通过让被试回答"最近一段日子，你总的来说对生活感觉有多满意？"等问题组成的问卷，被试可以根据自己的具体感受从1—10之间进行选择，1是完全满意，10是完全不满意；购买力平价的范围为0—100，主要通过其人均收入的购买力和美国的人均收入购买力进行比较来获得，美国的人均收入购买力被假定为100。（Diener，2000）

这些结论似乎和我们头脑中已有的生活概念不大相符，因为当我们平时问大多数人一个问题："没钱你能幸福吗？"几乎所有的人都是摇头或干脆笑笑不置可否。我也经常问我的一些同事、朋友、学生等一个问题："什么最能改善你的生活质量？"结果绝大多数人的回答是"金钱"。为什么会出现这种不一致，这主要是因为金钱在我们的日常生活中扮演了太重要的角色，尤其对于一般的民众，我们总是通过金钱这个中介来获得我们想要的东西，金钱在我们这个社会几乎具有一切物品的属性，这就使得金钱在我们心理上的作用被夸大了。这正如上帝在我们很多人的心目中是一个很重要的角色，许多人做什么事都会向上帝祈祷，但上帝真的能发挥作用吗？但这并不是说金钱对我们的幸福就一点也没有影响，一般认为，经济与主观幸福感之间存在有一个确定的阈限（从目前的研究来看年人均收入8 000美元的购买力是一个阈限）。在这个阈限之内，经济对主观幸福感的影响较大，而如果超过了这个阈限，经济对主观幸福感就不产生什么大的影响，或根本不产生任何影响。

从中国的情况来看，这种现象也同样存在。2004年4月，《瞭望东方周刊》与芝加哥大学教授、中欧国际工商学院行为科学研究中心主任奚恺元合作，对中国六个城市进行了一次幸福度指数的测试。本次测试于4月中旬在北京、上海、杭州、武汉、西安、成都六大城市的闹市区采取随机访问的形式进行，意图了解每个城市当前、未来和预期下一代的幸福度。每个城市选取了近200个样本，样本人群主要分布在20—50岁之间。

下面是奚恺元教授所领导的这次测试的主要结果：第一，六大城市的幸福度指数从高到低依次是：杭州市、成都市、北京市、西安市、上海市、武汉市；第二，从当前幸福度指数与人均月收入对照来看，测试表明，各城市之间的人均月收入与幸福度指数没有直接的因果关系，上海人均月收入最高，但幸福度指数排倒数第二，成都人均月收入最低，但幸福度指数排第二，杭州人均月收入居中，幸福指数却最高；第三，这次的测试也表明，在同一个城市里面，个体的月收入水平与幸福度指数是直接相关的，收入越高越幸福。

总的来说，这一次幸福度测试的结果说明财富对民众的幸福的影响是相对的，财富并不能直接决定一个人的幸福。但我国这次的幸福度测试也出现了一些和美国等发达国家不同的特点：即在同一个国家的不同城市之间，富有城市的民众并不比相对贫穷城市的民众更感到幸福（不包括最贫穷的城市）；但如果在同一个城市里，富有的人却比贫穷的人更幸福。这一结果的出现可能主要源自两个原因：

第一，我国整体发展水平尚比较落后，基本处于前现代化阶段（至少我们还远未达到人均 8 000 美元的收入），一些和人类基本生活紧密相关的物质财富存在硬缺失的现象。而这些硬缺失的基本生活条件对人们的日常生活有很大的影响，因而它对人的主观幸福感的作用相对也就要大一些。再加上我国城市是一个相对比较封闭的环境，城市间的流动还相对比较困难。这样在同一个城市里，这种硬缺失在穷人和富人之间相对容易比较，所以富人就会显得更幸福；而城市与城市之间则相对不容易比较，所以富有城市的民众就不比相对贫穷城市的民众更幸福。

第二，在财富与主观幸福感之间似乎还存在着一个中介影响因素，即民众的期望和目标。当民众对财富的期望超过了财富本身的增长速度的话，那么财富增加对生活的正影响就会被这种期望所抵消。因此，在收入不高的城市，民众有可能反而更容易获得幸福，因为收入不高的城市，其民众增加财富的期望也较小，其财富的目标也较低。当今的社会是一个个人主义盛行的社会，是一个张扬个性的社会，正如人本主义心理学家罗杰斯所说，现代社会要紧的一个问题是：我是否正在过我最满意的生活？而且这种生活是否完全展现了我自己？一般认为主观幸福感也是一种主体对外在社会生活适应的结果，而这种适应受个体的期望、目标等因素的影响较大。如一个人在一定的环境下产生了相应的主观幸福感，但随着他自己的成就感的提高，他就开始不再对自己已具有的一切产生主观幸福感，而变得习惯于这一切。同样，从消极方面来看，当一个人刚碰到不幸时，他会产生不愉快感，但不久他也就会习惯于自己已有的一切，不再产生不愉快。所以从长远来看，人类本身在快乐与不快乐的追求上总是存在着一种趋向中性主义的倾向，即从快乐与不快乐两个极点向中间靠近，这似乎是一种人类的先天特性。

2. 文化特征与主观幸福感

近年来，心理学在其发展过程中表现出一个突出的特点，就是比较关注文化在人心理发展中的作用，文化心理学、跨文化心理学也逐渐成为心理学当代研究的热点。文化是我们经常提起的一个概念，但它又是一个最难说得清的概念，以致有"文化是个框，什么都可以往里装"的说法。文化是一个西方舶来品，它最早是指人类为使土地肥沃、种植树木和栽培植物所采取的耕作和改良措施，后来才逐渐扩展、引申到人的精神修养等方面（维克多·埃尔，1988）。

现代通用意义上的文化概念是在 19 世纪中期形成的，在这一时期，人们逐步开始把文化与文明等同使用，认为文化就其广泛的意义来说，乃是包括知识、信仰、艺术、道德、法律、习俗和任何人作为一名社会成员而获得的能力和习惯在内的复杂整体（庄锡昌等，1987）。1952 年美国文化学家克罗伯和克拉克洪写了一本非常著名的文化学著作：《文化：概念和定义的批评考察》。在该著作中，他们认真考察了西方自 1871 年至 1951 年的 80 年间关于文化的 160 多种定义，在仔细分析了各定义之间的联系与区别之后给文化下了一个非常有影响力的综合性定义："文化由外显的和内隐的行为模式构成；这种行为模式通过象征符号而获得和传递；文化代表了人类群体的显著成就，包括它们在人造器物中的体现；文化的核心部分是传统的（即历史地获得和选择的）观念，尤其是它们所带的价值；文化体系一方面可以看做是活动的产物，另一方面则是进一步活动的决定因素。"（傅铿，1990）我国 1989 年出版的《辞海》则把文化定义为物质财富和精神财富的总和，依此类推的话，那我们上文中的经济因素中的许多内容也可以被归入文化。因此，我们在这里就有必要对"文化"一词作个限定：本书中的文化主要是指除了物质文化之外的精神文化，包括风俗习惯、道德行为规范、价值观念、宗教信仰、婚姻和家庭制度、学术思想、文学艺术等社会意识形态，以及与之相适应的制度和组织，也就是我们通常所说的狭义范围上的文化。

目前，随着文化心理学和跨文化心理学的兴起，人们越来越重视不同的文化模式对主观幸福感的影响。根据文化偏好的不同，文化模式主要可以分为三类：个人主义文化模式、集体主义文化模式和中介者。个人主义文化模式（individualist cultures）把注意点放在了个体的身上，强调个体的独特性、独立性和自主性，强调个体与他人或群体的不同，独立、自主、自强、创造和探索等是这一文化模式主要的代表性品质，一般西方文化是这一文化模式的代表；而集体主义文化模式（collectivist cultures）则把注意的焦点放在群体上或社会上，强调人与人之间的和睦相处、相互依赖，提倡个人为集体利益所做的牺牲和个人对社会或集体所应尽的义务和职责，强调个人对集体的忠诚和依赖，东方文化则是这一模式的代表。除了以上这两种文化模式之外，我们把其他的归入中介者，也就是说中介者是兼而有之。在最近几年，个人主义和集体主义这两种特点鲜明的文化模式之间的差异对个体主观幸福感的影响开始逐渐被人们所认识，这也成了心理学研究的一个热点。

如狄纳、卢卡斯（Lucas）等人的调查研究证实，在个体主义和集体主义这两种典型的文化模式中，自尊（self-esteem）在集体主义文化模式中对个体生活满意度的影响度要比在个体主义文化模式中小。同样，外向性（extraversion）这一人格特质也具有同样的特点（Lucas et al，2000）。人格的一致性和稳定性是衡量人格的一个重要特质性指标，也是人主观幸福感体验产生的一个重要基础。所谓人格的一致性和稳定性是指一个人的外在行为是否与他内心真实的心理体验相一致，两者如果是相匹配的，那人格就具有一致性和稳定性，反之人格就不具有一致性和稳定性。有研究表明，在集体主义文化模型中，个体的人格一致性和稳定性不如在个人主义文化模型中那么明显，也就是说在集体主义文化中个体的自我容易分裂，但这种分裂似乎并没有影响人的主观幸福感。也就是说在集体主义

93

文化模型中，个体人格的一致性和连续性对主观幸福感的影响并不是很大（和个人主义文化模式相比较而言），这也许是因为在集体主义文化中，人们在获得主观幸福感时会更多地考虑他人的愿望而不仅仅只是考虑自己的生活满意度（Suh & Diener, 2002）。在另一项研究中，有人（Sue et al）对 40 个国家的 6 780 名大学生进行了调查，结果发现：在多数个体主义文化模式的国家里（主要是西方资本主义经济发达国家），不管是积极情绪还是消极情绪，它们都与一个人的生活满意度有着很高的相关性；但在大多数集体主义文化模式的国家里（如中国、日本、尼泊尔和尼日利亚等），其生活满意度和消极情绪之间的相关并不呈现显著性水平。这一结果表明不同的文化模式对主观幸福感的判定存在着差异，个体主义文化模式下的个体倾向于依据自身的内部情绪体验来判断自己是否幸福，而集体主义文化模式中的个体相对较少依赖自身的体验来判断自己是否幸福（郑雪，严标宾，邱林，张兴贵，2004），更多关注他人对自己行为的看法和评价，他人外在的看法和评价常常决定了自己是否幸福。

中国就是一个典型的集体主义文化模式，所以中国人特别讲面子，许多中国人活着是为了与他人有和谐的关系、是为了让人觉得自己很幸福，而不是考虑自己主观上是否真的幸福。如中国人很讲究人情送礼，要尽量把最好的东西送给别人，而一旦接受别人的人情后，最好的方法是回报他人以更大的人情，所谓"报大于施"。因为如果一个人亏欠了他人的人情债，那他就有可能会在人际关系中失去平衡，会有被他人或社会孤立的危险。尽管我们在把最好的东西送给别人时，自己心里也会产生一定的消极情绪体验，但这关系到一个人的面子是否光彩，所以大多数中国人还是乐此不疲，以致在许多地方人情送礼成了一笔很大的经济负担。但在一些西方人看来，送礼只是一种心意的形式，而不在于礼物本身的贵贱，送贵重的礼物有点不可思议，因此他们都是送一些简单东西，常见的如鲜花、巧克力等。

个体主义和集体主义是两种特点鲜明且又相对的文化模式，它们导致了各自的民众在判断自己是否幸福时的标准有所侧重。在大多数个体主义文化模式中，个体的主观幸福感体验主要是以自我的内部情绪体验为基础，幸福不幸福由自己的感觉说了算。而在集体主义文化模式中，个体的主观幸福感则以"美好生活"的外在社会标准为基础，强调与它的一致性，幸福不幸福由社会标准说了算。如狄纳等人 2000 年的研究发现（Diener et al, 2000），在个人主义文化模型中，未婚同居者比结婚同居者的感觉更幸福，而在集体主义文化中，未婚同居者则不如结婚同居者幸福。事实上，从人类社会的实践来看，"美好生活"的定义应该既要包括个体的内在方面——尊重个人的感受，也要包括个体所在的外在联系方面——服从社会或他人的要求，但现在文化的传统似乎破坏了这两者之间的平衡，好像全世界已不存在一种"美好生活"的通用定义了。因此，从高标准的角度来说，两种文化模式都应当在自己的发展史上重新进行幸福的修正，相互取长补短。

尽管有研究显示个体主义文化模式下的人的主观幸福感略高于集体主义文化模式下的人（Alan Carr, 2004），但如果据此就认为个体主义文化模式优于集体主义文化模式的话，这样的看法也未免过于简单。事实上，文化模式主要是一个历史传统，一般都绵延了上千年，经历过历史上各种风风雨雨的沉淀和过滤。因此，它们的存在都有其生命合理性。也就是说文化模式本身并不存在着谁是谁非、孰优孰劣。西方个体主义文化模式是基于希腊理性和基督信仰，东方集体主义文化模式是基于东方伦理和儒家学说，它们之间的确有所不同，不承认这一点就不是一种正确的学术态度。但不管是在个人主义还是集体主义文化模式中，幸福和所在社会本身的一些重要特质有着密切的关联。一般来说，一个康乐的社会、一个民主性的法理社会，其成员的主观幸福感就高，反之就低；同样在一个公共管理机构能有效发挥作用的社会，在一个行政管理人员和其成员有良好沟通的社会，在一个政治比较清明的社会，在一个较少腐败的社会，在一个公权得到合理规范而民权得到充分保障的社会，人们的主观幸福感都会较高。因此，要真正认清文化与主观幸福感之间的关系，也许还得进一步拓宽研究的视野，从多角度、多层面来作更全面的分析和研究。

另外，现在也有心理学家把人的发展阶段作为文化的分类标准，以这样的标准来看，文化可以分为老年文化、成人文化、青年文化和儿童文化等。从这种分类角度来看，不同的文化在一定程度上也影响着人们所具有的情绪，有的文化比较认同积极情绪的价值，而有的文化则又认同消极情绪的价值。如青年文化或儿童文化相对比较认同积极情绪的价值，所以儿童或青年人都在各类活动中显得比较积极和主动，在碰到了令人不开心的事之后，他们也会立即表现出来，并且会很快忘记；而成年文化则相对认同消极情绪的价值，所以成年人总是比青年人要相对保守和被动一些，他们常常把一些消极情绪深埋入心中，以不在他人面前表露为荣，并在一个人的时候反复咀嚼。

3. 身体健康状态与主观幸福感

通常情况下人们都趋向于认为体验到更多主观幸福感的人，其身体健康状况要比体验到较少主观幸福感的人要好，这一观点和目前心理学研究的结果比较一致。有众多的研究表明，人的主观幸福体验能通过影响人的免疫系统来影响到人的身体健康，和那些缺乏主观幸福感的人比，一个主观幸福感体验更强的人，其免疫系统的工作也更为有效（Kamen-Siegel et al, 1991；Segerstrom et al, 1998），更能确保人的身体健康。

Maruuta 等人（Maruuta et al, 2000）的一项调查也证实了上面的这个观点。梅奥诊所是由美国著名的外科医师威廉·詹姆斯（William James, 1861–1939）

95

与其弟弟查理·赫拉斯·梅奥（Charles Horace Mayo，1865 – 1939）合伙在明尼苏达州的罗切斯特创办的，这是一家驰名世界的私人医药中心，很多病人都会慕名前往看病。Maruuta 等人共调查了梅奥诊所的 800 个病人，其中的 200 人现在已经死亡。40 年前这些病人都到过梅奥诊所去看病，当时诊所为了更好地诊断这些病人的病情，曾经在他们第一次来诊所看病时要求他们回答一些问题，以便确定他们是一个乐观主义者还是一个悲观主义者。40 年以后的调查发现，在死亡的这 200 个病人中，乐观主义者的寿命比悲观主义者平均长了 19%，这说明乐观的情绪体验也许延长了个体的生命时间。另外，Ostir 等人（Ostir et al, 2000）也做过一个类似的研究，他们以 2 000 名 65 岁以上的墨西哥裔美国人作为调查对象，在严格控制了年龄、社会经济状况、药物使用和病症状况等无关因素的前提下，发现那些具有积极情绪体验的、幸福的人的身体机能状况明显好于那些不具有积极情绪体验的、不幸福的人，幸福的人在 65 岁以后的寿命时间几乎是不幸福的人的一倍。

那么反过来，一个人的身体健康状况能否影响到一个人的主观幸福感体验呢？答案是肯定的，心理学过去的研究表明，良好的身体健康状况有助于个体体验到更多的幸福感（Alan Carr, 2004）。不过这里却有一个问题，那就是以什么标准来定义身体健康状况？是以主观的评价（自己根据体验对自己作出的评价）还是客观的评价（由专业人员根据身体健康的科学标准而作出的评价）为标准？因为在某些情况下两者之间可能是不一致的，一个自我感觉很健康的人也许会被医生认为是一个健康状况很差的人，而一个自我感觉身体状况不好的人反而可能会被医生定义为是一个身体健康的人。从心理学家狄纳尔（Diener et al, 1999）的研究来看，人身体健康状况的主观评价（而不是由医生等专业人员作出的客观评价）和其主观幸福感之间有紧密的相关。对一个人来说，其身体健康状况的主观评价主要依赖于一个人的人格特质和平时应对问题的策略，而不是依赖于身体的真实状况（除严重的身体疾病之外）。如生活中有些人比较敏感，对自己身体的一些小毛小病也会大惊小怪，有事没事总会上医院去检查一下；而另一些人则总是认为自己身体没事，即使单位安排的例行体检也不愿意参加，平时身体有了不适也只是自己根据已往的经验随便找点药吃吃。

而且有证据证实，不光是健康的身体有助于人们体验到更多的主观幸福感，就是人们在日常生活中的运动和锻炼（增进身体健康的手段）也有助于增进人的幸福体验。有人认为，10 分钟的散步能导致人随后 2 小时的精力充沛，有意识地锻炼 1 小时后，被试普遍会感到紧张、烦恼、抑郁、恼怒和疲劳感的减轻和消失；如果能经常锻炼——如 1 周 4 次并能至少连续 10 周以上，人就会产生更多持久的积极心理状态（郑雪，严标宾，邱林，张兴贵，2004）。生活中我们也会有这样的体会，我们在刚开始锻炼时也许只是纯粹地为了使自己的身体健康，但如果坚持一段时间之后，我们锻炼的目的就开始转变为从中获得乐趣和享受了。运动和锻炼之所以会使人感到愉快，主要是因为它们能促使身体释放出更多的内腓肽，内腓肽是一种类似于吗啡的激素，它会使人产生一种愉快的感受。

总之，尽管身体健康状态与主观幸福感之间关系比较复杂，人们对于有些机制方面的研究还有待进一步深入，特别是需要现代生物、神经科学技术的参与，但从这里我们仍然可以看到，主观幸福感体验在增进人身体健康方面的作用显然是毋庸置疑的。

4. 人际交往与主观幸福感

一个人总是生活在一定的社会中，也就是生活在一定的社会关系中，因而人不可避免地会有各种人际交往。严格意义上说，人际关系包括人的各种交往，如夫妻之间的交往、与家人及各种亲戚的交往、与工作伙伴和领导的交往、与朋友的交往等。在这部分内容中，我们主要是论述良好的朋友关系与一个人的主观幸福感的关系，至于其他的如婚姻关系、工作关系、家人关系等我们会在后面的章节中论述到。

从心理学过去的研究来看，良好的朋友关系对主观幸福感的影响超出了我们的想象。当代的许多心理学研究都不约而同地证实了这样一条结论：良好的朋友关系有利于主观幸福感的生成（Argyle，2002）。狄纳和塞利格曼（2002）曾以222名大学生为被试作了一个研究，他们把其中感到最幸福的10%（22名）的大学生抽取出来，对他们为什么会感到幸福作了因素分析。他们在研究中发现，丰富多彩的社会生活是其中的最主要原因，这些人在课余会花大量的时间和他所认为的好朋友（在测试中这些大学生也被他们交往的对象评价为是他们的好朋友，也就是双方都认为对方是自己的好朋友）呆在一起活动。

为什么良好的朋友关系能有利于一个人主观幸福感的获得呢？这也许有四个方面的原因：第一，有良好朋友并被他人当做是好朋友的人可能本身就具有一些优秀的人格品质——如乐于助人、活泼、热情、开朗等，否则，他不会受到别人的欢迎。这些品质一方面使得这些人具有了较好的人格魅力而具有吸引力，另一方面也意味着这些人可能天性上就比较积极。第二，良好的朋友关系满足了个体的被他人接纳的心理需要，每一个人都有归属感的需要，归属感需要的满足会使人产生幸福或满意的感觉。第三，有亲密的朋友会使一个人感到他不是孤立地生活在这个世界，他随时都可以得到一定的社会支持和关怀，而支持和关怀总会让人有一种愉快的感觉，因而他也就能更多地感受到主观幸福感。第四，一个人在和自己的好朋友在一起时会经常参加一些共同感兴趣的活动，或做一些双方都感兴趣的事情，如打球、喝茶、散步等。千万不要小看这些微不足道的琐碎活动，因为这些活动是双方都感兴趣的，因而它能使双方在活动中相互支持，从而给双方带来愉快的体验。

另外，20世纪80年代兴起的进化心理学（evolutionary psychology）也为解释这一问题提供了一条支持途径。进化心理学在其理论构建过程中提出了一个基本主张：人类进化过程中首要的问题是生存与繁殖问题。要解决生存与繁殖问题，人类就必须要战胜达尔文所谓的"自然的敌意力量"，如食物短缺、自然灾害、猛兽袭击、疾病困扰等。而要想战胜这些自然的敌意力量，单纯靠一个人的力量显然是不够的，因而人在进化过程中就逐步形成了一种社会性心理机制，也就是说人通过进化而发展了一种愿意与他人联合的心理机制，用与他人的联合来战胜自然的敌意力量。因而人天性上就成了一个社会性非常强的动物，需要友谊或朋友，所以成功的友谊就总能为人带来积极的情绪体验。

与上述内容相关的另一个问题是我们应该选择什么样的人来成为自己的朋友。对于这一个操作性很强的实际问题，一般也只能提出一些相关的建议。首先，选择那些兴趣、能力、地位、生活习性和你比较相近或相似的人做朋友。从心理学过去的一些研究来看，个体之间越相似，他们之间的友谊也就越深厚。当然，日常生活中也有互补的说法，认为性格、能力处于互补条件下的个体之间结成朋友最适宜。但总的来说，互补性朋友间的矛盾要多于相似性朋友。其次，选择那些能给你支持的人做朋友，这些支持包括情感性支持和工具性支持等。所谓情感性支持就是指能认同你、赞扬你、欣赏你、鼓励你等，而工具性支持则主要是指能给你提供一定的物质或信息等。再次，要善于区别那些只可共安乐而难共患难的人。有些朋友在任何时候都是你的朋友，都会无条件地支持你，我们称之为"全天候朋友"；而有些朋友在你安乐时是朋友，而患难时则成了陌生人，我们称之为"季节性朋友"。生活经验告诉我们"季节性朋友"非但不能给我们带来幸福，许多时候反而会增加我们的痛苦。要想区别这两类朋友其实很容易，你只要在平时的交往中故意表现出一些你的缺点或无能，或使自己置身于一个困难的窘境——如在深夜或远方向你的朋友求助等，这时候你就会发现哪些是"全天候朋友"，哪些只是"季节性朋友"。

五、主观幸福感的评估和测量

主观幸福感主要是一种心理体验。尽管不同的生活在质与量的方面存在着客观上的差异，但主观幸福感是主观的、因人而异的，它并不完全由生活本身的客观质量所决定。不同的人对同一种生活会产生明显不同的主观幸福感，同一个人在不同的生活中又会产生同样的主观幸福感；而不同的生活对于不同的人既会产生不同的主观幸福感也会产生同等的主观幸福感。因而，主观幸福感的这种主观性就给其评估带来了一定的困难，但心理学在过去的一段时期内还是发展出了一些比较实用的评估方法和技术。

（一）量表测量法

1. 单题测量法

单题测量法是一种最早测量主观幸福观的心理学方法，它一般适用于大规模的调查测量，如测量一个国家的幸福度指数等。单题测量法的测量工具比较简单，就是一道题：如"你现在有多幸福？"、"你对你的生活有多满意？"或"总的来说，你觉得你的生活怎么样？"被试会因具体要求的不同而分别给予一定数目的答案供选择，一般是 5 个、7 个或 10 个。通常用的是 7 点量表，也就是有 7 个答案可供选择，"1"表示非常幸福，"2"表示比较幸福，"3"表示有点幸福，"4"表示既不幸福也不糟糕，"5"表示有点糟糕，"6"表示比较糟糕，"7"表示非常糟糕。这种测试一般要相隔一段时间（20 分钟或半个小时）做两次，取两次测量的平均分。

这种单题测量法有着多种形式，如梯形量表、山形量表、脸形量表等。所谓梯形、山形、脸形等主要是指给被试提供的备选答案的形式分别是梯子形状的柱状图、山峰形状的柱状图和各种表情的面孔图（主要是快乐的和不快乐的面孔图）。如梯形量表一般由 9 级组成，最高一级表示"最幸福"、最低一级表示"最不幸福"，中间分成其他相应的 7 个等级。这些量表虽然各有其特定的名称，但从本质上看它们都是属于单题测量法，只不过其形式较文字量表更活泼些。同时，这些图形量表在跨文化、跨语言的测量中显示了一定的优越性。

到了 20 世纪 80 年代末，有人（Fordyce，1988）开始把单题测量法发展为两个维度：一个维度指"总的来说，你感到多么得幸福或多么得不幸福？"另一个维度是"平均来说你有百分之几的时间是感到幸福的（糟糕的、既不幸福也不糟糕）？"第一个维度用 10 点量表来表示，"10"表示最幸福，"0"表示最消沉或不幸福。第二个维度用百分比来表示，可以根据需要分成相应的档次。经过大样本的测试，这个双维度的测量工具所测出的第一个维度的平均分是 6.9，第二个维度的平均百分数是 54%。两个分数均高于理论上的平均值：5 和 50%。这说明人类总体是趋向于积极的一面，或者说在这个世界里，感觉幸福的人总是多于感觉不幸福的人，感觉幸福的时间总是长于感觉不幸福的时间。

2. 多题测量法

尽管单题测量法有着诸多的优点：如简单、适用性强、重测信度高等，但单题测量法也有着一些先天的不足：如题目简单，易受个体反应倾向的影响；覆盖面窄，不能包含幸福感的每一个方面；无法分辨个体间在幸福感上的细微差别等。因此，人们在单题测量法的基础上又进一步发展出了多题测量法。顾名思义，所谓多题测量法就是指测量的工具是由多个题目构成，被试要对第一个题目作出反应，并把所得到的分数相加而得到一个总的分数。从目前的应用来看，多题测量法的信度和效度总的来说要比单题测量法更好。因此，多题测量法是当代幸福感测量的一个主要发展趋势。

多题测量法的核心是对主观幸福感的理解，一般来说，你认为有多少个方面

（因素）能反映主观幸福感，你就可以把这些方面（因素）设计成相应的问题来对被试进行施测，当然许多时候也可以把一个因素设计成多个不同的问题。多题测量的工具很多，目前比较著名的有阿盖尔（2001）编订的"牛津幸福量表修订版"（Revised Oxford Happiness Scale, 简称 ROHS, 见表 3 - 2）和狄纳等人（1985）编订的"生活满意度量表"（Satisfaction with Life Scale, 简称 SLS）。ROHS 量表包含有 29 个项目，每一个项目有 4 个备选答案，其内部一致性信度达到 0. 85，间隔 6 个月后的重测信度为 0. 67，间隔 6 年以后的重测信度也在 0. 5 到 0. 6 之间，它在英国被广泛应用，具体参阅表 3 - 2。SLS 有 5 个项目，每一个项目有 7 个等级的备选答案，它的内部一致性信度是 0. 84，在美国得到广泛的应用，具体参阅表 3 - 3。

除此之外，还有其他一些多题测量的量表也较有影响，如美国明尼苏达大学研究人员编制的"多相人格问卷"（Multidimensional Personality Questionnaire）、沃森（Watson）等人编制的"积极和消极情感量表"（Positive and Negative Affect Scales）、世界卫生组织编制的"WHOQOL"量表（the World Health Organisation Quality of Life Scale）等。顺便提一句，现在"消极—幸福"（depression - happiness）双极的多题量表（Joseph et al, 1998）也已被开发出来了，这比单极的幸福感多题测量又进了一步。

表3－2　牛津幸福量表修订版

下面有许多组关于个人幸福方面的叙述。请仔细阅读每一组中所包含的 4 个叙述，把你认为最能反映你在过去的一周（包括今天）的体验的那个叙述挑选出来，然后用圆圈把它前面的字母（a, b, c, d）圈起来。

1　a 我感到不幸福 　b 我感到还算幸福 　c 我感到很幸福 　d 我感到极度幸福	2　a 我勉强生活着 　b 生活是美好的 　c 生活很美好 　d 我热爱生活
3　a 我对将来并不特别乐观 　b 我对将来感到乐观 　c 我感到将来有很多是可期望的 　d 我感到将来是充满希望的	4　a 我对其他人不感兴趣 　b 我对其他人有点兴趣 　c 我对其他人很感兴趣 　d 我对其他人有极度强烈的兴趣
5　a 我对生活中的一切都不满意 　b 我对生活中的有些事感到满意 　c 我对生活中的许多事感到满意 　d 我对生活中每一件事都十分满意	6　a 我发现作决定很不容易 　b 我发现作决定还算容易 　c 我发现作决定是容易的 　d 我作任何决定都很容易
7　a 我感到不能控制自己的生活 　b 我感到至少能部分地控制自己的生活 　c 我感到大部分时间能控制自己的生活 　d 我感到总能控制自己生活的所有方面	8　a 我发现要着手做事很困难 　b 我发现要着手做事情还算容易 　c 我发现要着手做事情很容易 　d 我能做任何事情

（续表）

9 a 我感到生活没有价值
   b 我感到生活是有价值的
   c 我感到生活很有价值
   d 我感到生活给我的回报太多了

10 a 我在睡眠过程中难得醒来
    b 我在睡眠过程中有时会醒来
    c 我在睡眠过程中经常会醒来
    d 我总是失眠

11 a 我不喜欢我现在的情形
    b 我喜欢我现在的情形
    c 我很喜欢我现在的情形
    d 我非常欣喜我现在的情形

12 a 我一点都不精力充沛
    b 我还算精力充沛
    c 我非常精力充沛
    d 我总是有使不完的劲

13 a 我对外界事件从没有好的影响
    b 我偶然会对外界事件有好的影响
    c 我经常会对外界事件有好的影响
    d 我总是会对外界事件有好的影响

14 a 我认为所有事情都没有特别的吸引力
    b 我认为有些事情是美好的
    c 我认为大多数事情是美好的
    d 整个世界对我来说都是美好的

15 a 我觉得自己思维不敏捷
    b 我觉得自己思维有点敏捷
    c 我觉得自己思维很敏捷
    d 我觉得自己思维极度敏捷

16 a 我不和其他人开玩笑
    b 我有时候和其他人开玩笑
    c 我经常和其他人开玩笑
    d 我总是和其他人开玩笑

17 a 我感到自己不健康
    b 我感到自己有点健康
    c 我感到自己很健康
    d 我感到自己极度健康

18 a 我不会使别人快乐
    b 我有时会使别人快乐
    c 我经常会使别人快乐
    d 我总是会使别人快乐

19 a 我对别人没有温情
    b 我对别人有些温情
    c 我对别人很有温情
    d 我爱每一个人

20 a 我的生活没什么特别的意义和目的
    b 我的生活稍许有些意义和目的
    c 我的生活很有意义和目的
    d 我的生活充满意义和希望

21 a 我对过去没有什么特别的幸福回忆
    b 我过去的有些是值得幸福回忆的
    c 我过去的大多数都是值得幸福回忆的
    d 我过去的一切都是值得幸福回忆的

22 a 我没有很投入的感觉
    b 我有时候会很投入
    c 我经常会很投入
    d 我总是很投入

23 a 我从没有过兴高采烈的状态
    b 我有时候会有兴高采烈的状态
    c 我经常会有兴高采烈的状态
    d 我总是处于兴高采烈的状态

24 a 我认为这世界并不是一个好地方
    b 我认为这世界还算是一个好地方
    c 我认为这世界是一个很好的地方
    d 我认为这世界是一个极美妙的地方

25 a 我想要做的和我所做的之间总有差距
    b 我做过一些我想要做的事
    c 我做过许多我想要做的事
    d 我做的每一件事都是我想要做的事

26 a 我很少笑
    b 我有时候笑
    c 我经常笑
    d 我总是笑着

27 a 我不会很好地安排我的时间
    b 我安排我的时间还可以
    c 我能很好地安排我的时间
    d 我能把我想做的一切安排得井井有条

28 a 我认为我没有吸引力
    b 我认为我还有点吸引力
    c 我认为我有吸引力
    d 我认为我极有吸引力

29 a 我找不到令人愉快的事情
    b 我发现有些事情令人愉快
    c 我发现大多数事情令人愉快
    d 每件事情都令我愉快

101

注：计分方法为 a = 0、b = 1、c = 2、d = 3，把每项得分相加起来则为总分。从过去施测的情况来看，

大部分人的得分在 40 到 42 之间。(Argyle, 2001)

表 3-3 生活满意度量表

你可以对下列 V (5) 个论述作出同意或不同意的反应,用 7 点量表表示你同意或不同意的程度,请你在最适合你真实情况的这一项上画个圈。请你一定务必作出真实的回答。

Ⅰ 我生活的大多数方面比较接近我的理想

非常不同意	不同意	有点不同意	既不同意也不不同意	有点同意	同意	非常同意
1	2	3	4	5	6	7

Ⅱ 我的生活条件是优良的

非常不同意	不同意	有点不同意	既不同意也不不同意	有点同意	同意	非常同意
1	2	3	4	5	6	7

Ⅲ 我对我的生活是满意的

非常不同意	不同意	有点不同意	既不同意也不不同意	有点同意	同意	非常同意
1	2	3	4	5	6	7

Ⅳ 迄今为止,我在生活中已经得到了我想要的重要东西

非常不同意	不同意	有点不同意	既不同意也不不同意	有点同意	同意	非常同意
1	2	3	4	5	6	7

Ⅴ 假如生活可以重新再过一次的话,我还是不想改变任何东西

非常不同意	不同意	有点不同意	既不同意也不不同意	有点同意	同意	非常同意
1	2	3	4	5	6	7

注: 计分方法为选 1 就是 1 分, 选 2 就是 2 分, 依此类推, 把每一项得分加起来就是总分。从过去施测的情况来看, 大部分人的得分在 21 到 25 之间。(Diener et al, 1985)

(二) 其他的评估方法

不管是单题量表测量还是多题量表测量, 它们都是自陈量表式的评估, 主要依赖被试的自我陈述, 它们不可避免地会受到被试反应倾向的影响。这种反应倾向是多方面的, 有些可以通过一定的技术来加以控制, 而有些则不可能被控制。如许多被试在填写量表时都会猜测测验的意图, 然后按照有利于自己的方式而不是真实的方式作答; 另外东方文化强调吃苦的精神, 把消极看做是不光彩的, 因而东方人在对量表作答时就可能会有意隐瞒自己的一些不愉快体验。因此, 为了对主观幸福感作出较完整的描述和评估, 心理学还发展了一些其他的评估方法, 但总的来说, 这些评估方法还只能作为自陈量表的辅助方法, 毕竟幸福感是一种

主观体验。目前其他非自陈量表式的评估方法主要有以下几种。

1. 行为记录法

行为记录法就是指在一定的实验情景中或在自然的生活情景中对被试的行为作详细的记录，然后从记录的行为上对被试当时的情绪状态作出判断和认定。对大多数人来说（除非是特殊的演员），他们的行为常常就是他们真实情绪的载体。因此，我们如果能对被试的手势、身体姿态、面部表情等作全面的了解，我们就能掌握被试当时的真实情绪状态。行为记录除了用纸笔记录外，一般还要借助录像设备等。

2. 他人评价法

和被试关系比较亲密、对被试影响比较大的一些人的评价也可以提供关于被试情绪状况的有价值信息，这些人主要包括家人、爱人、朋友、老师等。和自我报告法相比，他人评价相对比较客观和公正。不过由于这些评价者只了解被试在某一个方面的情况，而对被试的整个生活状况不熟悉，因而其评价常常是片面的。但如果能寻找到足够多的评价人的话，就可以弥补这种片面性。

3. 生理指标检测法

一定的情绪体验总是伴随着一定的生理活动，如愤怒时人的血压会上升，手脚血流量会增加；恐惧时人的呼吸和脉搏会加快，胃的蠕动会暂停，消化液也会停止分泌，手脚血流量会减少；兴奋时内腓肽的分泌会增加等。而且当代生理学、神经科学已对某些情绪的大脑活动有了明确的定位。因此，如果能借助一定的设备把被试的各种生理指标检测出来，那我们也就可以掌握被试的情绪状况了。在警察刑事侦察中常用一种被称为"测谎器"的工具，其实质也就是一种情绪检测器，它通过检测与焦虑、内疚等情绪状态相联系的某些生理指标——主要是心跳、呼吸频率、皮电反应等，从而鉴别对象是否在说谎。目前心理学测量中常用的有 ERP（脑电记录仪）和 fMRI（功能性磁共振成像）技术等。

4. 认知测量法

认知心理学的研究表明，人的认知记忆和人情绪之间有着密切的相关，因此我们也可以借助这种相关来对被试的情绪进行评估。我们给被试一段分别包含有积极情绪和消极情绪的材料，在被试学习一段时间之后让他们回忆。如果被试对材料中积极情绪描写部分的回忆更详细、更准确，那他们自身也许就处于积极情绪体验中；反之，如果被试对材料中消极情绪部分的记忆更详细、更准确，那被试也许就处于消极情绪体验之中。

5. 相关指标确定法

一个国家是否进入了现代化行列，我们总会有一些相应的衡量指标，如 GDP 的多少、人均国民收入、恩格尔系数、环境污染程度、国民受教育水平、就业率等。同样，一个人是否幸福或快乐，也应该有一定的相应指标，如社会关系情

103

况、工作的稳定性、收入状况等。如果我们能对被试的多个方面的指标加以确定，我们也许就能掌握有关被试是否幸福的信息。不过这种方法的局限性较大，它常受文化、地区、宗教信仰等的影响。现在常用的指标主要有：受教育状况、收入状况、工作性质及稳定性、家庭及婚姻状况、身体状况、人格特征、兴趣爱好、社会交往状况、宗教信仰等。

除了以上这些方法之外，还有如访谈法、随机情绪取样法等。但不管什么方法，从现在来看，任何某一种方法都似乎不可能穷尽幸福感的复杂性。而如果就测量的信度和效度来说，当只能使用一种测量工具时，一般还是选用自陈量表测量法。

【建议参考资料】

1. 塞利格曼. 认识自己，接纳自己 ［M］. 任俊，译. 北京：万卷出版公司，2010.

2. 塞利格曼. 活出最乐观的自己 ［M］. 洪兰，译. 北京：万卷出版公司，2010.

3. FREDRICKSON B L. Positive emotion ［M］// SNYDER C R, LOPPEZ S J. Handbook of positive psychology. New York：Oxford University Press，2002：120 – 134.

4. DIENER E. Subject well-being：the science of happiness and a proposal for a national index ［J］. American Psychologist，2000，（1）：34 – 43.

5. SCHWARZ N, STRACK F. Evaluating one's life：a judgment model of subjective well-being. ［M］// STRACK F, ARGYLE M, SCHWARZ N. Subjective well-being ［M］. Oxford：Pergamon Press，1991.

【问题与思考】

1. 什么是积极情绪体验，它有几种分类？

2. 积极情绪扩建功能的内涵是什么？

3. 主观幸福感的评估与测量方法有哪些？

4. 怎样利用积极情绪扩建理论来改善人类的生活？

第四章 积极体验（二）

【本章提要】

就积极体验本身来说，人们经常是按照所体验情绪的不同性质而对其进行分类，并对其进行命名。不过在本书中为了研究的方便，我们是按照时间状态的不同来进行分类，我们把积极体验分为针对过去的积极体验、针对现在的积极体验和针对将来的积极体验。针对过去的积极体验主要有：满意感、满足感、成就感、骄傲感和宁静感等；针对现在的积极体验主要有：福乐感、快乐感和愉快感等；针对将来的积极体验主要有乐观感、期待感等。积极体验的这三种形态是有区别的，它们都有不同的产生机制，尽管它们三者之间有着一定的联系，但它们之间并不存在着必然的平衡。也就是说，一个人可能会对过去具有满意感，对将来也充满着期待，但他可能会对现在感到不快乐；同样，一个现在有福乐体验的人也可能会对过去不满意或对将来失去期待感而变得不乐观等，生活中就有许多现在很快乐但对自己过去的童年不满意的例子。本章的主要内容是具体分析最具有代表性的几种积极情感——满意感（针对过去的积极体验）、福乐感（针对现在的积极体验）、乐观和期望（针对将来的积极体验）的特点及产生机制，从而使我们能满意地体会过去，快乐地感受现在和满怀希望地面对未来。

105

【学习重点】

1. 过去、现在和将来的积极体验分别包括的内容。
2. 满意感、福乐感、乐观和期望的特点及产生机制。
3. 非福乐状态的种类以及福乐和非福乐状态的关系。
4. 福乐与希望的评估测量方法。

【重要术语】

满意 福乐 乐观 希望

第一节 基于过去的积极体验——生活满意

一、过去意味着什么

就生活体验来说，除开新生儿之外，每个人都有自己的过去，而这个过去了的生活对每一个人的现在和将来意味着什么？对于这一个问题，心理学很早就有了相关的研究，不过不同的研究却得出了两种截然不同的结论。一种观点认为人的过去就意味着现在，也即过去与现在有着必然的因果，它们之间是线性的发展关系。另一种观点则认为过去就是过去，现在就是现在，它们之间并没有必然的联系。

（一）过去对现在的因果决定论

这一派理论中最有影响的是以弗洛伊德为代表的精神分析理论。弗洛伊德的精神分析理论认为，人的心理由三个部分组成，即潜意识、前意识和意识（潜意识和前意识合并起来被称为无意识）。而在这三个组成部分之中，潜意识是人所有意识行为的基础和出发点，人的一切行为都是人潜意识演变的结果。他曾用海上飘浮的冰山来比喻人的心理，露出水面的部分就是人的意识，而潜藏在水面之下的、数量和重要性远远大于水面部分的则是潜意识。弗洛伊德认为人潜意识中所包含的内容主要是人的本能（伊底）——主要是性本能，除此之外，人经历过的那些被"遗忘"（弗洛伊德不承认有遗忘，他认为遗忘其实就是被压抑到了无意识之中）的事也被人有意或无意地压抑到了潜意识，而那些迫于外在压力被压抑到潜意识中的记忆都必定有其痛苦的一面。

弗洛伊德曾用了一个形象的比喻来说明意识与无意识之间的关系，他说人的心理就像是一座三层的楼房。最上层住着意识，中间一层住着前意识，最下层住着潜意识。在意识与前意识的楼道间有着警卫，警卫对于二楼的前意识一般不管，任由它们自由地访问三楼的意识；而对于一楼的潜意识，警卫则严格看守着不让它们随便上楼进入意识的房间，但一楼的潜意识却总是千方百计地想躲开警卫的监视而进入意识的房间。

基于潜意识理论的基础，弗洛伊德把人格分为了三个组成部分：伊底、自我和超我。伊底就是被压抑到潜意识中的本能冲动，它以快乐的原则行事，总是会不顾一切地追求即时的快乐满足；自我是从伊底中分化出来的，是那部分受到外界的压力而进行了修改的伊底，它以现实原则行事，强调合乎社会外在要求；超我则是指一个人的良心和良知等，代表了一种社会理想，它以至善的原则行事。超我在整个人格的构成中起着对伊底和自我的监督作用，从而使个体向着理想的彼岸努力，最终达成完善的人格。

从弗洛伊德的理论我们可以看出，人潜意识中的内容主要有两个部分，一个部分是人的本能，主要是性本能；另一个部分则是人所经历过的、并使主体感到痛苦的东西，这些东西和人的本能相结合，最终成为人当即行为的发起原因。这就是说人有什么样的过去（特别是痛苦的过去），就一定会有与之相因果的现在，过去和现在存在着必然的因果关系。但这种过去与现在的因果关系在弗洛伊德的理论里却有着强烈的问题感色彩，也就是说，在弗洛伊德看来正是因为有着痛苦的过去，才有现在的问题，反之从现在的问题中我们也能发现人过去的痛苦。因此，弗洛伊德在1904年出版的《日常生活的心理分析》中详细论述了对过失行为的研究，他认为人的口误、笔误、读误、听误、遗忘和误放东西等都不是无意产生的，而是有着特定的动力和原因，这个动力和原因就是人潜意识中人的本能欲望和被压抑的痛苦。但如果我们假定一个人过去的一切都没有痛苦，那他现在会怎样呢？弗洛伊德没有告诉我们，其他精神分析学家也没有告诉我们。因此，我们说弗洛伊德的过去与现在的因果关系充其量是一种过去的问题与现在的问题之间的因果，简单说就是问题与问题之间的因果。

不过在这里却还有一个问题，那就是人过去的事件是在过去已发生了的，它怎么来对人现在的行为、思想等产生影响呢？因此，从本质上说，弗洛伊德理论其实是强调人过去的情感体验、经历、经验等对人现在的行为或思想的影响。也就是说，弗洛伊德理论的核心是强调人的情感体验决定着人的思维，这是弗洛伊德理论的真正实质。

对于弗洛伊德理论的这种主张，我们可以轻易地找到很多的日常生活经验来加以证明。如当一个人处于消沉状态时，他更容易回忆起自己过去的一些不愉快经历；即使在温热的夏天，我们也忘不了寒风刺骨的冬天景象，也会主动去购买一些棉衣、棉被等。同样心理学实验室中的实验也证实了这种观点，如在一个实验中有意给被试注射肾上腺素（目前临床上可的松类药基本都含有这一激素），从而使被试处于一种紧张、焦虑的体验状态。当被试处于这种状态之后，他就会对一些很平常的事产生危险或受伤害的感受。也就是说，被试的情绪体验状态影响（或决定）了被试对当前事件性质的认知（Schachter & Singer，1962）。

不过随着 20 世纪 60—70 年代认知心理学革命的到来，弗洛伊德理论的这种情感体验决定着思维的观点受到了冲击。认知心理学家们用一系列卓有成效的实验证明：思维不是情感的反映，而是情感产生的原因，也就是说，是思维导致了情绪的产生（Seligman，2003）。如对危险的认知产生了焦虑，对损失的认知产生了难受，对侵犯的认知产生了愤怒等。对于认知心理学的这一观点，也同样存在着许多的实证依据。认知心理学家发现，一些具有抑郁心理问题的人，如果使他们学会了摆脱对过去问题的消极解释的话（而学会一种积极的解释），那么他们中的大多数人都可以从抑郁中得到恢复。同样在实验室的实验中，如果被试认识到自己的心跳加快等心理紧张状态纯粹是注射肾上腺素的结果时，那他们就不会出现反常行为（Schachter & Singer，1962）。

从目前来看，这两种对立的观点都有一定的道理，也都有很好的实证依据。我们只能得出这样的结论：也许在不同的时间、不同的情景条件下，有时候可能是情绪决定了认知，有时候又可能是认知决定着情绪。所以，当代心理学的一个重要任务是要确定在什么条件下情绪决定着认知，在什么情景条件下又是认知决定着情绪。

除了弗洛伊德的无意识理论主张过去决定现在和未来之外，很多人认为达尔

107

文（Charles Darwin）的进化论同样也反映了这一主张。达尔文进化论的实质是强调人类只不过是自然竞争的胜利成果，我们的祖先在过去的竞争中赢得了两场伟大的胜利：获得了生存权和繁殖权。而这两场胜利给人类所带来的进化机制必将制约和影响着人类现在和今后的发展，人类别无选择，只有按照祖先所形成的机制（包括生理机制和心理机制）去进行生活。这实际上就是说，人类现今的思想和行为都是由过去的祖先早已规定好了的，人类如果不按照这种规定去做，那就要走向灭亡。从表面看来，达尔文的进化论似乎包含有这种过去决定现在的思想，但实际上达尔文是把整个人类作为一个整体来加以研究的，他更主要是指人类的基因对人类生存的作用；而弗洛伊德理论则是以个体为研究对象，主要强调个体的早期生活经验对其现在的影响，这肯定和基因无关，而是专门指人的早期生活体验，因此达尔文的理论和弗洛伊德理论之间有着本质的区别。

事实上，达尔文进化论在一定程度上反而说明了人早期的生活经验对其成年后的人格影响不大。如在明尼苏达双生子研究小组的一系列双生子研究中，人们发现一出生就因为某种原因而分开扶养的同卵双生子在成年之后，他们的人格相似性程度要远远高于从小在一起抚养的异卵双生子；而对被领养的孩子的研究也表明，被领养的孩子长大后的人格和其亲生父母而不是养父母有更大的相似性（Tellegen et al, 1988）。所有的这些研究都说明，基因因素在孩子的人格形成中起着重要的作用，而孩子本身早期的生活经验的影响则不如人们想象的那么大。

（二）过去与现在无关论

事实上，就针对过去的体验本身来说，这种体验是建立在回忆基础上的。大多数人都相信，一个人对过去事件的记忆一定反映了该事件的本来面貌，也就是说回忆是对事件进行的一种再造。但心理学研究的事实告诉我们：当人们回忆某一事件时，并不是准确无误地再现它，相反，回忆是对实际发生了的事件的重新建构。美国华盛顿大学的女心理学家洛芙特斯（Loftus）是一个卓越的记忆研究者。她在研究中发现：人们在回忆时都会用新信息和现存信息去填补回忆某种经历时所出现的遗漏，人的记忆并不像我们通常所认为的那么稳定，经过一段时间以后，它会作出一定的调整和发生改变（Roger R. Hock, 2004）。洛芙特斯提出了关于人们在回答问题时对事件的回忆理论，这一过程如图 4-1 所示。

这一理论告诉我们，真实的过去和现在回忆的过去可能是两回事，任何人即使是在回忆过去，他也可能是叙了一个全新的"现在对过去的解释"。

洛芙特斯理论最早是针对司法辩护中证人作证时有可能会出错而提出来的，但她的这一研究却告诉我们，当一个人回忆的内容本身都可能是不真实的话，那过去对现在还有什么影响可说呢？因此，当一个人在叙说自己是受到了过去某一件事的影响时，他更可能是受到一个全新的"现在对过去的解释"的影响。自然建立在回忆基础之上的体验也不过是一种"现在对过去的解释"后体验。

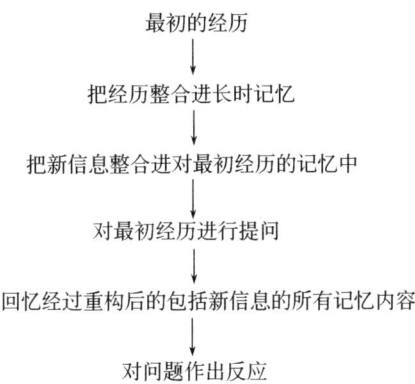

图 4 - 1　洛芙特斯关于事件的回忆理论（Roger R. Hock，2004）

　　流行的心理治疗（特别是精神分析心理治疗）常常有一种特殊的功能，就是在治疗过程中能帮助治疗对象回忆起过去的一些不幸经历，尤其是性虐待的经历。治疗师对此的解释是：这些创伤性记忆过去是由于一些原因而被主体有意无意地压抑到了人的潜意识中去了，现在经过特定的治疗手段的帮助，创伤性记忆开始逐渐被意识到——也就是通常所说的从无意识领域开始进入到意识领域。洛芙特斯认为不存在记忆压抑说，相反，她从她的实验出发认为一个人与众不同的创伤性记忆反而是一个人记得最为清楚的部分。那对于心理治疗过程中存在的这种"记忆压抑"现象又作何解释呢？洛芙特斯认为所谓"记忆压抑"过程实际上也就是记忆的歪曲过程，她提出了三种可能的歪曲（Loftus et al，1998）。

　　第一，当事人或许是早已忘记了自己早期的记忆，而不是有意无意地压抑它。因为对于儿童来说，他很可能并不理解早期的所谓性虐待的本质，他只是把它看做是一件很平常而无任何特殊意义的事，因而也就忘记了它，就像我们忘记了自己在童年时曾在地上捡拾过一根树枝一样。事实上，在某些地区有些所谓的"性虐待"不光在儿童看来很正常，就是在成年人看来也是很正常的。如在过去农村的一些地区（现在的一些农村地区还有这种现象），许多大人都喜欢摸摸小孩子——特别是男孩子的"小几几"，这在当地文化看来是一件很正常的事，因而谁也不会去刻意地记住它，当事人自然更不可能去记住它。

　　第二，在治疗过程中，许多人说他们忘记了某一创伤性事件，但事实是他们根本没有忘记，只是不愿意提起罢了，不愿意提起并不等于就是忘记了。

　　为什么有些人在治疗的一开始不愿意提起自己的创伤性经历，而随着治疗过程的不断进行他又愿意提起了呢？这个道理很简单，每个人都天生具有一定的防御机制，都想尽可能地把自己的脆弱掩藏起来，因而他不可能在一开始就对人谈起自己的创伤性经历。而大多数心理治疗师都有着较好的言语交流、沟通和暗示的技能技巧，随着治疗的进行，对象与治疗师之间的心理距离被拉近，个体的这

109

种自我防御系统就会逐渐在治疗师的劝说下出现松懈，并最终瓦解。所以从这个角度上说，治疗师并不是在帮助对象使自己的记忆从无意识进入到有意识，而只是使对象从心理上的不愿开口到愿意开口，在这过程中，事件本身始终是在对象的意识中存在着。这就如我们在生活中并不会把自己经历过的每一件事都对任何人说起，我们总是对不同的人提起一些不同的事，而一些比较私密的事也总是在和朋友交流了一段时间、在具有了特定的情景条件之后才会被提起。

第三，有些人会告诉治疗师，自己确信自己曾经历过某种特定的创伤性事件，但事实是这些事件在此之前是从来没有发生过的。这并不是对象有意说谎，而是对象把自己过去的一些歪曲的记忆组合在了一起，从而导致了"记忆压抑"现象的出现。

从洛芙特斯的这些观点来看，她实际上对人潜意识的整个概念及其存在的真实性提出了质疑，这从根本上动摇了自弗洛伊德以来人们一直认同的心理结构，即人的心理是由意识与无意识组成。自然这也就从根本上推翻了关于人的潜意识内容会对人当今的思想和行为产生影响的观点。洛芙特斯想说的似乎只有一句话：过去的就是过去了，现在的就是现在。尽管当代的认知心理学研究（特别是最新的有关工作记忆方面的研究）、临床心理学研究等不断提出众多的新证据来证明洛芙特斯的观点是错误的（或者说是不完整的），但洛芙特斯的观点至少可以帮助我们开阔视野，使我们又多了一个看问题的角度。同时洛芙特斯的这种敢于质疑的态度也是值得每一个心理学工作者学习的，正如洛芙特斯自己所说："我是一个研究记忆的人，但我更是一个怀疑论者。"（Loftus et al, 1994）或许每一个心理学工作者都应该如此。

二、满意地面对过去

对于过去与现在之间的关系到底是什么，就目前心理学的研究来看，还只能得出一个折中的结论，即过去对现在肯定有影响，在一定意义上说，一个人之所以是现在的这种状态，这在很大程度上是这个人过去的经历所为，如塞利格曼所发现的"习得性无助"就是一个很好的例子。但这种影响并不如弗洛伊德及其他的追随者所宣称的那么大，更不存在过去的问题必然导致现在和将来的问题的说法。

（一）正确理解过去

翻开一些杂志，我们随处可见所谓的"长子的 IQ（智商）一般要高于其兄弟姐妹"、"幼年丧母的孩子长大后更易患抑郁症"、"离异家庭的儿童更易成为问题青年"等言论。这些所谓的心理学结论背后其实都蕴藏了一个前提——人的早期生活经历是一颗种子，不管以后的环境如何变化，该种子的性质必将决定着（影响着）他以后的发展态势。

　　但事实是否真的如此呢？如通过对长子 IQ 的大样本测量时发现，长子的 IQ 确实要高于其兄弟姐妹，但高出的数量仅仅只是 1 分而已（Seligman，2003）；从对离异家庭的孩子的研究来看，父母离异对孩子未成熟之前的成长有一定的不良影响（影响并不是我们想象的那么大），但当这些孩子成年之后，他们和其他人就再没有任何的差异。有研究表明，母亲在孩子 11 岁之前去世的话，孩子在成年后更易患抑郁症，但这并不是一个普遍现象，只有女性才可能会出现这种情况，而且这一结果也只得到了过去所有相关研究中大约一半研究的支持（Seligman，2003）。

　　个体童年期的不幸经历确实对其长大后的人格会产生一定的影响，但这种影响并不是大到能起决定作用。从心理学研究的实际情况来看，现在的许多心理学研究（特别是临床心理学研究）过分夸大了人在童年期间的经历对其将来生活的意义，这种过分夸大的一个直接坏处是让人变得消极，从而失去了生活的主动性和积极性。因为既然我们儿童时代的经历就已经决定了我们将来的人格和思想，那我们再做怎样的努力也是没有意义的。反之，即使我们不做任何的努力，我们也一定会长成我们儿时就已经决定了的人格。如果我们依照这种观点来进一步作推理的话，我们至少可以得到这样一个明显的结论：人的发展不是自主性的。因为就一个人来说，他早期的生活经历不是他自己所能选择的，他完全是一个被动的接受者，而一旦长大后他又没有必要去主动选择了，早期的经历已为他做好一切准备了，这显然是一个荒谬的结论。

111

　　从本质上说，人过去的经历对现在或将来产生影响其实是通过人回忆过去时所产生的情绪体验来起作用的，并不是过去了的事件仍在真实地起着作用。每个人都有过去，对于回忆过去了的这些事，有些会让我们感到愉快，有些则会让我们感到伤心。但不管是愉快的还是伤心的，这些事件本身都是已经发生了的，即使我们总对过去发生在我们身上的一些不幸耿耿于怀，这些事件本身也并不会得到改变，但由此产生的消极体验却可能会使我们现在的生活更不幸。因此，对于我们来说，应该积极地面对过去，不管过去怎样，我们现在是走过来了，能坚强地走过来就是一个了不起的伟大的胜利。下面是一个测量你对自己过去的生活是否满意的量表，你可以尝试着做一下，并以此自我鉴定一下你是不是一个对过去怀有感恩的人。

　　1 = 完全不同意

　　2 = 不同意

　　3 = 有点不同意

　　4 = 不同意也不反对

　　5 = 有点同意

　　6 = 同意

7 = 完全同意

（　　）A 我生活中有许多是需要感激的。

（　　）B 假如我把我生活中一切需要感激的东西都列出来的话，那一定会是一个非常长的条目。

（　　）C 当我们仔细看着这个世界时，我感到我并没有太多需要感激的。

（　　）D 我要感激许多许多的人。

（　　）E 当我年老或长大之后，我发现我自己更能够接受我过去生活中所遇到的一些人、一些事和所面临的一些生活情景。

（　　）F 我总是在过了很长的时间后才想到要感激一些事或一些人。

说明①：请你根据你的实际情况在每一个问题前的括号内填上 1（完全不同意）—7（完全同意）之间的一个数字，然后把 A、B、D、E 四项的分数相加。把 C、F 项的分数进行颠倒后（当你在 C、F 之前填了 "7" 时，你就得 "1" 分；当你填 "6" 时，你就得 "2" 分，后面的也如此）也相加。然后把 A、B、C、D、E、F 六项的分数相加得到一个总分，这个分数就是你对过去的感激程度分数，它一定是在 6 - 42 分之间。

说明②：根据对 1 224 个成年人的调查发现，当你的得分在 35 或以下时，这个分数段的人占总人数的四分之一左右时；当你的得分在 36—38 之间时，有一半的调查者在这个分数之间；假如你的得分在 39—42 之间，那你就在得分最高的四分之一的人数之间。从这个问卷过去的施测情况来看，女人的得分比男人高，老人的得分比年轻人高。（Seligman, 2003）

（二）生活满意点理论

生活满意点（life satisfaction set point，简称 LSSP）其实指的是一个人生活满意的基准线，这个概念最早是由美国心理学家布里克曼（Brickman）和他的同伴提出的。布里克曼和同伴在一项踏单车的实验中发现，有些人对原地踏单车这种单调的活动一刻都不能忍受，而有些人非但能忍受，同时还能从这种单调的活动中感到自己的乐趣（Brickman & Campbell, 1971）。为什么会出现这种情况呢？布里克曼等人认为主要是由于不同的人有着不同的生活满意基准线。

有些人的生活满意基准线很高，也就是这条线所包含的范围很广，这样的人对自己的大部分生活都感到满意；而有些人的生活满意基准线则很低，基准线所包含的范围相对就很窄，也就是我们平常所说的对生活很苛刻，对什么都不满意。也有人把 LSSP 称为生活满意的回归线，这就是说，当一个人经历了一件消极的事件之后，他在短时期内可能会感到沮丧，但过了一段时间之后，他的心理状态又会回复到原来这条基准线附近。反之，当一个人经历了一件快乐的事后，他在短时间内会处于非常快乐的心理状态，但一段时间之后，他的心理状态也会回复到这条基准线附近。2004 年《自然》杂志曾刊登了一篇相关的研究，美国内华达大学的一些研究者发现（Webster et al, 2004），当一个人初次看到一张漂亮的脸时，他会产生愉快的情绪体验，但当他看习惯了这张脸时，他的这种愉快体验会逐渐消失；同样，一开始看到丑陋的脸时个体也会产生不愉快体验，但看习惯后这种不愉快体验就会慢慢消失，正所谓漂亮与丑陋，看时间长了都是一样的感觉。

布里克曼最早认为生活满意基准线主要来自于人的先天倾向，也就是人的生物属性。但后来的一些研究发现，许多人对活动或事物的满意和不满意的状态会有一种适应性，也就是说，当长期处于满意或不满意的状态时，人就会对满意或不满意的状态视而不见，无动于衷，不再表现出原来的满意或不满意体验。也就是说，即使再有原来相同的事件出现，个体也已开始不再产生原来的那种满意感或不满意感，这说明个体的 LSSP 会随着个体生活体验（一定是长期的）的不同而发生一定的变化。

从美国心理学家藤田和狄纳 2005 年的最新研究（Fujita & Diener, 2005）来看，个体的 LSSP 确实会发生变化。他们利用"德国社会经济研究小组"（German Socio-Economic Panel，简称 GSOEP）的有关统计资料，对 3 608 名成年人（其中男性 1 709 人、女性 1 899 人，平均年龄约 40 岁 8 个月）进行了一项为期 17 年（从 1984—2000 年）的 LSSP 研究。他们在研究中发现，研究对象起先 5 年的生活满意度平均值和最后 5 年的生活满意度平均值之间的相关性只有 0.51。总的来看，个体的一些生理性指标如身高、体重以及血压等的稳定性都高于 LSSP，同样地，个体的人格特质的稳定性也高于 LSSP。如果用常用的 10 点量表来表示这种变化程度的话，几乎有 9% 的人在起先 5 年和最后 5 年之间的变化达到了 3 或以上。这一研究充分反映了这样一个事实：个体的 LSSP 会逐渐把个体的一些生活经历吸收进去，从而使原来的 LSSP 发生改变。

另外，伊德和狄纳的研究（Eid & Diener, 2004）也得到了同样的结果，他们发现人在经历了一个有重大影响的事件（如中奖或重大创伤性事件等）之后，他的 LSSP 在相关事件过去四周之后就会趋向于恢复原来的 LSSP 水平，但这个恢复的 LSSP 和原来的 LSSP 有一定的差异。其中恢复的 LSSP 中有 74% 左右是由个体具有的先天性差异所决定，16% 左右是由个体经历的特定情景决定，还有 10% 左右是由于随机误差所导致。

根据以上的这些研究我们可以得出这样一个结论：人过去的生活经历对其现在和将来产生影响主要是通过影响其生活满意基准线来实现的。也就是说，一个人过去的生活经历和其先天的某些生物特性相结合而构成一个人的生活满意点，而不同的生活满意点对我们的现在和将来则发挥着重要的影响。从这里我们可以得出结论，不同的人为什么有着不同的 LSSP 主要是基于两个原因：首先是各自先天的生物因素不同，这一因素是我们祖先早就为我们预先分配好的，我们也许

113

能对其施加一定的影响，但在我们的有生之年我们肯定不能对其进行大的改变；其次就是我们过去已经历过的生活经验，这些生活经验也会以某种方式被我们整合到 LSSP 中。

但在这里我们要清楚一个问题：那就是生活事件本身的性质并不能直接影响我们的 LSSP（即消极事件并不会直接降低我们的 LSSP），只有当某一生活事件被大脑进行加工时，伴随着加工过程我们会产生相应的情绪体验，这一情绪体验才会影响到我们的 LSSP。人的情绪体验具有主观的特性，也就是说我们可以以自己的方式来感受一定的外在事件，如我们既可以用积极的态度也可以用消极的态度来对待外界的同一事件。当然，这一过程要排除那些极端的、并且是极度与我们本身有切身利益的事件——如丧偶、失业等，这些事件可以不经过大脑有意识的加工就直接影响到我们的 LSSP，因为这些事件和我们的原始情绪相关，直接关系到我们的生存，因此，它们几乎是自动地使人产生相应的情绪。尽管神经科学已经在某种程度上证明了所有人对生活中的大部分事件所产生的生理反应——特别是脑电活动方式基本都是相同的（如看一幅漂亮的图画，所有人的脑电活动基本相同），但在此基础上人们却可以产生完全不同的情绪体验。

据 2004 年《科学》杂志报道：利用功能性核磁共振成像（Functional Magnetic Resonance Imaging，简称为 fMRI）设备对正在观看电影的人的大脑进行扫描发现，所有观看电影的人的大脑的生理活动有着很大的相似性。也就是说，人类可能是在用相同的生理反应来应对这个世界（Luiz Pessoa, 2004）。但不同的人在产生了同一种生理反应后的主观体验为什么可能会不一样呢？这主要是因为个体过去的生活体验及当时所处的心境的影响，而这两个方面都是主观的，是主体自由选择的结果。所以当我们用积极的态度去对待我们所经历的一切时，我们就能相应地产生积极的情绪体验，而这种积极的情绪体验将逐渐成为我们 LSSP 中的一部分；它一旦被整合到我们的 LSSP 之中，反过来就会使我们更满意地对待我们现在和将来的生活。

"人的一生就像一趟旅行，沿途有数不尽的坎坷泥泞，但也有看不完的春花秋月。如果我们的心总是被灰暗的风尘所覆盖，干涸了心泉、黯淡了目光、失去了生机、丧失了斗志，我们的人生轨迹岂能美好？"（Npoleon Hill, 2003）当然，人在一生中肯定会遇到各种大大小小的不幸，面对不幸大多数人都会伤心、痛苦和难过，有时甚至会消沉。其实如果不幸已经来临，我们就应该坦然地接受它，因为我们无法拒绝它。不过我们要明白，我们不要把这种即时的消极体验永远保存下去，因为我们的目的不是要自己永远生活在不幸的阴影里，我们的目的是要转不幸为幸运。在这样一种心态下，我们就会想到，有的时候不幸也许反而会给我们带来一次机会，至少是一次磨砺我们意志、提高我们耐受力的机会。

我们都知道，人类是这个星球上唯一能追寻事件意义价值的生物，人的大脑也为此作好了充分的准备。既然我们的一切行为或思想都是为了获得幸福的生活——并且是长期的幸福生活，而对过去的生活经历的体验我们又可以主观选择，那么我们为什么不选择那种对我们一生的幸福更有价值的体验呢！

第二节　基于现在的积极体验——福乐

基于现在的积极体验有很多，福乐（flow）是其中一种非常重要的积极情绪体验。福乐最早是由西卡森特米哈伊提出的一个概念。上世纪 60 年代他在做自己的博士论文时发现，一些艺术家在画画时常常可以废寝忘食、不辞劳苦地始终专心如一，表现出极大的兴趣和坚持力，而一旦这些人完成了自己正在从事的活动之后（如画完了要画的画之后），他们马上就会立即失去对原来所从事活动的兴趣和坚持力，和以前判若两人。这一现象引起了西卡森特米哈伊的注意，他想知道到底是什么东西在激励着这些艺术家们如此执著地工作？而一旦工作结束之后他们又为什么会如此迅速地失去原先的兴趣和动力？他在研究这一现象时发现了几个有趣的问题：首先，在这一过程中没有任何的外在奖励能促使他们进行这一行为，因为他们中几乎没有人是想通过画画来获得金钱或名气的。其次，作品本身也不是促使他们努力工作的动机，当他们完成作品之后，许多人就随手把自己的作品扔在角落，甚至再也不去管它了。为什么会出现这种情况呢？西卡森特米哈伊认为唯一的解释就是：这些人是被绘画本身所激励，也就是说绘画过程本身能给绘画人带来一种积极的情绪，这种积极情绪是如此的强烈，以至能激励他们持续不断地努力工作。

西卡森特米哈伊把这种情绪体验称为福乐体验。所以福乐就是指对某一活动或事物表现出浓厚的兴趣并能推动个体完全投入某项活动或事务的一种情绪体验，这是一种包含有愉快、兴趣等多种情绪成分的综合情绪，而且这种情绪体验是由活动本身而不是由任何外在其他目的所引起。之所以把这种情绪体验状态称之为福乐（flow 在英文里是水流的意思），主要是因为这种情绪状态在人的意识中会源源不断地出现，人们在生活中总是会尽可能多地去主动追求它，就像是河里的水流一样连绵不断。我们在本书中把"flow"译成"福乐"而不是译成通常的"心理流"，主要基于两个原因，一是它的内在含义——快乐的心理状态，另一个是借助它的读音。西卡森特米哈伊发现这种情绪体验在一些艺术家、运动员、宗教人士和僧侣等身上更容易显现出来。

一、福乐形成的心理机制

到底是什么促使个体产生这种福乐的情绪体验呢？这是一个非常复杂的问题，为了说明这个问题，我们有必要对人类的意识系统做一个简单分析。从进化论的角度来看，人类在进化过程中为了自己的生存，中枢神经系统逐渐发展出了

115

一种能区分各种外界刺激信息的信息处理系统，我们把这一系统及其所具有的特性统称之为意识。意识一般由三个子系统组成：注意系统，也就是我们平常所说的感觉系统，它确保外在信息在意识中出现；知觉系统，负责对感觉到的信息进行解释和加工；记忆系统，是用来进行储存个体已获得的信息。意识的这三个子系统由于受到人本能压力的影响，会在人的基因要求（人的生物性要求）、社会文化要求和个体行为之间充当调节，而这种调节主要体现在把生理加工过程转变为个体的主观体验。这样每一个个体就能觉察到自己有着种种力量，如思考、感受、愿望、喜欢或确定自己的注意方向等方面的力量，于是自我就在这种体验或觉察过程中产生了。

所以从某种角度上说，自我是意识过程及其结果的一个附带产品，其内容是关于自身的过去、现在和将来三个方面的信息，具体包括有身体、心理和行为等方面。当个体具有了自我之后，自我在意识中的地位会不断增强，并最终占据了意识过程（甚至无意识的绝大部分也被自我所占领）的全部。因此，每个成年人的意识其实都是从每个个体的自我出发所形成的意识，其意识带有明显的自我特性。例如在平时的生活中，尽管是同一个事物，但不同的人对这一事物的意识却并不完全一样，这就是因为每个人有不同的自我。

正如社会生活中的许多事物一样，自我一旦形成和独立，就会开始表现出自己的特点。独立后的自我主要出现两个倾向特点。

116

第一个倾向是存在性。也就是说自我要极力保持自己的存在并使自己得到延续，自我本身就是自我的目的。我们可以看到这样的现象，几乎所有正常的人都关心自己的事甚于关心他人的事。例如当我们每天从电视上看到某些国家由于战争或自然灾害而死伤了成百上千人时，我们也许会唏嘘不已，哀叹世间多灾多难，但这绝不会影响我们当天的正常工作和晚上的正常睡觉。不过如果你早晨起来发现自己脸上长了个小疙瘩时，你一定会大呼小叫，向家人抱怨，而且这肯定会影响你当天的正常生活和晚上的睡眠质量。一边是生命的丧失和鲜血的横流，而另一边只是一个无关紧要的小疙瘩，但我们却表现出了截然不同的态度，这难道是我们丧失了人性？绝对不是，这只是自我在起作用，是自我为了使我们保持自己的存在而在约束着我们的态度。

自我为了保持自己的存在，意识的三个成分——注意、知觉和记忆都会主动（自由地）去除那些威胁到自我存在的状态而保存有利于自我存在的那些状态，在这一过程中，自我会根据本身的利益而自动在头脑中形成一个目标梯度（hierarchy of goals）。那些对自我具有核心利益的经验常常处于最高等级，其他的经验则根据其对自我的利益大小而排在相应的位置，目标梯度的这些等级实际上就构成了自我的组成成分。这样，当一个外在体验进入人的意识之后，这个外在体验如果和自我原有的梯度目标一致时，它就会增强目标梯度，也就是使自我得到增强；反之如果外来的体验和原有的目标梯度有冲突，那它就会引起原有的目标梯度发生混乱并威胁到它的存在，自我也将得到削弱。一般认为，外界信息总是一个综合的信息体，它在进入人的意识中时既有和自我目标梯度一致的地方，也有和目标梯度不一致的地方，这就是说增强和冲突这两种状态总是并存着的。为了对这种由冲突所引起的混乱进行描述，西卡森特米哈伊引入了--个所谓精神熵（psychic entropy）的概念，"精神熵"主要是指个体在信息加工过程中和自我不匹配的"杂音"程度，它常常伴随有害怕、厌恶、伤心、焦虑、妒忌、慌乱或其他一些负性情绪体验（Csikszentmihalyi, 1988）。精神熵值越大，表明外界信息在我们意识中引起的混乱越大，对自我存在的威胁也就越大。

　　第二个倾向是自由性。这就是说自我虽然是在一定的生理因素基础上产生的，但它独立之后，它对个体所发挥的影响会越来越不受个体原有的生理因素的制约，表现出明显的自主性。自我的这一倾向其实是由第一个倾向派生的，因为一个事物要想保持存在状态，它一定要有自己的自由，任何没有自由的事物是不可能长久存在的。因此，自我既可以是自私的，也可以是无私的；既可以是积极的，也可以是消极的；既可以和本能相符合，也可以和本能相违背。例如当我们饥饿时，如果仅是受生理刺激因素的影响，我们几乎每次都会立即去搜寻食物。但当个体产生了自我之后，情况就有可能不一样了，人们并不会每次都在有了饥饿的生理刺激之后就去搜寻食物。当一个人自己觉得自己肥胖而正在减肥时，他即使感到饥饿也不会去寻找食物，同样正在斋戒的伊斯兰教徒、为了节约开销的贫苦人等，都会在感到饥饿时也不去寻找食物，这些都体现了自我的自由性。

　　正是因为自我具有了这两个特性，所以自我在漫长的进化过程中就逐渐地把愉快、能力和分享这三者当做自己形成目标梯度的基本参照，因为它们是自我两个倾向的基本分化，关于这一点现在已经得到认知神经科学的证明。2005年3月16日《参考消息》报道，美国当年3月出版的《神经病学》杂志发表了一份有关最低意识患者的研究报告[①]，该报告公布了一项惊人的发现。研究人员首先用核磁共振成像设备研究了2名最低意识水平患者的大脑，然后把他们与7名健康男女的大脑比较，扫描成像显示，2名最低意识水平患者的大脑活动还不到7名正常人的一半。然后研究人员开始分别为实验对象播放由他们最亲密的家人或朋友所录制的磁带，内容主要是一些愉快的往事或共同经历等，与此同时再一次进行的核磁共振扫描，结果令人吃惊：所有接受扫描的人，包括那2名最低意识患者在内，都表现出了完全相类似的大脑活动，有个最低意识患者的大脑视觉皮层还出现了一定的活动。这一研究结果充分说明了人类的愉快意识已紧密地和一个人的大脑神经机制结合在了

117

---

　　① 所谓最低意识就是指一个人的大脑受到了伤害，只能躺在床上，生活完全不能自理，但他并不是完全无意识，也没有陷入昏迷，他会有一些细微的动作来证明自己一息尚存。

一起，在一定程度上成了某种类似于生理性的东西。

不过在这个进化过程中，不同的人会把这三者以不同的方式来组合在自己的意识之中，从而形成不同的心理体验，如有的以愉快为主，有的是以能力为主，有的以分享为主等。一部分人逐渐把愉快、能力和分享完全结合而形成一种新的形式，这就是我们称之为福乐的体验。福乐就是人意识中的一种自带目的的内在动机原型，它唯一的目的就是想要体验行为本身而不是行为所能带来的任何外在奖励或其他好处。但与此相反的是，尽管这种动机是不带有任何的外在目的，但在实际生活中，这种自我目的性动机行为却常常能伴随着新思想、新发明的出现。

二、福乐的特征及产生条件

自从西卡森特米哈伊首先提出福乐，并把这个概念引入到心理学研究之后，许多心理学家都对这个问题进行了研究。如西卡森特米哈伊研究了艺术活动和科学研究活动中的福乐体验；西卡森特米哈伊和鲁滨逊（Robinson）研究了审美过程中的福乐体验；杰克逊（Jackson）研究了在体育运动中的福乐体验；佩里（Perry）研究了在文学创作活动中的福乐体验等。这些研究表明：福乐体验具有跨文化性、跨阶层性、跨性别性、跨年龄性和跨活动性。在这些研究的基础上，人们逐渐概括出了福乐状态几个方面的主要特征：1. 个体强烈地把注意力集中在当前所从事的活动上；2. 意识和正在从事的活动合二为一；3. 自我意识暂时失去（如一个人忘记了自己的社会身份）；4. 能认识到自己有能力掌控自己当前所做的行为活动，也就是说，一个人能认识到自己大致能应对即将出现的后续行为并能对它们作出适当的反应；5. 出现暂时性体验失真（典型的比如觉得时间过得比通常情况下要快）；6. 活动体验本身成为活动的内在动机，通常情况下完成活动就是进行活动的最好理由。（Nakamura & Csikszentmihalyi, 2002）

在对以上这些福乐的特征进行进一步的分析后，我们就可以很清楚地看到福乐产生的一些基本条件，这主要包括三个方面。

第一，挑战和才能的相互平衡。所谓挑战就是指本人通过一定的努力，并克服一定的困难能完成的一种任务或能胜任的一种活动，如获得一个陌生人的友谊、游泳横渡英吉利海峡等，我们在电视节目中经常看到的挑战吉尼斯世界纪录常常就是这样的一种挑战。才能则是指与所从事的活动相匹配的技能、技巧等。但挑战和才能本身并不一定能形成福乐，只有当这两者之间形成一种平衡之后，也就是说经过努力后才能正好能够胜任相应的挑战，福乐才会产生。

从理论上说，生活中的每一种活动都会产生福乐体验，但与此同时，没有一种活动可以使我们以一种方式来永远获得福乐体验，因为我们个体的才能和挑战之间不可能永远保持平衡。例如，一个喜欢打乒乓球的人总会千方百计地寻找机会去打乒乓球而反复获得福乐体验，但当他在打了一段时间之后，他的球技会得到提高，这时他再和原来水平的对手打球就会感到厌倦而不再有福乐体验，他只有在找到新的与他提高了的球技水平相当的对手后才会产生福乐体验。福乐体验的这一特点促使人类不断进步和不断发展，因此，从福乐的组成成分我们可以得出结论，福乐其实是推动人不断发展和进化的一种源动力，人类总在福乐的伴随过程中获得进步，而又在福乐失去过程中寻找新的挑战。我们生活中有很多例子都能说明这个道理，许多人都有一种体会，当我们刚刚学会骑自行车时，我们会特别喜欢骑，总是会不断寻找各种机会去主动骑。但一旦我们完全学会了骑自行车，就再也不会去主动找机会骑了，这实际上就是我们在学会之后，相应的福乐体验消失了，人也就失去了行为的内在动力。不过如果我们去学难度更大的骑车动作时，则又会产生新的福乐体验。

我们既然说人类生活中几乎每一项活动都能产生福乐体验，但为什么在现实生活中有些活动我们却不能体验到福乐或只体验到较短暂的福乐呢？这一现象主要是由活动本身的挑战度所造成的。所谓挑战度就是指在活动者才能所及范围内，活动本身的挑战性（难度）与从事活动的人的才能之间有一定的梯度，梯度越大，则挑战度就越大，反之则越小。如果我们用一个公式来说明的话，就是才能与挑战性的比例，即才能/挑战性。不过在这里我们要作一个说明，并不是挑战度越大，福乐体验就越大，这里并不存在线性关系。如果一个活动的难度远远超出了一个人的能力范围，则活动本身就会变得不可能进行，自然也就谈不上福乐体验。一般认为，难度刚刚高出才能的活动最能使主体产生福乐体验，在这里我们借用维果茨基的概念来说，就是"最近发展区"式的活动最能使人产生福乐或能使人产生最大的福乐。如成年人在做大多数游戏活动时都会厌倦，提不起兴致，但儿童却常常能乐此不疲，这就是因为游戏对成年人来说缺乏挑战度或挑战度不高，而游戏对儿童来说却具有较高的挑战度。同样骑自行车只能给我们较短暂的福乐体验而下棋却能给我们长久的福乐体验，这也是由于前者对人的挑战度较小，而后者对人的挑战度较大。

第二，所从事的活动要具有一定的结构性特征。并不是所有具有合适挑战性的活动都能让人产生福乐，一个活动要想让人产生福乐，还必须具有结构性的特点。所谓结构性特点是指一个活动应该具有确定的目标、明确的规则和相应的评价标准，也就是说活动要具有可操作性和可评判性。像体育活动、艺术活动、国际象棋比赛和围棋比赛等活动就都具有这一特征，因而也最容易产生福乐体验。在结构性活动中，活动的参与者明确了解自己所要达到的目标，知道自己哪些应该做，哪些不应该做，同时结构性活动本身可以给活动者提供足够的即时反馈，使他了解自己已经取得了哪些进步、还需要做哪些调整，更重要的一点是即时反馈能让他知道自己下一步的工作应该做些什么。

第三，主体自身的特点。从对福乐40多年的研究来看，活动本身的结构性特

119

点并不完全决定了个体福乐的产生。如一个打篮球的运动员虽然是在从事着有结构性特点的工作，但他也会由于自身的焦虑和紧张而根本体会不到福乐；反之一个在垃圾场拾荒的人虽然是在从事着非结构性的活动，但他也可以在一定程度上使自己的工作变得激动人心并从中体会到福乐。因此，除了活动本身的特性能影响福乐的产生之外，人本身的特点——主要是人格方面的一些特征，也会影响福乐的产生，西卡森特米哈伊把这种更容易产生福乐体验的人格称为是"自带目的性人格"（autotelic personality）。自带目的性人格的人把生活本身看做是一种享受，他"做任何事情总的来说是因为自我的原因，而不是为了获得任何其他的外在的目的。"（Csikszentmihalyi, 1997）具有自带目的性人格的人常常对生活充满好奇和兴趣，生活中比较有耐心和坚持性，同时也不具有自我中心主义，能更多地从内在动机方面对自己的行为作出自我奖赏等。因为福乐是在人高度集中注意中才会产生，因此人在注意集中方面的一些特征将会对福乐有着特别重大的影响。

这些特征一方面取决于个体从祖先那里继承的先天神经构造类型，如有些人天生就比他人更容易集中注意。据大脑事件相关电位（ERP）的研究表明，ERP中波（即潜伏期在 100 毫秒左右的负波）是注意参加知觉活动的客观指标。当一个人在全神贯注地注意知觉刺激、分散注意知觉刺激和不注意刺激条件下，ERP中波的波幅会依次呈现下降的趋势，特别是当知觉刺激突然消失或停止时，ERP中波的波幅值会迅速回落（白学军，1996）。而在进一步的 ERP 实验中发现，不同的人 ERP 中波的波幅是不同的，这说明人与人之间确实存在着关于注意的神经系统方面的先天差异。不过从目前已有的研究来看，除了个别的极端神经系统发育情况（如智力障碍、大脑发育不全等），神经系统的这种先天差异的影响相对比较小，并不足以对注意的特征产生决定性的作用。

在另一方面，人们也可以通过后天的学习来改善自己注意的某些品质，使自己的注意力得到一定的提高，从而使自己更容易获得福乐体验。当然，对于每个人，即使存在着某些先天性的生理性不足，他也可以通过有效的训练来提高自己获得福乐体验的能力。目前在这一方面的精神或医疗训练很多，如瑜伽、气功和太极拳等。不管是印度的瑜伽还是中国的气功、太极拳等，它们最主要的共同点就是训练个体把自己的意识集中到某一个特定目标，如果经常进行这方面的有意识训练，就可以提高个体对自己意识的控制力，从而提高自己的注意力。

只要我们稍加注意，我们就会发现生活中有很多人在练习瑜伽、气功和太极拳等类似的活动，但其中有很大一部分人并没有真正理解这些活动的真实含义——把这些活动仅当做是身体训练的一种活动。以瑜伽为例，当我们花费了好几个小时来做各种瑜伽动作时，从表面来看我们是在进行使我们身体更有弹性的身体训练，但实际上，当我们在进行各种呼吸、放松和缓慢的身体动作训练时，我们是在训练我们的注意力的投入，训练我们能全身心地沉浸于我们当前所做的活动。因此，在瑜伽训练中，心理的投入要远远重要于身体的投入。现在一些西方的学者（Marvin Levine, 2000）甚至鼓励人们用瑜伽的方式来对待自己日常的单调工作，认为这样可以帮助自己从单调或使自己不愉快的工作或活动中获得好的心情和成熟的快乐。假如你住在一个很高的楼上，又没有电梯，于是每天的上楼或下楼是不是就会让你觉得是一件很麻烦的事？有时甚至会把你搞得心烦意乱，以至于上了楼就不想下楼，而下了楼又不想再上楼。但如果你用瑜伽的方式去上下楼时，也许会改变原来那种厌倦的心理状态。所谓瑜伽的方式上下楼并不是说让你用做瑜伽的动作去上下楼，而是说让你把上下楼的动作当做瑜伽来做。也就是说，每当你顺着楼梯一级一级向上或向下走时，你配之以瑜伽动作的呼吸方式，并把自己的注意集中到上下楼的动作上，这时你就不会感到烦恼或厌倦，内心反而会体会到一分宁静。

三、两种典型的非福乐状态

福乐是每个人都追求的心理体验，但对于大多数人来说，特别是在日常的生活或工作中，我们常不容易体验到福乐，这主要是因为我们的大多数日常生活或工作都有着外在的特定目的——或是迫于生活，或是迫于权威等。与福乐体验相对应的另外两种情绪状态是分离体验（alienation）和茫然体验（anomie），现在的许多心理学著作也有把分离体验称为厌倦体验（boredom），把茫然体验称为焦虑体验（anxiety）。不过在这里要做一个说明，所谓福乐、分离和茫然等都是指一种极性体验，大多数人在大多数时候并不一定处在这种极性体验之中，而是处于某一个中间状态，在福乐与分离体验之间或福乐与茫然体验之间。

（一）什么是分离体验和茫然体验

分离是一个很古老的概念，它原是指人类自身的一种原罪（original sin），在这里主要是指个体在自我失去（由于某种外在的原因）以后所产生的一种不愉快的心理体验。如果一个个体具有很强的能力，但现实却没有给他提供与他能力相同的机遇，而只是给他提供远比他能力低的机遇，并要他严格按照相应的要求去做。这样个体就会由于受到外界的束缚而失去自我（自己的真实能力得不到发挥），并会出现一种无助体验。费尔（Feuer, 1963）曾对这种体验状态进行了详细的描述，认为这是一种脱离于自己的生活阶层、脱离于各种社会人际关系、脱离于当代工业社会、脱离于主流社会、脱离于自己的民族、脱离于自己所在的同时代、脱离于同年龄组群体后而产生的一种心理体验。马克思也在自己的著作中多次使用了这个词，按照马克思的观点，分离是一种迫于外在目的而缺少自我创造的工作体验，在这种体验状态下的工作由于完全缺乏内在动机而成为一种负担和苦差。马克思认为，工作对工人来说是一种外在的，而不是他自然属性的一部分，自然工人不可能通过工作来达到自我实现。这种外在的工作压力使工人失去

121

了自我，因此，工人只有身心痛苦而没有真正的身心愉悦感觉，因为工人的工作是被迫的而不是自愿的。从这里我们可以看出，马克思是针对工人在资本主义制度条件下的工作状况而提出分离这个概念的，但马克思的分离概念的含义其实和我们心理学上分离概念的含义基本是相同的。

茫然是另一种非福乐体验，这个词最早是由法国实证主义社会学家涂尔干（Durkheim）提出的。它最早是一个社会学方面的概念，主要是指由于社会经济秩序的混乱或突变而导致个体产生的一种不知所措的体验，这种体验在社会或经济转型时最容易产生。原有的社会和经济秩序被打破了，而新的又没有建立起来，这时候个体就会产生茫然的体验。这种体验常会使人对生活失去信心，甚至于产生自毁的冲动。因为生活在一个不稳定的社会或经济秩序之中时，人就会对自己的前途很迷茫，不知道自己下一步到底要干些什么，又能干些什么。"尽管可能会使我们变得更满意或更有生机，但每一次社会原有平衡的被打破都会使人产生一种想去自尽的冲动。社会秩序的这种大变化无论在什么时候发生，也不管它是一种突然的变好还是一种意想不到的灾难，人都会产生一种自我毁灭的倾向。"（Durkheim，1951）这里所谓的茫然体验是指个体处于一个目标不明确、环境不熟悉的境地时而产生的一种总觉得自己做什么都做不好的心理体验，而这种体验在外在的机遇或职责要求高于个体的能力时也同样会产生。

第一个把分离和茫然作为两种心理体验而引入心理学的人是美国心理学家米切尔（Mitchell），他把分离和茫然看做是与福乐体验相对立的另外两种心理体验，并且把三者看做是一个连续体而进行了分析（具体参阅表4-1）。

表4-1 茫然、福乐和分离三种心理体验之间的关系

茫然体验	福乐体验	分离体验
总的目标不确定		总的目标明确
能力＜机遇或职责要求	能力≈机遇或职责要求	能力＞机遇或职责要求
主观体验	主观体验	主观体验
无目标性混乱	胜任	压抑性挫折
缺乏规范标准	自我就是目的	无助感
孤立无援	行为与意识的一致性	自我失去
行为动机		行为动机
寻求社会和经济的安全、稳定和明确		寻找个人自由、挑战和创造性的自我表现
理解、控制		赏识、创造性

（Richard & Mitchell，1988）

从表中我们可以看到分离体验是指由于外在的压力而产生的一种不愉快体

验。个体在基于自己所处的环境状态而明确了自己所要达到的目标后，他就会产生向着这个目标努力的愿望或行为。但他又进一步发现自己在这一过程中会受到许多外在压力的影响，诸如由他人或社会制定的一些规则、规定等，这些外在压力明显地压制了他的创造性的发挥，并使他不能达到预定目标，个体这时候产生的心理体验就是分离体验。之所以把这种心理体验称之为分离体验，主要是因为这时候个体的行为完全是迫于外在的形势压力，而不是出于自我的利益，这样个体的行为就会因没有自我的参与而完全成为一种被动性行为。也就是说，自我与行为本身出现了分离，自我的许多特性在行为中就不能得到体现，自然伴随着这种行为而产生的相应的心理体验也是分离的，即分离了自我的心理体验。如一个被投入监狱的犯人、一个在工厂流水线上的工人等常常较容易产生这种非福乐体验，处于这种心理体验下的个体，其行为动机主要是为了寻找个人的自由和各种挑战等。

　　茫然是对自己生活的环境一无所知、对自己行为的将来结果不能确定而产生的一种心理体验。这就如一个人到了一个新的环境，他原先所拥有的生活经验等都变得毫无用处，他也不知道怎样和其他人开展正常的交往，也不知道自己该采取什么样的措施来应对周围的环境和社会，这时候他就会产生一种不知所从的心理体验，这就是茫然体验。处于茫然心理体验下的个体常常把寻找社会稳定、社会安全和社会确定性作为自己行为的最主要动机，就像一个生活在黑暗中的人迫切需要获得阳光一样，他们迫切希望自己能生活在一个清晰稳定的世界。不过从福乐和两种非福乐体验的特点及产生机制来看，它们之间似乎并不是简单的连续体关系，而是有着更为复杂的关系。

　　（二）福乐和两种非福乐状态之间的关系

　　对于福乐和两种非福乐状态之间的关系，西卡森特米哈伊等人（Nakamura & Csikszentmihalyi, 2002）最早曾用一个图来表示，如图 4 - 2 所示。在这个图中，横坐标是指个体所具有的活动能力，纵坐标是指外在的挑战或机遇。中间的这个通道被称为福乐状态，福乐通道侧上部分是焦虑状态或称茫然状态，福乐通道侧下部分是厌烦状态或称分离状态。从图中我们可以看到，福乐状态区域中的所有点都是以纵坐标和横坐标所构角的角平分线为中心而分布的，这说明福乐是个体的能力和其所面临的挑战之间的平衡的结果。福乐通道侧上部分的所有点显然都是外在挑战或机遇大于能力，因而是焦虑状态；福乐通道的侧下部分的所有点都是外在挑战或机遇小于能力，因而是厌烦状态。这一图示明显是根据福乐的最初形成机制而提出来的。

　　西卡森特米哈伊的这个图示确实通过外在机遇、个体能力之间的平衡与否来形象化地说明了福乐、茫然和分离等三种心理体验之间的关系，但这还只是一种低层次的说明，并没有把福乐的本质表现出来。因为福乐体验并不是外在挑战与

123

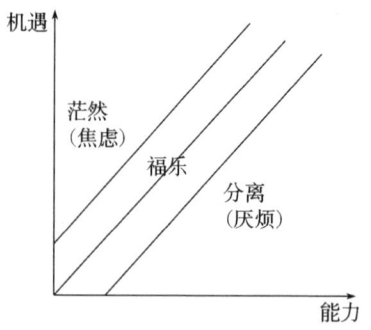

图4-2 三种心理状态与挑战、能力间的关系（Nakamura et al, 2002）

能力在较低水平平衡的结果，而是它们之间发展到一定阶段后的产物。假如一个活动是一个非常简单的活动或只是提供较低的机遇（如把篮球抛向篮板等），那么即使个体认识到自己的能力是与之相平衡的，这也不会使人产生福乐体验。也就是说，尽管较低的挑战和较低的能力之间能形成平衡，但它们平衡的结果并不一定会产生福乐体验。根据一些心理学家的研究，只有当外在挑战和个体能力都处于一般水平之上时，它们的平衡才能成为福乐产生的一个条件。

124

那么什么样的水平才能被称为是一般水平之上呢？当一个人面临的挑战比他在大多数日常生活情形中碰到的挑战要高（可以是略高或高得多），则这个挑战就是一般水平之上的挑战水平。同样为了应对这个高挑战，他也就要运用更高的才能（如技能、技巧等），当这两者之间如果取得平衡，福乐就会产生，反之则产生分离或茫然。这样人的心理体验就会出现第四种状态：冷漠状态，也即是较低的挑战和较低的能力水平之间的平衡而产生的一种心理状态。不过，随后西卡森特米哈伊和他的米兰研究小组在1997年又进一步把这四种心理状态细分为八种不同的心理状态，并用同心圆对它们各自的程度做了区分，如图4-3（Naka-mura & Csikszentmihalyi，2002）。

在图4-3中我们可以看到，横坐标是指个体所具有的活动能力的高低，纵坐标是指外在的挑战或机遇大小，中间的这个交点（也是同心圆的圆心）是一种理想状态，它既代表了个体的平均能力水平也代表了外在的平均挑战水平。同心圆表示程度，也就是说只有在圆外的区域里才能产生福乐、焦虑、厌烦、冷漠等心理体验，在圆内的区域也就是我们日常的正常心理体验，当然这种体验也有程度的区别，有的是完全正常，有的是似福乐、似焦虑、似冷漠（接近外层圆边缘的地区）等。按照西卡森特米哈伊的这个观点，当外在的挑战过高时，它就不会对个体造成焦虑了，个体反而会出现一种无所谓的觉醒心理状态，正如我们生活中所说的"债多不愁"心理；而当外在的挑战只是稍大于个体的能力时，个体也不会产生焦虑体验，而是出现担忧的心理体验。反之，当个体的能力远远高于他所面临的挑战时，个体就会毫不费力地应对挑战，因此，他也不会产生厌烦的体验，而是会产生轻松感和控制感等心理体验。当然，西卡森特米哈伊的这种描绘还只是一种设想，其中的许多观点和内容还有待于进一步的研究和证实。

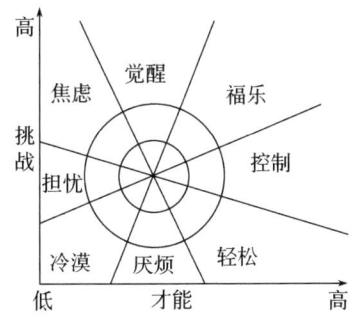

图 4 - 3　心理体验的 8 种状态与外在挑战、个体才能的关系

虽然分离体验和茫然体验形成的心理机制不同，但它们却有一个共同点：那就是个体的才能和他所面临的挑战不平衡，自我在这里失去了主动性而完全成了"被动的我"（me）。这种状况就使得个体的才能得不到充分的发挥，个体也因而失去了生活的乐趣。那怎样来摆脱这两种非福乐体验呢？对于这个问题，现代心理学一般强调发展个体的业余爱好。对一个人来说，他从事什么工作经常不是由自己的兴趣和才能所决定，更多可能是偶然的机遇或迫于生活的压力等外在原因。而个体的业余爱好则不同，这完全是一种自带目的而没有任何外在要求的活动，因此其产生福乐体验的可能性就会很大。西卡森特米哈伊（1997）曾根据产生福乐体验频度的不同而对日常生活中的一些活动进行了分类：业余爱好（特别是一些体育活动、业余唱戏等活动）是最容易产生福乐的一类活动；社会交往、学习和研究、工作、性行为等是经常会产生福乐体验的活动；饮食、自我装饰打扮等属于能偶然产生福乐体验的活动；做家务、看电视等是很少产生福乐体验的一类活动；游手好闲、无所事事等则几乎不会产生任何福乐体验。

所以对一个人来说，尽管他所从事的工作可能是迫于各种外在的原因，工作并不是他真心喜欢的活动，因此他在自己的工作活动中可能就不会轻易获得福乐体验。但如果他能在工作之余有自己喜好的业余爱好，那他同样可以生活幸福。反之，如果一个人工作不幸福，而自己又没有特别的业余爱好，那他就可能要经常产生上述这两种非福乐体验了。

四、福乐的测量与评估

福乐是一种积极的心理体验，不同的人之间以及同一个人在不同的时间、地点等都存在着一定的差异，那么有没有办法来把这种差异表现出来呢？这就是福乐的测量。到目前为止，心理学已经发展了许多对福乐体验进行有效测量和评估的方法。这些评估和测量方法和我们上一章主观幸福感的测量和评估方法相类

125

似，因此为了避免重复，我们在这里就其中主要的三种方法做一简单介绍。这三种方法分别是面谈、问卷调查和 ESM 技术。

（一）面谈

面谈是测量福乐的一种最常用的方法，福乐这一概念本身就是西卡森特米哈伊在和许多有相同类似体验的人进行面谈时提出的。面谈是一种质性研究方法，它最大的特点是可以在真实的生活场景中对被试的福乐状态进行具体而细致的描述，因而它在帮助人们搞清楚福乐的动力学特征（什么导致福乐）和福乐的范围（哪些活动更容易产生福乐）方面有着显著的作用。现在一般采用半结构性面谈，就是指研究者在和研究对象进行面谈时预先做好一定的准备，但在实际过程中又不完全拘泥于预先拟定的程序，有着一定的灵活性。如不限制被试的反应、被试的数量可多可少、不采用严格的指导语、也不死守着固定化的谈话程序等。这种方法和皮亚杰的临床法有着很大的类似，具有典型的现象学研究方法特征。

（二）问卷调查

在心理学研究中，问卷调查一直是一种最常用的技术方法，同样福乐的测量也可以用这种方法。问卷的内容一般主要由以下几个方面组成：1. 是否有过福乐体验；2. 福乐体验的频度怎样；3. 在什么样的活动或什么样的情景中能体验到福乐；4. 福乐体验过后的感受是怎样的等。问卷调查的最大特点是一次可以调查很多数量的被试，而且被试的反应可以按照主试的要求来进行，便于研究者获得想要的资料和信息。

尽管面谈和问卷调查这两种方法是人们在测量和评估福乐时经常采用的，但它们却有着一些共同的缺陷。首先，这两种方法都比较依赖被试的记忆，也即依赖被试对过去经历的再回顾。从过去 100 多年心理学对记忆的研究来看，回忆存在一个准确性的问题，从来没有任何人的回忆内容会和当时真实的情景内容完全相符。因此，当我们面对通过面谈和问卷所获得的信息资料时，不能完全确保它们一定是真实的，这就影响了测量本身的信度。其次，面谈和问卷调查也依赖于被试的组织能力和语言表达能力，因此被试本身的人格特点就对测量的结果有着重大的影响。福乐是一种心理体验，每个人的心理体验正和 flow（水流的流动）的原意一样，都是常变的，因此从本质上说，福乐这种体验应是某一个时间跨度上的平均值。如果一个被试具有良好的组织能力和语言表达能力，那他就能把那些分散的画面组织成一幅较完整的图像呈现出来；反之，一个不具有良好组织能力和语言表达能力的被试就只能给我们呈现一些零碎的镜头，从而影响测量的准确性。再次，面谈和问卷调查受被试当时的情景条件的影响也较大（如当时的情绪体验、生活状态、时间、地点等），也就是说被试给我们提供的内容也许更多包含了他当时的即时心理体验成分。因此，当一个被试正处于福乐体验或非福乐体验时，他就有可能会给我们提供不同的内容。

正是由于利用面谈和问卷调查来研究福乐存在着以上这些问题，因此，一些心理学家通过实践又发展出了一种新的研究方法——ESM 法，这是目前在福乐测量和评估中应用得最广泛的一种方法（也是测量和评估主观幸福感的一种常用方法）。

（三）ESM 法

ESM 是心理体验抽样法的简称（experience sampling method，简称 ESM），这是一种对个体的心理体验进行全方位描述的方法，是一种借助现代科技来进行问卷的新方法。这种方法要求被试佩戴一个文字传呼机或随身携带一个掌上电脑等设备，当被试接到主试的传呼后立即利用随身携带的设备完成一个相应的问卷。当然，主试呼叫被试的时间及要求被试完成的问卷等都是经过预先设计的，这可以根据研究者的具体目的来决定，但这些情况都不让被试预先知道。和前两种方法相比较，这种方法最大的特点是可以获得一个人真实的生活体验，它不仅可以帮助研究者了解被试的即时活动和即时体验，而且还可以了解被试当时的认知、情绪和动机等状态，从而为研究者构筑出被试的一个完整的福乐画面。不仅如此，这种方法还可以根据需要而持续一个很长的时间，当这种方法持续了一定的时间段之后（一般是一周以上），被试的日常生活状况就会被很清晰地呈现出来，被试在这一段时间的总的福乐状态也就自然会被研究者所掌握。

127

第三节　基于将来的积极体验——乐观

乐观是积极心理学研究的一种重要积极体验，而乐观和悲观是两个相对应的概念，因此心理学在研究乐观时也总免不了要附带研究悲观。乐观和悲观真正进入心理学领域的时间并不长，主要是在人本主义心理学兴起之后。但当代心理学对乐观与悲观的研究却是如火如荼。人们从各个不同的角度对乐观和悲观作了许多研究，在这些研究中，基本已形成一种定式：乐观总是和一些积极结果和良好的个人品德相联系在一起。如乐观主义有利于解决个体生活中的各种问题，有利于学术研究、运动成绩、职业生涯等的成功，甚至有利于延长人的生命；而悲观则属于人的消极情绪，它与消极结果，如压抑、被动、失败、孤僻、道德问题等相联系。这种定式使得不仅在心理学研究者中，而且在普通民众中形成了一种追求乐观的潮流，但在这股潮流中，又有多少人真正对乐观了解呢？

一、乐观的概述

（一）什么是乐观

有许多人对乐观下过定义，在这方面社会学和人类学家泰格（Tiger）的定义较有代表性，他认为"当评价者认为某种社会性的未来或物质性的未来期望是社会上所需要的、对他有利的或能为他带来快乐时，与这种期望相关联的心境或态度就是乐观。"（Tiger，1979）从这个定义中我们可以发现乐观的两个最主要的特征：首先乐观不是客观的，而是人的一种主观心境或态度，这种心境和态度与一个人的期望紧密相关。同样的客观事实，不同的人由于期望不同而对其就具有不同的认知和评价，这种不同的认知和评价就会使人产生与评价价值相对应的态度或心境。如果评价对自己有利就产生乐观，反之则产生悲观。其次，尽管乐观是指向未来的，但它却会对现在或今后一段时间的行为产生一定的影响。乐观不针对现在或过去，它一般是由建立在假设基础上的推测而导致的。因而乐观既是一种认知判断的结果，更是一种主观愿望的结果，不过这种建立在愿望基础之上的结果却会实实在在地影响着我们现在和今后一段时间内的行为。如 2004 年中国经济以较高的速度增长，对于这个事实，有些经济学家非常乐观，认为我国还应实行积极的财政政策，以使我国的经济能持续保持这种增长的高速度。但也有另外一部分经济学家则对这种高速增长持悲观的态度，认为我国经济显得过热，应实行一定程度的财政紧缩，为我国高速增长的经济降降温。于是两种观点在各大报纸杂志上争得不亦乐乎，我们姑且不论哪一种观点是正确的，但同一个事实引起的两种对立观点却是明摆着的。

128

人类早期对乐观的阐述可以追溯到 18 世纪初的莱布尼茨（Leibniz），莱布尼茨当时把乐观界定为是一种天然的理性范畴的认知方式——即使有时候美好善良会伴随着一定的痛苦，但它们最终必然会战胜邪恶。悲观概念的出现要比乐观概念晚了近一个世纪，这个概念最早是由德国哲学家叔本华（Schopenhauer）和英国著名诗人柯勒律治（Coleridge）提出的，特别是叔本华的悲观人生理论对悲观作了深刻的诠释。叔本华否定人具有理性的本质，而认为人的意志和欲望是人的本质，他把悲观看做是人类固有的实体，是一种痛苦必然战胜幸福的实在物，而乐观则是悲观的暂时中断，这就导致他的悲观人生理论。所以从乐观和悲观这两个词的产生来看，它们最初并不是相对应的，前者是指以思维为核心的一种认知方式，后者则是情感、意志的一种指代。

当然现代心理学中所讲的乐观和悲观已经和莱布尼茨、叔本华等人的定义有了明显的区别，乐观在今天更主要是指个体对自己的外显行为和周围所存在的客观事物能产生一种积极体验，体现了一种坚信美好必将战胜邪恶的坚定信念。积极心理学家彼得森（Peterson，2000）曾对乐观作了全面的研究，他认为乐观可以分为小乐观（我今天晚上会找到一个方便的停车位）和大乐观（我们的国家正在取得伟大的成就），它们分别对当前的现实行为和将来的长远行为起着调节作用。但不管是大乐观还是小乐观，它们都包含有三个因素：认知成分、情感成分和动机成分，其中情感成分是乐观形成的最基本动力。一般说来，乐观的人常具有良好的心境、更高的坚持性，其行为带有明显的积极特征，因而也具有更大的成功可能性。但也并非所有带有乐观特性的行为都会对人的发展有利或都会对人产生积极的影响，有些具有乐观特性的行为就类似于我们常说的"垃圾食品"，它们只是消耗了我们的时间和精力，并不能给我们的生活和生命带来任何营养，如玩电脑游戏，看恐怖电影等。

（二）乐观生成的两种理论

1. 天性论

天性论乐观理论认为乐观是人的一种天性，是与生俱来的，人类的社会环境或文化只是助长了或限制了这种天性的发展。这种天性论的支持者很多，如苏格拉底、尼采、弗洛伊德等，近代人本主义心理学者马斯洛、罗杰斯等。但在古代或弗洛伊德心理学那里，这种天性论理论实际上具有消极的意义，包括索福克勒斯（Sophocles，古希腊悲剧诗人）、尼采等很多人都认为人具有乐观的天性只是为了延长人类自身的痛苦。所谓人总是在泥泞之中仰望璀璨的星空，乐观只是让人在严酷的现实面前不至于立刻倒下的一种麻醉剂，这种思想后来在弗洛伊德的理论中得到极致的发挥。

弗洛伊德认为乐观虽然是人众多的天性之一，但它其实是由人的"伊底"（id）、"自我"（ego）和"超我"（super ego）的矛盾冲突而派生的。按照弗洛伊德的理论，"伊底"是不考虑外界的现实情况，不考虑时间、地点，不考虑用什么方式、方法，它总是服从于快乐的原则，倾向于立刻寻求满足来发泄原始的冲动（通常是性的冲动）。而"自我"虽然是从"伊底"中分化出来的，但它服从于现实的原则，是人的一种理性力量，它常常更多地考虑周围环境、文化等的影响，强调在适当的时间、地点，选择适当的方式、方法等来寻求满足。"超我"则按照善的原则进行活动，它的功能是监督"自我"去限制"伊底"的本能活动。这样"伊底"、"自我"和"超我"就会产生冲突，但由于"伊底"、"自我"和"超我"都具有共同的目标——降低人的紧张状态，因此它们的冲突直接就导致了人的心理能量的平衡（也就是紧张状态得到了消除），而这种平衡则会产生一种对将来快乐的幻觉式的期待，乐观由此也就产生了。弗洛伊德在《妄想的将来》（*The Future of Illsion*）中写道，乐观是人的一种普遍具有的天性，但它只起着幻觉的功能，尤其是当它和宗教规则结合在一起后，它会使人对现实失去正确的知觉而变得心安理得，甚至会使人出现强迫症。反之心理能量处于不平衡状态时则会产生一种对将来不快乐的幻觉式的期待，也就是悲观。

随着后来心理动力学理论的流行，弗洛伊德的心理能量平衡理论也得到了广泛的传播，大部分心理家们相信对现实的正确觉知（因为人不可能对还未发生的做出正确的觉知）就是一种心理能量平衡，是一个人心理健康的核心。如贾霍达就认为："人对现实能够正确反映和觉知并能作出相应的反应就是心理健康。"（Jahoda，1958）于是，现实真实性程度大小的测试结果就变成了一个最重要的

129

心理健康标准，心理治疗师也往往通过各种方式来呈现对象的真实心理状态，尽管有时这是一个痛苦的过程。

但到了20世纪六七十年代以后，由于认知心理学的兴起，一些心理学家们发现，人们并不是严格按照现实的实际状况来思考和行动，而是以一种天生乐观的心态来思想和行为。如人们在和别人交流或是一个人独自写作时，通常使用积极的词汇比使用消极的词汇更多；大多数人在评价自己时，一定比评价别人时使用更多的积极词汇；在自由联想实验中，人们记得更多的是一些美好的事件，而且对这些美好事件的回忆的时间也相对更长。

下面表4-2是一份生活定向自陈量表的修订版，你可以尝试着做一下。从已做的调查来看，大部分人的得分都会高于理论上的平均分（从理论上说，大样本一定是呈正态分布的，其中间点的分数就是平均分数）。这一现象告诉我们，我们每一个人在认知的各个方面——如记忆、想象等都似乎是在平均数以上，而事实上这是不可能的。因此这只有一种解释，那就是心理健康的人都具有乐观的天然倾向。在这一心理事实——人在天性上总是乐观的基础上，一些心理学家们发展起了一种新的治疗忧郁症的心理疗法——认知疗法。这一疗法认为，忧郁是一种认知障碍，是由于个体对自我、将来等产生了消极的看法而导致的，只要消除这种认知，忧郁的症状就会得到改善。

130

表4-2　生活定向自陈量表修订版

在下面的描述中没有正确的或不正确的答案，请你在"绝对同意——绝对不同意"（包括绝对同意及绝对不同意本身）之间选出一个最适合你的情形，并把它用圆圈圈起来。

---

1 在任何不确定的时候，我通常会期望出现最好的结果。
　　绝对同意　　同意　　不确定　　不同意　　绝对不同意

2 假如有什么事可能会让我出差错的话，那这种事总会在我身上发生。
　　绝对同意　　同意　　不确定　　不同意　　绝对不同意

3 我总是乐观地面对我的将来。
　　绝对同意　　同意　　不确定　　不同意　　绝对不同意

4 我难得期望事情会如我预料的那样发展。
　　绝对同意　　同意　　不确定　　不同意　　绝对不同意

5 我从不指望有好事会发生在我身上。
　　绝对同意　　同意　　不确定　　不同意　　绝对不同意

6 大体说来，我期望更多的好事而不是坏事发生在我身上
　　绝对同意　　同意　　不确定　　不同意　　绝对不同意

注：上述6个问题中，1、3、6题按顺序的分值分别为5、4、3、2、1；而2、4、5题按顺序的分值则为1、2、3、4、5。把每一题的得分相加就是总分。

天性论乐观的最坚定者是心理学家泰格（Tiger），在他的著作《乐观：希望

的生物学》（*Optimism：The Biology of Hope*）中明确指出，乐观是我们这个种族的一种生物属性，是人类在进化过程中形成的一种机制，这种机制随着人类认知能力的提高和社会文化的进步而不断发展。泰格甚至还推测乐观推动了人类自身的进化，因为人为了保持自己的存在和保持自己所在种族的存在，他就不得不去考虑将来、去主动追求将来。人类在考虑将来时必定会想到一些可怕的事，例如死亡等，因此人类不得不发展一些机制来对抗这种恐惧和不安，而这种机制就是乐观。虽然都是天性论，但泰格的观点和弗洛伊德的观点不同，泰格认为乐观是由进化遗传而来而不是其他心理特性的派生而来，这样他就使乐观摆脱了看不见的心理能量的纠缠而成为一种独立的机制。泰格的这种见解受到了进化心理学家们的欢迎，其观点已成为进化心理学的一个重要理论支撑。

2. 学习论

当一部分心理学家从天性乐观论的角度对乐观进行分析时，另一部分心理学家则认为乐观是后天学习而造成的一种个体差异。持这种观点的心理学家大部分是行为主义的拥戴者，他们把后天的学习看做是乐观形成的根本条件。按照这种观点，乐观是人在特定的情景中获得的一种特定的条件反射，是反应与强化之间的暂时性联结。因此，乐观的获得必须借助刺激（S）与反应（R）之间的紧密相随，两者之间在时间上结合得越紧，乐观就越容易通过学习而获得。这种观点过分强调了外界环境的作用，它把人当做是一个被动的、完全只受外界刺激影响的物。

另一种学习论观点持有者——社会学习论心理学家也认为乐观是由学习而来，但他们认为，这种学习过程不是单向的 S—R 过程，而是一种相倚作用的结果，主体在这过程中会对 S 与 R 之间的因果关系或意义做出探究，并在探究的基础上决定是否产生学习，学习过程是一个意义决定过程。这样，社会学习论心理学家（包括一部分认知心理学家）就把乐观的学习过程与动机、认知、情感等过程相联系了起来，也就是说，乐观的学习是受人的期望的影响，后期大部分差异论的研究者都接受了这种观点。

二、积极心理学对乐观的解释

积极心理学对乐观的理解持一种综合论：首先，一个人天生的遗传基因为其提供了一个乐观基准线（baseline of optimism），不同的人在这方面会有或多或少的差异；其次，一个人后天的经验和学习则进一步加深了其乐观或悲观的程度。对于这种乐观或悲观的程度，塞利格曼和他的同伴是用"解释风格"（explanatory style）一词来加以说明的，解释风格这一概念来源于塞利格曼的"习得性无助"（learned helplessness）理论，关于"习得性无助"理论我们在第一章已经有过相关的论述。

131

（一）乐观型解释风格

乐观型解释风格其实是习得性无助的一个对立面，它本身和习得性无助所导致的悲观型解释风格构成了人格的两个极点，而每个人的人格则处于这两个极点所构成的线段上。塞利格曼认为乐观其实就是由学习而来的一种解释事件缘由的习惯风格。按照这种观点，一个人之所以乐观，主要是因为这个人学会了把消极事件、消极体验及个体所面临的挫折或失败归因于外在的、暂时的、特定的因素，这些因素不具有普遍的价值意义。与此相反，一个人之所以悲观则是因为这个人学会了把消极事件、消极体验及个体所面临的挫折或失败归因于内在的、稳定的、普遍的因素（Alan Carr，2004）。例如当你和同伴发生了冲突之后，乐观解释风格的人就会对自己说："他当时正好是处在气头上"（外在的、不稳定的、特定的，和自我无关）；而悲观解释风格的人则会推测："我就是不善于和别人搞好关系"（内在的、稳定的、普遍性的，和自我有关）。而对于积极事件和积极结果的解释，乐观的人和悲观的人却又正好相反：乐观的人会把积极结果看做是内在的、稳定的和普遍的（和自我有关），而悲观的人则把积极结果看做是外在的、不稳定的和特定的（和自我无关）。

如果用维纳（Weiner）的归因控制理论来说，乐观的人常把挫折或失败归因于自己可以控制的因素（用功或努力程度等）而不是不可控因素（命运、运气等）。与此相反，悲观解释风格的人则常把挫折或失败归因于自己不可控因素，并认为这些因素会长期存在。对一个个体来说，形成不同的解释风格对他的发展具有不同的价值意义，而这种不同的价值意义主要是通过"可控"与"不可控"维度来得以实现，下面我们用举例来加以具体说明。

第一种情况：如果两个孩子在同一次考试中同样都没有及格，乐观的孩子就会对自己说："没什么大不了的，我下次只要用功一点就行了！"言下之意，失败是暂时的，是由自己内部的可控因素——用功程度所导致的。而悲观的孩子则可能会说："我的命不好，做什么事情都做不好，我太笨了！"这一句话表明这个孩子把失败看做是一种永久的、自己不能抗拒的现象，他就把原因归于自身的不可控因素——命运决定了他的笨所导致，同时他还把这种在一件事情上的失败泛化到了其他方面——做什么事也做不好。因此，面临同样的情景时，第一个孩子就会重新鼓起学习的勇气，继续努力，他不会失去学习的兴趣和动机，也不会影响到他做其他的事情，因为在他心底里觉得这一结果是他自己能够控制的，只要他想改变他就可以改变。而第二个孩子则不同，他会觉得自己命中注定就是一个笨蛋，花再多的功夫也是白搭，这个孩子就会失去学习的兴趣和动机，自然也就不会继续再努力，有谁会愿意尝试肯定不能成功的徒劳呢？而且这一信念还会影响到他做其他的事情。

第二种情况：如果两个孩子在同一次考试中同样都取得了很好的成绩，乐观

132

的孩子就会对自己说："我的能力就应该是这个水平。"在这里，乐观的孩子把成功归咎于自我可控制的因素——自己的能力。而悲观的孩子则会对自己说："这次的运气太好了！"言下之意，下次不会有这么好的运气了，他其实是把成功归咎于不可控的因素——运气。

一般认为，归因的控制维度对个体的自信心和对将来前途的期待有着重大影响。首先，如果一个人将成功归咎于可控制因素（如努力、能力等），他就会把这次的成功当做是自己能力的一种检验，从而进一步增强自己的学习自信心，并相信今后自己还会再次取得好的成就；反之，如果一个孩子将成功归咎于不可控因素（如运气、难度等），那么这次的优秀成绩也不会给他增添任何自信心，他只会对这次考试产生感激之情，并祈求自己以后还会碰到相类似的好运。其次，如果孩子将挫折或失败归咎于不可控因素，那他们就只会听任自己的失败而不去做任何努力，甚至于会出现自暴自弃的现象，心理学通常称之为动机丧失，也就是塞利格曼称之为的"习得性无助"。而如果孩子将挫折或失败归咎于可控因素，那这一次的失败或挫折对他今后的学习的影响就要小得多，他也许会从这次的失败或挫折中汲取教训，进而改善自己学习过程中的某些环节。

按照塞利格曼的观点，乐观的人和悲观的人对所发生事件的解释主要有三个方面的差异：暂时与永久、特例与普遍、外在与内在（Roberts et al, 2002）。如果对这三个方面作进一步的分析，我们就会发现，这三个方面中除了有可控性维度之外，还潜藏有另一个很重要的潜在因素——稳定性维度，"永久"、"普遍"和"内在"等概念都和稳定性有紧密的相关。对于乐观的孩子来说，他常会把失败归咎于不稳定因素，而把成功归咎于稳定性因素；而一个悲观的孩子则恰恰相反，他很可能会把成功归咎于不稳定因素，而把失败归咎于稳定因素。教育心理学的研究表明，一个人归因的稳定性和其今后的期待心理有密切的相关。这就是说，"如果学生将成功（或失败）归因于像能力或任务难度等这样稳定的因素，那么他们可能会对今后类似的任务做出成功（或失败）的估计；如果他们将结果归因于努力、运气这类不稳定的因素，那么，在以后遇到类似的任务时，就可能会预期结果将有所改变。"（邵瑞珍，1997）

（二）乐观型解释风格的培养

一般认为，个体解释风格的形成主要受三个方面因素的影响。首先个体的遗传基因，神经科学已经证明，不同的先天基因条件形成了个体不同的气质，从而构成不同解释风格形成的基础。第二个影响因素是个体的生活环境，特别是个体直接赖以生存的生活小环境——如家庭、学校等。有研究表明，父母亲——特别是母亲的解释风格对儿童有较大的影响。第三个影响因素是个体日常生活中的生活体验，主要是指儿童从父母、老师、教练和其他成年人那里所获得的体验。这些体验一方面来自于成年人对儿童的行为、思想等的评价方式，如父母或老师总

133

是对孩子进行谴责："你就是学不会这个！你的能力只这么点，花再多功夫也是白搭！"另一方面是儿童自己生活中的一些重大事件，如父母离婚、家里最亲近的人的死亡、自身出现了重大的疾病等，这些事件常常是儿童自身所不能左右，他花再多的时间和努力也不能阻止这些事件的发生。对于乐观的培养，积极心理学主要强调通过对后两个因素施加一定的影响，从而促使个体形成乐观型解释风格。

贾伊克斯和塞利格曼等人曾在 20 世纪 90 年代初期在美国宾夕法尼亚州进行了一项为期达 2 年的、针对在校中小学生的名为"宾州预防项目"（Penn. Prevention Program）的教育实验，该实验通过随机的方式组成两组学生，实验组参与"宾州预防项目"，而对照组则生活在普通的生活情景中（Gillham, 1995）。"宾州预防项目"的目的是通过有意识地培养学生的乐观解释风格来达到预防学生产生忧郁心理问题。该项目和传统的心理治疗不同，它的内容主要包含两个方面：首先是在思想层面上帮助这些孩子树立积极的信念。这主要通过对实际问题的剖析来使学生明白积极信念的价值意义，在这过程中，特别注重使学生明白学习用积极的解释风格来代替消极的解释风格对外在事件做出解释的重要性和必要性，并进而培养学生用积极解释风格来代替消极解释风格的习惯。其次是实践层面上技巧的训练。这主要是通过让孩子在一些人为设置的情景中学习某些特定的行为技巧，当然这些都是处理问题的乐观解释技巧，具体包括如：交流、做决定和自我放松等。通过训练，学生不仅直观地理解了什么是乐观的方法，更学会了用这些方法和技巧来处理一些社会问题，如父母争吵、亲人的逝世、生活意外等。

从实验的结果来看，"宾州预防项目"取得了相当不错的成效。参与这次预防项目的孩子（也就是实验组的孩子）患忧郁心理问题的人数只有对照组的一半；同时，在随后对两组不具有忧郁心理问题的正常儿童进行检测时发现，实验组正常孩子具有的忧郁症状明显少于对照组正常儿童。实验结束以后的进一步长期观察还发现了一个意想不到的结果，那就是"宾州预防项目"具有长期的作用。也就是说，那些在青年前期参与过训练的人即使到他们进入青年期以后，他们患忧郁心理问题的人数仍然少于对照组，而且他们在处理生活压力和生活危机时的方法和手段更有建设性。这一实验不仅充分说明了乐观是可以学习的，而且在某种程度上也说明了在青少年时期学习乐观是很必要的。

许多人也许会质疑，一个人如果总是一味地乐观的话，会不会影响到他的健康成长？毕竟对什么事情都乐观的话，人就有可能会过分地脱离现实。的确，极端的过于乐观会对个体的成长不利，它会使人对应有的危险丧失警惕，并产生不切实际的幻想和天真，从而培养出"波利安妮"（美国作家埃莉诺·波特小说中描写到的一个极端乐观的人）式的人。在这方面，积极心理学家显然注意到了这个问题，积极心理学所提倡的乐观，主要是为了让个体了解消极自我归因的起源及其形成过程，在此基础上帮助个体辨明通过什么途径来克服这种消极归因，更

134

主要的是一种观念层面上的指导而不仅仅是具体的操作方式。正如我们在教育中非常强调教师要树立对学生的"爱"，这种"爱"也是一种理念，它有许多的具体形式，爱并不意味着对学生的缺点一味地包容和溺爱。乐观并不否定现实，只是帮助人们树立一种理念：人在面对失败或挫折的现实时要做出一种积极乐观的理解，要从失败或挫折中汲取营养，寻找取得成功的把手。生命中最重要的一件事不是把你的成功拿出来作为发展的把手，因为这是傻瓜也能做的，人应该要能从自己的失败或挫折里去获利，去寻找成功的落脚点。这就需要有乐观的理念才行，因为这是人的精神动力所在，而这也正是积极心理学的根本特点。另外，从乐观本身来说，乐观也只有在反现实的前提下才能起到消极的影响，在大多数情况下乐观本身并不对现实构成直接的冲突，更不要说是反现实了。相反，乐观还有助于人们更好地面对现实，使人们不至于在现实中迷失方向。

（三）乐观型解释风格的测量

乐观型解释风格概念最早是由塞利格曼提出来的，因此，对其进行测量最早也始于塞利格曼。塞利格曼和他的同伴早在 1979 年就开发出了用以测量解释风格的"归因风格问卷"（Attributional Style Questionnaire，简称 ASQ）（Peterson et al，1982），ASQ 的核心就是测量个体对积极事件和消极事件归因的三个纬度：外在的—内在的、稳定的—不稳定的、普遍的—特定的。ASQ 是由 12 个假定性情境事件组成，其中 6 个积极事件、6 个消极事件，每一个情境事件由程度不同的 7 个答案供选择，每个答案分别给予一个相应的分数（也就是第三章内容中所说的 7 点量表计分法）。在 ASQ 量表里，1 代表了外在的、不稳定的和特定的特征，7 代表了内在的、稳定的和普遍的特征。另外，在这 12 个情景题目中，有 6 个是关于"关系"内容方面的，如"当你碰到一个对你不友好的朋友时"等；另外 6 个是关于"成就"内容方面的，如"你做了一件受到别人很高评价的事"等。

135

ASQ 量表看起来虽然简单，但它却可以得到 6 个独立纬度的分数和 3 个综合纬度的分数。这 6 个独立纬度的分数分别是：6 个消极事件的内在性评价平均分（IN）、6 个消极事件的稳定性评价平均分（SN）、6 个消极事件的普遍性评价平均分（GN）、6 个积极事件的内在性评价平均分（IP）、6 个积极事件的稳定性评价平均分（SP）、6 个积极事件的普遍性评价平均分（GP）；3 个综合纬度的分数分别是：消极解释风格综合分（分别把消极事件在内在性、稳定性和普遍性等纬度上的得分相加然后除以消极事件个数所得的分数，即 CN）、积极解释风格综合分（分别把积极事件在内在性、稳定性和普遍性等纬度上的得分相加然后除以积极事件个数所得的分数，即 CP）和总分（由积极解释风格综合分减去消极解释风格综合分所得到的分数，即 CP – CN）。通过以上的这 9 个分数，我们就可以清楚地解释一个人具体的解释风格，一般总分说明了一个人的总的情况是乐观型解释风格还是悲观型解释风格，其他的分数则分别表明了其各自领域的具体情况。

ASQ 量表后来经过不断的发展，现在已经成为一个更综合的量表，其测量内容也得到了进一步的细化。不过现在一般不把内在性—外在性纬度作为一个单独测量的纬度，因为这一纬度很难控制，而且从过去大量的研究来看，另外两个纬度的状况基本决定着内在性—外在性纬度。目前常用的是一个有着 32 项选项的量表，见表 4 - 3。

表 4 - 3　32 项 ASQ 量表

仔细阅读下面每一个叙述，并想象这些情形可能会发生在你身上，选出最适合你的选项并在其标记字母 A 或 B 上画一个圈，每一道叙述题只能有一个选项（不要去管每一道题后的字母号，如 PmB、PvG 等）。

1. 你和你的伴侣（男朋友或女朋友）在一场争吵以后和解了　　　　（PmG）
   A 我原谅了他或她。　　0
   B 我通常是一个宽大的人。　　1
2. 你忘记了你伴侣（男朋友或女朋友）的生日　　　　（PmB）
   A 我不善于记住生日。　　1
   B 我由于忙于其他的事。　　0
3. 你从一个神秘的敬佩者那里获得了一束鲜花　　　　（PvG）
   A 我对他或她很有吸引力。　　0
   B 我是一个普通人。　　1
4. 你想竞争一个办公室官员的位子，结果你成功了　　　　（PvG）
   A 我在竞争过程中花了很多的时间和精力。　　0
   B 我在我做的每一件事上都尽心尽力。　　1
5. 你错过了一个重要的约会　　　　（PvB）
   A 我有时候我的记忆会出错。　　1
   B 我有时候会忘记看我的约会记录本。　　0
6. 我作为主人成功地举行了一场晚宴　　　　（PmG）
   A 那天晚上我特别迷人。　　0
   B 我是一个好的主人。　　1
7. 你因为超期而欠图书馆 10 个美元　　　　（PmB）
   A 我太沉浸在我现在所看的书中了，所以我忘记了归还的日期。　　1
   B 我由于忙于我要写的报告，所以我忘记了归还。　　0
8. 你的股票为你赚取了很多钱　　　　（PmG）
   A 我的经纪人决定在一只新股票上碰碰运气。　　0
   B 我的经纪人是一个出色的投资人　　1
9. 你赢得了一场田径比赛　　　　（PmG）
   A 我觉得我不会被击败。　　0
   B 我训练很刻苦。　　1
10. 你在一次重要的考试中失败了　　　　（PvB）
    A 我考试时不如别人聪明灵活。　　1
    B 我没有为这次考试作好准备。　　0

136

（续表）

11. 你精心为朋友准备了一顿午餐，可他或她却几乎什么也没有吃　　　（PvB）

　　A 我不是一个好的厨师。　　　　　　　　　　　　　　　　　　　1

　　B 我准备得太匆忙了。　　　　　　　　　　　　　　　　　　　　0

12. 尽管你为此训练了很长的时间，但你还是在这次体育比赛中失利了　（PvB）

　　A 我不是很好的运动员。　　　　　　　　　　　　　　　　　　　1

　　B 我不擅长体育运动。　　　　　　　　　　　　　　　　　　　　0

13. 你对你的朋友发了脾气　　　　　　　　　　　　　　　　　　　　（PmB）

　　A 他或她总是责骂抱怨我。　　　　　　　　　　　　　　　　　　1

　　B 他或她心情不好。　　　　　　　　　　　　　　　　　　　　　0

14. 你因为没有及时去交个人所得税而领到了罚款　　　　　　　　　　（PmB）

　　A 我总是延迟去交税。　　　　　　　　　　　　　　　　　　　　1

　　B 今年我一直懒得去交税。　　　　　　　　　　　　　　　　　　0

15. 你邀请一个人去约会，他或她拒绝了　　　　　　　　　　　　　　（PvB）

　　A 那天我受到了深重的打击。　　　　　　　　　　　　　　　　　1

　　B 我邀请他或她约会只是嘴上说说而已。　　　　　　　　　　　　0

16. 你在晚会上会经常被邀请跳舞　　　　　　　　　　　　　　　　　（PmG）

　　A 我在所有晚会上都很突出。　　　　　　　　　　　　　　　　　1

　　B 那天晚上我打扮得很帅气。　　　　　　　　　　　　　　　　　0

137

17. 你在工作面试中表现得特别好　　　　　　　　　　　　　　　　　（PmG）

　　A 我在面试过程中感到非常自信。　　　　　　　　　　　　　　　0

　　B 我应答得很好。　　　　　　　　　　　　　　　　　　　　　　1

18. 你的老板几乎没有给你足够的时间完成一项工作，但你还是完成了　（PvG）

　　A 我很会做我的工作。　　　　　　　　　　　　　　　　　　　　0

　　B 我是一个讲效率的人。　　　　　　　　　　　　　　　　　　　1

19. 你近来一直感到筋疲力尽　　　　　　　　　　　　　　　　　　　（PmB）

　　A 我从来就没有休息的机会。　　　　　　　　　　　　　　　　　1

　　B 这周我特别忙。　　　　　　　　　　　　　　　　　　　　　　0

20. 你救了一个快要窒息死的人　　　　　　　　　　　　　　　　　　（PvG）

　　A 我知道怎样帮助别人摆脱窒息的技术。　　　　　　　　　　　　0

　　B 我知道在危险的情形下应该做些什么。　　　　　　　　　　　　1

21. 你的恋爱对象想要把你们的关系凉上一段时间　　　　　　　　　　（PvB）

　　A 我太自我为中心了。　　　　　　　　　　　　　　　　　　　　1

　　B 我在他或她身上花的时间太少了。　　　　　　　　　　　　　　0

22. 一个朋友说了些伤害你感情的事　　　　　　　　　　　　　　　　（PmB）

　　A 他或她总是不考虑别人就把事情说出来。　　　　　　　　　　　1

　　B 我朋友心情不好，并把这种心情发泄到了我的身上。　　　　　　0

23. 你的雇主来向你寻求一些建议　　　　　　　　　　　　　　　　　（PvG）

　　A 我是他问的那个领域的专家。　　　　　　　　　　　　　　　　0

　　B 我善于提出有用的建议。　　　　　　　　　　　　　　　　　　1

24. 一个朋友感谢你帮他或她渡过了一段难过的时光	（PvG）	
A 我喜欢帮助他或她渡过困难的时光。		0
B 我很关心他人。		1
25. 你的医生告诉你说，你有一个良好的身体状况	（PvG）	
A 我确信我经常锻炼身体。		0
B 我很有健康意识。		1
26. 你的伴侣（男朋友或女朋友）带你出去过一个浪漫的周末	（PmG）	
A 他或她需要离开一段时间。		0
B 他或她喜欢开拓新的领域。		1
27. 你被邀请主持一个重要的项目	（PmG）	
A 我刚成功完成了一个相类似的项目。		0
B 我是一个好的领导者。		1
28. 你滑雪时摔倒了好多次	（PmB）	
A 滑雪太难了。		1
B 滑雪道上有冰。		0
29. 你赢得了公司一个很有影响力的奖励	（PvG）	
A 我解决了一个重要问题。		0
B 我是最好的雇员。		1
30. 你的股票在创记录的低点	（PvB）	
A 我不了解决当时的股票行情。		1
B 我选错了股票。		0
31. 你在假期中发胖了，但你又减不去体重	（PmB）	
A 从长远来说，节食并不能起作用。		1
B 我尝试的节食并没有起作用。		0
32. 在一个商店，他们不相信你的信用卡	（PvB）	
A 我有时候会过高估计我信用卡上的钱。		1
B 我有时候会忘记付我的信用卡账单。		0

138

注①：量表中 PmB 代表了"坏事件的持久性归因"（Permanent Bad）纬度。问卷中 2、7、13、14、19、22、28、和 31 题都是测量你是否把坏事件归因于持久性的原因（也就是我们上面所说的稳定性），乐观的人在这几个方面会选择"0"，而悲观的人在这几个方面则会选择"1"。把这 8 项所得的分相加起来，假如你的总分是"0"或"1"，你在"坏事件的持久性归因"这一纬度上就是一个很乐观的人，假如得分是"2"或"3"，则是一个中等程度乐观的人，"4"是既不乐观也不悲观，"5"或"6"就是有点悲观了，而"7"或"8"则意味着十分悲观了。PmG 代表了"好事件的持久性归因"（Permanent Good）纬度，在量表中的1、6、8、9、16、17、26、27题中，乐观的人会选择"1"，而悲观的人则会选择"0"。同样把这8项的得分相加起来，如果说总分是"7"或"8"，则你在"好事件的持久性归因"纬度上就是一个很乐观的人，"6"是中等程度乐观，"5"或"4"是既不乐观也不悲观，"3"是有点悲观，"2"、"1"或"0"则是十分悲观。

同样PvB代表了"坏事件的普遍性归因"（Pervasiveness Bad）纬度，其题目号为5、10、11、12、15、21、30和32；PvG代表了"好事件的普遍性归因"（Pervasiveness Good）纬度，其题目号为3、4、18、20、23、24、25和29。PvB和PvG都可以依照前面的方法分别求得总分，并据此做出在相关的纬度是否乐观，即PvB得分低、PvG得分高意味着乐观，PvB得分高、PvG得分低则意味着悲观。

注②：本量表选自塞利格曼．真实的幸福［M］．洪兰，译．北京：万卷出版公司，2002：82－93.

塞利格曼和他的同事还编制了一个"儿童归因风格测试问卷"（Children's Attributional Style Questionnaire，简称CASQ）。CASQ的适用范围是从8周岁到14周岁，由48个假定的积极事件和消极事件的迫选题组成，答案为2选1，它同样也是从稳定与不稳定、全面与特定、内在与外在这三个维度来测试儿童对于积极事件和消极事件的归因（Reivich & Gillham，2003）。例如：当你在考试中取得了好成绩之后，你认为：A学校学习是一件很轻松的事；B我是一个特别努力刻苦的学生。CASQ主要是从总体上对儿童的解释风格到底是乐观还是悲观进行了测量，由于文化的差异，这一量表还不太适应于我们中国学生，目前国内对这一量表还没有进行修订。

除了用ASQ系列量表来测量乐观型解释风格之外，言语解释的内容分析（Content Analysis of Verbatim Explanations，简称CAVE）也是一种用来评估乐观型解释风格的方法。CAVE评估技术可以分为两个步骤：步骤一，从个体平常的各种言语材料中选取一些有关的"积极和消极事件及其因果关系"解释的片断内容，如事件A"我对我的儿子发了脾气"，归因B"我说的每一句话他都不听"。个体的言语材料主要包括：平时所做的演讲、与人会谈时的谈话记录、日记、信件或邮件、作文、心理治疗时的病历等；步骤二，由专业人员对这些"事件及其因果关系"材料进行内部性、稳定性和普遍性纬度的分析，从而确定个体的解释风格。不过，在运用CAVE评估解释风格时要注意两点：首先是两个步骤的工作都要由经过严格训练的专业人员来完成；其次是这些专业人员对被试的情况及测量的结果要一无所知，这有点类似于实验心理学上的"双盲实验设计"，否则会出现很大的倾向性误差。

第四节　基于将来的积极体验——希望

希望是和乐观有着紧密联系的又一种针对将来的积极体验（也有人认为是一种认知），积极心理学对希望这一概念也有自己特定的界定。这里我们需要作一个说明，那就是为什么积极心理学总是对某些我们所熟悉的概念要做出特定的界定呢？这是因为积极心理学虽然是传统病理性消极心理学的补充，但它却是心理学研究的一个新领域，营造了一种新的心理学场景，体现了一种新的价值意义。因而在它生存的心理学场景中，它便有它自己特定的话语方式，只有用它特定的话语方式，才能更准确地表达或生成自己想要表达的意义和价值。这正如有些概念在不同的生活场景中有其不同的意义一样，如"坏蛋"一词，在通常消极的场景中（如吵架）是一个含有谴责意义的概念，但如果在某些积极的场景（如恋爱）中，它就成了一种对恋爱对象的昵称，表达了一种对对方的深深的爱恋。

一、什么是希望

希望虽然是我们日常工作、生活中经常讲到的一个概念，但学术界对它的理解却存在着很大的分歧，有人（Lopez et al，2003）作了一个统计，光是在 20 世纪后半期，关于希望的定义就至少有 26 种。如果对这众多的定义进行一个简单的归类，我们就可以发现对希望理解的分歧主要围绕一个核心问题而展开：即希望是属于情感领域还是属于认知领域？

从大多数的文章和普通人的直觉来看，希望应是一种情绪体验，一种在个体处于逆境或困境时能支撑个体坚持美好信念的特定情绪。如 Averill、Catlin 和 Chon（1990）就认为希望是一种和个体的目标紧密相联系时产生的情绪体验，当个体的目标是可达到的、可控制的、对个体本身具有一定的重要意义并能为社会或道德所接受时，个体就会产生一种情绪体验，这就是希望。Mowrer（Lopez et al，2003）则从其行为主义的观点出发，认为希望是一种情感，起着次级强化物的作用。Mowrer 发现，在刺激—反应模式下，当某种施加于实验对象的刺激伴随有某种愉快事物（如食物、水等）出现时，动物常会通过增加自己的反应次数来获得这种愉快，似乎动物能预料到最终会有愉快的事会发生，也就是说实验对象出现了希望这种情绪。

但另外一部分人则认为希望本身就是一种思想和信念———一种使个体维持自己朝向某种目标的活动的思想和信念。也就是说，希望既是个体对自己能够寻找到实现目标途径的认知，同时也是对自己有能力、有毅力采取持续的行动而达到目标的认知。希望是一种以信任自己的能力为核心的认知，这种认知不仅能帮助个体增强避免陷入各种问题的信心，同时还能帮助个体找到有效应对生活压力的途径。总之，希望就是一种愉快的、积极的结果可能会实现的信念。如 Breznitz（1986）就把希望定义为是一种认知倾向，他认为希望就是人头脑中的思想或对认知状态的描述。其他还有一些学者则从期待的角度来对希望做出理解，认为希望其实是一种对将来的、并与自己有意义关系的目标的实现可能性大于"0"的预料和期待，希望的大小是由目标实现可能性的大小所决定的。当一个对个人有重要意义的目标有可能实现时，希望就会产生。

心理学对希望的理解还存在第三种观点：即希望既包含认知成分，同时也包含情绪成分，如 Staats 等人（1985）就认为，希望是一种"情感性认知"。从情感的角度来说，希望是被个体预想的积极情感和消极情感之间的差异所左右，也就是说预想中的积极情感越大于预想中的消极情感，则个体的希望就越大；当两者相等时，则不产生希望；而如果预想中的积极情感小于预想中的消极情感时，则就会产生与期望相反的消极情感（如失望等）。从认知的角度来说，希望是个体的预料与预料背后所隐藏的愿望之间的联系，是建立在认知基础之上的。也就是说，个体对预料中的成就和其获得成就的愿望强度之间的关系会产生一种认知，伴随着这种认知之后所产生的一种调节力量就是希望。

当代心理学基本认同第三种观点，但在具体对希望的理解上却并不赞同 Staats "情感性认知"的说法。如辛德和他的同事就认为希望是一种朝向目标的思想（thinking），这种思想包含有两个部分：首先是"途径思想"（pathways thinking）——个体认识到自己能够寻找到实现愿望目标的途径，其次是"意志思想"（agency thinking）——个体认识到在实现愿望目标的过程中自己需要意志力。从辛德等人对希望的理解中我们可以看到，希望是"途径思想"和"意志思想"的合金，而这一过程是以目标为核心。因此，个体的愿望目标在个体希望的产生过程中起着重要作用。尽管目标各有不同，但它必须要具有一定的特点才能导致希望的产生：首先，目标必须要有一定的价值，它才能引起个体去追求它，一个不能引起个体去追求它的目标是不会让个体产生希望的；其次，目标要和我们的接近本性或逃避本性相一致，也就是说目标要么是因其积极而促使我们想接近，要么是因其消极而促使我们想逃避；再次，目标在实现过程中既要有一定的难度，但也要有存在实现的可能，即使是看起来似乎不可能的目标，但如果经过精心的策划并付出艰苦的努力，它也应该能达到。辛德等人的这一希望理论的最大特点是从结构上对希望作出了分析，从而为个体希望的培养提供了可操作性。

141

二、儿童希望的培养

充满希望对任何人来说都是不可缺少的，对儿童来说尤为关键，因为当个体充满希望之后，这也许会对他的生活产生永久性的变化。生活中许多人有一种错误的认识，人们总认为智力好的孩子比智力差的孩子更容易满怀希望。其实不然，心理学的研究表明，个体的希望和其智力并没有多大的相关，只要是一个正常的孩子，他们的智力都足够使他们成为一个充满希望的人。而且在这方面男女之间也没有任何差异，男孩子能做到的女孩子也一定会做到。不过，希望在不同年龄孩子的身上变化比较明显，一般说来，孩子年龄越小，其希望就越偏向于积极（希望是每个人都有的，在积极心理学中，我们常根据希望积极程度的高低来对希望进行分类，高积极程度的希望称为高希望，低积极程度的希望称为低希望），有点类似于理想的性质。如果你去问一下小学低年级的学生他们将来想上什么大学，他们大多数人会无畏地告诉你想上清华或北大，但到了初中或高中以后，这种情形就会发生根本的改变。近年来进化心理学的研究认为，孩子的希望在其早期偏向于积极的特性——即使这种希望有时候是不现实的——是人类进化过程中形成的一种进化机制，这种机制能使孩子产生积极的幻想，促进对美好的追求，从而保证人类这个种族能不断地向前发展。

小孩子都认为自己是天下最美的，自己将来什么都能干，对未来充满希望，但为什么长大以后，伴随着他们的懂事明理，他们却越来越缺少积极的希望呢？行为主义心理学认为这主要是后天环境的强化所致。孩子在成长过程中，特别是在"病理性"的消极教育环境下，他们会不断受到来自父母、教师等成人的"教导"："你还有很多缺点，你不是最好的"，"即使你是最好的，你也要谦虚"。同时生活中一些暂时的挫折和失败也不断地侵蚀着孩子幼小的心灵，这一切最终导致了孩子在认知上出现了变化——不断降低自己的希望。

对希望与个体发展之间关系的调查表明，具有较高希望的儿童能更好、更恰当地应对生活的不幸和压力，即使在困境中，他们也能很好地调整自己的行为，以灵活的方式来摆脱困境。高希望的孩子比低希望的孩子能更积极地要求自己，他们的忧郁情绪也较少。这是因为希望与一个人的自尊有关，高希望带来高自尊，而具有高自尊的人一般对自己的要求较高且具有较少的忧郁情绪（参阅积极人格一章的相关内容）。同时还有研究表明（Roberts et al, 2002），孩子在校时的学习成绩和其希望呈中等程度的相关，也就是说，有没有希望对孩子的课程有一定的影响。

在最近的教育学和心理学研究中，人们还发现高希望对孩子的发展——尤其是对于面临不幸或患有某种缺陷的孩子具有重大的作用。如果那些有某种生理缺陷的孩子具有了较高的希望，他们的缺陷也许会对他们将来的发展有意外的帮助。海伦之所以能有光辉的成就，也许就是因为她又聋且瞎；密尔顿要是不瞎眼，他可能根本就写不出这么好的诗篇；柴可夫斯基的生活如果不是那么的悲惨——他的悲剧性婚姻几乎使他濒临自杀的边缘，他可能永远也写不出那首不朽的《悲怆交响曲》。这一切谁又能说不是他们本身具有高希望的结果呢。勒维斯和克里维尔（Lewis & Kliewer, 1996）曾对患有镰状细胞血症（sickle cell anemia）的孩子做过一个调查研究，他们发现那些具有高希望并能采取适当应对策略（主动参与娱乐活动、多与他人交流等）的病孩子明显比其他病孩子有更少焦虑情绪，生活也更积极。因此，对于家长和老师来说，保护好孩子的高希望就是保护好了孩子光明的未来。

怎样来提高孩子的希望水平呢？特别是对那些具有某些心理问题的孩子来说，这或许是最重要的，同样这也是积极心理学最关心的问题。从辛德和他的同事对希望的结构性分析和过去的一些具体实践来看，这主要从三个方面入手：一是帮助个体确立合适的愿望目标；二是有意识锻炼克服困难的意志力；三是发展个体的各种策略，主要是寻求达到目标途径的策略、应对生活障碍的策略等。在具体的方法上，人们发现指导孩子阅读一些充满希望的人战胜困难取得成就的故事对提高孩子的期望水平有很大的影响作用，这是因为孩子年龄较小，容易受暗示，再加上孩子本身没有更多的生活经历，他们只能把他人的生活经历作为自己的参照系。例如：麦克德莫特等人（McDermott et al）在 2000 年对小学 1—6 年级的学生做过一个这方面的教育实验。实验者首先组织这些小学生阅读那些具有高希望的孩子的故事，在此基础上组织全班学生讨论：那些孩子是怎样把希望与他们的日常生活相结合的？最后在老师和同学的帮助下学生进行自我分析。训练结束后对这些孩子进行的期望测试表明，这些孩子的希望水平都有了一定的提高。

　　不过现在多数教育学家和心理学家有一个共同的观点：孩子希望水平是受多种因素的影响，其水平的提高应通过综合的指导和训练。洛佩兹（Lopez，2002）曾在一所初级中学做了一个"希望导航项目"（pilot project），这一项目一方面让学生阅读那些高希望孩子的故事，另一方面把学生组织结成各种"希望伙伴"（hope buddy），特别是让具有较高希望水平的孩子与低希望水平的孩子相互结成伙伴，这其实是为了给低希望水平的孩子寻找一个现实的直接榜样，从而使他们能够直接面对高希望。在此过程中，还组织学生参与各种结构性练习（一些制定目标和寻找实现目标的技能、技巧训练）和目标定位讨论等，如：什么是高希望水平的目标？实现这些目标的最有效途径是什么？怎样克服各种阻碍自己实现既定目标的障碍？怎样把这些目标和自己的现实生活相结合？从初步的检验来看，这一综合性的希望培养课程取得了不小的成就，参与这一项目的儿童的希望水平都有一定的提高。

143

　　由于不同年龄阶段儿童的身心发展特点不同，针对这些特点而进行有意识的训练是提高儿童希望水平的关键，关于这个问题辛德（Alan Carr，2004）曾进行过专门的研究。他认为对儿童（为了叙述的方便，我们在这一部分内容中把各年龄阶段的孩子统称为儿童）希望的培养应该从婴儿出生后的第一年就开始，因为儿童一周岁以后就能清楚地意识到他们想要的东西，也就是说有了目标意识。在两周岁这一年龄阶段，要鼓励儿童确定自己的活动目标以及实现目标的途径，其中最重要的是要帮助儿童学会在面对困难时要制定一个克服困难的计划，并按照这个计划去一步步行动。3—6 岁是学前年龄阶段，这一年龄阶段属于"前运算直觉思维"（pre-operational intuitive thinking）阶段，其语言发展迅速。因此可以通过讲故事等形式来进一步培养儿童通过确定计划来克服困难的决心，而且这一阶段儿童的身体发育迅速，把计划付诸行动的能力大大加强，因此要鼓励儿童大胆行动。不过由于自我意识和他人意识都得到了很大的发展，这一阶段的儿童已开始意识到自己目标的实现有可能会影响到他人目标的实现。作为家长及其他教育者就要有意识地帮助儿童学会在实现自己目标的同时也要考虑他人的目标实现，学会把这两者结合起来。青年前期的儿童在逻辑思维、记忆技能、阅读技能和社会交际技能等方面有了明显的发展，因此这一时期要着重训练儿童在一定的社会关系中去实现自己的目标价值。青年期的儿童已经具有了抽象推理能力，并面临一些独特的问题：如独立性问题、排他性的亲密关系问题、生涯发展规划问题等，这些问题一方面使他们的生活变得更复杂，同时也给他们提供了进一步发展自己希望的机遇。成人或教育者在这一阶段要提供适时的帮助，使儿童在树立正确的人生观、世界观和爱情观的同时，更要学会把复杂的问题当做是自己发展过程中的一种挑战，从而使自己能在各种问题面前把握住自己的价值目标以及实现目标的途径。

三、希望的评估和测量

（一）量表测量法

由于人们对希望概念本身的理解有着很大的差异，因此对希望的测量自然也就存在着很大的争议。斯托特兰德（Alan Carr，2004）就反对用自陈量表来对个体的希望进行测量，他认为自我陈述会导致人们对期望理解的混乱，由于希望的社会价值意义明显，因此，被试在陈述过程中很容易就会把社会倾向加入，从而使自我陈述的观点变成一种"类社会性"观点。但大多数心理学家还是主张希望可以用自陈量表来测量，只是主张希望是情感的心理学家坚持用积极情绪量表来测量，而主张希望是认知的心理学家坚持用认知量表来测量，因此关于希望的测量表就相对比较多。

不过从实践来看，心理学界现在比较流行的还是辛德等人编制的希望测试量表。辛德在心理学界被称为是研究希望的泰斗，他和他的同事从20世纪90年代起先后编制了一系列的希望量表，具体见表4-4，这些量表主要包括：

"成人性情希望量表"（Adult Dispositional Hope Scale）。该量表属于自陈量表，适用范围从15岁到老年，有12个条目，每一条目有4点程度不同的答案供选择（现在为了获得更准确的信息，也有用8点程度选项的量表）。在这些条目中各有4条分别是反映"意志思想"和"途径思想"的，另外4条是起干扰作用的干扰条目，因此其总分在8—32之间。10周以后的再测信度在0.80以上，具体量表参阅表4-5。

"儿童希望量表"（Children's Hope Scale，简称CHS）（Snyder et al，1997）。CHS量表是在1997年首次推出，它主要包括有CHS自我报告格式（适用于7—16岁的孩子）、CHS他人评价格式（由教师、父母或其他成年人使用）等。CHS有6个条目，其中各3条分别反映了"意志思想"和"途径思想"。每一条目都有6点程度不同的答案可供选择，其总分在6与36的范围内。量表内容简单，几乎没有生字词，儿童可以借助自己的阅读来回答。该量表一个月后的再测信度较高，达到 0.70—0.80 之间。

"成人状态希望量表"（Adult State Hope Scale）。该量表是用来测试 16 岁以上的成人在某一个特定时刻的希望水平，其阅读水平大概约为 6 年级，同样包括了"意志思想"和"途径思想"（各 3 条）。"成人状态希望量表"是一个 6 条目的自陈量表，每一个条目有 8 个程度不同的答案供选择。量表设计的完成时间限制的 2—5 分钟。

除辛德等人编制的希望测试量表之外，其他一些心理学家也根据辛德等人对希望的理解而编制了性质相类似的量表，其中比较有影响的有：麦克德默特（McDermott）（和辛德等人合作）针对年少儿童专门推出的"年少儿童希望量表"（Young Children's Hope Scale，简称 YCHS），其形式具体有 YCHS 故事格式（适用于 5—8 岁的孩子）、YCHS 自我报告格式（适用于 5—9 岁的孩子）、YCHS 他人评价格式（由教师、父母或其他成年人使用）等；辛普森（Sympson）编制的针对成人的"特定领域希望量表"（Domain-Specific Hope Scale）等。

所有以上这些量表都是以测试个体的目标定向思想为主要内容，也就是通过量表测试来发现个体的发展目标是什么，达到目标的途径有哪些，并以这些数据来对测试对象的希望程度作出区分，以便寻找那些需要特别帮助的个体。

145

表 4-4 希望量表的特点比较

希望量表名称	适用年龄	条目数	时间限制	信度	结构效度
成人性情希望量表	15—100	12	2—5	0.70—0.80	优秀
特定领域希望量表	15—100	48	7—15	0.93	强
儿童希望量表	7—16	6	2—5	0.72—0.86	优秀
年少儿童希望量表	5—7	6	2—5	0.88	中等
成人状态希望量表	16—100	6	2—5	0.90	强
希望量表（观察者使用）	15—100	8	2—5	—	—
儿童希望量表（观察者使用）	7—16	6	2—5	—	中等
年少儿童希望量表（观察者使用）	5—7	6	2—5	—	中等

注①：希望量表有 12 个条目，但其中有 4 条是干扰项；
  ②：观察者使用是指由他人（如家人、老师等）而不是对象自己来完成的量表。

表 4-5 辛德"成人性情希望量表"

仔细阅读下面的每一个条目，选出最适合你情形的答案，并把相应的数字写在每一个条目之前的括号里，每一个条目你只能选一个答案。

1 = 绝对错误；2 = 大部分情况下错误；3 = 大部分情况下正确；4 = 绝对正确

（　　）A 我能想出许多途径和方法来使自己摆脱陷入的困境。
（　　）B 我总是不知疲倦地追求我的目标。
（　　）C 我大多数时候感到很累。
（　　）D 任何问题总会有许多解决的途径和办法。
（　　）E 我容易在争论中被击败。
（　　）F 我总是能想出很多的途径和办法来处理我生命中重要的事情。
（　　）G 我担心我的身体健康。
（　　）H 即使当别人都泄气了时，我也知道我能找到解决问题的途径和办法。
（　　）I 我过去的经历已为我的将来做好了充分的准备。
（　　）J 我的生活一直很成功。
（　　）K 我经常发现我自己会对有些事担心。
（　　）L 我实现了我为自己设定的目标。

（Lopez et al, 2003）

（二）其他评估法

对希望的评估除了使用量表测量之外，心理学上还有其他的一些非量表性评估方法，这些方法主要有：1. 行为分析法（detecting hope in action）。这是一种质的分析方法，就是指经过训练的专业人员对个体的一些行为先进行一定时间的观察，然后对观察到的行为进行目标定位、途径选择和困难克服等几个维度上的具体分析，从分析的结果来确定对象的希望水平。从实践来看，通过这种方法所得到的结果和被试使用自陈量表所得的结果有中等程度的一致性（Snyder et al, 1991）。2. 故事分析法（considering stories of hope）。当一个人在日常工作和生活中从事写信、记日记、做诗、与人谈话等活动时，他其实都是在叙说着自己的故事，在这些故事里就隐藏着个体的希望水平，格特彻克（Gottschalk）（Lopez et al, 2003）就发明了一种运用故事分析的方法来确定个体希望水平的技术。这种方法首先要求通过录音或录像等手段把被试讲故事的过程记载下来（故事的长度一般要求 5 分钟以上），然后运用格特彻克希望量表中所确定的标准来对故事进行具体分析，最后把分析所获得的各项分数相加得到一个表示个体希望水平的总分。不过由于个体的故事常会包含有个体在当时特定情景的信息，因此为了避免出现误差，一般要尽可能多地选取一些故事来进行分析，并把每一次分析的总分相加求得平均分。3. 书面材料分析法。这种方法最早是由辛德等人提出来的，辛德最早想把这种方法作为自陈量表的补充，但后来它本身也逐渐形成为一种独立的评估技术。这种方法主要是借助于对对象书面材料——如所写的散文、书信进行目标、意志、途径等维度的分析，从而确定对象的希望水平，为了避免误差，同样这种方法也需要较多的相关材料。第 2、3 两种技术在当代的叙事心理学中用得比较多。

尽管希望是人类的一种普遍现象，但由于文化的影响，希望在不同的文化范畴下的意义也就有着很大的差异，因而不管是质的评价还是量的测量，我们在对希望进行评估时一定要扎根于当时、当地的文化，不能忽视文化的特性。

【建议参考资料】

1. 塞利格曼. 活出最乐观的自己 [M]. 洪兰，译. 北京：万卷出版公司，2010.

2. 塞利格曼. 真实的幸福 [M]. 洪兰，译. 北京：万卷出版公司，2010.

3. SELIGMAN E P. Foreword：the past and future of positive psychology [M] //KEYES C L M, HAIDT J. Flourishing：positive psychology and the life well-lived. Washington D. C.：J APA, 2003.

4. LOPEZ S J, SNYDER C R, PEDROTTI J T. Hope：many definitions, many measures [M] // LOPEZ S J, SNYDER C R. Positive psychological assessment. Washington D. C.：APA, 2003.

5. NNKAMURA J, CSIKSZENTMIHALY M. The concept of flow [M] // SNYDER C R, LOPEZ S J. Handbook of positive psychology. New York：Oxford University Press, 2003.

【问题与思考】

1. 乐观生成的相关理论有哪些？
2. 福乐形成的心理机制，特征及产生条件是什么？
3. 希望的评估测量方法有哪些？
4. 你觉得福乐和意志力间是什么关系？设计一个关于福乐的实验方案。

147

第五章 积极人格

【本章提要】

　　人格研究在心理学未正式成为一门科学之前就已经受到了人们的关注。积极心理学主要是在个体水平上对人格进行研究，主张人格研究不仅要研究问题人格特质和影响人格形成的消极因素，更要致力于研究人的良好人格特质以及影响人格形成的积极因素，特别是研究人类积极的现实能力和潜在能力在人格发展中的作用。这是心理学历史上第一次提出从人类的积极力量出发来研究人格，我们称之为积极人格的研究。积极人格研究是通过反思和批判传统心理学关于人格研究中所存在的问题来进行的，它极大的丰富了人格心理学理论。积极心理学倡导积极人格，这不是放弃对人格问题的研究，只是强调要兼顾对积极品质的建立和培养。彼得森（Peterson）和塞利格曼（Seligman）列出了积极心理学主要研究的24 种积极品质，包括兴趣、创造性、坚持性、公正、感激、希望等。总的来说，积极人格研究目前还处于初级阶段，很多理论的科学性仍有待验证。但不管怎样，积极人格为人们解读人格提供了一种新的方法和视角。

【学习重点】

1. 积极心理学人格理论的主要观点。
2. 积极心理学对人格的分类。
3. 什么是自尊，自尊的性别差异以及自尊的测量。
4. 积极人格实现的主要途径以及积极人格形成的心理动力。

【重要术语】

积极人格　积极力量　心理动力　自尊

　　人格一词在我国古代并无相关的文字记载，因而它是一个外来词，这个词最早来自于我们的邻国——日本，而日文中的"人格"一词又是对英文"personality"的翻译。如果进一步考察，我们就会发现，personality 源于拉丁文 persona，意指演员在台上演戏时所佩戴的表示某种典型特征的面具，这有点类似于我国京剧中的脸谱造型。后来人格一词被逐渐引申为指一个人在生活中所显示的一些典型特征，尽管我们在生活中对这个词感到很熟悉，也能大致说出它的意思，但要真正从学术上对其下定义却还是比较困难的。

第一节　人格及人格研究的概述

什么是人格？正如我们前面讲到的许多概念一样，人格也是一个存在着很大分歧的概念，不同的学者由于所站的角度不同、文化背景不同，因而对人格一词的理解也就不同。奥尔波特（G. W. Allport）曾对人格定义做过一个系统研究，他罗列了约50多种不同的人格定义，并对这些定义进行了归类，其中心理学领域下的定义可以分为六种（郭永玉，2005）：

1. 罗列式定义（omnibus definition），这类定义把一个人所有的特质的总和称为人格，其实质是把特质不分大小，一律相加；

2. 综合性定义（integrative and configuration definition），强调人格是人各方面特征所组成的一个整体；

3. 等级性定义（hierarchical definition），这类定义将人的各方面的特征分为不同的等级层次，其最高层次的特征对其他特征具有统合的作用；

4. 适应性定义（definition in terms of adjustment），这类定义强调人格的功能在于适应社会；

5. 区别性定义（definition in terms of distinctiveness），这类定义强调人格是一个人独有的特征；

6. 本质性定义（definition in terms of the essence of the person）：此类定义认为人格不仅是人与人之间的不同，而且更是个体具有代表性的典型特征。当代心理学一般认为，人格是支持个人生活的认知、情感和行为的复杂组织，它既包含了人先天的基因因素，同时也包含了人后天的生活经验。

尽管学者们对人格的定义有着不同的看法，但对于人格特点的理解却有着基本接近的观点。第一，人格具有统一性。统一性有两层含义：首先，人格是一个人认知、情感、行为等多方面交互作用的面貌展示，认知、情感或行为的单方面特点都不能代表人格本身；其次，人格所包含的各个组成部分是一个统一整体，它们之间的变化具有连带性，也就是一个方面的变化必然会引起其他方面的变化。第二，人格具有稳定性。稳定性意味着人格是跨时间、跨情景和跨场合的，人们可以通过个体在某一个时间、情景或场合下的人格特点来推断其在其他时间、情景或场合下的人格特点。但人格的这种稳定性并不意味着它是永久的、不可改变的，人格是可塑造的也是可培养的。因为人格本身包含有个体的生活经历，当个体的生活经历本身在发生着重大的变化时，个体的人格自然也会发生相应的改变。不过，人格的变化是很缓慢的，它一般滞后于生活事件的变化。第三，人格具有复杂性。复杂性是这个世界的特性之一，世界上的许多事物、现象都具有复杂性，但人格的这种复杂性却有其本身的特点。首先，这种复杂性体现

149

在它是对人的认知、情感和行为等方面的综合反映，因而这种复杂性就既具有结构上的特征，同时也具有功能上的特征。其次，这种复杂性还体现在人格的"变"与"不变"上，从本质上说，人格的"变"与"不变"都是相对的，这就意味着人们总是要在运动和变化中来把握人格。再次，人格经常会受现象或情景的影响，它的展现经常会被情景性事件所掩盖，因此，从某种意义上说，把握人格本身就是一个透过现象看本质的过程。第四，人格具有独特性。独特性是指每一个人的人格面貌是独一无二的，也就是说不同的人的知、情、行是以特有的方式相结合，又以特有的方式去展现。人格的独特性一直是心理学研究和关注的重点，对于人格独特性的把握，现在一般是通过人格的特质维度来进行。

从古代开始人们就一直对人格有着浓厚的兴趣，这主要是基于人都有一种强烈的真正了解别人的愿望。很明显，我们不能只靠别人的言语、动作、行为等来了解一个人，因为这些很可能是假象，是一种欺骗。有鉴于此，人们很早就开始运用一些专门的手段、技术等来对一个人的人格做出鉴定，这种鉴定甚至可以追溯到有历史记录的年代。如公元前 10 世纪，古巴比伦的占星家们就根据一个人出生时行星所处的位置来判定一个人的人格和命运。到了古希腊、古罗马时代，人们又发明了一种新的手段，通过面相来对一个人的人格做出判定。人类历史上最伟大的学者之一的亚里士多德也曾说过，前额大者偏呆板，前额小者用情不专，天庭阔者好激动，天庭突者易发脾气。现代医学、生理学和行为科学等早已证明这是一种迷信的无稽之谈，但这种观点到现在似乎仍有很大的吸引力，许多城市的大街小巷，特别是一些风景名胜区我们仍然会看到这种看面相、看手相的情景。

到了 19 世纪，由于生理学的研究取得了很大的进展，一些人又发展了一门新的鉴定人格的学科——颅相学（phrenology，也称骨相学），它根据人头骨的大小、形状等来判定一个人的人格。当时的德国解剖学家加尔（Gall）是颅相学的积极提倡者。他在大量观察了监狱和疯人院的许多人的基础上，把人的颅骨划分为 37 个区域，并对每一个区域的特征与人心理的关系进行了分类，如，加尔认为头骨隆起的人具有扒手的人格特征。

当心理学成为一门科学之后，心理学家们又在人格研究中出现了新的争论，主要是遗传论和学习论的争论。遗传论者——如高尔敦（Galton）、格达德（Goddard）、推孟（Terman）等人认为：人格主要是遗传的，只不过这种遗传是以一种回归的方式出现，人们不易从现象中直接发现，需要借助于一定的统计测量手段。他们拿出了许多的调查数据来证明自己理论的正确性，其中最典型的是"名人的后代更可能成为名人"的统计资料，高尔敦甚至还写了一本书来说明他的这种观点，书名就叫《遗传的天才》（*Hereditary Genius*）。现在看来，高尔敦的心理遗传理论虽然有失偏颇，但它的真实性也许并不是我们所想象的那样荒唐。至少目前的许多事实（如利用家族图谱分析法、双生子比较法等获得的事实）已经能够证明人心理的很多方面都是来自于遗传，只不过是或多或少的问题。学习论者——如巴甫洛夫（Pavlov）、华生（Watson）、斯金纳（Skinner）等人（主要是一些行为主义心理学家）则认为：人格是由后天的学习而来，后天的社会文化环境决定了一个人的人格发展状况，这一部分心理学家用了很多的实证实验来证明自己的观点。到目前为止，这种争论仍在人格心理学研究中继续着，似乎谁也说服不了谁。

不过这种遗传论与学习论在今天已演化成为另外两种相对立的人格理论，一种是实体论（entity theory），另一种是渐变论（incremental theory）。实体论（Mueller & Dweck，1998）认为人格特性是固定不变的，它基本上不受人后天主客观因素的影响，如一个人的努力程度、行为动机和特定的情景等。实体论者相信人格是由人格特质构成的，人格特质从根本上决定了一个人的行为模式，一个人的行为其实就是一个人的特质的外显过程，人格特质和行为之间存在着简单的对应关系。因此，实体论相信一个人的行为具跨情景性、跨文化性和跨时间性，也就是说只要具有了某种人格特质，那么他不管在什么条件下都会具有和这个特质相对应的行为。当然实体论也承认外界环境和情景的影响作用，但他们认为外界的环境和情景条件只是起着一种表层装饰作用，它只能影响人格特质活动的具体方式，而不能改变其所导致的行为的性质。因此，环境和情景条件从某种程度上说只是附加在心理系统上的随机干扰，受环境和情景条件干扰的行为也一定最终可以还原为个体所具有的潜在特质。在实体论者的心目中，人的行为具有较高的稳定性和较低的可变性，心理学家只要考察行为本身就能准确地把握到一个人真实的人格特质。

实体论的这种关于人格特质的不变性信念因其比较符合科学主义的精神而受到许多心理学家的推崇，在许多人看来，心理学的根本目的就是要寻找隐藏在事物背后的客观规律，并希望最好还能把这种规律还原到个体的生理机制上。

和实体论相对的另一种人格理论是渐变论。渐变论者坚信人格是可塑的，在不同的情景条件下人的行为与人格是可以分离的。在这里渐变论主要有两个观点：首先，尽管人先天的神经构造对个体的人格具有一定的影响，但人格主要还是受一个人后天的努力、动机和环境等因素的影响，人格会受这些因素的影响而形成，同时又会随着这些因素的改变而改变。其次，人的许多行为尽管受到人格的影响，但也可能随环境或情景条件的变化而显示一定的意义变化，人格与行为之间并不是简单的对应关系。

渐变论坚信个体人格的形成过程是一个动态过程，是动态中的平衡，因此对人格的认识过程也应是一个动态过程。只有对一个人的心理过程——如需要、动机、认知、情绪等做动态性的研究（尽可能多的了解对象在不同的时间、不同的

151

情景下的心理过程与行为表现之间的关系），才能真正准确把握或解释个体的人格。不过，渐变论者也经常使用人格特质这个心理学专业术语，但他们在使用这个术语时和实体论者有着明显的区别。渐变论者主要把特质当做是个体行为的一种社会性概括，也就是说，渐变论在使用特质这个词时更主要是突出其在一定时间、一定情景下的社会意义，而实体论者则更强调特质的生物属性意义，强调其跨时间、跨情景的一致性。关于实体论和渐变论的心理模型的具体比较我们可以参阅下面的图 5 - 1。

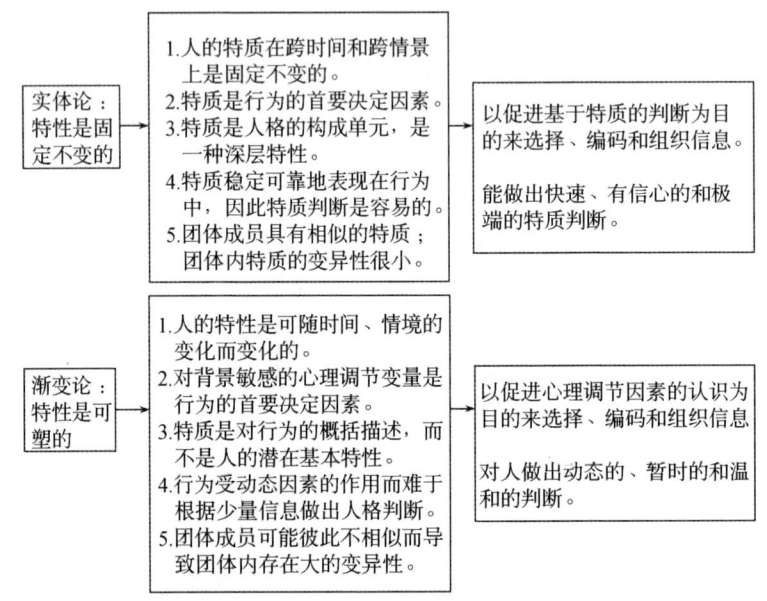

图 5 - 1　实体论者渐变论者的心理模型（王墨耘，傅小兰，2003）

第二节　积极心理学关于人格的基本观点

积极心理学对人格的研究，是以反思和批判传统心理学关于人格研究中所存在的问题来进行的。积极心理学认为传统的人格心理学研究——不管是实质论还是渐变论，它们都存在两个方面的问题，一是过分强调了人格的独特性而忽视了人格的共同性，世界上没有两片完全相同的树叶，但世界上也似乎不存在两片完全不同的树叶；二是传统的人格心理学有着消极的特性，即过分关注了问题人格，从精神分析人格理论到现在比较流行的特质人格理论，它们的最终归属点都无一例外地落实到了对问题的分析和研究上。

一、积极心理学人格理论的主要观点

积极心理学主要是在个体水平上对人格进行了研究，从目前来看，积极心理学的人格理论还不尽完善，甚至可以说还没有形成一个完整的理论系统，但从已

有的研究来看，积极心理学的人格理论主张主要有以下三个突出的观点。

（一）提倡研究积极人格特质

人格心理学研究的一个最大心愿是试图以少数基本类型来对整个人类进行分类，这当然是一个有益的尝试，也是一个可作为的尝试，现代心理学流行的方法是通过特质纬度来对人格进行分类。所谓特质"是指个人的遗传与环境相互作用而形成的对刺激发生反应的一种内在倾向；不作严格区分，也可以将特质理解为性格特征。"（黄希庭，1991）也就是说，一种特质可以归结为一个人以相对长久和一贯的方式而表现出与别人的不同（有文化的差异），是个体的一种持久性的性格特征，它和具体的生活情景共同影响着一个人的行为、认知和情感等。当我们在日常生活中对自己或他人进行描述时，我们常会使用一些特定的形容词，如"好争斗的"、"聪明的"、"易激动的"、"少耐心的"、"谨慎的"等，这实际上就是一个特质术语的使用过程。特质是从一个人具体的行为过程中抽象出来的，但我们又不能简单地把特质作为原因而回到这个人的行为本身。如我们说某人是一个好争斗的人，但如果这个人在一次活动中无故地殴打了他人，我们不能说这是因为他有好争斗的特质。

积极心理学同样也采用特质纬度来对人格进行研究，在这方面，积极心理学秉承了它的一贯做法，主张人格研究不仅要研究问题人格和影响人格形成的消极因素，更要致力于研究良好人格以及影响人格形成的积极因素，是一种积极的人格理论。

153

人格心理学中最著名的特质理论是"大五"人格理论，所谓"大五"是指形容人格的五大因素（关于到底是几大因素，目前心理学界还有争论，如艾森克认为只要三个因素就行了，而卡特尔则认为要有16个因素等），这五大因素是从所有描写人格的形容词中运用因素分析法而抽取出来的，它们分别是神经质（neuroticism）、外倾性（extraversion）、开放性（openness）、宜人性（agreeableness）和尽责性（conscientiousness）。这些词本身都是用来描写人面对外部事件时的表现的中性词，如神经质是指人在面对外部事件时的表现是有勇气还是焦虑、是平静还是生气、是快乐还是消沉、是自我控制还是冲动等；外倾性是指人在面对外部事件时的表现是好交际的还是自我封闭的、待人热情的还是冷淡的、是活跃的还是保守的等；开放性是指人在面对审美、情感、价值观、行为等时是好幻想的还是墨守成规的；宜人性是指人在面对外部事件时的表现是信任的还是怀疑的、乐于助人的还是不合作的；尽责性是指人在面对外部事件时的表现是自我约束的还是放任的、是讲秩序的还是混乱的、是精心计划还是一时冲动等。所以从"大五"人格特质理论的本质来看，人格心理学相信在每一个人的内心深处，都存在着两股抗争的力量。一股力量是消极的——它代表压抑、侵犯、恐惧、生气、悲伤、悔恨、贪婪、自卑、怨恨、高傲、妄自尊大、自私和说谎等；

另一股力量是积极的——它代表喜悦、快乐、福乐、和平、爱、希望、负责任、宁静、谦逊、仁慈、宽容、友谊、同情心、慷慨、真理、忠贞和幸福等。这两股力量谁都可能战胜谁，关键是看个体自身到底是在给哪一股力量不断注入新的能量，在给哪一股力量创造适宜的生存心理环境。

在第三章中我们曾经把积极体验分为两种，一种是感官愉悦，主要由感官器官的满足而带来的体验；另一种是心理享受，它是由于个体全身心地投入活动、并在活动中能充分发挥自我的积极力量时（大多数情况下伴随着取得某种实现或成就）而产生的一种体验。这些自我的积极力量具有性格类的特征，也就是指我们平常所说的那些和特定的良好品德相联系的个人特质。彼得森和塞利格曼（Peterson & Seligman，2001）曾做过一个积极力量的行为分类评价（the Values in Action Classification of Strengths）系统，在这个系统里，良好品德（智慧、勇气等）是核心，而培养性格类积极力量则是确保个体能获得良好品德的重要途径（具体见表5－1），表5－1中所列的24条性格类积极力量就是积极心理学研究的24种主要积极人格特质。如果一项性格类特征是积极人格特质（性格类积极力量）的话，它一般要满足两个方面的标准：第一，"是特质类的、和幸福生活的实现相联系、满足道德价值、不会损害其他人的利益、受到公众社会的肯定、在社会角色中有较高的价值意义、可以被有杰出成就的人作为自己之所以成才的例证。"（Alan Carr，2004）第二，除了以上这些标准之外，积极人格特质还有一条最重要的标准，即和每一条积极人格特质涵义相反的性格类力量不应同样具有的积极价值意义。如"灵活性"的反义词是"坚定性"，坚定性在社会生活中也具有积极的意义，因此，灵活性就不属于积极人格特质。当然一个人要想获得良好的品德，并不是说就一定要具有一项美德所包含的所有积极人格特质，许多时候一个人只要具有其中的一项或两项也许就够了。同时这也并不表示一个人只要具备了这24条积极人格特质，就一定能形成这6大美德。事实上，个体良好品德的最终形成还需要一定的保障条件，如教育、社会环境、家庭文化等。顺便说明一下，表5－1中所列的6大美德被认为是人类进化过程中形成的一种具有生存价值意义的心理机制，它们已经具有了某些生物性特征。

人格心理学在过去的一段时间内过分关注了问题人格或人格的问题方面，这使人格心理学的发展出现了一种不平衡：即一方面解决各种人格问题的技能、技巧日益成熟，而另一方面却对良好人格的形成或发展一无所知。积极心理学强调人格心理学必须研究人内心所存在的积极力量，只有人所固有的积极力量得到培育和增长，人性的消极方面才能被消除或抑制。如果人格心理学仅仅只是以帮助人们消除问题人格或人格中所存在的消极方面为中心，那么，即使当人所有的问题都被消除后，人本身所具有的积极力量也不可能得到自然的增长，这样的人也不可能成为一个完善的自我实现的人。当然积极心理学倡导研究积极人格并不意味着人格心理学就是要忽视或放弃对人格问题的研究，它只不过是强调人格心理学要成为一种平衡的人格心理学，要在既研究消除各种人格问题的同时，也要致力于研究助长良好人格的积极方面。

表 5 - 1 良好品德和积极力量

良好品德	定义性特点	性格类积极力量
1 智慧	知识的获得和运用	1 对世界的好奇和兴趣
		2 爱学习
		3 创造性、创见性和创新性
		4 判断力、批判性思维和开放性思想
		5 个人、社会和情感性智力
		6 大局观
2 勇气	面临内在或外在压力时誓达目标的愿望	7 英勇、勇敢
		8 坚持性，勤奋
		9 正直、诚恳、真实
3 仁爱	人与人交往间的积极力量	10 慈祥、慷慨
		11 爱和被爱的能力
4 正义	文明的积极力量	12 公民的职责、权利和义务，忠诚、团队精神
		13 公正、平等
		14 领导的职责、权力和义务
5 节制	做事不过分的积极力量	15 自我控制和自我调节
		16 审慎、小心、考虑周到
		17 适度和谦虚
6 卓越	使自己和全人类相联系的积极力量	18 对优秀和美丽的敬畏和欣赏
		19 感激
		20 希望、乐观、为将来作好准备
		21 精神追求、信念和信仰
		22 宽恕、仁慈
		23 风趣、幽默
		24 热情、激情、热心和精力充沛

155

（二）强调人格形成过程中各因素的交互作用

首先，积极心理学承认个体特定的生理机制会产生与它相应的行为模式，但这种生理机制对行为模式的影响既不是直接的，也不是不可避免的，更不是持久的。也就是说，"人不是按照由基因图谱规定的固定路径来发展自己的，人格主要是在人与社会文化环境的交互作用所形成的一个复杂的因果活动过程中得到发展，内在因素、外部行为、社会文化环境三者是交互作用的。"（Caprara & Cervone，2003）如 Magnusson（1992）在研究中发现，生理成熟较早的女孩子，其发育早期常常容易出现各种问题行为，从表面看来这似乎是一个典型的生理因素所导致的结果。但对这一现象作进一步的研究和分析后发现，这一现象其实并不完全是由先天的生理机制所决定的。同一年龄组的女孩实际上生理成熟相差很大，这就意味着那些成熟早的女孩和其他同年龄的女孩有着完全不同的生理性和心理性的动机和需要。这种动机和需要使得她们会去追求和同龄人比起来有明显不同的人际交往关系（这种人际交往关系主要是由一定的社会文化价值观决定的），但社会却不考虑这个问题，仍然把她们和其他女孩一样对待，这就导致了她们可能会出现某些问题行为。也就是说，正是这种特殊的人际交往关系决定了她们的自我形象和自我评价，从而导致了她们的不良行为方式——问题行为。事实上，当这些女孩子在后期改变了她们早先的人际关系后，她们和其他一般女孩子的行为也就没有什么差异了。Magnusson 等人的这一研究说明生理机制既对人格产生着重大影响，但又不完全决定着人格的发展模式，人格应是生理机制、外在行为和社会文化环境共同影响的一个合金。

其次，积极心理学认为外在的行为和社会文化环境对人的生理机制会产生重大的影响，并在一定程度上会改变人的某些生理机制的功能、结构等。积极心理学的这一观点已被最新的神经科学研究所证实，Gottlieb（1998）等人在一项研究中就发现，当人面临一个全新的行为方式时，人的中枢神经系统会显示出相应的可塑性和变化性，期间人的荷尔蒙水平和细胞质均会发生一定的变化。而且最新的 ERP 实验研究也表明，不同社会文化背景条件下学习的个体，其同一种知识在大脑中的脑定位也可能不同，如北京师范大学舒华教授等人的研究就显示，中国孩子和美国孩子在学习英语时，他们的英语知识在大脑中的定位位置是不同的。因此，从一定程度上说，个体现有的生理机制既是生物体属性本身进化的结果，同时也是个体行为和社会环境起作用的结果。

从这里我们可以看出，积极心理学在人格研究中虽然也不忽视先天生理因素的影响，但更强调后天社会文化环境对人格的影响。在个体的生理机制、外部行为和社会环境三者的交互作用中，积极心理学强调人格首先是一种外在的社会活动，然后在一定的生理机制的作用下而内化为个体的一种稳定的心理活动。因此，人格从某种程度上说是个体内化外在活动的结果，正如美国心理学之父威廉·詹姆斯（William James，1842—1910）所说的，如果你播下一个行为，你将收获一个习惯；播下一个习惯，你将收获一个性格；播下一个性格，你将收获一种命运。而在外在的社会活动内化为个体内部的心理活动过程中，积极体验则在其中起了至关重要的中介作用（关于这一问题的论述请参阅本章后面部分的相关内容）。

（三）强调人的能力及潜力在人格形成过程中的作用

"目前流行的人格心理学是在过分强调人的局限性而忽视了人的潜力的框架

内进行的，在一些观点看来，人格由一些在不同生活情景中较少发生变化的先天遗传特质倾向所构成；另外一些观点则认为，即使环境影响能改变人已有生理机制的激活阈限，但人格总是由那些在不同的生活场景中结构和功能都不变的、主要由进化而形成的特定领域的机制所组成。"（Caprara & Cervone，2003）其实，在人类的发展过程中，人类的基因力量早已和人的某些行为功能相结合而成为了一种受主体控制的能力。因此，忽视了人的能力和人的潜力在个体人格建构过程中的作用也就是忽视了人在发展过程中的主动性（或说是忽视了人的主体性）。

积极心理学之所以强调人格是由人的内部生理机制、人的外部行为和社会环境之间的交互作用，主要是为了更好地说明自己的理论观点：即人格的形成和发展是一个个体主动建构的过程，人格心理学在研究人的各种心理问题时也应研究人的积极力量，也就是研究人的积极人格的成长因素。因为，既然良好的行为和外部环境是积极人格形成的一个重要来源，而人在自己人格的建构过程中又具有主动性，那么我们就能通过发展人的良好的行为和良好的社会环境来达到建构或改善个体的人格。而要发展人的良好行为和建构良好的社会环境，我们则又可以通过发展人的主动的积极行为能力，因为当个体具有了主动的积极行为能力之后，他就可以对自己的心理体验、行为方式以及周围的环境有意识地施加一定的积极影响，从而影响自己的人格建构。

这样，一个人的现实能力（包括人对自己行为的评价能力、制定目标的能力、实现目标的计划能力等所有涉及到行为形成的能力）就被纳入到了人格的建构之中，并且成为了影响人格的一个重要力量。不仅如此，这种交互作用的观点使人的潜力也被纳入到了个体的人格建构之中，因为潜力总是在特定的社会环境中和其他事物发生关联时就能被人意识到（也即上述三种因素的交互作用就必定使个体的内在潜力得到表现），而个体的潜力一旦被意识到后，它就会表现出与现实能力同等的作用。正如 Kagan 在 1998 年时曾讲到，一块躺在湖底的大石头被人称为潜在的危险，但这一危险的意义并不是它本身固有的，也不是在它孤立时所能表现出来的，但当它在和其他具有社会意义的事物发生联系时，它就开始显示其危险的意义。因此人类在积极人格的建设过程中就不仅要关注人的外在能力，也要关注人的内在潜力。

从以上的分析我们可以看出，积极心理学眼中的人格心理学已不仅仅只是对个体的差异作出描述，或者利用其理论来对某些人的人格问题进行纠正，更主要的是要通过对人格的分析来唤起心理学对积极力量的关注，并以这种积极力量来帮助所有人形成积极的人生态度，也就是一种积极的人格观。

二、积极心理学对人格的分类

积极心理学是以解释风格为标准来分类人格的，这种分类在心理学历史上还是第一次。所谓解释风格就是指人们对发生于自己身上的事（也就是外在的刺激）的理由所做出的一种持续一贯性的解释方式。具体地说，就是不同的人喜欢用不同的方式来解释外在刺激事件的理由，而这种解释又是相对稳定的或持续一贯的。解释风格这一概念首先是由塞利格曼提出的，它是从20世纪60年代的"习得性无助"这一概念发展而来的。

（一）习得性无助理论和归因控制点理论

1967年，宾夕法尼亚大学一位21岁的大学生——塞利格曼，第一次去自己教授的实验室时发现了一个奇怪的现象。当时教授和他的助手正在做一个实验，他们在一个大笼子里用一排矮栅栏隔断（狗可以轻易跨越过去）成两个小笼子，两个小笼子中的一个的铁栅栏有电击，另一个的铁栅栏则没有。教授和他的助手希望狗在受到电击之后或在听到某个和电击相关联的音调之后能很快逃到另一个小笼子去（条件反射实验）。但实验却很不成功，狗在受电击后或听到那个和电击相关联的音调时却一动不动地蹲在那，发出呜呜的吠声。这令在场的所有人都不知所措，谁也不能解释这个现象。塞利格曼这时却受到了启发，他发现这条狗在此之前已经学会了把某个音调和电击联系在一起的条件反射，但问题是这条狗在学会把某个音调和电击联系起来时已经接受过多次的电击，尽管此前它曾无数次的挣扎，却从来也没有逃脱过电击。也就是说，狗知道音调是和电击联系在一起的，但它更知道不管音调在任何时候响起，也不管它做些什么，它从来也没有逃脱过电击。现在换了一个新的情景条件，它能够逃脱电击了，但它还是像以前一样，就好像自己无论干些什么也都逃不脱电击的厄运。也就是说狗在形成条件反射的过程中也伴随形成了一种"习得性无助"的特性。

塞利格曼随后和他的同事进行了一系列的"习得性无助"实验，他们先把一些狗一只只轮流拴在有电击的笼子里，让它们分别受到多次电击（让它们学会习得性无助）。然后，再把这些狗和其他几只没有受过电击的正常狗关进同一个笼子，笼子里装有狗的那边有一只电灯不时打开，电灯亮后10秒钟给予一次电击。这样几次之后，笼子里所有的狗都形成了把灯光和电击联系在一起的条件反射。这时突然打开电灯，所有没有经过前面单独处理的狗在笼子里挤作一团，到处乱窜，它们很快跑到笼子的另一端而逃避电击。而所有经过前面单独处理过的狗则呆在原地，不知道做出任何努力去逃避。

依据这个发现，塞利格曼对人类做出了大胆的假设，他认为许多人存在的诸如压抑等心理问题的主要原因可能也是具有了"习得性无助"——对现实具有了一种无可奈何的信念（也就是一种人格类的东西），而不是他们真的无法解决自己的问题。但这个理论一提出来就遭到了许多心理学家、精神病学家和心理治疗师们的反对，他们用许多的生活事实和临床事实证明了这种推论的不可靠。在这种情况下，塞利格曼和他的同事们开始寻找另一种更好的方式来解释人类的这种心理压抑，他们于是把"习得性无助"理论和罗特（Rotter）的归因控制点理论相结合。

罗特在 20 世纪 50 年代是美国俄亥俄州立大学的心理学教授，他既是一位心理治疗师，又是一位实验主义心理学家。尽管总的来说他是一位行为主义者，但他长期的心理治疗实践经验却让他特别重视人的认知过程和情感过程。他发现，许多病人的生活态度通常是由一些关键性的生活经历所造成的，而一旦形成了某种态度，这种态度则会泛化到他其他的一切行为上。罗特和他的研究生做了一个实验，他拿出一些卡片，这些卡片上有正方形或圆形图案，但他只是把没有图案的一面呈现出，他让俄亥俄州立大学的一些本科生猜测卡片上的图案到底是什么？他告诉这些本科生说这是一个超感觉实验，但实际上这只不过一个幌子，用来掩盖实验的真正目的。当这些被试猜测之后，由实验者来说是对或错，也就是说不管被试猜测的真实状况如何，实验者才真正决定着被试的对或错。当他进行了一组 10 次之后（分别根据需要给被试以不同的强化，目的是让其中的有些人具有相信自己真的有某种超感觉的信念），他让被试自己估计他在后面的一组中会猜对几个，并说明理由。这时就出现了差异，有些学生会认为自己在后面会做得很差，因为他们认为自己完全是凭运气猜中的；而另一些学生则认为自己下次会做得更好，因为他们认为自己猜中是由于自己有超感方面的技巧，而且这种技巧会随着练习而更加熟练。

159

在对这个实验进行分析整理的同时，罗特还发现他督导培训的一个名叫费里的心理治疗师有一个病人很有趣。这位病人是一个 40 岁左右的中年人，他总是抱怨自己没有社交能力，但在费里的敦促下，他参加了一个免费的校园舞会，在舞会上，这位病人和好几位女孩子跳了舞。可当费里事后跟他谈论这些时，他却说："这完全是运气，这样的事以后再也不会发生了。"当罗特把以上两件事联系起来后，他一下子就产生了一种新的想法，这种新想法就是我们今天社会心理学上所讲的"归因控制点理论"。

归因控制点理论认为，人在面临一定的生活事件时，要么把其原因归咎于外部力量，如运气、机遇、命运或者其他人的力量等，要么把其原因归咎于自己的内部力量，如智力、勤奋或者其他一些个人的特征等。前一种人的归因控制点在外部，具有外部控制点的人常常会觉得自己对外在事件无能为力；后一种人的归因控制点在内部，具有内部控制点的人常常会觉得自己是生活的主人，自己能控制事件的发生或发展。依据这一思想，罗特还编制了一个归因控制点的测验量表，这个量表共有 29 条项目，每项题目都有两个不同的答案可供选择，我们选择其中的几条作一个说明。如：

2.（   ）a 人生不幸多是运气不好所致；

（   ）b 人生不幸多是人自己所犯错误的结果。

4. （　　）a 天长日久，人总会得到他应该得到的尊敬；

　　（　　）b 很不幸的是一个人的价值经常会被埋没，不管你自己多么的努力。

11. （　　）a 成功是努力工作的必然结果，它与运气无关；

　　（　　）b 得到一份好工作主要取决于合适的时间与合适的地点。

25. （　　）a 我经常感到对发生在自己身上的事无能为力；

　　（　　）b 我几乎不相信运气会在我的生活中起什么重要的作用。

在以上项目中，如果你选择 2a、4b、11b 和 25a 时，你就是一个外部控制点的人，你就倾向于把自己的失败或成功归因于运气、命运或其他人的力量，这些都不是个人自己所能控制的；反之，你就是一个内部控制点的人，人就倾向于会把自己的失败或成功归因于自己的智力、勤奋或其他个人的特质，这些都是个人自己所能控制的。

（二）"乐观型解释风格"与"悲观型解释风格"

塞利格曼发现自己的"习得性无助"理论和归因控制点理论有很大的相似之处，也就是说，个体在不同的外界条件的作用下，会习得不同的归因控制点，个体的心理压抑等问题的出现更主要是由于习得了归因外部控制点。这一理论在 20 世纪 70 年代末提出以后，受到了许多心理学研究（包括心理学调查和心理学实验）的确认。到了 80 年代，塞利格曼在大量调查研究的基础上，又进一步将其理论进行了修改和扩展，他把修改和扩展后的理论命名为"解释风格"理论。他把人格分为"乐观型解释风格"和"悲观型解释风格"，这一理论奠定了积极心理学人格理论的基础，同时它还直接导致了一种新的心理治疗技术的产生——认知疗法（通过归因的改变来改变一个人的解释风格）。

塞利格曼认为，在面临失败和挫折时，所有人都会自我去寻找其原因。"乐观型解释风格"的人会认为失败和挫折是暂时的、是特定性的情景事件、是由外部原因引起的，而且这种失败和挫折只限于此时此地；而"悲观型解释风格"的人则会把失败和挫折归咎于长期的或永久的原因、具有普遍性、是由自己内在原因引起的，并认为这种失败和挫折会影响到自己所做的其他事。而在面临成功和成就时，人们也会去自我寻找原因，但"乐观型解释风格"的人这时会认为成功和成就是自我的内在原因所致，而且是长期的，并会泛化到自己的其他活动中去；反之，"悲观型解释风格"的人会认为自己的成功是因为外在的原因，是一种暂时的现象，它只限于此情此景。因此，具有"悲观型解释风格"的人就容易形成压抑、焦虑等心理问题，随后的一些心理学家（Peterson et al, 2002）做了许多的调查研究，结果都证实了塞利格曼的这一观点。到了 20 世纪 90 年代末，塞利格曼的这些观点和他的积极心理学主张结合在了一起，从而形成了积极心理学的人格理论。

160

不过，尽管塞利格曼是由习得性无助而提出其"乐观型解释风格"和"悲观型解释风格"理论的，但有调查显示，有些孩子虽然生活在恶劣的消极环境下，但他们也会形成乐观型的解释风格。这说明个体所具有的解释风格不仅仅只是学习的结果，它在一定程度上也受个体的一些先天因素的影响。Schulman、Keith 和 Seligman（1993）等人在一项研究中发现，虽然生活在同一个家庭里，但同卵双生子解释风格之间的相关要远远大于异卵双生子，前者之间的相关最低为 0.48，而后者则为 0。但这一情况也并不意味着人就有一种解释风格的基因存在，事实上基因也许是以一种间接的方式在起着作用，也就是说，基因很可能首先影响到一个人的外表长相或智力状况，而相貌和智力等则在一个人后天的学习过程中扮演着重要的角色，它们也许才是真正影响一个人解释风格的直接因素。

从现在来看，一个人解释风格的形成应该是受到多种因素的影响，除了基因影响因素之外，其他重要的有父母的教养方式、老师的教育风格、个体自身的生活经历、社会媒体等。父母的归因风格——尤其是母亲的归因风格对其子女的归因风格有着一定的相关，但已有的研究表明，母亲的归因风格绝不是一个起着决定性作用的因素，而且在这方面的研究还存在着很大的矛盾。一部分心理学家的研究认为母亲的归因风格对其子女的归因风格有影响，如 Nolen-Hoeksema、Parsons、Adler 和 Seligman 等人的研究（Peterson & Steen，2002）；而另一部分的心理学家的研究则认为母亲的归因风格对其子女的归因风格没有影响，如 Holloway、Hess、Kaslow、Turk 和 Yamauchi 等人的研究（Peterson & Steen，2002）。对于父亲的归因风格，一般认为它对孩子的归因风格基本没有影响，但这个结论有可能是不完全的，因为现在心理学尚没有就子女与父亲、子女与母亲的接触时间长度、谈话内容等方面的差异性做出进一步的研究。

教师作为个体成长过程中的一个重要的引路人，他的教育态度、风格等对儿童解释风格的形成有着重要的影响。如有研究（Dweck，1999）表明，老师的教育方式——特别是反馈方式对儿童的解释风格影响很大，老师经常性的表扬对儿童乐观型解释风格的形成有着重要的影响。但即使是表扬，如果其针对儿童的不同方面，这也会产生很大的差异：当儿童在面临困难或挫折时，那些经常被老师在智力纬度方面表扬的儿童要比那些经常被老师在努力纬度方面表扬的儿童更有可能形成习得性无助的态度。

随着科学技术的越来越发展，社会媒体已日益成为我们生活的一部分，早在20 世纪的 70 年代，心理学家（Gerbner & Gross，1976）就曾做过这方面的研究。他们发现如果电视节目老是播放有关暴力事件的节目，而且不管这些事件是真实的还是虚构的，这都会引起儿童产生强烈的不安全情绪体验，这些情绪体验将严重影响儿童产生稳定的自信心。中国的媒体目前正出现一股不好的风气：热播涉案性暴力电视剧，许多电视台是一播再播。而且制作人在这方面毫不吝啬自己的

161

才华，大肆渲染夸张，想象出的细节比真实的细节更"真实"，以致一个涉案电视剧要连续播上好几天，有些甚至要连续播上两周时间。同样一些报纸杂志也热衷于刊登一些暴力案件的细节，记者们为了所谓的更全面的报道，常常从各个角度来全方位地展示案件的全过程，其中一些专业人士也参与到其中。要知道从解释风格的角度来看，展示暴力的过程比展示暴力的结果对社会造成的伤害更深刻，因为过程本身就是一种对观看人心理活动的暗示，甚至是一种"榜样"。

个体自身的生活经历无疑是影响个体解释风格的一个最重要的因素（参阅本章"积极人格形成的主要途径"方面的有关内容），其中尤以个体在生活过程中所受到的心理创伤对其解释风格的影响最大。有人（Bunce，Larsen & Peterson，1995）曾以大学生为被试做过一个相关的调查研究，他们发现和那些正常的大学生比，那些经历过重大心理创伤（如父母的死亡、被强奸或家庭乱伦）的大学生的解释风格更具有悲观型的特点。对女性进行性暴力侵害一直是一个比较严重的社会问题，从人格发展的角度来看，性侵犯绝不是一个简单的身体伤害，它更主要的是一种心理伤害，如 Gold（1986）就在一项研究中发现，受到性侵犯的女性在生活中更容易形成悲观型的解释风格。除了上述这些程度较大的心理创伤之外，其他一些程度较小的消极生活体验也会影响到个体的解释风格，如父母的离婚、家长的长期责骂、老师长期的故意冷落等都会使对象形成悲观型解释风格。

162

第三节　积极人格形成的心理动力

父母的教养方式、老师的教育风格和社会媒体等都是外在因素，而个体的先天生理因素和自身的生活经历等则是内在因素，那么这些外在因素和内在因素又是怎样被个体整合成为自己的看法和态度呢？这一整合或转化过程的主要动力又是什么呢？对于这些问题，自我决定理论（self-determination theory，简称 SDT）进行了很好的回答。自我决定理论认为，和人的其他各方面的发展一样，人格的发展也需要某种动力，这种动力主要来自于个体的动机——内在动机和外部动机。我们都知道，动机是激发和维持个体做出某种活动、并促使该活动朝向某一特定目标的心理倾向或动力，而这种动力的基础就是需要。从严格意义上说，自我决定理论是根据有机体元理论（organismic metatheory）的观点，利用传统的实证方法来研究人行为或活动过程中动机所起的作用。

有机体元理论是在达尔文进化论思想基础上发展起来的，它假设人类是一种天生就具有积极倾向的生物（为了保持自己或所在种族的存在），具有将自我的生活和实践经验整合为一个整体并进而促进心理的成长和发展的心理功能。但在这一过程中，人类的这一积极倾向并不是自动的，它需要外在社会条件的支持，外在社会条件既可能助长、也可能抑制这种倾向的成长和发展。这正如语言能力是人成长和发展过程中的一种天生的倾向，但人的这种天生倾向如果没有外在条件支持的话，它就不会得到任何的发展。有机体元理论比较注重研究人类进化过程中所形成的一些先天内部资源在人格发展和行为的自我调节中的作用。它常常要进行大量的数据调查，特别是对不同的文化和社会背景下人类的各种行为及心理进行广泛的调查，然后对调查所获得的资料进行比较、分析和概括，并最终从有机体进化的角度来形成某种结论。从一定程度上说，有机体元理论既是一种心理学观点，也是一种心理学研究方法，它在当代进化心理学研究中运用得比较多。如嫉妒在我们今天的社会被看做是一种常见的心理问题，但有机体元理论认为，嫉妒是人类进化过程中的一种心理保护机制，这种机制最初是为了保持个体具有良好和稳定的伴侣关系，也即是为了保持伴侣的忠诚而形成的，因此，嫉妒是保持良好婚姻关系的原动力。

自我决定理论的核心是强调人固有的发展倾向和先天的心理需要的重要性，它假定每个人都有争取自由和不受压制并在自己的行为中体现力量和能力的愿望，主张通过研究人心理需要的满足来说明各种动机在人格发展中的推动作用，特别是关注个体为什么会在某一时刻选择某些信息而不选择另外一些信息作为自己人格材料的一部分。在这方面，SDT 理论首先研究了内在动机在个体积极人格发展中的作用。

163

一、内在动机

所谓内在动机，就是指活动的动机是出于活动者本人并且活动本身就能满足活动者的需要。狄赛（Deci）和雷扬（Ryan）曾概括了内在动机的四个特征：没有任何明显的外在奖励、由个体自身的兴趣引起、满足个体内在心理需要、具有一定的挑战性（Deci & Ryan，1990）。由于个体的内在动机和其先天的需要和积极的倾向紧密联系，因此，人的内在动机就能反映出人本性中一些积极的潜力，如好问、好奇和好动等，这样，由内在动机支配的行为不仅容易成为个体人格的组成部分，同时它也能增进主体的幸福感。有机体元理论认为，人固有的发展倾向和先天的心理需要是个体自我动机、人格整合以及促进这些积极心理加工过程的外在条件基础。一些心理学家在实证的基础上提出了人的三种先天心理需要，它们分别是胜任的需要（the needs for competence）、自主的需要（the needs for autonomy）和交往的需要（the needs for relatedness）。这三种需要的满足既是个体内在动机形成的基础，也是自尊人格形成的直接动力，同时它更是建构个体的社会性发展和个人幸福的必要条件。为了更好地说明和解释一些外在相关因素在个体内部动机形成过程中的作用，狄赛和雷扬在 1985 年提出了一个认知评价理论（cognitive evaluation theory）作为自我决定理论的亚理论。这一理论主要是从认知的角度来说明外在的相关条件、人先天的内在需要满足程度与人内在动机之间的关系。

认知评价理论主要涉及到人的两种最基本需要：胜任的需要和自主的需要。这一理论认为，在某一个行为过程中，如果社会情景事件或外在行为方式（如反馈、交流和报酬等外在条件）能导致行为者产生胜任感，则这些情景事件就能增强个体在这一行为过程中的内在动机，因此，快乐的挑战、让人愉快的反馈等都被发现有助于增强人的内在动机。但进一步的研究发现，并不是在任何情况下的胜任感都有助于增强行为者的内在动机，只有那些和行为者内在的认知归因点相一致的胜任感才能真正增强行为者的内在动机。这也就是说，行为者一方面必须要有胜任的体验，但同时另一方面，行为者又必须从内心深处坚信这种胜任完全是因为自己个人的自主决定而不是由于其他外力的帮助或胁迫，这时候的胜任感才能增强行为者的内在动机。而反过来，如果胜任的体验被行为者归咎于外在的认知归因点时，则这种胜任的体验非但不会增强、反而会减弱行为者的内在动机。比如：一个学生在学习过程中取得了较好的学习成绩，如果他认为自己所取得的这些成绩完全是由于他个人的能力所致，则他在学习过程中的内在动机就会被进一步的增强；但如果他总认为自己的这些成绩主要是在家长的帮助下或在其他同学的帮助下才取得的，那么，这个学生的这种学习胜任感就会降低——至少不会增强他在学习过程中的内在学习动机。

164

由此可见，认知评价的全过程主要由两个子过程组成：首先，个体在行为上必须被认知评价为胜任，只有被认知评价为胜任的行为，才能增强行为者的内在动机；其次，个体的行为应被评价为是自主的（自己能够主宰的）而不是受控的，如果一个人的行为总是受控的（受他人、外在事件的直接控制或间接控制，如奖励等），那么即使这种行为是胜任的，它也不能增强行为者的内在行为动机。根据认知评价理论的这种特点，心理学家们在研究环境事件对人的内在动机的影响时，更多地从环境事件本身的特性来分析其对内在动机的影响，也即是把自己的研究重点放在环境事件本身的特性上——是自主性还是受控性。一般说来，凡是在具体的外在物质奖励条件下或在外界的威胁、期限限制或压力性评价条件下完成的行为，都有另外强加的行为目的，不论这些外在行为目的是物质的还是非物质的，它们都能促使行为者把自己的行为胜任归咎于外在认知归因点，因而，这些行为大多减弱了行为者的内在动机。与此相对的是，自由选择、给予充分的自主机会、对活动本身的兴趣等这些因素大多有利于增强行为者的内部动机，这些因素不仅仅使行为者体验到了自主的需要，而且它还能促使行为者把自己的行为胜任归咎于内在认知归因控制点。

根据以上这一原理，一些心理学家在家庭教育和学校教育方面提出了相应的假设：如果给学生提供充分的自主性支持条件（如让学生根据兴趣自由选择学习方法和学习内容等），就能很好地激发和增强学生的内在动机、好奇心和接受挑战的愿望；而如果只给学生提供控制性支持条件（如严格规定相应的学习方法和学习内容等），则学生不但会失去学习的内在动机和学习的主动性，同时其学习的效率也不会高，尤其是在创造性和创新性方面的表现会更差。针对这一假设，狄赛（Deci）、内扎莱克（Nezlek）、谢尔曼（Sheinman）、雷扬（Ryan）、格洛尔尼克（Grolnick）和犹他曼（Utman）等许多心理学家都做了相应的研究，他们的研究结果最终都证实了这种假设（Ryan & Deci，2000）。尽管胜任的需要和自主的需要对个体的内在动机有着直接的影响作用，而且人们也通常认为，一个具有强烈内在动机的人，他会更偏爱独处的环境，更愿意单独从事自己感兴趣的工作。

但也有研究表明，交往的需要也对个体的内在动机有着一定的影响作用。如美国研究幼儿依恋理论的心理学家波尔比（J. Bowlby）在 1979 年的一项研究中发现，幼儿在和其母亲的交往过程中会获得一种安全的心态，在这种安全的心态条件下，幼儿就会产生去探索外在世界的内在动机，从这个意义上说，交往需要就促进了儿童探索环境的内在愿望。"对各个年龄的孩子来说，一旦他们感到安全，他们就会离开所依恋的人去探索外面的世界。但当遭到警告，感到焦虑、疲倦或者不情愿的时候，他们就有一种渴望亲近的愿望。由此我们可以看到：在安全的基础上探索构成了儿童和父母间典型的交往方式。只要父母在身边并且能够对孩子的需要作出反应，每一个健康的孩子都会有足够的安全感去探索。"（Bowlby，1979）

弗洛第等人（Frodi et al，1985）在一个相关的研究中也发现：如果母亲在早期幼儿的抚养中能给予幼儿较多的自主性母爱支持，则幼儿不仅会具有安全的心态，而且其行为方式也会表现出更多的主动性和开拓性，表现出更多的内在行为动机倾向。所谓自主性母爱支持是指母亲对幼儿的爱是根据幼儿的实际状况而确定，幼儿在具体的生活过程中可以任意有自己的行为自由，母亲只是对幼儿的自主行为给予母爱支持。这种母爱不是刻板性的和固定模式的，更不是用某种爱的方式来诱导或限制幼儿的行为。

心理学家安德森（Anderson）等人的实验研究发现，当一个幼儿在做着自己很喜欢的活动时，这时候如果一个故意用非友好方式和该幼儿进行交流的陌生人出现在旁时，则该幼儿的内在动机就立即会呈现显著下降。许多教师（包括本人）在长期的教学实践中也发现，那些内在学习动机较低的学生总是会把教师与他们的交往方式作为一项重要的抱怨内容，如这些学生经常会抱怨教师对待他们太冷淡或不关心等。

也许以上的这些研究并不足以说明交往需要能像胜任需要和自主需要那样直接导致个体内在动机的形成，但这些研究至少可以说明一点：那就是交往本身会给人带来不同的心态，而不同的心态则能助长或削弱个体已有的内在动机，也就

165

是说一个人的良好的交往关系会给内在动机的形成提供必要的背景支持。安全而宁静的心态条件下人的内在动机会得到增强，人在这种心态条件下也会产生更多、更大的幸福感；反之，紧张而恼人的心态条件则能降低人的内在动机，并能使人产生孤独感和烦躁感。

二、外在动机

尽管内在动机在积极人格形成过程中起着重要的作用，但它并不是积极人格形成的唯一动力源，人在做出某种自我决定时，他还经常受到另外一种形式的动机的影响，这就是外在动机。外在动机是指由活动的外在因素或追求活动之外的某种目标所引起的动机，这种动机在成年人身上表现得最为明显。这是因为当个体成年以后，他的许多行为都是迫于外在的社会压力和社会责任感。许多人常把内在动机行为和外在动机行为完全对立起来，把前者看做是自主性行为，把后者看做是非自主性行为。其实不然，外在动机性行为有时也能表现出明显的自主性。如：一个孩子在理解了他现在的学习和他将来的工作的意义后，他的学习就可能是自主性的，这种学习行为在表现形式上几乎和内在动机行为没有任何区别。

为了具体地说明不同的外在动机行为的性质特点，狄赛和雷扬在SDT理论框架内提出了一个SDT的子理论——有机整合理论（Ryan & Deci, 2000）。有机整合理论根据自我在外在动机行为中所起的作用不同（或说是调节风格的不同）而把外在动机行为分成了四种：外部调节行为、内摄调节行为、认同调节行为、整合调节行为（具体参见图5-2）。在这些外在动机行为中，自我投入得越多，行为的自主性就越高。有机整合理论还特别引入了两个重要概念——内化和整合来具体说明自我在这些行为中所起的不同作用。内化是指个体接受了某种外在价值观或某种外在调节的意义，整合是指个体已把某种外部价值观或某种外在调节的意义转化为了个体自我的一部分，它有时也常被称为同化。

外在调节行为是第一种外在动机行为，这是一种明显缺乏自主性特征的行为。它和内在动机行为完全相对立，其归因认知点在外部。个体的外在调节行为完全是为了满足外在需要和外在奖励，受外在压力和外部因素的严格控制和调节。如：新行为主义心理学家斯金纳的操作性条件反射行为主要就是属于此类。

第二种外在动机行为被称为内摄调节行为，内摄调节行为中的主体已接受了活动的外在要求，但这些外在的活动要求并没有全部融入个体的思想，人们在活动过程中只是服从和遵从了这些外在要求，也就是说并没有达到同化的程度。如：人们因为害怕犯罪、希望逃避焦虑或为了将来获得某种利益而做某种行为等。这种行为一方面有点类似于弗洛伊德所谓的"自我"（ego）行为，"自我"的行为要受"伊底"（id）本能的驱使，同时还要受"超我"（super ego）的约束和监督。另一方面这种动机行为更像罗杰斯和其他一些动力心理学家们的思想，强调内部的压力感和内疚感。尽管内摄调节行为表现出一定的内在驱动特征，但它仍然属于外部归因认知点行为，自我这一主体在这一过程中并没有真正的自我投入。

第三种是认同调节行为，这是一种表现出更多自主性、更多自我决定的外在动机行为。个体在认同调节行为过程中对行为的意义或价值已具有了明确的意识，也就是说行为的意义和价值已被内化成为了个体认知的一部分，即使是面对厌恶性必需品时也要发现其选择的意义和体验选择的感觉，其行为已表现出一定的内部调节的特点。但即使如此，这还是一种表现出明显外在动机特性的行为。

整合调节行为是最后一种外在动机行为，这是在认同调节行为基础上进一步发展而形成的一种高度自主性的外在动机行为。与认同调节行为不一样，整合调节行为中的个体不仅在认知上内化了行为的意义和价值，而且在情感上也认同了行为本身，也就是说行为的外在意义和价值已被全部融入了个体的自我之中并且和个体的内在需要等发生了同化。这种行为已具有了内在行为的许多特性，甚至可以被称为"似内在动机行为"。但这种行为和真正的内在动机行为还是有一定的区别，即整合调节行为所追求的目标还是独立于个体先天需要之外的外在的东西而不是个体先天需要的自然满足。从人格本身的特性来看，外在动机只有达到内化和整合的阶段才能表现出人格类特征，才能把外在影响因素和内在影响因素转化为自己人格的一部分。

167

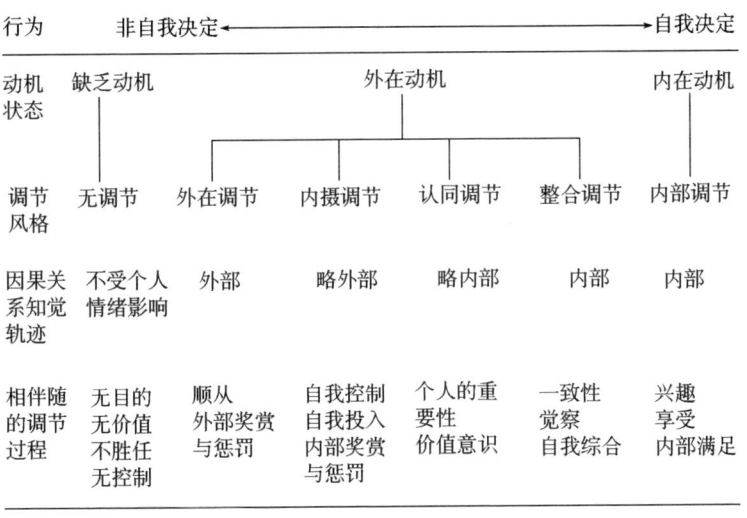

图5-2　自我决定连续体中的各类动机（Ryan & Deci, 2000）

上述四种外在动机行为看起来似乎是一个直线式的连续体，从完全的外部动机向完全的内部动机而发生变化，但实际上，这一过程只是表明了个体动机的一个发展方向，它们并不是一个必然的连续。也就是说，一个行为并不一定是按照以上的这种顺序而逐步进行连续发展，这个动机变化连续体上的各个点并不是每个动机发展都必定要经过的。其实，即使是外在调节行为也有可能直接就演变为整合调节行为。同样，也并不是所有的其他外在动机行为都必然要发展成为整合调节行为。不过有研究表明，总的看来，儿童的动机发展是按照这一过程形成一个"因果关系知觉轨迹"（perceived locus of causality，简称 PLOC），其外在动机行为的调节风格是随着年龄的增长而不断地表现出更多的内化和同化的趋势。

第四节　积极人格实现的主要途径

积极心理学认为，个体先天的生理因素是人格形成不可缺少的物质基础。一般认为人先天的气质特点是一个人后天人格形成的基础，某一种气质总是更有利于和其相对应的人格特征的形成，如多血质就更有利于人热情品质的养成，而抑郁质则容易产生行为退缩。但人格的形成主要还是依赖于人后天的社会生活体验，正是不同的人有着不同的后天社会生活体验，人与人之间才出现了人格面貌的根本不同。因此，积极心理学把增进个体的积极体验和培养个体的自尊作为培养个体积极人格（也就是乐观型解释风格人格）的最主要途径。

168

一、增进积极体验

一些心理学家假设，每个人都存在着一条先天遗传的积极基准线，当一个人在后天的社会生活中经历了更多的积极体验之后，他的积极体验的基准线标准就会提高，也就是说个体会对自己提出比以前更高的要求。Kenrick 等人曾在 1989年和 1994 年分别做过一个系列的研究，他们发现当男人多次遇到许多有吸引力的女人之后马上让他对自己原来身边的女性进行评价，这些男人对自己的要求更高了（也即这些男人对身边女人的评价明显低于正常情况下的评价），而当这些男人多次遇到许多没有吸引力的女人之后再让他对自己原来身边的女性进行评价时，他们对自己的要求降低了（他们的评价相对会高于正常情况下的评价）；同样，女人在多次遇到有较高地位和较大成就的男人后也降低了她们对自己身边男人的评价，反之，在多次遇到较低地位和较小成就的男人后，则增加了她们对自己身边男人的评价（Buss，2000）。Kenrick 等人的这一实验在某种程度上正好验证了积极心理学关于个体积极体验基准线上下变动的假设。另外人本主义心理学家马斯洛的关于高峰体验和存在性认知之间的关系学说也为积极心理学的这一主张提供了佐证（杨鑫辉，2000）。

积极心理学认为个体在积极体验条件下产生的新要求主要是来自于个体自身的内部，是人对内部动机的觉知和体验，所以它更容易和个体的先天某些生理特点发生内化而形成某种人格特质。但这里就存在几个问题需要澄清：什么是积极体验？快乐的体验就是积极体验吗？积极体验在量上的特征是什么？积极体验在外部社会文化要求和个体的内在先天本性之间到底担当了什么样的角色？

积极心理学所谓的积极体验是指个体满意地回忆过去、幸福和从容不迫地感受现在并对未来充满希望的一种心理状态。具体来说，就是我们在第三章里提到的两种：感官愉悦和心理享受。正如我们前面所提到的，与感官愉快相比较，心理享受类积极体验常常与个体的创造和创新相关联，因而其更具有社会意义和个人意义，也更有利于个体的成长和幸福感的产生，积极人格的培养要以增加个体的享受类积极体验为核心。但在生活中，如果有机会对感官愉悦和心理享受做出选择的话，大多数人却会选择感官愉悦，比如大多数人宁可选择看电视而不是去阅读对他们有用的书，尽管他们知道看电视只是带来一时的感官快乐而看书则可以给他们带来长期的生活享受。因此，积极心理学在积极人格发展中也不忽视个体的感官愉悦，事实上，感官愉悦在很大程度上能促进个体享受类积极体验的获得。如果我们想从量上对积极体验进行计算的话，我们可以把一个人的有意识地体验积极事件或积极结果的总时间量（positive experience amounts，简称 PEA）减去其体验消极事件或消极结果的总时间量（negative experience amounts，简称 NEA），这样得到的一个新的数量就是一个人的纯积极体验量（well-being a-mounts，简称 WBA）。即：PEA – NEA = WBA，这个纯积极体验量的大小常常是评价一个人的积极人格状态的重要依据。

169

在培育个体的积极体验方面，积极心理学关注是什么导致个体在某一个时刻比另外一个时刻感觉更好，通过这种比较，积极心理学寻找到了影响积极体验的各种因素，并把这些因素分为两个方面：首先是个体追求积极的内在动机因素。人是自己发展的创造者，也就是说人的发展不仅仅是来自于外在的适应和生存压力，也来自于他的内在动机，特别是追求积极的、有快乐体验的动机。无论在什么情况下，人们总是选择能使自己感到快乐体验的行为，如能胜任、有创造性、求得与周围环境相和谐等，正如前文所指，这主要是先天的。其次是外部的社会文化环境。人的积极体验不仅仅受其本能的驱使，也受一定的社会价值观、文化观等的影响。从这个角度来说，个体的积极体验虽然是一种主观体验，但又不完全是一种纯粹主观体验。个体的积极体验总是深深植根于一定的社会文化，因此积极体验不仅仅只是一种快乐体验，它也是一种集体或社会层面上的体验。例如：假定一个人驾驶汽车一小时和另一个人看一小时的书获得了相等的积极体验量，但驾驶一小时的汽车消耗了 10 公升的汽油，并骚扰了 20 个在路上行走的行人，那这两种积极体验的价值肯定是不相等的。在这里我们可以看出，其实积极心理学在这里是把积极体验当做了人的本能天性和社会文化价值之间起调节作用的中间变量（积极心理学称之为 agency），它的作用在于既不使人成为纯粹生物意义上的人，也不致使人完全成为受外在刺激物控制的被动反应物。

拿破仑·希尔（Napoleon Hill）是美国的一位成功学家，他在整整 20 年的时间里走访了 504 位美国社会的各界名流与成功人士，其中包括罗斯福、福特、卡耐基、爱迪生等人。在走访过程中，希尔发现积极人格是一个人取得成功的关键，为此他提出了培养积极人格的 36 条建议（Napoleon Hill，2000），这些建议虽然显得有些零乱，但它对我们的日常生活，特别是积极人格的养成也许有一定的启发作用，我们在这里不妨借鉴一下：

1. 切断与你过去失败经验的所有关系，消除你脑海中的那些与积极心态背道而驰的所有不良因素。

2. 找出你一生中最希望得到的东西，并立即着手计划去得到它，借着帮助他人得到同样好处的方法，去追寻你的目标。

3. 确定你需要的资源之后，便制定如何得到这些资源的计划，然而所定的计划必须不要过度，也不要不足，别以为自己要求的太少，记住，贪婪是使野心家失败的最主要因素。

4. 培养每天说或做一些使他人感到舒服的话或事，你可以利用电话、明信片或一些简单的善意动作来达到此目的。例给他人一本励志的书，就是为他带来一些使他生命充满奇迹的东西。日行一善，可永远保持无忧无虑的心情。

5. 使自己了解，打倒你的不是挫折，而是你面对挫折时所抱的心态，训练自己在第一次不如意的处境中都能发现与挫折等值的积极的一面。

6. 务必使自己养成精益求精的习惯，并以你的爱心和热情发挥你的这项习惯，如果能使这项习惯变成一种嗜好，那是最好不过了。如果不能的话，至少你应该记住：懒散的心态，很快就会变成消极的心态。

7. 当你找不到解决问题的答案时，不妨帮助他人解决问题，并从中寻找你所需要的答案。在你帮助他人解决问题的同时，你也正在洞察解决自己问题的方法。

8. 每周阅读一次爱默生的《报酬随笔》，直到你能领悟其中的道理为止。这本著作可使你确信，能从积极心态获得好处。

9. 彻底"盘点"一次你的财产，你会发现你所拥有的最有价值的财产就是健全的思想，有了它你就可以自己决定自己的命运。

10. 和你曾经以不合理态度冒犯过的人联络，并向他致以最诚挚的歉意，这项任务愈困难，你就愈能在完成道歉时摆脱掉内心的消极心态。

11. 我们在这个世界上到底能占有多少的空间，与我们为他人利益所提供的服务的质与量，以及提供服务时所产生的心态成正比。

12. 改掉你的坏习惯，连续一个月每天减少一项恶习，并在一周结束时反省一下自己的成果。如果你需要顾问或帮助时，切勿让你的自尊心使你却步。

13. 要知道自我可怜是独立精神的毁灭者，请相信你自己才是人唯一可以随时依靠的人。

14. 把你一生中所发生的所有事件都看做是激励你上进而发生的事件，因为只要你能给时间减少你烦恼的机会的话，即使是最悲伤的经验，也会为你带来财产。

15. 放弃想要控制别人的念头，在这个念头摧毁你之前，你先摧毁它，把你的精力转而用来控制你自己。

16. 把你的全部思想用来做你想做的事，而不要留有余地给那些胡思乱想的念头。

17. 向每天的生活索要合理的回报，而不要光等着回报跑到你的手中，你会因为得到许多你所希望的东西而感到惊讶——虽然你可能一直都没有觉察到。

18. 以适合你生理和心理的方式生活，别浪费时间以免落后于他人之后。

19. 除非有人有足够的证据证明他的建议具有一定的可靠性，否则别接受任何人的建议，你的谨慎将会使你避免被误导或被当成傻瓜。

20. 务必了解人的力量并非全然是来自物质，甘地领导他的人民争取自由所依靠的并非是物质财富。

21. 使自己多多参加各种运动以保持自己身体的健康状态，生理上的疾病很容易造成心理的失调，你的身体和你的思想一样要保持活动，以维持积极的行动。

171

22. 增加自己的耐性，并以开阔的心胸包容所有的一切，同时要与不同种族和不同信仰的人多接触，学习接受他人的本性，而不要一味地要求他人总是照着你的意见办事。

23. 你应承认"爱"是你心理和生理疾病的最佳良药，爱会改变和调适你体内的化学元素，以使它们有助于你表现出积极的心态；爱也会扩展你的包容力，接受爱的最好方式就是付出你自己的爱。

24. 以相同或更多的价值回报给你好处的人。"报酬增加律"最后会给你带来好处，而且可能会为你带来所有你应得到的东西的能力。

25. 记住：当你付出之后，必然会得到等价或更高价值的东西，抱着这种念头，可使你驱除对年老的恐惧。

26. 你要相信你可以为所有的问题寻找到适当的解决办法，但也要注意你所找到的解决方法未必都是你想要的方法。

27. 参考别人的例子提醒自己，任何不利情况都是可以克服的。爱迪生只接受过三个月的正规教育，但他却成了最伟大的发明家；海伦失去了视觉、听觉和说话的能力，但她却成了生活的强者而鼓舞了数以万计的人。

28. 对于善意的批评应采取接受的态度，而不应采取消极的反应。接受学习他人如何看待你的机会，利用这种机会做一番自我反省，并找出应该改善的地方。别害怕批评，你应勇敢地面对它。

29. 和其他有志于成功的人组成智囊团，共同讨论你们的进程，并从更宽广的经验中获取好处，务必以积极面作为基础进行讨论。

30. 分清楚愿望、希望和欲望，只有强烈的欲望才会给你驱动力，而且只有积极心态才能供给产生驱动力所需要的燃料。

31. 避免任何具有负面意义的说话形态，尤其应扫除吹毛求疵、闲言碎语或中伤他人名誉的行为，这些行为会使你的思想朝向消极面发展。

32. 锻炼你的思想，使它能够导引你的命运朝着你希望的方向发展，把握住"报酬"信封里的每项利益，并将它们据为己有。

33. 无论何时何地都应表现出真实的自我，没有人会相信骗子的。

34. 相信无穷智慧的存在，它会使你产生为掌握思想而奋斗所需要的所有力量。

35. 信任和你共事的人，并承认如果和你共事的人不值得你信任时，就表示你选错了人。

36. 连续6个月每周阅读本建议一次，6个月后你一定会有所变化。当你学会所要求的良好习惯，并调适好你的思想之后，你的心态便会随时都是积极的。

二、培养良好的自尊

个体的发展（包括能力、情感等的发展）主要应归因于他们投身于满意而高兴的活动、保持了乐观主义的心态和以积极的价值观为生活理念，而这些都需要通过培养个体的积极人格特质来为个体提供稳定的内在动力。而积极人格特质的培养则又主要是通过对个体的各种现实能力和潜在能力加以激发和强化，当激发和强化使某种现实能力或潜在能力变成为一种习惯性的工作方式时，积极人格特质就形成了。而在这一过程中与自我有关的自尊则起着重要的作用，因此，发展个体良好的自尊也是实现积极人格的一条重要途径。

（一）什么是自尊

自尊是由自我派生出来的，因此自尊是每一个人都有的，只不过不同的人在自尊的程度方面存在着一定的差异，也就是说高自尊和低自尊之分。本书中所称的高自尊就是指个体具有的良好自尊，这是在积极心理学范畴之内的一个特定概念，是本书的关注重点。具有高自尊的人能自己管理自己、自己指导自己和监督自己，能有效地应对生活中出现的种种挑战和各种问题，他们相信自己在这个世界中的价值和意义，能坦然接受别人的尊重和期待，表现出较为明显的心理幸福和心理健康（Branden，1994）。他们在生活中具有灵活性、恒心和希望，在工作中表现出责任心、主动性、创新性，对待他人时显得有爱心、诚实和宽容。与此相对的是，现实生活中还存在着低自尊，这是一种非良好自尊状态，低自尊状态

172

易导致心理烦恼和抑郁（Tennen & Affleck，1993），这不是本书关注的重点。也有人认为有些人在生活中会有极高的自尊，其实极高的自尊是一种自恋，在它背后也许是和自卑相联系着，因此我们不把极高的自尊归入高自尊的范围。

"自尊是一种个体自我评价后做出的、并长久保持的一种对自己持赞许的看法，它表明了个体对自己的能力、重要性和价值性的一种认同程度。简单地说，自尊是一种个人自我价值的判断，并且这种价值判断能呈现于个体所持有的对待自我的态度中。"（Coopersmith，1967）也就是说，自尊其实就是一种个体关于自己技能、能力、人际关系等方面的评价后产生的对待自我的态度。不过我们如果仅从自尊的情感成分来看，自尊包含了两种明显的情感感受：归属感（belonging）和控制感（mastery），也就是我们通常所说的价值纬度和能力纬度。

归属感其实是一种被人爱的感觉，它是指个体无条件地被他人（更经常是某个团体或组织）喜欢或者尊重的感觉，属于价值纬度范畴。但这里要注意的是，这种喜欢或尊重的感觉不是取决于这个个体所具有某些特定的品质或其他的一些特定原因，它只取决于这个人是谁。因此，归属感是一个人生活安全的基石，它意味着只要是这个个体，无论发生了什么，你都会受到尊重，都会被他人或某个群体体现其价值意义。控制感是指个体感受到自己能对其他人或其他事物施加某种影响的感觉，当然这种影响并不一定是指较高层次意义上的（如掌握他人的生杀大权等），更主要是指日常生活中的，属于自我能力感纬度范畴（sense of self-competence）。自我能力感不是我们通常所说的自我效能感（perceived self-efficacy），它的范围要更广阔，主要是指"自己作为一种力量和效能的来源的总体性积极或消极定位，是一种特质，它不一定能解决具体领域内的问题。"（田录梅，李双，2005）控制感有时会和我们生活中常用的另一个概念——胜任感相混淆，胜任感是一种趋向于成就方面的，而控制感只关注于做的过程所产生的感觉，并不一定要有很大的成就和超强的能力。如一个人被接纳到一个群体中去打球，他在和别人的对抗中、在对球的控制中便会产生一种愉快的感觉，和这种愉快感觉相伴随的就是控制感，这种控制感能提升他的自尊。因此，简单说来，控制感是"我在做"的感觉而不是"我做得好"的感觉。它只是一种操作和创造过程中的感觉，和这个人是否是一个打球高手并不相关。

自尊和自我认识是两个既有区别又有联系的概念，但在很长一段时间内，我国心理学界曾一度把它们当做是一对孪生概念，把自尊误解为自我认识的一个必然结果。以至于在我国出版的各种心理学书籍中只有自我认识方面的内容，而几乎鲜见有自尊方面的内容，所以有人曾戏称中国的心理学缺少自尊。从区别来看，自我认识和自尊的区别主要表现在概念内涵的不同，自我认识是个体对自我的各个方面的一种总的认知，是关于自我的信念和观点，它包括个体对自己一般性的（如名字、民族、爱好、价值观等）、身体的（如身高、体重、外表长相、

173

运动技能技巧等）和心理的（如记忆、情绪、性格等）等几个方面的认知。而自尊则是个体在认知和评价了自己各方面的情况后所做出的情绪性反应，这种情绪性反应既可以是某种体验也可以是某种和内在体验相伴随的外在行为。如："我的体重是85公斤"，这是一种自我认识，它并不带任何价值意义，但当我认为85公斤的体重太胖了（自我评价），这时如果我产生不愉快的体验或者不愿意出去和同学玩的行为特征，这就是自尊的表现了。

从联系来看，自我认识是自尊形成的基础和前提，没有自我认识就不会产生自我评价，自然也就没有自尊；而自尊的形成又能对自我认识起着重大的影响作用，良好的自尊（高自尊）能更好地促进个体的自我认识，过高或过低的自尊都会影响个体正确地（或准确地）认识自我。美国心理学家坎贝尔（Compbell）和他的同事在研究中发现，高自尊者比低自尊者更倾向于拥有界定清晰和相对稳定的自我概念，低自尊者具体表现在：1. 两次自我评价之间的变化更大；2. 花更长的时间来评价自己的品质；3. 对是否拥有这些品质的报告更不确定；4. 自我评价比高自尊者表现出更大的不一致性；5. 低自尊者在自我概念上表现出更多的混乱，它比高自尊者更愿意接受与自我不同的反馈（乔纳森·布朗，2004）。

但尽管自尊是在自我认识的基础上形成的，但它并不一定和自我认识本身呈现同向运动，也即积极的认识并不一定会产生积极的态度（较高的自尊），消极的认识也并不总是产生消极的态度（较低的自尊）。如一个人能客观性地认知到自己在学习上、运动上和艺术上有高于一般人的技能，但他也可能会不满意自己或不喜欢自己，也即没有较高的自尊。反过来，尽管一个人缺少许多社会常用的客观的指标来表明自己具有多么大的价值（不聪明、不漂亮、身材也不好），但他却可能很喜欢自己，也就是具有较高的自尊。

心理学历史上最早对自尊进行研究的是美国心理学之父威廉·詹姆斯（William James），他在1890年所写的《心理学原理》（*Principles of Psychology*）一书中，第一次对自尊这一概念做了心理学上的界定。詹姆斯认为自尊是个体在自己的一些重要生活领域中（并不是个体的每一个领域）所获得的结果超越自己的预期后而产生的体验，这种体验可以通过一个公式来表示：自尊＝成功的结果/期望或抱负。詹姆斯关于自尊的论述在这里包含有两层意思：第一，自尊不仅和个体自身所获得的成就或成绩有关，而且还和个体对自己的渴望水平有关。因此，成就大而渴望水平也很高的人并不一定有较高的自尊，反之即使成就较小，但如果与之相应的渴望水平也相对较低的话，个体也会获得较高的自尊。自尊的这一特性体现在我们的日常生活中的意义就是每个人都可以通过增加自己的成就或降低自己的期望水平来提高自己的自尊水平，普通人也可以比所谓的名人、能人、伟人等有更高的自尊。第二，自尊只和个人的一些重要生活领域里的成就和抱负有关，并不涉及个人生活的全部。詹姆斯认为每个人都会在心目中对自己的所有生活领域进行价值评定，并按价值的高低排列成序（当然这一过程基本上是无意识的），自尊总是和那些价值高的领域紧密结合在一起。詹姆斯曾举了一个例子：设想一个人在上着两门课，一门是这个人凭兴趣而学的选修课，纯粹是出于业余爱好；另一门是专业必修课，这一门课关系到这个人能否顺利完成学业。詹姆斯认为比起前一门功课来说，后一门功课在这个人自尊情绪的形成过程中具有更大的作用，也即后一门功课能激起这个人更强烈的自尊情绪。

到了 20 世纪以后，人们更倾向于从社会文化环境方面来看待自尊，认为自尊其实就是社会环境对自我的一种反映（Heatherton & Wyland，2003）。如：库利（Cooley）认为自尊其实就是"镜中自我"（looking-glass self），这里的"镜"就是指社会环境；心理学家米德（Mead）的符号交际理论则从另外一个角度论述了这种观点，米德认为人与人之间总是通过一定的符号来进行相互交际，而这些符号（尤其是在他生活中具有重要影响作用的人所使用的某些符号）本身的意义能被个体在生活中逐渐内化成为自己的观念和态度。当一个人经常受到他人的批评、贬低、忽视和拒绝时，他就会形成较低的自尊；反之，当一个人经常受到他人的赞扬、欣赏、重视和接纳时，他就会形成较高的自尊。按照这种观点，自尊从表面看来似乎是自己对自我的看法或态度，但从根本上说，一个人的自尊其实是植根于他人或社会。我们甚至可以说，个体的自尊就是来源于他周围的人对他的看法，特别是周围些对他具有重要意义的人对他的看法，如朋友、同学、同事、领导、家庭成员和老师等。

（二）自尊的性别差异

性别在通常意义上常被认为是一个影响自尊的重要社会学变量，不过与这一社会流行所持有的观点正好相反，心理学的研究并没有发现女性比男性的自尊低，这说明性别对自尊的影响作用实际上是很弱的。不过，如果对自尊的某些特定品质进行进一步研究的话，那男女性别之间还是存在一定的差异，不过这种差异的绝大多数还是反映了男女在文化原型方面所存在的差异。如许多研究表明，不同的性别具有不同的自尊人格形成途径，女性更多的是从和自己具有良好关系的人的看法中那获得人格建构材料，如朋友、同学、家人等，而男性则更多的是从自己所获得的成功中获得人格建构材料。

心理学家斯顿（Stein）、纽卡姆伯（Newcomb）和本特勒（Bentler）等人曾做了一个为期八年的青少年发展研究，在这一研究过程中，他们发现那些具有成就定向的男性青少年比其他男性青少年具有更高的自尊，而同样具有成就定向的女性青少年则不具有这个特点，她们在自尊的测量上和其他女性青少年并没有什么差异。不同的是具有社交定向的女性青少年却被检测出具有高于其他女性青少年的自尊，在随后进一步的研究中他们还发现，这种差异情况在成年男女性的身上同样得到了体现（Stein，Newcomb & Bentler，2003）。

另外心理学家约塞夫（Josephs）等人的研究也证实了这种差异的存在（Heatherton & Wyland，2003）。他们在研究中发现，当男女都面对同样的外在诘难时，男性倾向于从自身行为的失败上寻找原因，而女性则倾向于从他人的帮助和人际交往方面寻找原因。当让具有较高自尊的男性对自己的将来进行预测时，他们更多地预测自己将来会具有成就性行为，成为一个成功的人；而让具有较高自尊的女性对自己的将来进行预测时，她们则更多地预测自己将来会成为一个和别人相处友好的人或受他人喜欢的人。对于这种现象，我们可以用一句形象的话来形容，即：男人是通过走在别人之前来获得自尊，女人是通过和别人走在一起来获得自尊。

男女的自尊人格除了在形成途径上存在差异外，他们在对自我的感受上也存在不同。女性的人格发展更容易受到自我身体形象的感受影响，当一个女性被别人评价为容貌不佳时，她就会表现出明显的消沉和沮丧，并产生较低的自尊。同时在身体形象上，大多数女性倾向于不满足，他们常常更多地持消极态度来对待自己身体的某一方面特质，甚至于会对一些正常的身体特质耿耿于怀，所以，女性更热衷于减肥、化妆、整容等。在这方面，女性的减肥可说是已成了一个全社会关注的问题，有统计显示，发达国家有接近四分之三的女性在进行着各种形式的自觉或不自觉的减肥。同样，中国当今的社会，减肥也已成为了一个价值上百亿的产业，报纸杂志处处可见人造美女的倩影。事实上，难道真有四分之三的女人超过了正常的体重吗？显然这是女性过分关注自己的身体形象所至。而男性的人格发展则不太受自我身体形象的影响，男性许多时候甚至会用积极的态度来对待自己的某些身体特征。如矮小的男人常会说自己是浓缩的精品、不占空间、省衣料，肥胖的男人会说自己有福相等，我们可从未能从女人嘴里听到过这些话。

（三）自尊的测量

自尊本身是一个多纬度的概念，它既可以是总的自尊（global self-esteem），也可以是特定领域的自尊（specific aspects of self-esteem）。如有人（Heatherton & Polivy，1991）就把自尊分为三个子领域：履行性自尊（performance self-esteem）、社会性自尊（social self-esteem）和身体性自尊（physical self-esteem），而每一个子领域下又可以分更多的子领域。因此，对于自尊的测量就首先必须明确要测量什么纬度上的自尊，现在一般都是测量总的纬度上的自尊。自尊的测量工具很多，据不完全统计，至少有30多种，在这些测量工具中比较有名、且用得比较广泛的是罗森伯格自尊量表和状态自尊量表等。

罗森伯格自尊量表（Rosenberg Self-Esteem Scale，简称RSE）是目前用得比较广泛的一种测量工具，它主要是用来测量个体的总的自尊。RSE属于格特曼量表（心理学和社会学上常用于度量心理态度和性质的量表），有10个条目，其内在效度高达0.92。但也有人认为该量表积极与消极过于明显，容易使个体产生社会价值倾向性。具体见表5－2。

表5－2 罗森伯格自尊量表

下面有 10 个叙述，请你在每一个叙述前的括号内填上你认为最适合你的相应数字，每一个数字都代表了程度不同的同意或不同意。

3	2	1	0
绝对同意	同意	不同意	绝对不同意

（　　）1. 我感到我是一个有价值的人，至少和别人在同一个水平上。

（　　）2. 我认为我有许多好的品质。

（　　）3. 总之，我倾向于认为我是一个失败者。

（　　）4. 我能像大多数人一样把事情做好。

（　　）5. 我认为我没有太多值得骄傲的东西。

（　　）6. 我用积极的态度对待我自己。

（　　）7. 总的来说我对自己还是满意的。

（　　）8. 我希望要是我能更尊重自己一些就好了。

（　　）9. 我时感到我毫无用处。

（　　）10. 我有时感到我对什么都不擅长。

注：上述条目中3、5、8、9、10要反向记分，即0＝3、1＝2、2＝1、3＝0；而条目中1、2、4、6、7则填入的数字本身就是所得的分数。大部分人的得分在15到25之间，代表性分数为22。

状态自尊量表（State Self-Esteem Scale，简称 SSES）是一种测量个体在某一时刻的自尊状况的工具。当在不同的时刻测量之后，我们就能通过比较来看到个体自尊的变化情况。SSES 内在效度达到0.92，有20个条目，其内容包含了履行性自尊（performance self-esteem）、社会性自尊（social self-esteem）和身体性自尊（physical self-esteem）等三个方面。从过去的比较来看，SSES 与特质性自尊量表有较高的相关。心理学研究中常常把它和 RSE 结合起来用，这样既可以知道一个人长期的自尊状况，也可以知道他某一时刻的自尊状况。状态自尊量表具体参阅附表5－3。

表5－3 状态自尊量表

这是一个用来测量你在这一时刻到底想什么的问卷，当然问卷本身的题目没有对或错，你在这一时刻感到哪一个答案比较符合你，你就把哪一个答案相应的数字写在每一个条目前的括号里。切记一定要按照你这一时刻的真实情况填写，不管情况符合还是不符合，每一个条目都要回答。

---

1 = 根本不　　 2 = 有一些　　 3 = 偶尔是　　 4 = 比较是　　 5 = 绝对是

（　　） 1. 我对我的能力很自信。

（　　） 2. 不管是成功还是失败，我都会感到担心。

（　　） 3. 我对我现在身体的样子很满意。

（　　） 4. 我对我的行为表现感到灰心丧气和紧张。

（　　） 5. 我感到我对自己所阅读的东西理解起来有困难。

（　　） 6. 我感到别人会尊重我和敬仰我。

（　　） 7. 我对我的体重不满意。

（　　） 8. 我了解自己。

（　　） 9. 我和别人一样聪明灵活。

（　　）10. 我对我自己不满意。

（　　）11. 我觉得我自己很好。

（　　）12. 我对自己现在的外貌很满足。

178　（　　）13. 我对别人想到我时感到担忧。

（　　）14. 我自信我能理解所有的事情。

（　　）15. 这时候我觉得自己低人一等。

（　　）16. 我认为我没有吸引力。

（　　）17. 我关心我现在的形象。

（　　）18. 和别人相比，我认为我现在没有学者的才能。

（　　）19. 我认为我不会做得好。

（　　）20. 我担心我看起来显得愚蠢。

注：条目中2、4、5、7、8、10、13、15、16、17、18、19、20的记分要反过来，即1是5分、2是4分……5是1分，其他的则所选的数字就是相应的得分。

第五节　对积极人格理论的简要评价

一、积极人格理论的贡献

首先，积极心理学以丰富的实证材料为基础，在心理学历史上第一次提出了从人类的积极力量出发来研究人格，这不仅一针见血地指出了我们前期人格研究中所存在的问题，促进了人格心理学的价值平衡，而且更为心理学的人格研究开辟了一个新方向，丰富了人格心理学理论。人格心理学在过去过分强调了对问题人格和影响人格形成的消极因素的研究，这虽然取得了很大的成就，但人类却也为此付出了更为昂贵的代价。正如塞利格曼所说："现在心理学家们已经能够精确地测量和定义我们以前曾经很模糊的概念，如消沉、精神分裂症和酒精成瘾等，我们也了解了这些问题是怎么样影响着我们的生活过程以及引起它们的内在基因因素、生物化学因素和它们的心理学过程。不仅如此，我们也学会了怎样去克服这些问题……但这种进步也让我们付出了很高的代价，我们似乎只学会了把人类从不幸或痛苦中拯救出来而忘记了怎样帮助人类在良好的条件下过上幸福生活。"（Seligman，2002）

其次，积极人格理论强调积极情感体验和自尊在积极人格形成中的重要作用，这为人格心理学在心理学之外的其他许多领域中的直接应用打下了一个良好的基础，如在教育、管理和临床心理治疗等领域的直接应用等，现代西方社会兴起的积极教育运动在很大程度上就得益于积极人格理论。同时，现代社会是一个开放的社会，各种文化之间的交流越来越频繁，相互之间的影响也越来越大，因此，积极情感体验的思想对研究当前越来越多的跨文化婚姻、国际交流、国际援助、宗教冲突和政治冲突等问题方面也有着较大的借鉴意义。

再次，积极人格理论强调积极人格是人的生理属性、行为和社会文化环境等因素交互作用的结果，这也比较符合当前人格心理学研究的总趋势。

179

二、积极人格理论尚存在的问题

首先，积极人格理论表现出明显的成人化倾向。积极心理学在研究积极人格时基本都是以成人为被试，我们都知道，成人基本上是一个已完全社会化的实体，其身上的社会价值味道特别强烈，因而其研究结果中外在的行为和环境因素的影响就会变得相对突出。

其次，积极人格理论对人格特质的研究还相对不够深入，其理论不如"大五"人格等理论的描述更经得起现实生活的检验。同时，积极人格理论在描述积极人格特质时过分强调了外在因素的作用而对人的内在生理因素考虑不够。如积极人格理论认为一个人的信念、能力、目标和品行等是个体控制自己生活的主要因素，因此，人格的培养过程也就变成了一个人外在品质的培养过程，这在一定程度上把人格发展过程混同于了品德发展过程。

再次，积极人格理论在研究人格时有泛化人格概念的倾向，它把能力、潜力等都纳入人格的范畴的合理性还有待商榷。

总的来说，积极心理学对积极人格的研究还处于初级阶段，其理论的系统性和深度都还有待进一步加强。从某种程度上说，积极人格理论或许还应该是一个打上引号的理论，但积极心理学对人格的解读却为当代人格心理学研究提供了一种新方向，也许这才是积极心理学关于积极人格研究的真正力量所在。

【建议参考资料】

1. 任俊，叶浩生．积极人格：人格心理学研究的新取向［J］．华中师范大学学报，2005（4）．

2. 田录梅，李双．自尊概念辨析［J］．心理学探新，2005（2）．

3. 塞利格曼．教出乐观的孩子［M］．洪莉，译．北京：万卷出版公司，2010．

【问题与思考】

1. 积极心理学人格理论的主要观点有哪些？

2. 良好品德和积极力量是怎样分类的？

3. 积极人格实现的主要途径有哪些？

4. 用什么方法可以有效测量个体的积极力量（或积极品质）？

第六章　积极的社会制度

【本章提要】

积极心理学主要关注三个重要主题：积极体验、积极人格（实现积极体验）和积极的社会制度（为积极人格提供发展机会）。如果说积极心理学主张心理学要研究积极人格是从个体角度出发的，那么积极心理学主张研究积极的组织系统和社会制度就是出于集体层面的考虑。积极的社会制度主要包括国家、社会、工作单位、学校、家庭等组织系统，积极心理学提出这些系统的建立都要有利于培育和发展人的积极力量和积极品质，即这些系统的建立要以人的主观幸福感为出发点和归宿点。积极社会制度的提出是新社会背景下对国家制度、工作制度、发展目标和政府职能的深度思考，是在深入理解传统教育之后对未来教育的一种重新定位，是对通过增加幸福感来促进家庭亲密关系和亲子关系的崭新强调。但总的来说，与积极体验和积极人格这两个方面相比，积极心理学在积极的社会制度这一方面的研究还是比较薄弱的。

181

【学习重点】

1. 心理学界关于工作制度的理论模型以及员工在工作中最基本的几种需要。
2. 积极教育的必然性和必要性。
3. 亲密关系的主要构成成分、四个阶段以及共同养育的三种模式。
4. 什么是家庭文化编码，现代社会两种典型的家庭文化编码。

【重要术语】

国家制度　工作制度　积极教育

除了积极体验和积极人格之外，积极心理学关注的第三个重要内容是积极的社会制度（positive institution）。积极的社会制度非常重要，它不仅是建构积极人格的支持力量，而且也是个体不断产生积极体验的最直接来源。积极的社会制度包括很多方面，其中国家、工作单位、家庭、学校等是其中的几个最主要方面。社会制度曾是许多学科的研究对象，"社会学、政治学、人类学和经济学都在这方面做过许多的研究，但这些学科犯了和心理学同样的毛病：把重点放在了那些对人造成损害的社会制度的研究上，如种族主义、性别歧视、马基雅维利主义①、垄断统治等等。这些社会科学以揭示和发现所有给人生活带来困难和痛苦的制度为己任，其最大的作用莫过于帮助我们减少了一些伤害我们的条件。"（Seligman，2002）

从本质上说，积极的社会制度是外在因素，那么这些外在因素是怎样来对个体的生活质量产生影响的呢？心理学对这个问题的理解主要有三种观点：第一种是直接影响模型（direct effects model），这种观点认为外在因素中所包含的积极成分和消极成分别会对个体的生活质量产生直接的影响，积极成分提高生活质量，而消极成分则降低生活质量。因此要研究个体的生活质量，只要把其外在影响中的所有积极成分和消极成分分别相累加，然后看是积极成分总量大于消极成分总量还是消极成分总量大于积极成分总量。前者说明个体的生活质量是处于不断提高的，而后者则说明个体的生活质量是下降的。这种观点在其心目中有一个预设：即外在因素中同等强度的积极成分和消极成分对生活质量的影响是等值的。

第二种是缓冲模型（buffering model），这种观点认为外在因素中的积极成分和消极成分并不会直接对生活质量本身产生影响，积极成分能够缓冲消极成分的影响，同样消极成分也能缓冲积极成分的作用，外在因素中的积极与消极成分相互缓冲后的结果才会对个体的生活质量产生影响。如 Davis 和 Anita（郑雪，等，2004）等人以年轻的美国黑人母亲为被试，调查研究了积极的亲戚交往和消极的亲戚交往对经济紧张压力（如没有钱交付账单、收入减少、没有钱去看病等）引起的心理烦恼的影响。结果他们发现，积极的亲戚交往缓解了经济紧张所造成的心理烦恼，而消极的亲戚交往则加剧了经济紧张所造成的心理烦恼，也就是说亲戚交往关系缓冲了外在压力因素对生活质量的影响。

第三种是特定领域模型（the domain-specific model），这种观点认为不同领域的外在因素都是在特定领域里影响着个体的生活质量，并不会影响整个生活领域的生活质量。如个体在交往领域中的积极或消极成分只能影响个体生活质量中的交往部分，而不会影响个体生活质量中所包含的独立活动部分。

相对于积极体验和积极人格，积极心理学对积极的社会制度研究较少，不过也许积极心理学最大的心愿只在于通过自己的努力来呼吁建立起积极的社会科学。积极心理学关于积极的社会制度方面主要研究了国家、工作单位、家庭、学校等几个方面。

---

① 马基雅维利·尼克尔（Machiavelli Niccol，1469—1527）意大利政治理论家，他的著作《论君主》（*The Prince*，1953）阐述了统治者不顾道德观念的约束如何用诡计、阴谋等来获得并保持其权力。

第一节　积极的国家制度

如果从主权的角度来说，社会是以国家的形式为基本独立单位，因此建立积极的社会制度，首先就要建立积极的国家制度。建立积极的国家制度就是指国家要在各种方针政策的制定方面、在社会舆论的营造方面、在国家发展计划的编制方面等要体现出积极的意义，也即要以提高民众的生活质量为核心。由于国家制度是一个涉及到政治、社会、经济等多个领域的复杂问题，本书在这里只简单地论述两个问题。

一、树立新的国家发展目标

正如一个人的发展要有目标一样，一个国家的发展也要有目标。目标对一个国家的发展很重要，我们透过目标不仅能发现一个国家在寻求一条什么样的发展之路，而且能发现其存在或发展的"国家动机"以及动机背后的意义价值。

（一）对生活质量理解的发展

生活质量（quality of life，简称QOF）是衡量一个国家"国家动机"的核心指标，早期生活质量概念主要是一个哲学问题，哲学家们更多的是从精神、灵魂、理性等层面来对它加以分析和论述。如亚里士多德（Aristotle，公元前384—前322）就指出："人的功能，决不仅是生命。……人的特殊功能是根据理性原则而具有理性的生活。……一个人要是没有丝毫勇气、丝毫节制、丝毫正义、丝毫明哲，世人决不称他有福（生活质量）的。"（周辅成，1987）伊壁鸠鲁（Epicuros，公元前341—前270）则认为人的生活质量（幸福或不幸福）都居于人的灵魂之中，灵魂不受干扰时人的生活就幸福，反之则不幸福。他说："对人，最好的是能够在一种尽可能愉快的状态中生活，并尽可能地减少痛苦。"（苗力田，1989）

到了现代，生活质量则成了社会科学领域的一个重要课题（任俊，叶浩生，2004），社会学家们研究生活质量时更关注一些社会发展性指标，如GDP的多少和增长率、人口死亡率、社会基尼系数等。从已有的研究来看，生活质量是一个综合概念，它包括生理、心理、精神和社会等多个层面，因此，对这一概念的界定也就成了一件很困难的事，沃克（Walker）和罗塞（Rosser）曾试着给生活质量做过一个定义式的解释："一个范围涉及从生理特点和弱点到心理特点和弱点的概念，这一概念描述了个体的活动能力以及由此而获得的满意感。"（Walker et al，1988）但这一解释明显没有指出生活质量的具体内涵。目前在心理学领域，一些心理学家常常把心理健康（psychological well-being）这一概念等同于生活质量（但仍有许多心理学家不同意用心理健康来代替生活质量，认为心理健康概念太狭窄，不能包括人生活质量的全部内涵），从而避免了对概念本身进行无休止的争论。尽管对生活质量概念没有明确的界定，但这并没有影响心理学家和教育学家们对它的研究热情，而且似乎这种热情现在仍处于高涨阶段。

最早具体研究生活质量是在医学领域，当时人们认为医学上光用死亡率和发病率来对人类生活做出统计和说明显得太简单，人类的生活并不是"死亡"和"活着"的简单组合，有时候"活着"的质量并不一定就比"死亡"高。也就是说生活质量并不是简单地由"活着"这一因素来决定的，它还涉及到你活着时的身体健康状况。例如：在一些慢性疾病的治疗中，某些病人宁愿选择活着时间短但能保持身体健康状况较好（有感知觉、生活能自理等）的治疗方式，有些人甚至会自愿选择安乐死。这样医学上就首先开始对病人的生活质量进行鉴别，从而引发了社会对生活质量研究的热潮。下面我们简单介绍一下研究生活质量的三种主要模式，这其实也是生活质量研究的三个阶段。

第一种模式：传统的生物医疗模式。这一模式最初主要以病人为研究对象，通过了解病人对自身健康的关注、理解来分析个体的生活质量以及各种影响因素。它常用的方式是让病人自己决定是否愿意尝试一种新的治疗方法（或药物），这种新的治疗方法（或药物）一方面可能会提高治愈疾病的机会，但另一方面它也可能有很大的副作用，如损害机体的正常功能，甚至会影响到个体的生命安全，从病人对此类相关问题的回答就可以看出病人对自己现在生活质量的满意度。后来有些人也把这一模式延用到对健康人的研究上，采用"假定……你会做……的选择"的方式来了解普通人对自己生活质量的满意度。这种模式的优点在于能真实地反映病人的感受，从而帮助医生或健康专家们选择到适合病人自身特点的治疗方案。但这种模式也存在着很大的缺陷，那就是这种模式把医学治疗本身看做是决定病人生活质量的一个最重要因素，它在身体健康和生活质量之间直接划上了一个等号（至少是约等于号）。同时，这种测量方式本身也明显缺少更高层次的理论基础和哲学基础，它没有回答那些病人为什么会这么做。

第二种模式：生物行为模式。随着对生活质量的进一步研究，有些心理学家发现，传统的生物医疗模式并没有涵盖影响病人对生活质量认知的所有因素。事实上，病人对生活质量的认知不仅仅取决于医疗方法（或药物）对身体健康状况的影响，还受在此之前自己和他人（特别是医生）的行为的影响，如一个医生既往的从医行为历史、病人和医生的交往方式等。例如，当病人面对一个医疗水平很差且不负责任或面对一个医术高明且认真负责的医生时，即使他们的真实身体健康状况是相同的，但他们的生活质量观却会有很大的差异。于是有人提出生物行为模式，生物行为模式强调药物和治疗方案并不是唯一影响生活质量的因素，对病人生活质量的研究还必须包括病人本身解决问题的技能、正在进行控制自己病情症状的行为（自己的行为和医生的行为）等。生物行为模式和第一种模式有着一个很大的共同点：都是以个体的身体健康作为生活质量的价值核心，

184

强调身体健康状况的影响，因此，这一模式本身并没有多少新的创新，只能算是生物医疗模式的一种补充。

第三种模式：生物—心理—社会模式。和上面两种模式不一样，这种模式不是把生活质量限制于个体的身体健康方面，而是扩大到了身体、心理和社会等方面。导致这一变化的一个直接原因是世界卫生组织（World Health Organization，简称 WHO）于 1948 年对健康下的新定义：健康是"一种完全的生理、心理和社会意义上的幸福状态，它不仅仅只是指没有身体疾病或身体虚弱。"

生物—心理—社会模式是一个非常复杂的模式，也是当代学术界普遍接受的模式。这一模式强调对生活质量的研究要从生理、心理和社会等诸因素出发，要把人真正当做是一个综合人（生物人、心理人和社会人的综合）而不是纯生物意义上的人。这一模式的理论基础是幸福哲学：幸福不只是对机体健康的满意，只有人在生理上、心理上和伦理上都感到满意，这才是真正的高质量的生活。从某种程度上说，生物—心理—社会模式所关注的其实就是生活中的幸福感，也即是我们在第三章所讲到的主观幸福感。目前在这一模式指导下的有关生活质量方面的研究还正处于发展阶段，心理学家、社会学家等还只是从各个侧面来对有关的问题进行研究（如金钱、身体健康、人际交往等），这主要是因为有一个关键的问题没有解决，那就是缺乏一个可以作为参照的常模指标。而从目前来看，由于受到文化传统的影响，要建立一个由生物、心理和社会各要素构成的生活质量指标还面临相当大的困难。

（二）亏空的传统发展目标

以什么作为指标来衡量一个国家的发展？许多人会脱口而出：GDP（gross domestic product）。其实这不光是我们普通民众的想法，我们的各级政府的许多官员也是这么想的。在过去很长的一个时期，我国社会存在着一种为了经济的发展而不计后果的"GDP 崇拜"现象，"一切为了 GDP 的增长"成了最大的发展目标。你只要到每年的年底看看各级政府的工作报告，围绕 GDP 的种种统计数据详之又详。问题是国家的 GDP 用来干什么呢？美国前总统罗伯特·肯尼迪曾有一段精彩的演说也许会对我们有所启示，"GDP 既不表现我们的身体健康，也没有反映社会的教育质量；既不代表文采的优美，也不体现家庭的和谐；既不证明辩论的智慧，也不显示政府的廉洁。它既没有能够衡量我们的勇气，也没有反映我们对国家的贡献。简而言之，它衡量了一切，却没有衡量我们活着的意义；它标志了一切，却没有标志我们作为美国人的骄傲。"（Corey et al，2003）

发展是生命的，把发展理解为是一种物质的堆砌，尤其是在社会中提倡一切为了 GDP，这不是发展应有的原则。发展要有命运感和生活感，发展如果放弃了一种顾及生命和生活的责任感，那么我们的发展就可能会被外在的物欲所支配。然而，事实上这种危险曾一度就离我们很近，伸手可及。在过去相当长的一段时

185

间里，我们的各级政府踩着 GDP 的步调，说着 GDP 的语言，自以为抓住了发展的真经。可事实又怎样呢？当 GDP 高速增长、物质财富不断增加的同时，幸福却离我们越来越远了。幸福是什么？仅仅是住大房子，开好车子？答案显然是否定的。幸福是物质的，但更是精神的，它不仅是对物质生活的一种追求，更是对健康和谐、让人身心舒畅的生活环境的一种要求。人应当用精神的感受去领导物质的感受，从精神的感受中去创造物质的丰富性。然而不管怎么说，可能有许多人并不赞同这种观点，那我们就来看看事实是怎样的，看看"GDP 崇拜"到底给我们带来了哪些问题。

首先，"GDP 崇拜"造成了较高的环境成本和资源成本。在这方面的材料太多了，我在这里只叙述一个小事件。2004 年 5 月 23 日，南京师范大学的一些学生将 1200 只装着秦淮河水的塑料碗放满了中华门广场前的空地，呼吁保护秦淮河。秦淮河水质的恶化让一位在河边生活了 60 年的老人痛心不已，老人说他小时候的秦淮河水很清澈，可以淘米做饭，可以洗衣游泳，河里种种鱼虾多得数不清。但现在呢？"大家是比以前有钱了，但是这个水却是越来越臭，不要说淘米做饭，连碰也不敢碰了。"2004 年有段时间多家媒体还争相报道了"联合国公布的不适宜人类居住的约 20 个城市中有 16 个在中国"的消息，虽然这则消息最终被证明为是假消息，但媒体所代表的民意对这则消息的"深信不疑"却值得我们深思，我们似乎已经给了世人一个相信这条消息的理由。

其次，"GDP 崇拜"造成"三农"问题突出，农民收入增长缓慢，生活艰难，农民和城市居民收入差距进一步扩大。1978 年城市居民和农民收入之比约为 2.47:1，而到了 2003 年则变为 3.24:1；如果再考虑到两者之间的社会福利、生产成本支出等一些因素，这个实际差距比例还可能会更大。根据国家统计局 2004 年公布的资料，我国农村贫困人口有近 3 000 万人，825 元是许多城市人的一顿饭钱，可我国有近上亿农民的收入在 825 元这个所谓的温饱线之内。近几年我国基尼系数也呈不断升高的趋势，如 1988 年 34.1%，1990 年为 34.3%，1995 年为 38.9%，2000 年为 41.7%，这种升高的趋势主要是由农村人口的实际购买力下降而引起的。长期以来，我们相信"无工不富"的原则，我们把精力主要放在了能给 GDP 带来更大增长的工业上。为了工业可以大肆侵占良田，甚至暴力拆迁，强占民宅。GDP 是增长了，可农民却也被置于了更为困窘的境地，中国的农民占了中国人口的绝大多数，农民的生活失去了幸福，GDP 增加再多又有什么用呢？

再次，"GDP 崇拜"造成国家公共事业投入的不足，与广大民众生活质量息息相关的医疗卫生、社会福利保障、教育、文化等社会事业的发展缓慢。为了促使 GDP 的迅速增长，中国的投资率一直保持了较高的水平，从改革开放到本世纪初，资本的形成占 GDP 的比重呈逐渐上升的趋势，如 1980 是 35%、1995 年是

41%、2003 年则达到了 43%。这种投资率高于世界上绝大多数的国家，甚至比有的欧洲发达国家高出了近一倍。这样高的资本投资率使我国的交通基础设施、教育、公共卫生和社会保障等事业的建设严重不足，以致出现了许多的社会问题：上亿农村老年农民生活无保障、城市下岗工人生活艰难；教育乱收费、医生拿红包、高价倒卖火车票等成了屡禁不止的社会顽症；2004 年七八月份的一场暴雨就使北京、威海、广州、上海等多个城市的交通陷入了瘫痪或半瘫痪；2003年上半年的一场突如其来的"非典"疫情更使整个中国陷入一片恐慌。

不仅如此，"GDP 崇拜"还造成了一种不良的社会风气，使人与人之间注重在物质地位上相互竞争，每个人都想买比别人更大的房子，买比别人更好的汽车。我们不必再列举太多的问题就已经清楚了，我们亟须一个超越于 GDP 之上的、完全以人为本的新的国家发展目标，这就是以民众的高质量的生活为核心的 GDH（gross domestic happiness，国民幸福总值）。从理论上说，物质财富的增长只是一种手段，它从根本上是为提高人的生活质量而服务。高质量的生活不仅包括财富，它更包括河水干净、空气洁净、执法文明、社会诚信、心理健康等与财富无关的东西。这一切都需要国家以目标的形式直接或间接地标示出来，并努力以公共产品的形式提供给民众，富民的同时更要"福民"，毕竟国家的目标不仅仅是发展经济，让民众的钱包鼓起来固然重要，让民众感觉生活有意义却更重要。

187

二、明确政府的职能

政府的职能是什么？当你用这个问题去问我们的许多官员时，他们中很大一部分人的回答会出奇地一致：促进和保护经济的发展！如果你再追问一句，真的是这样吗？他们也许会说，当然，在促进和保护经济发展的同时还要考虑到提高人民的生活质量。这个答案看起来似乎有道理，其实是大错了。政府是一个"人"的政府，不是"物"的政府，它必须首先考虑到人，尔后才能去考虑物，而不能倒过来先去考虑物后再考虑人。这种观点就如同一个房屋装修工人说，房屋装修的主要目的在于增加各种材料，然后再补充一句说，当然增加材料时也要考虑到人住在里面是否舒服。这岂不是本末倒置？增加各种材料只是装修房屋的手段，人在房屋里住得舒服才是装修的目的。同样道理，发展经济只是提高民众生活质量的手段，使民众过上高质量的幸福生活才是真正的目的。因此，政府的首要职能就在于促进和保护人民生活质量的提高，也即是促进和保证我们上面所说的国家新的发展目标的实现。从目前我国的现状来看，政府的职能应主要体现在以下几个方面。

第一，必须向社会提供足够的公共物品。一个社会公共物品的多少，直接关系到这个社会民众的生活质量，尤其是关系到社会低收入民众的生活质量。以教育为例，从幼儿园到大学，当前择校热热遍全国，尤其是以中小学为甚，以致有一位南京某高校的博士生导师坚持自己的女儿不择校反而成了轰动一时的新闻。择校热能怪家长吗？当然不能，辛辛苦苦挣来的钱谁不心疼，这主要还是我们的政府没有向社会提供足够的教育资源。以致出现了学生成绩考试背后的家长经济考试、权力考试。在国外一些发达国家也许有择校，但绝对没有像我们这样变成一种社会现象，因为他们有足够的教育资源，他们不需要这样做。

第二，应优先增加穷人的财富。政府应该尽量为那些失业的人或没有工作的人创造就业的机会，使他们有工作可做，而不是只顾提高在职职工的收入水平；要着重考虑帮助那些生活在贫困线以下的贫困群体，使他们达到温饱的水平，而不是着重帮助那些高收入群体，使他们买房又买车；要着重改善那些居住拥挤的困难家庭，使他们达到一人一间房的水平，而不是着重帮助那些已有大套房子的人住上花园别墅。提高穷人的财富显然要比提高富人的财富更有利于提高全民的生活质量，也更有利于社会的和谐安定。

第三，弱化民众在金钱和物质方面的竞争。政府应该减少对富人、奢侈品和金钱的过分宣传，从而减少人们在金钱和物质地位上竞争和攀比的压力。人与人之间会有一定的竞争，这是无可避免的，但竞争什么，这就跟政府的舆论导向有很大的关系。当我们的电视、报纸杂志等整天在谈论着金钱和高档奢侈品时，这实际是在告诉国民：你们去追求这些。生活本来是可以很简单的，有衣穿、有房住，有工做就足矣。但如果我们总是受到金钱和物质方面的竞争压力，那生活就会变得完全不同样。在我们身旁有许多人会把自己辛苦挣来的钱（更有许多人是借了别人或银行的钱）去换大房子、好车子和高档的服装，这并不是他们真的需要这些，而是由于我们的舆论诱导了他们，他们不这样做就会有压力。

第四，增进民众的心理健康。高质量的生活不仅仅只是指健康的身体和丰富的物质，它还包括有健康的心理。美国从 20 世纪 50 年代就成立了国家心理健康委员会，这个委员会每年都会对国民生活幸福度或满意度进行调查，并把这些调查数据作为制定各种方针政策的重要依据。我们国家至今没有相类似的机构，更不要说有相应的官方机构了。在我们今天大多数人的心目中，生活质量还只是一个涉及物质和身体的概念，这一方面是由于我们尚不充足的物质条件决定的，但另一方面恐怕更是我们的观念未到。心理健康在我国还处于教化启蒙阶段，如果我们今天不着手去完成这种教化启蒙，那心理健康问题总有一天会成为我们提高生活质量的一个巨大障碍。希望有一天我们的国家在总结其年度成就时，不但要讲 GDP 增长了多少，更要强调国民的心理健康增长了多少、生活质量增长了多少；同样我们也希望我们国家在制定新的国家发展计划时，不但要制定未来 GDP 的增长目标，更要制定民众心理健康的增长目标以及生活质量的增长目标。

第二节　积极的工作制度

对一个成年人来说，他清醒时候的四分之一或三分之一的生命时间是在工作中度过的，因此其工作满意度就直接关系到他对生活的满意度。据大样本调查发现，一个人的工作满意度和其生活满意度之间的相关在 0.50 到 0.60 之间（Judge & Watanabe，1993），也就是说是中等相关。实践和过去的生活已经证明，工作本身所具有的一些自然特性——如常规流程、监管程度和复杂程度等都能直接影响到个体的心理健康，所以使员工在工作中保持身心愉快不仅是社会公共健康事业的一个重要组成部分，而且也有利于雇主和公司，可以为雇主或公司创造更多的利润。但事实情况却不容乐观，2004 年中国人力资源开发网牵头在全国范围内开展了一次"工作幸福度指数调查"，结果显示：超过 60% 的人认为自己所在单位的管理制度与流程不合理，超过 50% 的人对直接上级不满意，超过 50% 的人对薪水不满意，接近 50% 的人对自身的发展前途缺乏信心，接近 40% 的人不喜欢自己的工作，40.4% 的人对工作环境和工作关系不满意。真是不看不知道，一看吓一跳，什么时候我们天天在做的工作竟然给了我们如此之多不快乐的理由？

那么怎样使员工在工作中能保持愉快的心情呢？方法很简单，创造积极的工作制度（这是一个包括管理、分配、提拔、休假等多方面的综合制度而不是指某一单项制度），增强员工的工作满意度。不过要想真正做到让员工对自己的工作满意，首先就必须了解现代社会条件下员工身上出现的一些新特点。

189

一、现代社会条件下的员工

在过去很长的一个时代，雇主有点类似于上帝，因为他给员工发薪水，使员工及其家人能活下去，只要给钱，员工就会无怨无悔地去做任何事——包括满意的事和不满意的事。但现在这种情况改变了，大部分员工做工不再是为了养老金和薪水，而是有了其他更高层次的意义：如在工作中发展自己或锻炼自己、使自己在社会中显得有价值、喜欢做这类事等，总之一句话——要使自己心里感到满意。这就是说，在现代条件下，工作本身已从"金钱行为"逐渐演变为了"满意行为"，当然这种变化趋势会因具体的现实状况的不同而发生一些改变。如当工作变得较稀少时，个人满意就变得相对不那么重要，当工作机会开始增多时，个人满意就会占据更重要的地位。但总的来说，社会正在逐步地走向以个人工作满意为核心的社会，因为现代社会有一定的生活保障，即使你一辈子不工作，你也可以靠社会提供的最低生活保障而活下去。所以现在的员工每天都在问自己：我真的需要做这个工作吗？

不过，尽管大多数人是以满意度来选择自己的工作，但工作本身在不同的人心目中的地位或定向还是有区别的。有些学者对此做了一个很有意义的划分，区分了三种性质不同的工作定向：职业、事业和天职。

职业定向就是指个体把自己所从事的工作仅仅看做是一项谋生的职业，虽然个体也对自己所从事的工作感到满意（这种满意大多是由物质所带来的），但个体所做的一切更多是为了获得金钱或物质报酬，在每个月的 10 号前后（很多单位都是在这个时间给职工发工资）也许就是最开心的日子。这种工作定向的最大特点是：自我并没有投入，而是游离于所从事的工作之外，是金钱或物质把自我和工作暂时性地联系在了一起，一旦个体不能从工作中获得自己的工资，他便会毫不犹豫地立即放弃自己所做的工作。

当把工作定向为是一种事业时，个体就不会太关心自己在工作中所获得的金钱而是更关心在工作中所取得的成就和进步，当然这种成就或进步有时是通过金钱来证明的，但更多时候是和金钱无关。例如现代生活中有些人工作是为了升职（中国文化中称为升官），有些人工作是为了出名（中国的传统做法是评先进、争劳模）等，这时候个体在工作中职位的每一次升迁、名气的每一次扩大、权力的每一次增加都会给他带来莫大的喜悦。这种工作定向的最大特点是：自我有了部分的投入，具体来说就是自我的认知部分已投入了工作之中，而情感部分则没有投入到工作中去。这种工作定向的人如果他的升迁（或与升迁相关的权力、名气的增大等）一旦停止，那他就会到其他地方去寻求他的发展，有些人在工作中有着这样一种"宁为鸡首，不为牛后"的信念，这其实就是这种事业定向的最好写照。

190　　　天职定向是一种最高层次的工作定向。人们把某一项工作当做是天职时，这完全是因为个体对工作本身已产生了巨大兴趣，工作的意义已彻底融化于自己的生活和生命，金钱的获得和个体自身的发展已变得毫无意义或意义不大，在某种程度上说，这种工作热情有点类似于宗教狂热。天职定向的工作本身不再受任何外在条件的影响而成为主体迷信的对象，即使在工作中不能获得相应的金钱或物质利益、职位得不到升迁等，但他们仍然会继续满腔热情地工作。天职工作定向的最大特点是：主体的自我已完全投入了工作之中，工作本身成为工作的最大目的（有点类似于我们平时常说的凭良心做事）。

工作从职业定向朝事业定向或天职定向转化我们称之为升华，而从天职定向朝事业定向或职业定向转变我们称之为倒退。传统意义上，天职工作定向在很多神职人员、科学家和社会公益活动家群体中经常出现。但现在看来，人们所从事的每一项职业都有可能升华为天职定向的工作，如清洁工、职工、收银员等这些社会常见的工作都有可能会升华。曾有一个年老的清洁工，她负责对公司新来的清洁工进行培训，在第一次给这些新来员工做示范时，当她仔细做完清扫公司厕所的工作之后，随手用杯子在马桶里舀了些水喝了下去，她说："我工作就是要做到让自己放心"。老清洁工的"让自己放心"就是指的让自己的良心能安，我相信她能喝马桶里的水，那绝对已把自己的工作当做了一种天职，难道她还能通过这一工作来获得更多的金钱或更多的职位升迁吗？不过，现在也有许多传统意义上被认为具有天职定向的工作却倒退成为了一种职业定向，如许多单位聘请的顾问、名誉校长、名誉院长等原本是一种不问金钱报酬和职位升迁的工作，但现在的许多顾问、名誉校长、名誉院长们却不光要物质待遇，甚至还要有相应的行政级别。

从社会发展的历史来看，社会一般要求和正义、生命等相关的工作应该具有天职定向，如法官、医生、教师和警察等，自然这些工作在社会中也就相对容易升华为天职定向，因为毕竟这些工作要比其他工作更多受到无形的社会天职定向的要求。但这并不是说，所有从事这些工作的人就一定要具有天职定向。由于每个人各自的境况不一样，再加上我国目前主要还处于前现代化阶段，物质条件不是很丰富，社会保障也不够健全，这势必会有许多人把工作仅当做是自我谋生的手段。事实上，在任何一个历史时期，天职定向的人总是少数，更何况不同工作定向的划分只是为了帮助人们更好地理解员工与其所从事的工作之间的关系，它不一定就具有不同的社会价值意义。有时候，把某些职业过于天职化或神圣化的宣传反而会不利于该职业的发展，因为这有可能会把许多有志人士吓退，使他们害怕从事此类工作。如我们社会在 20 世纪八九十年代的一段时期过于把教师职业天职化、神圣化，教师所谓是燃烧自己照亮别人的蜡烛，是只问耕耘不管收获的老黄牛，是埋没自己让别人踏步青云的铺路石。结果这使得当时的大多数青年不愿意报考师范，不愿意去做教师，即使是做了教师的也在千方百计地想跳槽，当然这一现象的出现也许有其多方面的原因，但有一点却是非常清楚的，那就是谁都会想这样一个简单的问题：为什么要燃烧我照亮你而不是燃烧你照亮我呢？

但现在社会上少部分人所从事的所谓传销工作不属于天职定向，虽然从主体对工作的热情这一角度来说，传销有点类似于天职定向，但它们之间有一个最根本的区别：传销的核心是为了获取利益，特别是为了更多地获取（骗取）金钱，传销人对传销工作本身并不感兴趣，他们只对这项工作背后的金钱感兴趣，工作在传销人的眼中只是个道具，这正如传销的物品在传销过程中是个道具一样。传销从本质上说不过是以人性的天生弱点为突破口，借用了宗教的某些仪式、心理学的暗示技巧而搞的欺骗花样，它是以牺牲大多数人的幸福和社会的幸福来达到少数人的幸福（其实这些人的幸福也不是真正概念意义上的幸福）。

二、怎样创造积极的工作制度

工作制度是用来增强员工对自己工作的满意度的，而不仅仅只是指向工作任务目标，事实上当员工都有了较高的工作满意度，工作任务目标也就会自然达到。所以对管理者或管理部门来说，工作制度的制定就是员工工作规划中一个最重要的环节。对于这个问题，目前心理学界主要有以下几种理论模型可供参考。

（一）工作特性模型

工作特性模型（Job Characteristics Model，简称 JCM）是心理学界最流行的

191

一种工作规划理论（Oldham，1996）。这种理论模型的核心是把工作中最有代表意义的五大特征因素抽取出来，然后针对每一项特征因素来制定相应的工作制度。奥德汉在对工作结构进行分析后认为，每一项工作都包含有影响到个体是否对其满意的五个最根本因素。它们分别是：技能的多样性（skill variety），需要多样性的技能会使工作更具有挑战性；任务的同一性（task identity），任务的相同有利于个体在工作中获得成长和发展；任务的重要性（task significance），重要的任务使工作显得更有意义和价值；任务的自主性（task autonomy），自我能决定的任务增加了个体对工作的控制感；任务的反馈性（task feedback），及时的任务反馈会增强个体的工作动机（Oldham，1996）。工作中所包含的这五大特征要素会直接导致个体产生三种心理状态，即对工作意义的理解（主要由前三个因素决定）、对工作结果的尽责（由第四种因素决定）和对造成结果的起因的了解（由第五种因素决定），而这三种心理状态的结合本身就构成了对工作的满意感。当个体对自己的工作产生满意感之后，他就不会无故旷工或在工作中偷工减料，他就会在工作中尽心尽力、勤勤恳恳，反过来这也就提高了工作的质量。

正如我们前面所说，在现代社会个体参加工作不再只是为了金钱，他一方面可能是为了提高自己的知识或技能，同时他更可能是为了求得自己在工作中的成长和发展，只有这些方面都达到后，个体才会对自己的工作表示满意。但在现实的实际情况中，一项工作也许不会使个体的每一个目标都达到，因此我们在这里就要分清哪些目标是个体在工作中最为关注的，也就是说，在上面的这五大影响因素中哪些对个体的工作满意度影响最大。关于这个问题，心理学家弗瑞德（Fried，1987）等人对此进行了研究，并提出了一个相应的计算公式，由这个公式所计算出来的分数被称为"潜力激发分数"（motivating potential score，简称MPS）。MPS =（技能多样性的数目 + 任务重要性的程度 + 任务一致性的程度）÷3×任务自主性程度×任务反馈性的程度。从这个计算公式中我们可以看到，任务自主性的程度（也就是个体对工作任务的控制程度）和任务反馈性的程度是五大因素中最重要的两个，它们是乘法效应，对雇员工作动机的激发和潜力的开发起着最为关键的作用。这一研究结果在我们现代企业管理的实践中也得到了印证，现代企业管理有两个重要法则：一是增加员工在工作中的自由度，如让员工自己去控制自己的工作时间、工作进度、工作方法，甚至工作的地点等；二是对员工增加工作反馈的次数，一个典型的例子就是许多单位由月薪制改成了周薪制（一个月至少发四次钱），在中国则是把工资和资金福利等分开发（一个月发两次钱）。

（二）要求与控制模式

要求与控制模式（demand/control model）也是一种为员工创造良好工作环境、增加员工的生理或心理幸福感的工作规划模式。要求与控制模式（Karasek，

1979）就是指由员工的工作任务要求由他自己提出（如制定工作目标等），而在实现这些任务要求时管理人员或管理部门也要为员工留下一定的自我决定余地，如让员工自己决定实现任务要求的工作步骤和工作方法等。

　　要求与控制模式分别研究了四种不同工作状态下员工的心理机制，从而提出了建构良好工作环境的设想。第一种是工作任务要求较高，员工对工作的控制性也较高，这种状态下的工作被称为主动型工作。主动型工作能促使员工积极寻找良好的工作策略和挑战性的工作情景来提升自己对工作的控制，在这一过程中员工能有更多的机会获得新的知识和提高自己的技能，而且随着个体在这一过程中不断主动学习，其自信心就会得到增强，从而抑制其在工作上的紧张。第二种是工作任务要求较低而员工对工作的控制性较高，这被称为轻松型工作。轻松型工作不能使个体的各方面才能得到充分的发展，也不能为个体提供足够的激励动机，因为其不具有挑战性。第三种是工作任务要求较高而员工对工作的控制性较低，这被称为高紧张型工作。高紧张型工作会使员工在工作中失去控制感，从而限制其技能或能力在工作中的发挥或发展，而且这也容易导致员工产生习得性无助的体验，从而损害员工的心理健康。第四种是工作任务要求较低，员工对工作的控制也较低，这被称为被动型工作。Karasek 等人在研究中发现，和高紧张型工作一样，被动型工作也容易使员工在工作中产生习得性无助体验，而且被动型工作也不利于个体在工作中发展自己的技能和能力。

193

　　从以上的分析可以看出，主动型工作状态应该是每一个个体的首要选择。所以对管理者和管理部门来说，就应该给每一个员工提供足够的外在支持，同时营造一种良好的集体氛围，从而使他们都能获得主动型工作状态。

　　（三）角色模型

　　每一个人都是在集体中工作，其工作的成功既依赖于个人的努力，同时也依赖于团队集体的支持，所以从某种意义上说，个体参加工作实际上是担当了某个团队集体中的一个角色。从理想的角度来看，如果一个人清楚自己做什么，别人也清楚他应该做什么，所承担的工作职责既有一定的挑战性，同时又能被自己所控制，那么这个人应该是处于一种最理想的工作状态，工作就会给他带来愉快感和幸福感，团队集体目标自然也就容易达到。反之，当一个人在工作中经常被要求做和自己角色不符的事，或者在工作中出现了问题时也不知道去向哪一个领导询问，这都会使个体产生心理不愉快，从而影响到集体目标的达成。

　　角色模型（Turner et al，2002）就是指管理者或管理部门要从工作角色的角度出发做好三方面的工作：首先是要使员工对自己所承担的角色有清晰的了解，如对工作的相关信息要有充分的了解，能够知道自己现在要做什么，下一步要做什么等；其次是对员工的工作要求和期望要和角色相一致，你不能要求一个清洁工很清楚地说出全公司的业务情况；再次是给员工的角色要求既要有一定的挑战性，同时又要是能被员工所控制。

角色模型理论看起来似乎比较简单，但它的作用却是非常大。对于一个团队集体来说，当每一个人都对自己工作角色的目标、职责和权利都非常清楚的话，整个团队集体的运作就会十分井然有序，团队集体的效率就会提高。当然这种模式在实际的应用过程会有一定困难，因为今天的社会已经变成了一个互相包容的社会，个体与个体之间常常很难在角色上截然分清。但不管怎么说，这仍不失为是一条创造良好工作制度的重要途径。

三、积极工作制度的测量

一个单位或团队的工作制度是否积极，它总是通过其员工对自己工作的满意度来得到反映，因此，对积极工作制度的测量，其实就是对员工工作满意度的测量，也就是测量个体在工作过程中能否产生积极的体验。而对于员工来说，工作是否满意的关键则是自己在工作中的需要是否能得到满足，那么员工在工作中到底有哪些最基本的需要呢？

第一是被期望成功的需要以及与工作有关的基本物质设备的需要。我们前面论述过，一个人参加工作主要是为了获得自我的发展，而这种发展是和某种工作成功紧密联系在一起的。如果个体被管理者抱有一种成功的期望，那他就会意识到自己的价值意义，从而产生满意感。另外必要的物质设备需要也对一个人的工作满意感有重大影响，因为这些是个体取得工作成功的条件保障，同时这也表明集体或管理者对员工的信任和支持。

第二是重要性需要，所谓重要性需要就是指个体需要感受到自己是对团队集体有贡献的。重要性需要的一个最直接反映就是个体与其职责或职位要相匹配，也就是说要让每一个员工做与其个人特点相适合并且是他喜欢的工作。不要把个人特点（如能力、知识和技能等）和其喜好对立起来，这两者在更多情况下是一致的，一个不具有运动天赋的人是不会喜好打篮球的，同样一个具有高深电脑技术的人也不会喜欢去做人事主管。一个人只有做与其个人特点相适合并且是他喜欢的工作，他才会获得成功，而这种成功就会使他产生自己在团队集体中是重要的感觉。当然，除此之外，一个人的重要性还有其他一些方面可以体现，如和同事们的关系（是否被其他人看得起）、是否有足够的培训机会或额外的奖金等。

第三是归属或参与的需要，这是指与其工作或生活方面的有关事项员工是否有机会参与决定。当个体有机会参与决定时，他会觉得自己和这个团队集体融为了一体，集体的目标也就自然成了他自己的目标。反之，如果一个员工总是不能参与决定和自己有关的事，常常在一无所知的情况下被告之要怎样或应该怎样，他就会觉得自己对工作失去了控制感，从而对决定产生反抗情绪——即使这些决定是对他有利的。

第四是看到自己进步和发展的需要。管理者和管理部门要经常通过各种途径（开会、给予新的工作任务、职务或职称的升迁、工资薪金的增长等）让员工看到自己在知识、技能和能力等方面的进步和发展，许多时候人们总是在自己的进步中不断取得进步，这种积极的反馈对于激发员工的工作动机和工作潜力非常有效。

因此，对于积极工作制度的测量，主要就是测量以上这四个方面需要的满足程度，当这些需要被满足以后，个体就会相应地产生积极情感，其生活满意度也就会得到提高。对工作满意度的测量，现在一般采用盖洛普工作场所调查（Gallup Workplace Audit，简称 GWA）量表，具体参考表 6－1。GWA 量表有 12 个条目，每个条目的 6 个程度不同的反应：1 = 绝对不同意、2 = 不同意、3 = 无所谓、4 = 同意、5 = 绝对同意、6 = 不知道（不知道选择哪一项好），其中选 1－5 的得分就是相应的数字，如选 1 就得 1 分、选 2 就得 2 分，以下类推，选 6 则不得分。所得总分越高，则个体对工作就越满意。从量表的具体内容来看，其内容主要是针对单位负责人的，因为从总体上说，尽管工作本身有时也有一定的影响，但一个单位的负责人在员工是否满意自己的工作上则起着主导作用。

表 6－1　盖洛普工作场所调查量表

　（　）1 我知道我在工作中期望些什么。

　（　）2 我有足够的材料（资料）和设备来做好我的工作。

　（　）3 在工作中我每天都有机会去把我所做的工作做到最好。

　（　）4 在最近的七天里，我因为工作做得好而得到过肯定和赞扬。

　（　）5 我的领导或其他人总是会在工作中关心我。

　（　）6 总有人会鼓励我在工作中所取得的进步。

　（　）7 在工作中，我的意见总是能够被听取。

　（　）8 从我公司的使命和目标来看，我的工作显得非常重要。

　（　）9 我的工作同伴们所做的工作很出色。

　（　）10 我在工作中有最好的朋友。

　（　）11 在最近的六个月中，有人对我谈起过我工作中的进步。

　（　）12 在过去的一年中，我有机会在工作中学到新的东西并取得了一些进步。

第三节　积极教育

现代意义上的积极教育就是指以学生外显和潜在的积极品质为出发点和归宿点，通过增加学生的积极体验，以培养学生个体层面和集体层面的积极人格为最终目标而开展实施的教育。积极教育强调教育并不仅仅只是纠正学生的错误和不足，教育更主要的应是寻找并研究学生的各种积极品质（包括外显的和潜在的），并在实践中对这些积极品质进行扩大和培育，这是一种对教育进行重新定位并适应现代社会的新观念。

一、积极教育的必然性和必要性

教育在今天这样一个现代社会已不仅仅只是充当了反愚昧的武器，它在某种程度上更是为了使今天的世界和人民的生活变得更美好，并为未来的世界幸福做好充分的准备。在人们只需花少量的时间就可以解决自己的吃饱喝足的生存问题之后，文明和幸福本身已经变成了一个比过去更加激动人心的问题，教育也由过去的一种外在使然而成为人的一种内在的生活需要。在人类的漫长发展历史过程中，教育曾经是一种特权的标志，它只被少数人所占有，成了一种所谓的高尚享受，普通人最多也就只能忙里偷闲，难得过把瘾。但社会在进入了 21 世纪的今天，教育已逐渐成为了所有人不可或缺的生活组成部分。如果说，近代以来的教育只能算作是一种帮有钱人进行生活点缀的话，那么如今的教育则已真正成为了普通人的生活本身。其根本的任务在于使每一个个体、每一个家庭和整个社会都变得富有生机，而要达成以上目的的根本前提则在于使每一个个体生活快乐。快乐是所有人追求的共同目标，但快乐对许多人——特别是对教育的对象来说，却常常是可望而不可即。

2003 年下半年，由上海电台新闻频道和华东师范大学心理学系联手进行了一个心理问卷调查，其调查对象是 6 岁到 12 岁（即幼儿园大班到小学六年级）的少年儿童，本次调查共回收有效问卷 1 087 份。在这些有效问卷中，一个最突出的问题是有 78% 的少年儿童感到最近不开心。孩子们在问卷中共写下了多达 837 条不开心的原因，如：身体受伤、生病、作业多、父母不让看电视动画片、没有零花钱、不能吃零食、上课没劲、数学题目不会做、愿望未达成、被迫做自己不喜欢的事情、丢东西等等。但当对这些原因做进一步的因素分析后发现，这些原因背后的最根本因素是孩子面临的巨大压力，是来自于各方面的压力而导致这些原本应该无忧无虑的孩子而变得忧心忡忡。从调查中可以发现，其中 41% 的孩子认为压力来自于老师，31% 的认为来自于父母，还有 28% 的孩子是自我施压。

让我们再来看看一连串的中学生自杀事件的案例。

2002 年 1 月，武汉市孝南区某中学一名 15 岁的男生武欣（化名）因担心期末考不出好成绩，在考试后竟服下老鼠药。该学生是初二学生，平常学习成绩一贯很好。期末数学考试的当天上午，他考完后自己感觉考得很不理想，担心难于向父母交代，便偷偷地到街上买了一包老鼠药，然后回到教室服毒自杀。

2003 年 5 月，南京市南化四中的一名初三复读生陈江（化名）也因学习压力过重服毒自杀。陈江是南化四中的学生，去年参加中考因各种原因而未能考取心仪的好学校，于是在南化四中重新复读一年，陈的父母都是大厂区某化建公司的下岗职工。父亲到外地打工去了，母亲和他在家只能靠领微薄的下岗工资生活。父母将自己所有的希望都寄托在儿子的身上，希望儿子能考取满意的高中，由于陈江去年在重压之下考试失误。2003 年的 5 月 11 日，不堪心理重负的他趁当晚母亲不在家时从街头买来了一瓶农药喝了下去。

2004 年 4 月 13 日至 4 月 25 日，在不到两周的时间内，浙江绍兴市的柯桥中学、轻纺城高级中学、鲁迅中学的三名高一学生以及绍兴外国语职业学院的一名女生，相继跳楼身亡。

……

不需要再举出更多了，当一条条年轻的生命走上本不该走的不归路时，我们还有什么理由不去认真反思我们的教育？还有什么理由不再把学生的快乐或幸福体验作为教育的核心？积极教育既是对过去教育问题反思的结果，同时更是在新的时代背景下对教育的一种深刻理解。积极教育不是传统意义上的所谓发扬优点克服缺点，更不是一种充满希望的良好祝愿、一种整天拍手称好的喝彩，甚或是一种光说好话的自我欺骗。传统意义上的发扬优点克服缺点，只是教育实践中的一种具体方法，其最终目标还是以纠正学生存在的问题或缺点为核心。而积极教育则是一种内涵更丰富的教育理念，它把立足点放在了学生固有的积极能力和积极潜力上，致力于通过增加学生的积极体验来培养学生的积极品质，这既是对人性的一种尊重和颂扬，更是对人性的理智理解。

197

有这样一个故事：一个星期六的早晨，一个牧师正在为第二天的讲道词而伤脑筋。他的夫人上街去买菜了，小儿子在家显得很调皮，老是来打扰他的构想，他本来想让小儿子到院子里玩，可偏偏外面却下着小雨。在烦躁中这个牧师随手拿起了一本旧杂志翻着，他在这份杂志的中间看到了一幅彩色世界插图。于是他就把这幅世界地图撕了下来，并把它撕成很多小碎片，丢在客厅的地板上对儿子说："坚尼，这原来是一幅世界地图，你把它重新拼起来我就给你五毛钱。"

牧师心想这一定会让儿子忙上一大会的，这样他就有时间来构思自己的讲道词了，于是他带着一种胜利后的微笑走进了自己的书房。

可是还不到 10 分钟，他儿子又在敲他的门了，他不耐烦地问："坚尼，怎么啦？"他以为儿子不想拼了，谁知他儿子却拿进来了一张完全拼好的世界地图，每一小片纸都放在了它该放在的位置。这让牧师惊讶万分，儿子居然这么快就拼好了，因为在他记忆中，儿子还从未看过世界地图是怎样的呢。

"坚尼，怎么会这么快就拼好啦？"他问道。

"噢，很简单呀！"儿子说："这张地图的背后是一个人的照片，我先把一张纸放在地板上，然后在这张纸上面把这个人的照片拼了出来，再放一张纸在拼好的照片上，把它翻过来就好了。我想，只要这个人拼得对，地图也就会拼得对。"

牧师大笑了起来，拿出五毛钱给了儿子。"儿子，你帮我把明天讲道的词也准备好了。假使一个人是对的，他的世界也一定是对的！"

这个故事对教育来说非常有启迪意义，教育是对人的一种教化，使人成为人，只要人对了，他所受的教育也就一定对，反之，如果人不对（出了问题），那么人所受的教育也就一定不对。

学生是一个发展中的个体，是一个向成人逐渐接近的特定过渡期，不能把学生看做是一个小成人，用成人的眼光去衡量或要求他们。这种发展性观点包含有两层意思需要引起我们的注意：首先，学生是一个未来定向的个体，成人现在对他们做的任何干预或改变的努力，都一定会和他们将来成年以后的健康状态（尤其是心理健康）有关；其次，人在每一个生活阶段都有那个阶段的特定问题需要引起关注。也就是说，学生的健康状态（包括生理的或心理的）应该受到社会的关注并不是因为他们将来会变成为成人，而是因为他们本身就是学生，他们有他们的独特需要和特点。学生既然是一个发展中的、还没有定型的个体，也就是说，他们将来既可能成为一个健康的人，也有可能成为一个有问题的人，那么，这里又出现了一个问题：即对学生是以预防他们的问题为主还是以促进他们的健康为主？

关于这个问题，心理学家罗伯茨曾有过一个论述，他说："预防是为了避免问题的产生或者是为了尽早搞清楚问题而缩小问题可能造成的消极后果所采取的措施。而促进健康则是指通过增进个体的能力，以便使他们自觉去采用那种能增强自己生活质量的生活风格。"（Roberts，1991）尽管预防和促进的目的都是为了使个体在未成年时期及成年后保持身心健康，但促进健康的努力在未成年人身上似乎更有效。这是因为促进的重点是致力于个体能力的提高，而未成年人本身正处于各种能力发展的关键期，如语言、社会交往等，这两者正好是相统一的。这也就是说，积极教育的主张应该更适合未成年人的教育。

二、积极教育与传统教育

教育在于使人成人，其成人的任务主要有三个方面：一是纠正缺点，使有问题的人能得到应有的发展；二是使人更具有生产性和道德性，即具有一定的知识、能力和社会道德；三是对人进行鉴别，并使天才得到充分的发展。一种教育如果能很好地兼顾到这三个方面的任务，那它至少在理论上就是一种好的教育，积极教育就是这样的一种教育。而在实际生活中还存在另一种教育，这种教育把自己的重心放在了第一项任务上，把纠正缺点作为自己存在的唯一理由和唯一任务，这种教育我们称之为消极教育或"医学式"的病理性教育。

传统教育虽不能说完全等同于消极教育，但它却具有明显的消极特征，传统教育过分强调了矫治功能，习惯于从学生的问题入手来开展工作。传统教育下的老师一般都学会了如何在困境中使学生得到改变并生活得更好，但却不知道如何

198

对待良好条件下的学生，更不知道如何使学生能够好上加好。教师的这种单一的矫治技能导致他会用问题的眼光去审察他碰到的每一个学生，最好的学生在他眼里也能被看到问题。因此放大学生的问题已成为了传统教育和传统教育条件下的教师的一大通病。

　　传统教育侧重于单一的修补功能，其工作重心常常只在少部分学生身上，而把教育促使全体学生主动发展的功能放在了一边，也即忽视了教育在培育所有学生的勇气、乐观、有理想、人际和睦、信念、工作热情、诚实、坚定性和从容不迫性等方面的作用。事实上，教育的每一个对象都是自我的决定者，他们都有为自己做出合适选择的愿望和能力。教育要改善所有的人，而不仅仅是只针对那些有问题的学生，大多数正常健康的学生也需要指导，和所有人一样，他们也需要使自己的生活变得更完美而不是更普通。传统教育感兴趣的不是学生，而是学生身上的问题，同样传统教育情境下的教育者眼里也没有学生，只有学生身上存在的问题，这使传统教育表现出了典型的非人性化特征，学生的学习又回复成了受外界压力而不得不产生的一种消极适应。传统教育把人看做了是一种被动的只会对外界强化刺激做出反应的物（George Faller，2001），并在儿童积极品质尚未萌芽时就在他的周围设置围栏，这种非人性化的传统教育已使人的主动发展倒退为被动的生物进化。

　　从本质上说，传统教育在过去，甚至于在现在把人的应对和恢复主要看做是一种对外在压力的反应，而不是把它看做是个体的一种调节、适应、理解和主动吸收正在变化的环境的行为风格。从积极心理学的角度来看，人的应对机制是人进化发展过程的一种必然，通过这种适应或顺应，人可以获得生理幸福和心理幸福。因此，积极教育强调，教育不能仅仅把自己的注意力集中在个体的各种压力源或潜在的一些消极结果的分析上而是要把重点放在各心理阶段的积极资源上。约翰逊和罗伯茨就说道"我们要善于发现个体的优点而不是缺点、个体的机遇而不是窘境、资产而不是债务，这一倾向应逐渐成为心理治疗、教育和儿童扶养等杂志的主要价值倾向。"（Johnson & Roberts，1999）

　　教育的一个非常重要的功能是预防问题的产生，但传统教育的预防总是针对学生外部环境的不良影响（如父母离婚、大众传媒的不良导向、交友不慎等）而采取措施，并从外部制定了许多的规章制度，期望用这种外科手术式的方式所造成的消极体验（焦虑、恐惧等）来预防学生问题的产生。这样做的结果却反而导致了我们学校教育的问题越来越多，从最初的不爱学习到出现校园暴力，甚至是杀害自己的至亲。积极教育提倡一种新的预防观，也即让学生自己防自己，积极在某种程度上说就是一种预防。什么样的学生才会自己预防自己？关于这一问题积极心理学的研究成果为我们寻找到了答案，积极心理学家们研究了在同样恶劣的环境下为什么有些人能保持自己，而有些人却成了问题人？到底是什么使有些人能总是有尊严地活着？他们发现只有人本身的积极品质（如：爱心、胜任、爱美、乐观、勇气、工作热情、对未来充满希望等）才是预防问题产生的最好工具（Seligman & Csikszentmihalyi，2000）。因此，要想预防学生出现问题，教育就必须致力于培育学生的积极品质。

教育从本质上说是一种生活，是什么让学生值得过学习的生活，是因为有了问题要去纠正吗？一个人生命中的20%要在学校度过，大多数人真有那么多或那么大的问题需要20%的生命时间来矫治吗？其实这种"医学式"的病理性教育也许正是导致教育问题泛滥的根本原因，因为"医学式"的病理性教育已忘记了自己在寻找教育对象的问题时也要去寻找教育对象的优点。学校生活是每一个人都不能少的生活，许多学生为什么不喜欢去学校，就是因为那里的学校太像医院了，学生在那里只能被看到问题。

长期以来，教育的"病理学模型"已经被广泛应用于孩子的发展的研究上，在这种理念下，人们更多关心孩子发展的外在因素，如父母的问题、老师的问题和同伴交往的问题等。"病理学模型"的教育还具有典型的成人化倾向，成人的观点、态度成为决定孩子好坏的最终标准。其实孩子是一个发展中的人，他们的思想、行为在不同的发展阶段有其不同的特点，各种成人化的标准并不适合他们。

200

积极教育把自己的重点放在促进积极上，而不是传统的纠正问题上。因此，积极教育既是在新的社会背景下对传统教育的一种反叛，更是在深入理解传统教育之后对未来教育的一种重新定位，这是因为：

首先，从一定意义上说，积极教育充分体现了以人为本的思想，是积极人性论提倡者，它消解了传统教育的不足，真正恢复了教育的本来功能和使命——使所有人的潜力得到充分的发挥并生活得幸福，体现了教育意义上的博爱。人类现在的生存环境已大大不同于人类祖先生活的环境，人类的生活目的不再是生存而是享受。今天的社会已达成一个共识：即全社会都要以人的良好生活为追求目标，让所有人都过上幸福的生活。教育更要体现这一社会主题，使一切生命过得更有积极意义。就目前我国来说，随着现代化建设的进展，我们的社会已经能够为每一个人提供良好的生活和教育条件，如何在良好的条件下使正常人生活得更幸福就自然成了教育最迫切的任务。

其次，积极教育不是把人的优点仅当做是克服其缺点的工具，而是把培育学生的优点作为教育本身的根本目标。传统教育过分致力于克服缺点的功能，克服缺点本身并没有错，但教育把自身的工作重心完全放在克服缺点上则有失偏颇了。而且克服缺点也有一个适当性的问题，一个事物总是具有两个方面，并不是所有的缺点都可以被克服的，有些缺点被克服了，与其相关的优点也就消失了，这也许是许多学校的优秀学生在毕业后而成为碌碌无为的庸才的原因。其实，人类的一些消极品质的发展总是有其特定的功能，如嫉妒可以削弱个体自身的快乐，但它却是人进取的源动力之一，教育有时候在保存学生的某些缺点方面的重要性要远远大于克服这些缺点。

再次，积极教育一方面注重对普通人的关注，另一方面也转向于对天才的关注，使我们社会的一部分天才生活得更幸福也是积极教育的一大任务。据统计显示，有1%的人是属于要特别照顾的人，这一部分人与众不同，有些人的智商高达200。从整个社会来说，这一部分超常学生的潜力没有得到充分的发展也是整个人类的损失。

但从严格意义上说，积极教育本身并不是对传统教育的一种革命，特别是一种"范式"意义上的革命。积极教育把自己界定为不仅要修补更要建设。也就是说积极教育在其心目中存在有一个理想的常模，其目标是把所有人——不仅仅是小部分的问题人——尽可能地建设到一个他可能达到的理想状态。而传统教育则主要是致力于修补，它把普通人作为了常模，其目标是把小部分的问题人（其中也包括一部分天才）修补成大多数的普通人。因此，它们之间的区别在于，前者致力于使社会成员追求理想的幸福，后者致力于使社会成员追求正常的或普通的结果。如果说这两种教育信念可以看做是教育研究中的小范式的话，那它们之间确实存在着一定的差异。但不管怎样，这两种教育在具体的操作上、实证的理念上还是有许多的共同点，都还没有脱离当代教育研究的大范式——教育既要修补也要发展。特别在具体的研究方法、手段上，积极教育和传统教育几乎是很接近的。所以，我们认为积极教育只是对传统教育的一种补充和发展，是对我国当代教育的一种价值回归，其目的在于使原来具有片面倾向的传统教育变得更全面、更合理。

201

第四节 积极的家庭系统

家庭是社会的一个细胞，也是人生活的一个主要场所，人生活中的绝大多数快乐都是来自于家庭。笔者在2004年的一项针对常州市部分小学教师的调查中发现，其中接近68%的被调查者认为自己的快乐来自家庭，而只有11%的被调查者认为自己的快乐来自于工作单位，另外21%的被调查者认为自己的快乐来自于其他。正是因为家庭有着这样强大的作用，所以心理学很早就开始把家庭作为自己的一个重要研究对象，目前，心理学对家庭的研究已形成了一个具有多种取向的理论库（Ross，2004），具体来说主要有以下几种。

第一种是系统取向，也被称为系统理论。这种理论强调把家庭作为社会系统的一个组成部分——也就是子系统，主要从系统论的角度出发来对家庭各成员的角色及功能进行研究，而不仅仅只是单独地研究各家庭成员间的关系。

第二种是个体取向。强调研究家庭各成员间（这里主要指核心家庭中的父亲、母亲和孩子等）直接或间接的相互影响。直接影响如父亲对父子关系和夫妻关系的直接影响、孩子对父子关系和母子关系的直接影响、母亲对母子关系和夫妻关系的直接影响等；间接影响如父亲对母子之间关系的间接影响、母亲对父子之间关系的间接影响、孩子对夫妻之间关系的间接影响等。

第三种是单元取向。尽管个体取向的研究在家庭心理学研究方面很重要，但把家庭中各种关系作为一个单元来研究仍然很有价值，例如婚姻关系、母子关系、父子关系等都是一个个各具特色的独立单元，这些关系需要心理学分别、独立地进行研究。同样家庭本身也是一个单元，这个单元不同于家庭中其他成对关系单元，这也需要认真研究。

第四种是互动取向。早期人们研究家庭时更多的是研究单向关系，如父母对孩子的影响等，这种研究侧重于从静态的角度而不是从动态的角度上来对问题进行分析，更多地把孩子看做是被动接受影响的一方。而且这种取向还有一个特点，更多的人把母亲看做是家庭系统中最重要的一个角色，把自己的研究重点放在母亲的影响上。到了 20 世纪中后期，这种单向取向逐渐被双向互动取向所替代（Bell, 1968），这一取向的变化正符合了当时对儿童的重新定义。也即人们逐渐认识到儿童也是一个具有相当能力的人，他们并不是简单地受着父母或其他成年人的影响，他们常常能自己决定自己的发展。和早期的单向取向相比，双向取向克服了所谓的权威倾向，更强调了相互之间的平等关系和对称关系。

第五种是生态取向。这种取向从生态平衡观的角度来看待家庭中的各种关系，强调关系双方的相互依存性和依赖性，强调关系一方对另一方的支持。这种取向扩大了家庭研究的范围，它涉及到社区、朋友、邻居和各种工作、医疗、教育等机构。

第六种是发展取向。一些心理学家或社会学家认为，家庭研究必须致力于用发展的眼光来看待各种家庭关系在个体社会化过程中的作用。一方面要把孩子的生命过程当做是一个整体来研究，看到他们发展的一面；同时在另一方面，我们也要看到，家庭中任何一个要素也都是发展的，如父母本身的角色、家庭的结构、家庭教育所面临的任务等。这就要求研究者既不能把自己的研究仅限定于孩子也不能仅限定于家长，而是要根据研究的目标或目的把孩子与父母的关系分为几个相对独立的阶段来开展自己的研究。

第七种是跨文化取向。随着社会的发展和人类对许多问题认识的深入，文化差异问题开始成为心理学和社会学研究中的一个核心问题，因此最近一二十年以来，跨文化取向的家庭研究逐渐成为一种新的时尚。跨文化取向的家庭研究主要有三个基本观点：首先，从一种文化模式中概括出的有关家庭理论在其他文化背景下并不具有普适性的意义，特别是从美国等西方国家个人主义文化模式中概括出的理论和东方集体主义文化模式具有较大的差异。其次，即使在同一个大的文化背景下也还存在着各种阶层文化差异，一个以中产阶层为背景的理论不一定就适合普通下层人民的家庭。最后，每一个家庭都是社会的一个有效细胞，特定地区的小样本研究也许没有全面地反映这个地区全部家庭的真实状况，特别是在今天这样一个多元的社会，不同种族间文化的差异很大，仅仅依靠样本研究所得出的结论有时是很片面的。因此，跨文化家庭研究注重运用文化比较等文化研究手段，强调既要揭示现象背后的规律性、同一性，也要揭示现象背后的差异性和多样性。

积极心理学在统合了上述 7 种主要研究取向的基础上，主要强调要从增进幸福感的角度来研究家庭，其研究主要侧重于研究各种家庭关系在增进各家庭成员幸福感体验方面的作用。家庭关系主要包含三个子关系：一是婚姻子关系，我们称之为家庭亲密关系，二是亲子子关系，也称亲子关系，它主要包括母子关系和父子关系；三是血亲关系子系统，又称近亲关系，如孩子间的关系、爷孙关系等。由于现代社会以核心家庭居多，在这三个子关系中，积极心理学主要以研究家庭亲密关系和亲子关系为主。

一、家庭亲密关系

现代社会中核心家庭已成为社会的主流，而在核心家庭中，夫妻间亲密关系是家庭中最重要的一种关系，这种关系是"一种持续相当长时间的、强烈的、经常的和全面的相互依赖关系"（Kelley et al, 1983）。它不仅仅只是具有呆在一起的一种形式，它更是指两个个体间的生活紧密地联系在一起，特别是在行为方式上、情感上和思想上的联系。为了使我们的论述更具有准确性，在本书中我们用亲密关系（romantic love）一词来称谓家庭中的夫妻关系，亲密关系在本书中只是一个中性词，它是一个法律概念上的词，只是对关系本身的界定，也就是说法律在赋予双方夫妻的称号时，双方便自然拥有了这种关系。

（一）亲密关系的作用

亲密关系对家庭中各成员的幸福感体验有着极其重要的作用，据塞利格曼（Seligman，2002）等人对 17 个国家不同阶层民众的调查表明，婚姻比满意的工作、足够的金钱和良好的社会环境对一个人的幸福具有更大的影响。在已婚的成年人中，有 40% 的人认为他们自己很幸福，而在从未结婚的成年人中，只有 23% 的人认为他们很幸福。正如美国心理学家迈尔斯（David Myers）所说，良好的、亲切的、互惠的、平等的和长久的亲密关系是一个人幸福的最好预言师，除此之外你再也找不到第二个能像这样预言幸福的因素。与此相反的是，已婚成年人的消沉或沮丧情绪最少，其后由少到多的排列顺序依次为：独身者、离婚一次者、未婚同居者和离婚两次及两次以上者。以研究家庭问题而闻名的美国社会学家格伦·艾尔德（Glen Elder）在其研究中也指出，婚姻是人们消除生活麻烦的

203

最重要的力量之源，所以他曾告诫人们：要想过有质量的幸福生活，那么你就去结婚吧。

医学心理学的研究也表明（Seligman，2002），具有良好亲密关系的女性的月经周期稳定性要远远高于那些不具有良好亲密关系的女性，而且这些女性更年期出现的平均年龄也要相对晚三年左右，这说明良好的亲密关系能延缓女性的生理衰老。在教育心理学方面的研究更是表明，夫妻之间的稳定的亲密关系对孩子的发展也有较大的影响，生活在良好婚姻状态家庭中孩子的留级率只有其他孩子留级率的 1/3 到 1/2，其心理或情绪障碍的发生率只有其他孩子的 1/4 到 1/3。更重要的是，生活在具有稳定亲密关系家庭中的孩子对待两性关系更严肃，对待婚姻的态度更积极，他们考虑更多的是与对方建立良好的持久关系。

为什么家庭中的亲密关系会具有如此大的影响作用？从古希腊的亚里士多德时代开始，就有许多的贤哲伟人对这一问题做过各种论述，但最近的研究表明，这种亲密关系的作用和其构成成分（也就是影响因素）有着密切的相关。

（二）亲密关系的主要构成成分

1. 了解和被了解

第一个重要成分是关系双方的相互了解，它是指关系双方一方面要了解对方的思想、情感和过去的经历等这方面的情况，另一方面也要主动向对方透露自己以上几方面的这些情况。你要获得幸福，你就要了解别人，只有了解了别人，你才能认识到别人是不可能和你完全一样的，他（她）有他（她）自己特有的思想、行为和爱好等。双方在这些方面的相互了解越多，双方之间的直觉功能（也就是我们常说的默契功能）就越能得到更好的发展。也就是说，关系双方在思想、情感和过去经历的了解会有助于各自通过一些非言辞的行为动作、表情等来把握对方的真实行为动机及内心想法等，而这些直觉式把握会使双方的相处更自然，更亲切。因为直觉是由具体情景引起的，以迅速产生为特点，具有对对象迅速的定向作用，从而使关系双方能避免通过言语等引起的麻烦和尴尬。要知道在婚姻里，你既不是丈夫，也不是妻子，你是两者之间存在的、自己感觉不到而对方却能感受到的一种爱的化身，这种爱是自然的、自发的。因为当你意识到你要去爱一个人时，去强迫自己做一些爱的举动、说一些爱的语言时，你的爱就变成了一种施舍而失去了它原本的意义，或许这种爱本身已经伤害了对方。自然的爱是最真实的，也是最可贵的，而这常常是由直觉带来的。

夫妻双方在了解过程中使用最多的还是语言，语言是双方直觉爱产生的基础，因而语言也就自然成为你们亲密关系的最有效调节器。关于语言的使用在许多心理学的相关文章里都有一定的论述，不管在语言的使用上有多少技巧，但有一点是肯定的，那就是你必须用积极的态度对待你自己的语言以及对方的语言。如果你觉得对方所说的话或者说话的方式使你受到伤害或者含有某种对立的意向，那么你首先应该认识到，对方和你一样应是一个通情达理的人，之所以出现这种情况，很可能是由于你自己说了什么错话或者是用了什么错误的说话方式而冒犯了对方。只有确定了你的情感受到伤害的真正原因，你才能避免对方再次做出同样的反应来伤害你。语音往往能反映说话人的语气、态度和内心潜在的思想，当你发现对方对你说话时的态度或声调让你感到不喜欢时，你就应该避免使用同种态度和声调去和对方说话。反唇相讥在夫妻双方中是绝对禁止的，因为这种方式除了能满足一下自己好胜的虚荣心之外，它对于双方亲密关系的建立或发展毫无用处，而且反而会使双方的对立加剧。

你要记住，如果你喜欢受到对方的称赞、喜欢对方记住你、喜欢对方怀念你，那么你就应该要更多使用称赞对方、记住对方、怀念对方的语言，因为这也肯定能令对方感到高兴。积极的语言也是一种主动的语言，你要主动采取措施，通过改正自己的错误来使对方改正错误。这也许对你来说有一点困难，也不习惯，但你通过有意识的努力却是能做到的。但这种积极主动并不是让你以自我为中心而不去倾听对方，其实倾听的艺术也是你讨对方喜欢的秘诀之一。我们很多人有时在对方和自己交谈时说得太多，我们总是试着提出太多的建议，其实大多数时候，对方可能最需要的是沉默倾听，因为沉默倾听能把耐心、宽容和爱传达给对方，沉默倾听还能消化掉对方心理的不爽——使对方得到了一定的发泄。当然了解与被了解应该是一种动态的和持续不断的过程，因为关系的双方都是不断变化着的主体，双方生理和心理的各个方面都会随着时间的流逝而发生变化。

2. 归因

这里的归因主要是指人们对发生的、与自己有关的事或发生在自己身边的事的原因的解释，一般说来，关系的双方总是会对对方的行为原因做出自己的分析和解释，然后根据这种解释的结果来确定自己要采取的相应措施。心理学家海德（F. Heider）曾提出过一个较普遍的归因模式，他认为人们在生活中要么以情景，要么以个体固有的性格或气质特征为根据来解释其他人的行为方式。如一个妻子下班回家后一声不吭地跑进了自己的房间，丈夫问她出了什么事时，她也不理睬。这时候丈夫就会把她的这一行为和她平时的行为相比较，假如他妻子的这种行为在平时很少出现，他就会得出结论，认为自己的妻子一定碰到了让她不愉快的麻烦事；而如果他妻子的这种行为在平时经常出现，他就会认为妻子的这种行为一定是她天生的坏脾气所致。（Harvey & Pauwels，2002）而有研究表明（Jones & Davis，1965），在良好的人际关系（包括亲密关系）中，人们更倾向于以性格或气质特征为根据来解释对方的行为。

在良好关系的形成过程中，归因活动是一个非常重要的影响成分，它反映了我们对关系对象的信任度和亲密度。当我们把对象的一些消极行为归咎于外在的特定事件影响的结果时，我们事实上既给对方传递了一种亲密的信息，同时也使

205

我们自己坚定了对对方的信任和关心。相反，如果我们把对方的积极行为归咎于某些外在因素时，我们就会对对方的良好行为的爱意或诚实性产生怀疑。因此，凡是把积极的行为归咎于个体本身的内在气质或性格原因时，把消极的行为归咎于个体本身不能控制的外在原因时，双方的亲密关系就会得到增强。如他回来早是因为他心里总想着我，总想和我多一些时间待在一起；他上班时打电话给我是因为他总想关心我；他对我发脾气是因为他工作中面临很大的压力或受到了委屈；他迟到回家是因为路上交通拥挤。反之，如果把积极的行为归咎于外在的原因，把消极的行为归咎于内在的气质或性格原因时，双方的亲密关系就会得到削弱。

但在实际生活的情况下，大多数人通常都采用内在与外在相结合的混合归因，这似乎成了人们的一种生活习惯。特别是随着人年龄的增长，知识的增多和阅历的丰富，人逐渐有越来越变得辩证的倾向，对什么事都喜欢从正反两个方面来加以考虑。如上面我们所讲到的一个妻子下班回家后一声不吭地跑进了自己房间的例子，她的丈夫一方面会认为她是由于外部的某些特定事件的影响所致，另一方面也会把这种行为部分地归咎于她天生的脾气。这种多方面的归因确实有利于帮助人们更全面地看清问题，而且这也是人成熟的一个重要标志。但我们千万不要忘记，在我们与我们的伴侣在一起时，我们所要做的一切都是为了增进我们的关系，而不是显示我们的成熟和阅历经验，要知道人行为中所包含的情感、目的和动机有时候光靠人本身的理性是不能完全辨明的。

3. 接受和尊重

接受和尊重是亲密关系的一个非常重要的成分，接受是指关系双方对对方的情况了解之后，双方对各自已有状况的认同，尊重是关系双方对对方情况接受基础上而产生的对对方人格的敬重。假如关系双方都不能接受对方过去和现在的一些主要状况，那已有的亲密关系就会中断或根本就不能产生亲密关系，反之关系双方的亲密关系就会得到增强。心理学家高特曼（J. M. Gottman）曾对夫妻关系进行过长期的研究，他发现夫妻双方如果能认真相互倾听对方的意见、主动做出妥协满足对方的需要、争执中能多从对方立场出发来考虑问题、尽量接受对方对外在世界的反应方式等时，双方对相互之间的关系就会表现出较高的满意度。当对以上这些行为方式做出进一步的抽象时，高特曼发现这些行为的核心其实就是接受和尊重对方的思想和情感，我们把这类具有接受和尊重对方思想和情感特征的行为称之为积极行为。反之，夫妻双方如果对对方的一些想法出现言辞攻击、不理睬、激烈批评等行为时，双方相互之间关系的满意度就会降低，而造成关系满意度降低的这些行为的最大特征是不接受和不尊重，这一类行为则属于消极行为。

当然，对于夫妻双方来说，双方之间不可能只存在有积极行为而不存在消极行为，但有研究（Harvey et al, 2002）表明，如果双方间积极行为的数量多于消极行为的数量，则关系双方的亲密关系仍将会是稳定的或令人满意的。为了更好地说明积极行为，我们具体来分析一下影响关系双方间亲密关系的消极行为的四种主要形式，它们分别是：泛化指责、贬损、漠视和过度自我防御。

夫妻间的泛化指责不是我们平时常见的那种夫妻间的抱怨，抱怨只是一种表达不同意见或不同看法的形式，它在一定程度上是有利于增进双方的亲密关系。从对象上来说，抱怨只指向于特定的行为或举止，它以描述的形式对具体行为的消极方面或消极特性作出说明。而泛化指责则指向于对方的人格状态而不仅仅是特定的行为，它在某种程度上是对对方现有的一切进行攻击，它无限扩大了否定的范围，有着所谓的"上纲上线"的特征。因此，泛化指责是一种攻击对方人格的形式，它对增强双方的亲密关系非常有害。

举例来说，假定一对夫妻中的一方在近一段时间内由于整天忙于加班加点工作而忽视了另一方，这时候被忽视的一方就会有以下两种表达自己不满的方式：一种是抱怨类的："你最近一直在工作，就是到了周末我也看不见你。"另一种是泛化指责类的："你太自私了，你只知道工作和赚钱，在你心里根本就没有我！"这两种表达方式看起来都是发泄自己的不满，但前一种显然是就事论事，只是摆出了所存在的客观事实，这一种表达方式只会引起对方对自己行为的思考。而后一种则带有一种对对方人格状态进行攻击的味道，它已脱离了当前所发生的具体的事件，把指责泛化到了个体当前的存在状态，这样的表达方式明显会使对方产生敌意和不快。

207

贬损也是一种对双方亲密关系会产生消极影响的一种常见行为方式。贬损其实是一种对对方缺少尊重的论述和行为，其目的是使双方感到丢脸或难堪。贬损是一种比泛化指责更有害的行为方式，因为贬损是一种对对方有意为之的侮辱，具有傲慢无礼的特征，它可以被称之为是一种"心理虐待"。贬损常表现为四种具体的形式：第一是侮辱性的咒骂，这是一种伤害对方固有价值（也即做人的价值）或固有情感的咒骂，它比一般的咒骂更有伤害力，例如有的人漫骂对方时把对方的家人或亲人、尤其是把对方的父母或其他长辈放在一起骂；第二是敌意性幽默，这是指以平时生活中的幽默语言来表达对对方的鄙视，如"你现在是寡妇死了儿子，一点指望都没有了"；第三是嘲笑或嘲弄，用反话的方式夸张或比喻对方的行为，使对方觉得难堪，如"你看你忙的样子，好像你是总理似的，其实你只是个谁都看不起的狗腿子"；第四是令人生厌的体态语，用令对方生厌的身体动作或面部表情来表示对对方的轻蔑等，如向对方伸出小手指表示对方无能等。

漠视也对夫妻双方的亲密关系有重要的破坏作用。它是指关系的一方过分地以自我为中心，对对方的行为、思想和情感等不闻不问，似乎对方不存在，有些夫妻间"冷战"时常使用这种方式。漠视的最大特点就在于有意忽视对方，从而达到孤立对方。这种方式从外表看来似乎并没有什么严重性，但它实际上明确表示了对对方的不接受和不尊重，传递的是一种要求疏远的信号，因而，这也是影响夫妻双方亲密关系发展的一个重要因素。

过度自我防御是指关系的双方或一方总是有意无意地隐藏自己的思想、情感或行为，总想把自己装在套子里，害怕自己被别人了解。我们知道每个人都有一套自我防御机制，主要是由遗传而来，当人面临各种危机时，它会自动地发挥作用，从而确保我们的身心处于健康的状态。但如果一个人过分关注自我保护，经常有意识地启动这种机制，则这种机制就会影响到我们的正常生活。这就如古代的盔甲一样，它在战斗时穿着能保护我们免遭外界的伤害，但如果我们因为害怕受到伤害而平时一直穿着它时，它就必然会影响到我们的生活了。过度自我防御的人不愿意和对方多交流、多联系，他们害怕对方了解自己的内心，同时也害怕自己去了解对方的内心，相信生活中"沉默是金"，这种过度自我防御其实在效果上和漠视具有同等的作用，它也同样伤害着关系的双方。

近年来，心理学提出了一种以接受和尊重为核心的改善婚姻质量的新方法，斯克洛夫（J. M. Schrof）称之为婚姻疗法（marital therapy）或接受疗法（acceptance therapy），贾克布森（N. S. Jacobson）称之为夫妻疗法（couple therapy），1998 年 1 月 19 日的《美国新闻和世界报导》曾对此做过一个专门的介绍。这种方法强调夫妻间要学会接受和尊重——而不是尝试去有意改变对方已有的一些令人不快的行为或性格特征，并且这种接受的含义还不仅限于是容忍，双方还应努力培养对对方这些行为或性格的喜爱情感，以使自己达到真心欣赏的地步。贾克布森认为，除非你不想保持良好的夫妻关系，否则这是夫妻增进良好亲密关系的最好方法，尤其是对于中青年夫妻。从本质上说，夫妻疗法其实告诉了我们这样一个有用的道理：我们并不可能因为改变了对方的外在行为就会使我们对夫妻间的亲密关系产生满意，而只有改变了我们自己已有的思想，我们才有可能对此产生真正的满意。

当然，我们所说的关系双方的接受和尊重并不是绝对的或无原则的，如果双方中的一方做出了伤害另一方的情感或身体的事，那当然对另一方来说这是不可接受的，在这种情况下，解决问题的最好的办法也许只有一个，那就是通过法律的途径来解除双方的夫妻关系。但如果你在以上这种情况下仍然想发展相互之间的亲密关系，那或许你也只能接受对方的行为或行为的结果。我们这里想说的是，这种接受的前提必须是对方的这种伤害行为已停止，如果对方没有停止这些行为的愿望，那么你千万别抱有还能增进双方间亲密关系的希望，因为这个世界上没有谁能无限制地总是承受这种对自己的伤害。

4. 互惠

互惠是指夫妻双方能从双方的亲密关系中获得大致相等的利益，并且双方对亲密关系的建立或发展的付出也大致相当，这符合心理学研究中的心理平衡原则。对于一个人来说，如果他付出的多于他所获得的，那么他便会觉得自己本身的价值或自己的劳动价值未能受到应有的尊重，这时他在心理上就会有一种失衡的感觉。反过来，如果一个人的获得多于他的付出，那么这个人在心理上也会产生一种不愉快的内疚感，有时甚至是负罪感，这时他的心理也会处于失衡的状态。因此，在夫妻双方的亲密关系中，如果不能达到互惠，那么这种亲密关系就一定会处于不稳定且令双方都不满意的状态。

生活中有一句俗话也许能给我们以启示："我想要得到幸福，但是我只有使你幸福了，我才会有幸福。"幸福是一种难以捉摸的东西，如果你想不顾他人而一个人独占，你会发现幸福就离你越来越远，而你如果能努力把幸福送给对方或他人，于是幸福就会马上出现在你面前。寻找自己幸福的最有效方法，就是你竭尽全力地使对方幸福，这就是互惠。

不过需要指出的是，我们所说的双方互惠并不是简单的指双方在某一件事上、或某一个时间点上的互惠，互惠应是一种总体上的和一定时间段上的感觉。正如生活中，有许多人会表现出种种形式的利他行为，这种行为也许在特定的利他行为所涉及的具体对象那儿、在一定的时间段内得不到回报，但最终这个人的利他行为一定会在合适的时间，由社会以不同的方式来加以回报。当然，这种回报既可能是物质上的，也可能是精神上或者是两者兼具的。如果一个社会不存在这种回报利他行为的机制，那么这个社会就一定不是一种人道的社会，事实上这样的社会也根本不会延续到今天。

209

但也有心理学家曾对这种社会回报理论提出过质疑，他们认为社会的有些关系中不存在这种回报心理，有些人愿意全身心地付出而不计任何回报，并认为这种心理是人类进化过程中形成的一种适应机制。如父母对于他们孩子的关爱就是这样的一个典型例子，一般情况下，父母对于孩子的关爱总是大于或多于孩子对父母的关爱。许多心理学家、人类学家和社会学家等在分析这一现象时认为，人类的这一特性是确保人类这个种族能够不断进化和繁荣的最重要的条件。因为只有这样，孩子一辈从总体上说才能比他们的父母一辈能受到更好的生活物质待遇或教育待遇等，从而形成一辈更比一辈强的态势，人类自身也就能得到不断的发展。如果一旦反过来，也就是说孩子对父母的关爱大于或多于父母对孩子的关爱，那势必就会造成人类没有足够的资源去培养下一代，从而形成一辈不如一辈的状况，那样人类也许最终只有走上灭亡的道路。我们认为以上这种分析不无道理，但事实上也许还有另外一面，从表面看来父母们的付出是不计收获和无私无利的，但其实他们的每一点付出都能从社会和他们的孩子那里有所收获。

首先，他们的回报来自于社会，他们获得了人类最崇高的一个称谓——父母。父母这个词，它在许多人看来也就是一个和其他概念并没有什么区别的普通概念，但其实不然，这个世界上的每个概念虽然是用来标志事物的，但它又不仅止于此，它还带有它特定的价值意义。"父母"与"小偷"是两个普通的符号，但它们在每一个社会人心目中却有着天壤的价值差异，这种价值差异并不是由这两个词所固有的特征决定的，而是由这两个词所标志的对象的行为价值而决定。也正是由于千百万的父母们的辛劳付出，才创造了或约定俗成了"父母"这个词在我们人类心目中的崇高形象，因此符号的生成过程其实也是符号本身的意义获得过程。而一旦这个获得了意义的词再被加于某个人的身上时，这一过程也就演变成了把某种形象和价值意义加于这个人的过程，这其实就是社会对其个体的一种回报形式。

其次，父母们的回报也来自于孩子本身，我们都知道，孩子的将来就是我们社会的将来，也是父母们的将来。一方面，孩子们创造出一个比现在更繁荣昌盛的社会，从而使得生活于这个社会的一切人能更幸福；另一方面，就每个特定的父母来说，父母在自己的孩子成长之后，他就能从他们那里获得物质和精神的回报，这就是为什么一首"常回家看看"的歌曲能引起那么大的社会反向。许多父母们会说"我将来有退休金，不需要孩子来赡养。"事实上，你的退休金就是你的孩子和其他的孩子共同创造的，试想如果所有的孩子都发展得不好，你又到哪里去拿退休金。

5. 连续性或长期性

连续性是指夫妻双方的这种亲密关系不是暂时的，而是持续一个漫长的时间，甚至是一辈子。而在这过程中，双方的行为、思想等不是一种静态的或一成不变的，因此，夫妻双方亲密关系的经营应是一个连续的发展过程。在这个过程中，关系的双方都要及时不断更新自己的经营计划、知识、思想等，以便能准确地反映对方、自己和双方关系的特征。

时间的长短并不是夫妻双方亲密关系经营质量的一个决定因素，有些人在几个月、甚至几周的相互了解后就能发展起一种良好的亲密关系，有些夫妻也许呆在一起几十年也形成不了良好的亲密关系。但从一定意义上说，经营本身是一个花费时间的过程，因此，时间也是双方关系成熟的一个不可或缺的因素，它可以帮助我们累积经验，经验——特别是感性经验在亲密关系的经营中具有很大的作用。

美国心理学家米勒（Miller）及其同事在60年代时曾对家庭亲密关系的经营提出过一些很好的意见。他们认为，关系的双方首先应制定一个发展双方关系的计划，这一计划的目的是让双方都清楚关系的发展方向和发展过程；然后用根据计划而采取的行动或行为来验证这个计划，这被称之为检验性行为，特别需要指出的是，检验性行为必须包含有亲密关系的前四个成分；这样的过程在经历了一段时间之后，双方都会发现自己的想法或对方的想法多少存在一些问题，于是双方就会对各自的行为进行一些调整，我们称之为调整性行为，双方的调整过程也就是把各自已获得的知识和经验进行整合的过程，即把已有的知识和经验整合到新的行为中去。事实上，对于关系的双方来说，调整本身也是一个连续的过程，可以说双方亲

210

密关系的经营过程主要就在于其调整过程。这一过程可以概括为这样一个"计划——检验性行为——调整性行为"的程序公式（Harvey et al, 2002）。

总的来说，夫妻双方的亲密关系是一个双方共同的经营过程，连续性既是夫妻双方亲密关系经营的一个成分，同时更是经营的一个重要目标。而如果我们把连续性这一重要目标进行分解的话，它应该包含有以下这些方面：（1）关系双方都能很好地了解对方和被对方了解；（2）夫妻双方都能主动使用关于增进双方亲密关系的知识；（3）双方都能在学习的过程中尊重和接受对方；（4）双方都有继续发展这种双方亲密关系的动机；（5）在亲密关系中，双方都能认识到对方的特点并认为对方是自己最合适的亲密伴侣。

亲密关系测试量表

下面是一个测试亲密关系的量表，每一项你可以从1—6之间做出一个选择：1 = 完全同意，2 = 同意，3 = 有点同意，4 = 有点不同意，5 = 不同意，6 = 完全不同意。

1. 成功且具有良好亲密关系的双方对许多事情有着同样的看法。
2. 你应当避免告诉你所爱的人自己过去太多的事情。
3. 当对方请求你的帮助时，你会感到不愉快。
4. 你的伴侣必须尽可能多地与你相像。
5. 当你的能力足够时，对方应尽可能地充分利用你。
6. 不要和你的新伴侣讨论你过去的一些亲密关系。
7. 那些意见不一致的伴侣肯定没有良好的亲密关系。
8. 和自己过去生活经历不一致的人建立亲密关系是一件很困难的事。
9. 伴侣们应当花许多时间来相互交流。*
10. 即使是在亲密关系中，人们也应更多地关心自己的幸福安宁。
11. 你应当尽可能多地对你的新伴侣进行了解。*
12. 即使人们深爱着你，但他们主要地还是考虑他们自己。
13. 在亲密关系中，使自己保持一定的神秘感是很重要的。
14. 具有良好亲密关系的夫妻必须在所有事情上都意见一致。
15. 对我们来说，我们所爱的人其实都是陌生人。
16. 无论什么情况下，关系的双方都应当互给对方一些不确定的利益。*
17. 对你比较好的那些人通常都是想从你这获得什么作为回报的人。
18. 具有良好关系的伴侣双方通常有不同的朋友和不同的兴趣。*

（注：带 * 号的反向计分，也即选1得6分、选2得5分，依此类推；其他的选几就得几分。把得分相加起来就是你的总分，总分高则说明亲密关系差，反之则好。）

211

（三）亲密关系的四个阶段

家庭中所存在的亲密关系按其经营的成熟程度的不同主要可以分为彼此相连的四个阶段：亲近感阶段、理解感阶段、尊重感阶段和期待感阶段。

亲近感阶段是双方亲密关系的第一阶段，它是指双方之间有一种相互接近的意向，彼此在看到对方时能产生一种愉悦的体验，也就是很愿意看到对方。这主要是由双方的一些外部特征所引起的，如行为方式、生理特点、籍贯、职业、业余爱好、宗教信仰等。一般认为在这些方面如表现出同一性和相近性，亲近感就容易建立，反之则不易建立。这就如生活中幼儿与幼儿之间、老乡与老乡之间、教师与教师之间、警察与警察之间、基督徒与基督徒之间总是容易产生亲近感。同样长相善良的人、外貌吸引人的人也较易引起对方或他人的亲近感。但在实际生活中，人与人之间亲近感的形成大多是由多种因素（内在和外在因素）而不仅仅只是一种因素影响的结果。亲近感关系的最大特点是双方有一种接近的意向，但这种意向还没有转化为行为的动力，所以在许多时候这种意向并不一定伴随有相应的行为。

理解感是亲密关系的第二阶段，它是指关系的双方能主动交换各自的立场，从对方的角度来看待周围的世界。这是一种在亲近感基础上发展起来的，主要由关系双方在认知方面的同一性所引起的，如知识的结构、范围等的趋同都有助于产生一定的理解感。理解感的特点是关系双方在认识上能趋向一致，但这种认知并没有情感的真正投入。也就是说，认识上的理解并不一定意味着内心深处情感上的认同，更不意味着对方的行为能被另一方所模仿或同化。如我们也许能理解一些巴勒斯坦人的激进的做法，但我们在内心深处却并不认同他们那种忽视生命的做法（这里面也许有不同价值观、政治信仰的影响，但我们在这里主要是从人际关系的维度来做出论述）。作为一个老师，我有时能理解部分老师体罚学生的做法，但从内心深处我是反对体罚的。当然，大多数的情况下，认知上的理解会带来情感和行为上的赞同，它们之间会表现出一致的关系，所谓"知之深爱之切"。

亲密关系的第三阶段是尊重感，它是指关系双方不仅能相互理解对方，在认识上取得一致，而且在情感上也能引起共鸣。这种关系常常是由移情（empathy）所导致的结果，是亲密关系的一个高级阶段。在这种关系阶段，关系双方能知觉与体验到对方的某种情感体验，深刻明白对方的情感所表达的真实意义，在这过程中，他们会唤起自己过去生活经验中形成的特定社会情境的情绪反应模式，从而最终产生共同情绪体验与相应的行为。尊重感的特点是：关系双方不仅在认知上趋同，而且在情感和行为上相近。

亲密关系的最高级阶段是期待感，它是指关系双方已在认知、情感、思想和价值观等方面完全融化为了一体，也就是说从一方的情感、思想中可以看到另一方的影子，是一种你中有我，我中有你的状态，这是一个只有较少人才能达到的最高级阶段。期待感阶段关系的最大特点是：关系双方的期望常会在各自身上变成真实的结果。在生活中，有些没有血缘关系的人当产生了这种期待感之后，他们甚至能让其他人感觉到他们相互之间在各方面正变得越来越像。如我们平时常会发现一些夫妇之间有着"夫妻相"，他们的行为方式、思想情感，甚至于外貌等都非常相像，这种"夫妻相"其实就是双方期待感的结果。

心理学研究中有一个重要的心理学现象——期待效应，研究这一问题的先驱是美国心理学家罗森塔尔（Robert Rosenthal），因此这一效应又被称为"罗森塔尔效应"。罗森塔尔的这一研究最初是为了证实心理学实验中存在有"实验者期望效应"，也就是实验者对结果的期望能改变实验本来的结果，这样"实验者期望效应"就会威胁到心理学的实验研究并使之无效。后来罗森塔尔把这一研究扩大到了实验之外，认为类似于"实验者期望效应"也可能会出现在学校中，特别是一些公立学校中。于是罗森塔尔和他的助手雅各布森在一所被称为橡树学校的小学进行了这方面的研究，实验的结果证实了他们的假设：他们发现在实验室中已被证明了的期望效应，也会在现实的生活情境中起作用。

我们这里所讲的期待感的心理学原理和罗森塔尔和雅各布森的期望效应的心理学原理总的来说是一样的（也就是期望所导致的某些隐蔽的信号会影响对方），但它们之间也有一定的区别，我们在期待感中所讲的期待是指关系双方的相互期待，而罗森塔尔和雅各布森的期望效应中的期望则主要是一方对另一方的单向期待，主要是实验者的期待。

213

你的夫妻关系到底发展到了那一个阶段，美国的布兰敦博士设计的"婚姻之镜"问卷也许可对你提供帮助。该问卷有两个部分组成，第一部分由丈夫回答，第二部分由妻子回答。夫妻双方完成这两部分的问卷后，然后对双方的回答进行比较，计算出有多少的相同部分。如果夫妻答案相同的达到 15 项以上，表示夫妻双方之间有深刻的了解。相同意见在 10—15 项，表示双方有些不同的观点；相同部分如果达不到 10 项，表明双方间有一些误会，你们应该坐下来开诚布公地谈一谈。

"婚姻之镜"问卷

第一部分（由丈夫回答）

1. 你现在还像度蜜月时那样浪漫和有情调吗？
2. 你和你太太的家人相处和谐吗？
3. 你对你太太的家人遇到的问题有同情心吗？
4. 你在制定预算时，是否把家庭需要摆在第一位？
5. 你认为中国女人过于专横跋扈吗？
6. 你会偶尔给你太太送礼物，给她一些惊喜吗？

7. 你将事业和工作摆在家庭之上吗？

8. 假如你们并不缺钱，你的太太想到外面去工作，你会同意吗？

9. 你认为先生和太太应该各自去度假吗？

10. 家中之事由你做主吗？

11. 你觉得你们的性生活美满吗？

12. 你介意你太太在家庭之外有朋友和爱好吗？

13. 你们在管教子女方面的意见一致吗？

14. 你们有未来的家庭计划吗？

15. 你的太太是否还刻意保持自己新婚时那种美丽动人的形象吗？

16. 你太太对你的工作感兴趣吗？

17. 你一回家，太太便不停地向你唠叨一些家庭琐事吗？

18. 你太太处理家事精明吗？

19. 你觉得太太的心思全在孩子身上吗？

20. 你们花时间在精神信仰上进行探讨吗？

第二部分（由妻子回答）

1. 你丈夫现在还像度蜜月时那样浪漫和有情调吗？

2. 你丈夫和你的家人相处和谐吗？

3. 你对你丈夫的家人遇到的问题有同情心吗？

4. 你丈夫在制定预算时，是否把家庭需要摆在第一位？

5. 你丈夫认为中国女人过于专横跋扈吗？

6. 你丈夫会偶尔给你送礼物，给你一些惊喜吗？

7. 你丈夫将事业和工作摆在家庭之上吗？

8. 假如你们并不缺钱，你想到外面去工作，你丈夫会同意吗？

9. 你认为先生和太太应该各自去度假吗？

10. 家中之事由你丈夫做主吗？

11. 你觉得你们的性生活美满吗？

12. 你丈夫介意你在家庭之外有朋友和爱好吗？

13. 你们在管教子女方面的意见一致吗？

14. 你们有未来的家庭计划吗？

15. 你是否还刻意保持自己新婚时那种美丽动人的形象吗？

16. 你对丈夫的工作感兴趣吗？

17. 你丈夫一回家，你便不停地向他唠叨一些家庭琐事吗？

18. 你处理家事精明吗？

19. 你把心思全放在孩子而不是丈夫身上吗？

20. 你们花时间在精神信仰上进行探讨吗？

夫妻双方亲密关系存在着这四个阶段，但这并不意味着所有夫妻间的亲密关系都一定会沿着这几个阶段而逐渐发展。事实上，人与人之间的亲密关系是非常个性化的，有些亲密关系也许只能一辈子停留在亲近感阶段或理解感阶段，永远也不能发展到尊重感或期待感阶段。同时不同的对象在不同阶段上的发展时间也不一定，有些人快些，另外一些人则慢些，这些都取决于关系双方的心理需要、动机和外在环境条件等因素的共同作用。

二、家庭亲子关系

在早期的家庭研究中，许多研究者心目中有两个重要的信念：第一，大多数人认为在孩子的成长过程中，母亲是一个最重要的角色，母亲对孩子的影响在孩子一生的发展中起着举足轻重的作用。这是因为现代社会的生活节奏比较紧张，大多数父亲们迫于生活压力而不得不起早贪黑地工作，教育子女的工作自然就落在了母亲的身上。早晨当孩子还未曾从睡梦中醒来时，父亲已经出门去上班了，而当晚上孩子进入梦乡以后，父亲才下班回家，于是人们甚至认为许多孩子是在没有父亲的生活环境中成长起来的。第二，随着社会的发展，人们花在孩子身上的时间会越来越少，因为人们需要把更多的时间花在工作上，许多母亲也会由于迫于生计而不得不走出家门。

215

但是现在随着心理学、社会学研究的不断深入，这些信念正逐渐得到改变，人们发现尽管从与孩子接触的时间总量来说，父亲是少于母亲，但从对孩子的影响来看，父亲（有时甚至是祖父母）对孩子的成长同样起着重要的影响，许多时候父亲对孩子的影响并不比母亲低（Marsiglio et al，2000）。同样在另一个问题上，据 Pleck 等人的研究发现，现代社会的发展并没有导致父母们花在孩子身上的时间减少，恰恰相反，社会的发展反而使父母们花在孩子身上的时间比过去有所增加了。即使是由于迫于生活压力，母亲也不得不走出家门参加工作，但一方面由于在现代社会里，家务劳动进一步社会化，人们不再像过去那样要花很多的时间在家务劳动上。同时另一方面，人们的工作时间也比过去有所缩短，许多单位实行了一周五天和一天六小时工作制，再加上现在家庭孩子数量的减少，这样人们花费在孩子身上的时间就自然会增加而不是减少。

（一）共同养育的三种模式

基于以上两个变化，许多心理学家在家庭研究中开始把父子关系、母子关系等合二为一，称之为亲子关系（parent-child relationship）。心理学现在更趋向于用共同养育（coparenting）这个词来对亲子关系做出说明。但也有人认为，使用coparenting 这个词暗含着把家长与子女的关系从以孩子为重点转换到以父母为重点，许多人认为这种转移是不足取的。然而，这种转移却也反映了广泛的现实认识，即要求父母的活动扩展到超出直接与孩子的相互作用方面。因此，在许多国家，特别是一些西方发达国家由学校和国家的某些专门部门向年轻家长提供的 coparenting 课，不仅包括传统上与抚养孩子有关的事务，而且还包括诸如个人自给自足、家庭财政管理和同学校和保健部门打交道的方法等课题。

共同养育有着不同的具体模式，第一种是相互对抗性模式，父母在养育孩子时采取敌意性竞争，如父母一方在孩子面前数落对方的不是，或炫耀自己给孩子的爱更多等。对父母双方的一方来说，他（或她）对孩子的关爱主要是为了与对方展开竞争，其目的只是为了战胜对方，显示出自己有比对方更高的价值，因此他们对孩子的关爱也许是一种看得见、摸得着的实在，但却不是真正意义上的爱。这种养育模式在夫妻关系不和的家庭中出现的频率最高，许多夫妻把对孩子的养育也看做是一种争吵的方式，希望借此来获得从双方直接争吵中所不能获得的或已经失去的东西（如自尊、自信等）。据麦克哈尔和拉斯谬森（McHale & Rasmussen, 1998）等人在 1998 年做的一个研究发现，儿童在婴幼儿期接受的敌意性养育经历与他长大后的侵犯性行为有很大的相关。不过由于这种养育模式主要出现在问题家庭中，心理学目前最想搞清楚到底是养育模式还是家庭矛盾本身使孩子长大后增加了侵犯性行为。

第二种是分歧性模式，父母双方在对孩子的养育上意见相左，双方常常在手段、方法和内容等方面意见不合。这种现象在家庭生活中比较常见，分歧表现在大的方面如孩子将来的发展方向，父亲希望孩子要学音乐，而母亲则希望孩子去学美术等；分歧表现在小的方面如日常生活中的行为方式问题，父亲要让孩子早一点独立，要求孩子自己的事要自己做，而母亲则希望处处护着孩子，总是在各方面百般呵护，大包大揽。麦克哈尔、拉斯谬森等人对这个问题同样也作了研究，他们发现父母双方在养育方式、内容等方面如果存在较多的差异，孩子在今后的生活中更容易产生焦虑情绪（McHale & Rasmussen, 1998）。

父母双方在对孩子的教育上存在分歧是一个普遍现象，几乎每一个家庭都会出现这种情况，只要双方的分歧不是很大，也不是原则性的，那么这种分歧并不会对孩子产生很大的不利影响。但不管怎样说，父母双方存在意见分歧总是不好的，总会或多或少地对孩子产生某些消极影响。因此，当父母双方出现教育意见偏差时，最好是双方首先进行协调或沟通，然后再实施到孩子身上。也许协调或沟通并不能完全消除双方的分歧，但协调或沟通至少可以缩小这种分歧，或者可以针对分歧来寻找到一种有效的实施策略。有人认为我们生活中常见的严父慈母的教养方式就是一种分歧性模式，这种认识有一定的道理，但也不全对。严父慈母的教养方式在东方文化背景中比较常见（可能受东方文化中男尊女卑思想的影响），它主要是指父亲和母亲由于自身性别的差异而对孩子采取不同的教育方式和教育要求，父亲严厉一些，母亲则宽容慈祥一些。从这种教育方式和教育要求的差异性来说，这就是一种分歧性教育模式。但是，从另一个方面来说，严父慈母只是限定在具体方式和要求程度上，它并不涉及教育的其他方面（如教育的目的或目标方面），也不意味着具体方式、方法或内容上的绝对对立或冲突，父母对孩子的最终教育目标还是一致的，因此也不能绝对地把严父慈母的教育方式当做是一种分歧性教育模式。事实上，许多时候严父慈母表现为一种父亲的严厉教育和母亲的亲切安慰相结合，这在某种意义上符合中国传统文化中的阴阳平衡，也许我们把严父慈母说成是一种教育策略会更合适，也更恰当。

第三种是和谐性的模式，和谐性模式并不意味着父母在养育孩子时的内容、方式、目标等方面的完全一致，它更多是意味着一种养育的气氛和环境，在这种养育气氛和环境下，父母双方取长补短、通力合作。如果我们把夫妻之间、父母与孩子之间作为两个系统的话，那么夫妻系统之间的和谐本身就是一种最好的教育资源，它能渗透进父母与孩子这一系统，从而对孩子产生积极的影响。戴维斯等人（Davies & Cummings，1994）认为，在和谐性的教育模式下，父母之间会出现情绪安全（emotional security），而这种情绪安全会有三个作用：首先，情绪安全会影响孩子调节或控制自己情感的能力；其次，情绪安全影响到孩子与父母交流的动机和行为方式；再次，情绪安全会影响孩子对家庭关系的认知和内在表征。反之，父母之间如果存在着许多的不和谐或矛盾，这些不和谐或矛盾就会引起孩子内心的冲突，尤其是和孩子教育有关的不和谐或矛盾更会使孩子产生惭愧、自责、恐惧等不良情绪（Parke，2004），从而影响到孩子的健康成长。

（二）创造积极的家庭文化编码

前面我们已经分析过，人们现在更趋向于把父母双亲或其他长辈等看做是一个整体来进行研究，那么这个整体到底通过什么方式来影响孩子呢？现在人们经常用家庭文化编码（culture code）这一概念来对这种影响作出分析。

1. 什么是家庭文化编码

文化编码这个词最早是由英国 20 世纪著名的教育社会学家、社会语言学家巴希尔·伯恩斯坦（Basil Bernstein）提出来的，"编码是一种具有调控性的原则，（它）选择且统整相关意义、实现方式及所引起的脉络（情景条件），而且默默地习得。……编码至少具有下列几项特征：（1）它是一种深藏的原则，而非一种物品（thing）或一组可见的风俗习惯或传统；（2）具有调控的作用，能选择及统合；（3）意义、体现方式及脉络（情景）；（4）是经由默会习得的一种原则，是文化的结果而非天生的及内在存有的能力。"（苏峰山，2002）

依据伯恩斯坦的定义，编码其实就是指导人们行为的一种原则或规则，这种原则不是以一种外显的条文方式存在，而是以一种情景意义的方式内隐存在，你看不见、摸不着，但它却时时刻刻在影响着你。孩子生活在不同的家庭，他就会形成自己独特的家庭文化编码。伯恩斯坦（包括他带的研究生）对不同家庭的文化编码做了许多的实证研究，在进行"看图说话"的实验时，他发现下层阶级孩子的言语编码具有限制性的特征，这些孩子言语计划时所花的时间要比中产阶级家庭的孩子短。这是因为下层阶级孩子的文化编码常预设社会结构关系是共同的，且每个人具有共同的社会背景。因此这些孩子在说话时都不太注意选择句子的表达方式，回答他人的问话时想到什么方式就用什么方式，自然就比较快。而中产阶级家庭的孩子则正与此相反，其言语编码具有非限制性的特征，这些孩子常预设每个人的社会结构关系是不同的，因此，他们在言语时常常要仔细寻找合适的句子表达方式，因而言语计划时间就较长。在言语的意义理解方面，下层阶级的孩子理解句子意义的顺序是"情景依赖先于情景独立"，而中产阶级的孩子则是"情景独立先于情景依赖"。例如在孩子进行"食物分类"实验时，对于"鸡肉"这个词，下层阶级的孩子首先理解"鸡肉"是"我爱吃的"（依赖于他当时的生活情景），然后理解"这是一种动物"（独立于当时的情景），而中产阶级的孩子则先理解"这是一种动物"然后才理解"这是我爱吃的"。

　　在以上这些实证研究的基础上，伯恩斯坦概括了现代社会两种典型的家庭文化编码：第一种是地位型家庭文化编码，第二种是个人型家庭文化编码。地位型家庭文化编码具有一些明显的特征：家庭各成员角色之间有明确的分工界线，各成员间角色的渗透性较弱，所谓"演什么像什么"，成员与成员之间具有一定的阶层性，不同成员的角色地位是天生的而不是自己去争取的，整个家庭呈封闭性状态，外来的或异己的东西不易进入。孩子具有了这种文化编码之后，通常比较敬重权威，比较注重个人的基本责任和维护集体利益，但个体自身的自我意识却会受到压抑，独立性也不够，因此缺乏创新和创造的精神，这种文化编码在社会的下层阶级较多见。而个人型家庭文化编码则表现出了另一种特征：家庭成员间角色界线比较模糊，没有明显的权威结构，成员间角色相互渗透性强，家庭呈现出开放性状态，容易吸收或包容新的东西。孩子在形成了这种文化编码之后，会具有较高的自主性和独立性，他不仅善于表达自己的意见、情绪等到内心世界，而且也非常尊重他人的意见、情绪等。"在这样环境长大的孩子不同于地位型家庭，可以提出对家庭里的人事物的看法，也不断练习说明自己的内心想法、动机和态度，运用许多的词语描述自己的内心世界和所观察到的一切。"（苏峰山，2002）这种文化编码在社会的上层阶级更常见。

　　显然从比较这两种家庭文化编码的特点来看，个人型家庭文化编码相对于地位型家庭文化编码表现得更积极。也就是说，上层家庭的文化编码更容易和社会整个的发展方向取得一致性，即与当时、当地社会的主流文化编码相一致，生活在这样家庭中的孩子也就更容易被社会所接受，因为他已有的文化编码与他所要接受的新文化编码之间没有冲突，两者之间具有同码性。自然具有这种文化编码的孩子在社会性的考试中就能获得较好的分数，因而他也就有了更多的发展机会和

218

融入主流社会的机会。而下层家庭的文化编码与社会提倡和要求的文化编码不太一致，当生活在这样文化编码家庭中的孩子走出家门以后，他所面对的不仅是一个全新的世界，甚至是一个与他已有观念相矛盾或相冲突的世界。这种矛盾或冲突会使他产生困惑，也会使他无所适从。他自然就不太容易融入主流社会，甚至也不太容易在学校（总体上说学校总是代表了主流社会的意愿）中取得良好的学业成绩。

总的来说，个人型家庭文化编码跟整个大社会的发展潮流是一致的，其气氛更具有主动性和开放性，社会总是在持续不断地发展，与社会发展保持一致性的也就必然含有积极的特性，因而个人型家庭文化编码是一种积极的文化编码。两种文化编码的不同也反映出上层社会更善于捕捉到社会将来的发展方向，而下层社会则常受眼前利益或身边利益的影响，他们不太有把握社会发展方向的能力，这也许是因为他们常受生活或生计所迫，不得不屈服于看得见的眼前利益。

2. 帮助孩子建立积极文化编码的几条建议

帮助孩子建立积极的文化编码是一个十分复杂的问题，它一方面牵涉到家庭的方方面面，如父母的教养态度、家庭生活习惯等，同时也牵涉到孩子本身的先天特征，如神经气质类型等。目前在这方面的研究还不是很多，我们在这里主要提出几条建议。

建议一，通过言语交流、家庭仪式和家庭故事来帮助孩子建立积极的文化编码。

孩子形成编码的过程是一个主体自己觉知不到的潜移默化过程。伯恩斯坦认为，在孩子文化编码形成的过程中起主要作用的是孩子的语言学习，"当一个孩子学习他的言语或特定符号时，他同时学习了调节其言语行动的社会结构要求。……社会结构借由儿童的言语行动的塑造来发展其心理实体。如果这样的讨论是合理的话，那么指导儿童进入社会世界及学习各种社会关系类型的历程，初始就是由言语体系的意义内涵所引发的，且有系统地强化着。……符号原则进而导引着社会、智能及情感的方向。"（Douglas，1993）因此，对一个家庭来说父母与子女的言语交流就显得非常重要。怎样和孩子进行有效的言语交流才能使孩子形成更积极的文化编码呢？一般认为和孩子进行交流时使用正式的、情景独立型的和精致的语言形式会对孩子形成积极的文化编码有重要作用，具体说来，主要应注意以下几个问题：

首先，要察言观色，抓住孩子心理。孩子的心理主要有两个组成部分，一个是所有孩子都具有的普遍性特征，即凡是孩子就必然具有的心理现象、规律和特征等，另一个是每个孩子所具有的心理特殊性，由于每个孩子都具有自己独特的先天特征和生活环境。因此对于家长来说，一方面要了解儿童心理的普遍知识，另一方面也要了解自己孩子的心理特殊性，特别是了解自己孩子的气质、情绪活跃水平、社会反应类型、服从水平等。

父母在和孩子谈话时，必须要把握住孩子的心理状态——普遍性和特殊性。

219

在一般情况下，孩子的心理状态会不同程度地有所暴露。父母这时就要善于把平时对孩子的了解与他在谈话过程中的外部表现联系起来，细心地观察孩子的神情、言语、注意力和习惯动作，从而正确地把握住孩子的心理状态。比如谈话时孩子低头不语，往往是感到委屈或产生抵触情绪等心理的表现，而抽抽搭搭则往往是孩子内心羞愧失衡的反映。

但有时孩子的同一种外部表现，其原因常常是错综复杂的。因此，我们还应做出分析、思索，力争探求到孩子真实的心理面貌。孩子和父母谈话时会受到多种因素的影响。比如孩子的年龄、性别及谈话时的心境等。初中阶段的孩子正处于花季时期，这个年龄阶段的孩子自尊心、独立意识开始增强，希望别人能像对待成人那样来对待自己。另一方面，他们的认识却仍有很大的片面性，缺乏自我控制能力，容易冲动，对后果缺乏考虑，出了事又不知所措，表现出一定的孩子气。与他们谈话，父母就要考虑到这些特点。

当然，谈话时我们还要关注孩子的个性特征。傲慢的孩子常对谈话表示轻蔑；胆小怯弱的孩子又易心情紧张；心境不好时常沉默少言，或言则易怒；情绪兴奋时又常喜形于色，絮絮不休。父母要对种种因素综合分析，准确地把握住孩子真实的心理状态。

其次，要营造聆听气氛，有的放矢。父母要想使谈话取得成效，一个重要的诀窍就是在谈话的双方之间形成一种聆听的气氛。没有互相聆听的气氛，谈话肯定没有效果。聆听的气氛是教育的情感背景，它能有效地调动孩子的积极性和自觉性，鼓舞孩子前进。

聆听气氛要靠父母运用各种方法和手段来精心设计。如对处于激动状态的孩子，可先转移话题，待他心平气和后再启发教育。而一旦触及问题，又要有针对性和灵活性，抓住谈话中的"契机"，有的放矢。有时要引而不发，让其自我思考，有时又要触机而发，有时要一针见血地击其要害，有时则语重心长地诚意嘱咐，这样才能收到实效。

再次，要尊重孩子，运用"平行交谈"原则。尊重孩子，用平行交谈的方式跟孩子说话，往往能引起孩子的热烈回应。平行交谈意即父母与孩子一边做一些普通的活动一边进行有关的交谈，重点放在活动上而不是谈话的内容上，双方也不必很严肃地看着对方。如父母与孩子边做家务边交谈、边跑步边交谈等。这种非正式的谈话方式会让孩子感到轻松自在，从而利于父母对孩子施加影响。几乎从事任何活动都能找到这样的机会，如一起做家务劳动，或一起郊游、散步等。

平行交谈这种形式之所以能够收到很好的效果，主要是因为这种方式使父母的家长角色得到了淡化。由于时代的进步，现在孩子身上表现出越来越多的民主和人文色彩。孩子对体现父母角色的"教育交谈"或"角色交谈"愈来愈感到不满，他们强烈要求非个性的人性交谈。他们更喜欢和父母随便聊聊，而不是严肃地讨论问题。

　　除了通过家长与孩子在生活中的言语交流来帮助孩子形成积极的家庭文化编码之外，我们还可以通过一定的家庭仪式、家庭故事等方式。最近几十年来，许多心理学家和家庭教育家，已逐渐开始把家庭仪式也作为家庭生活的一个重要方面，而且把它看做是影响孩子形成一定文化编码的一个重要因素。家庭仪式是一个范围非常广的概念，它既包括那些有着严格程序规范和礼仪要求的正式仪式，如婚礼、祭祀祖宗等；同时它也包括那些没有什么程序规范和礼仪要求的非正式仪式，如家庭成员在出门时、睡觉前的互致问候等。如果对家庭仪式进行一个简单分类的话，那它主要包括以下几类：第一类是家庭庆典（如买彩票中奖或放假后的庆贺等）；第二类是家庭传统（家庭成员生日庆贺的习惯等）；第三类是日常生活常规（吃饭、睡觉时的一些常规等）。法耶塞等人（Fiese & Douglas，2002）通过对家庭仪式的研究后发现，家庭仪式可以为家庭成员间的相互交往提供明确的意义，并对家庭成员具有一定的保护性功能，家庭仪式的多少与孩子的自尊有密切的相关。从某种意义上说，家庭仪式本身就是一种编码规则，属于家庭文化的一个类别，因而它自然就构成了孩子家庭文化编码的组成部分。不过，由于人们对家庭仪式的研究还不够深入，在儿童家庭文化编码的形成过程中，目前对于家庭仪式本身到底是一个独立的影响因素还仅是一个辅助因素尚不是很清楚。

221

　　近些年，家庭故事在孩子家庭文化编码形成过程中的作用也正越来越受到研究者们的关注，许多人认为家庭故事是一条家庭价值观传递和家庭角色教导的重要途径。一般认为家庭故事包含有两个部分：第一部分是家庭以前的荣光或先前的生活经验，它主要是以肯定或赞扬为主，保存的大多是一个家庭价值体系中最具生命力的硬核精神，一般具有积极的性质。第二部分指家庭成员各自独特的人生经验或经历，有时甚至是所碰到的各种生活或工作琐事等，这一部分是每个成员个性化的东西，其内容并不一定十分积极。家庭成员通过经常性的家庭故事来分享各自的生活经验或生活体验，从而达到影响其成员现在的生活。不过由于家庭成员之间具有较强的功利性，因此成员间互相偏袒的现象时有发生，这常常导致在儿童身上形成不良的文化编码。不过现阶段对这一问题的研究还不是十分深入，人们只是通过分析一个人所讲家庭故事的某些特征来对其文化编码作出分析。例如现在一般通过分析个体所讲家庭故事的三个维度方面特征：即叙述的连贯性、叙述的风格、故事内容与形式间的关系等来对他的文化编码作出分析，一些心理学家或教育家期望通过这种方式来寻找到家庭故事影响孩子家庭文化编码的过程。

　　建议二，做孩子的顾问或咨询师，不要去做孩子的经理人。

现在大量的教育类或生活类的书都同意父母应该是通过顾问或教练的角色来对自己孩子的发展产生影响。蒙特斯（Mounts，2000）等人的研究表明：父母的指导性角色一方面有利于孩子取得较高的学业成就，另一方面则能降低孩子的反社会行为。但问题是孩子是个不断变化着的个体，其在不同年龄阶段的特点有较明显的差异，父母如何才能针对孩子的发展特点来做好自己顾问或教练的角色呢？有人持这样一种观点：孩子较小时父母应该做孩子的经理人，等到孩子长大后再退居幕后做顾问。这种看起来有一定道理的观点其实是错误的，孩子在小时候被一直紧紧管着，没有自己做主的经历和经验，长大后他怎么能够自然就成为自己的主人呢？因此不论孩子年龄是大或小，我们都应该时刻记住，他们天生就是自己的主人，这种主人地位在孩子的任何年龄阶段都不可能由成人来代替。

不过孩子在发展过程中所出现的不同特点也应得到尊重，一般认为孩子在较小的年龄阶段时（一般是指少年期以前的阶段），由于自身的知识或技能的有限，父母应着重给孩子提供过程性指导或帮助，也就是说父母应在具体的行为方式、方法等方面提供指导，明确为他提出怎么做的意见。而当孩子长到少年期或青年期之后，父母就应及时调整自己的指导策略，这一时期的指导应从过程性指导转变为结果性指导。也就是说，父母主要把孩子本身行为的将来结果告诉他，让孩子自己决定自己该如何去做。如果这一时期的孩子你再对他的行为过程进行过多干预的话，就只能引起他们的反感和不满。但不管是过程性指导还是结果性指导，父母都始终必须记住，自己仅仅是个意见提供者，自己并没有决策权，孩子才是真正行为的决定者。因此，我们建议父母应该认真倾听孩子的谈话，以建议的口气提出多种解决问题的方案，让孩子自己去选择。孩子需要感到自己的生活并非完全受父母的控制，对许多事情他更愿意亲身去尝试而不是被动地接受他人的建议。因此，有时候只要不是原则性的大问题，即使孩子错了或把事情搞得一团糟，你也不要强迫他非要接受你的意见，经历错误对孩子的成长有时也很重要。

做孩子的顾问也意味着不要对孩子的事无所不问，让孩子拥有一定隐私的父母才是最可爱的父母。

建议三，做孩子各种社会机会的积极提供者。

对家长来说，养育并不仅仅只是给孩子提供生理性成长所需要的衣食住行等，更主要的还要给孩子提供社会性成长所需要的各种社会机会。社会机会也就是指孩子与家庭以外的其他成员、组织、各种正式或非正式的社会团体等的社会交往，社会交往机会对一个孩子的健康成长非常重要。达林（Darling）和斯滕伯格（Steinberg）等人（Ross，2004）在1995年做的一个研究表明：和社会交往相对较缺乏的孩子相比，那些和自己父母、自己的朋友和自己朋友的父母有程度较深社会交往的孩子，其在学校的学业成就明显要高，而且这些孩子还显得开朗，较少具有消沉忧郁的情绪。而且随着社会的发展，家庭教育本身也变得越来越专业，面对孩子社会化过程中的一些问题，有时家长自己也会心有余而力不足，社会交往机会这时就能担当起或弥补这种教育的责任。正如斯坦普所说，"交流还意味着我们能否以及能在多大程度上就孩子和他们的利益与配偶、亲戚、老师、教练、邻居和我们所尊重的各种人进行交流，从孩子的朋友以及朋友的家长那里汲取我们所需的东西。"（Laura Sessions Stepp，2001）

　　不管父母承认与否，其实孩子的大多数社会交往机会（包括交往的对象、时间、地点、方式、内容等）主要是由父母提供的，从某种程度上说，孩子社会交往机会最重要的决定因素就是家长本身所具有的各种社会交往关系，孩子的社会性行为总是被父母正式地或非正式地设计着。当孩子还在妈妈肚子里时，父母选择了自己喜欢的医院，这样孩子一出生所遇到的第一个交往对象——医生——就是父母为他提供和选择的。稍许长大以后，父母就开始为孩子选择幼儿园、小学甚至是中学（现在的中国，父母们选择了在那里买房居住，就等于是为孩子选择了相应的幼儿园、小学或中学）。除此之外，父母还经常带孩子到各种场合去玩，经常对孩子周围的一些人做出价值性非常明确的评价，鼓励孩子和某些人交往并劝告孩子不要和另外一些人交往等。最重要的是父母在和自己的朋友玩时，自然父母的朋友和其孩子也就成了孩子的玩伴。父母所有以上这些行为都是有意或无意地在为孩子选择社会交往的机会。据美国心理学家凯恩斯（Kerns）等人的调查显示，孩子的第一次非正式或正式的交往基本都是由父母来决定的（Parke，2004）。因此，对于父母来说，自己交往的一些特征就显得非常重要，如交往范围的大小、程度的深浅和成员的类型等。一般认为，父母的交际网络和孩子的交际网络存在着很大的重叠部分，父母的交际网络越大，孩子的交际网络也随之越大，而且父母的交往网络与孩子的交往网络会构成一个互通的闭合圈，如图6-1是一个父母与孩子交际网络间的简单闭合圈。

223

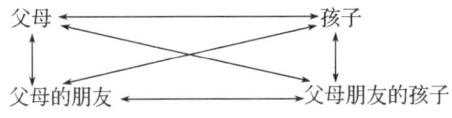

图6-1　父母与孩子交际网络间的简单闭合圈

　　在这个闭合圈内，由于四个要素之间都是相互影响的，每个孩子也都会受到自己父母或父母朋友的多重影响。因此，孩子的社会性控制得到了增强，闭合圈内的成员也能更多地分享各自所具有的价值观。一般说来，孩子与父母交往的闭合圈越大，其拥有的共同价值观就越能接近现实的社会价值要求，同时其获得的社会性支持也大。青少年如果能与更多的和他没有直接关系的成年人（和孩子的父母有着一定的关系）多交流接触，他们就会有更良好的学校行为和更积极的社会行为，因为这种交流能够给他们带来更多的认知支持和情感支持。现在许多心理学家更愿意把孩子的各种社会机会统称为孩子发展的"社会资本"（social cap-ital），苛勒曼（Coleman，1988）认为，社会资本既是指个体所拥有的种种信息流，同时它也是指分享那些用来促进或限制在同一社会结构中（如学校、工作场所、商业场所等）能发生交互作用的人的活动的规则和价值。正如图 6 – 1 所示，社会资本不仅使孩子能从和他们家庭成员具有相近行为规范或价值观的人群那里获得许多有价值的帮助，而且其过程本身还增强了对孩子的监控性。

当然，就交际网络本身来说，网络的性质比网络的范围也许更重要。如果说父母是生活在一个支持性的交往网络中，则孩子与父母的关系就有可能会更积极，孩子与父母的朋友的关系也会更积极，与此相应的是孩子在家庭或家庭之外的社会性调节也就会更积极。当然在这个过程中孩子并不仅仅只是一个被动的参与者，它本身也是社会机会的一个主动创造者，他人格方面的一些特征必然会影响到他社会交往的数量和质量。

【建议参考资料】

1. TURMER N, BARLING J, ZACHARATORS A. Positive psychology at work. ［M］// SNY-DER C R, LOPEZ S J. Handbook of positive psychology. New York：Oxford University Press，2002.

2. LOPEZ S J. Positive psychology in the schools：identifying and strengthening our hidden resources ［M］//ROBERTS M C, BROWN K J, JOHNSON R J, et al. Positive psychology for children//SNYDER C R, LOPEZ S J. Handbook of positive psychology. New York：Oxford University Press，2002.

3. HARVEY J H, PAUWELS B G, ZICKMUND S. Relationship connection：the role of minding in the enhancement of closeness ［M］//SNYER C R，LOPEZ S J, Handbook of Positive Psychology. New York：Oxford University Press，2002.

【问题与思考】

1. 亲密关系的主要构成成分、四个阶段以及共同养育的三种模式分别是什么？
2. 什么是家庭文化编码，现代社会两种典型的家庭文化编码是什么？
3. 为什么说积极教育的出现是必然的也是必要的？
4. 回忆一下自己过去的言行，你认为哪些可能会导致出现消极文化编码？

第七章　积极心理治疗

【本章提要】

积极心理治疗是以积极心理学思想为理论指导的一种心理疗法，它是在人本主义心理治疗的基础上发展起来的，是典型的人文主义心理治疗范式，也是人文主义心理治疗范式的新进展。积极心理治疗与传统心理治疗的主张相反：长期以来，传统心理治疗一直存在一个重大问题，即把自己的工作重点放在对病人病痛的评估或治疗上，大量研究一些外在的紧张性刺激给病人心理所带来的消极影响，把病人的心理疾病纳入到精神病理学的框架，以医生治疗病人身体疾病的模式来对待心理疾病；而积极心理治疗则把自己的注意力集中在病人自身的各种能力上，而不是集中在病人的疾病上，这就弥补了心理治疗知识体系的空当。积极心理治疗认为人人都具有认识能力和爱的能力，因此它的立足点就在于激发被治疗者的这两种积极的基本能力。此外，积极心理治疗不仅应用于心理治疗领域，它在非心理治疗领域也得到了广泛的应用，如教育、管理等领域。

225

【学习重点】

1. 什么是积极心理治疗，以及积极心理治疗的历史渊源。
2. 积极心理治疗的基本理论。
3. 影响积极心理治疗的重要因素。
4. 积极心理治疗的具体实施过程。

【重要术语】

积极心理治疗　来访者中心疗法　现实疗法　主导治疗

积极心理治疗的创立者是诺斯拉特·佩塞斯基安（Nossrat Peseschkin）。佩塞斯基安原来是一个神经科专家，1933 出生于伊朗，1954 年定居德国，曾在瑞士、德国和美国等地接受过多年的心理治疗训练。1969 年佩塞斯基安正式在德国的威斯巴登开设了自己的心理治疗诊所，在多年的心理治疗实践中，佩塞斯基安逐渐形成了独具特色的积极心理治疗。所以从产生的时间角度来说，积极心理治疗比积极心理学产生得更早。这里就有一个问题：既然积极心理治疗的产生早于积极心理学的产生，那积极心理治疗还能不能被算做是积极心理学的一个组成部分呢？从表面来看，积极心理治疗和积极心理学似乎是无关的，如虽然塞利格曼和佩塞斯基安都提到"积极心理治疗"（positive therapy）一词，但他们所指的对象显然不同。塞利格曼在《积极心理学手册》（Seligman，2002）中所提到的"积极心理治疗"主要是指积极心理学思想在心理治疗实践中的运用，并不是指某一种特定的疗法，更不是指佩塞斯基安所创立的积极心理治疗。而且，不知是有意还是无意，积极心理学在其众多的著作中还几乎从没有提到过佩塞斯基安这个人和他的观点，这主要是因为积极心理治疗在更大程度上还只是一种具体的心理疗法、一种心理学的具体实践，最多也不过是一种感性经验，其对心理学的影响较小。不过从事实来看，积极心理学和积极心理治疗是从不同角度（宏观和微观）的殊途同归——都集中到了关注人的积极力量和积极品质上。所以，我们说积极心理治疗的思想在某种意义上也应算做是积极心理学的一个重要思想来源。

第一节　积极心理治疗概述

一、什么是积极心理治疗

长期以来，心理治疗一直存在着一种病理性治疗（pathological psychotherapy）模式的倾向：把自己的工作重点完全放在对病人的问题的评估和治疗上，侧重于研究一些外在的紧张性刺激给病人心理所带来的消极影响。在世界心理学研究中心的美国，病理性心理治疗到第二次世界大战后达到登峰造极，这很大的一个原因是美国国会在 1946 通过了一个国家心理健康行动计划，并成立了"国家心理健康委员会"（National Institute of Mental Health，简称 NIMH）。国家心理健康委员会的任务是通过支持"对各种心理问题的病因、诊断、治疗方案和预防等方面的广泛研究来达到改善这个国家的心理健康状况"。（U. S. Department of Health and Human Service，1995）从这个任务中我们可以看出，"国家心理健康委员会"其实应该被称为"国家心理问题委员会"，它在此后的 50 年对美国的心理学研究和心理治疗的实践产生了重大的影响。与此同时，美国心理学和心理治疗的这一特性也波及到了世界其他国家的心理学研究。

针对过去的心理治疗，塞利格曼具体分析了其存在着的三个主要问题：首先，从生活实践的角度来看，所有的心理治疗都表现出了明显的效果，有 90%以上的病人在接受任何一种心理治疗时都反映自己得到了某种程度的改善，而心理学实验室的效度研究却没有这么高，因此心理治疗的实践与理论之间出现了很大的不一致性；其次，当任何一种心理治疗和其他心理治疗相比较时，不管是在心理治疗的技术层面，还是在药物的使用上都表现不出自己应有的特点，所有的心理治疗其实都具有相类似的特性；再次，在过去所有的心理治疗过程中都有安慰剂的影子，在有些心理治疗中真正起作用的实际上是安慰剂，例如在抑郁的治疗中安慰剂的作用甚至超过了心理治疗技术本身（Seligman，2002）。心理治

　　为什么会出现以上这三个问题呢？这主要是因为过去的心理治疗把心理问题看做是身体问题的类似物，但医生能通过一定的手段来搞清身体问题的生理机理，而心理学家却没有办法搞清心理问题的生理机理，以致心理治疗既没有自己真正的技术策略（如出现方法的简单雷同）也没有自己深层的战略思想（如治疗观念和目标的含糊不清）。

　　塞利格曼认为好的心理治疗所具有的技术策略主要应该包括以下几个方面：关心、权威性形象、亲和力、付出服务、信任、开放性、给问题以合适的命名、交流的技巧等（Seligman，2002）。在战略思想层面，塞利格曼认为积极心理学的观点——培养人的积极力量和积极品质是心理治疗最好的深层战略，这一深层战略主要包含有三个思想：第一是坚持慢慢灌输的原则。心理治疗绝不可能像治疗身体疾病那样药到病除，或干脆用外科手术切除病变的部分，心理治疗更主要的是改变一种态度、一种生活，它一定是一个慢慢积累的过程。第二是培养积极力量的原则。心理治疗应把重点放在对病人心理积极力量的培养上，而不仅仅只是帮助病人简单地学会一些摆脱问题的技巧和技能，只有通过培养个体的积极力量也许才能真正阻碍个体心理问题的产生。在所有积极力量的培养方面，心理治疗尤其要着重培养：勇气、人际交往技能、理性思维能力、洞察力、乐观主义、诚实正直、坚持性、现实主义、快乐的能力、能多层面看待面临的问题、对未来充满希望、能寻找目的意义（Seligman，2002）。第三是叙事的原则。每个人每天的生活都是由许多偶然的事件组成，其中充满着一定的混乱，叙事过程其实是个体的一个按照自己的价值标准和外在的社会标准来梳理自己混乱生活的过程。在这个过程中，由于是个体的一个主动建构，个体就会逐渐突现出自己的主体性，从而把自己的希望和现实有效地结合起来。不过要注意的是不要把叙事作为心理治疗中的一个主要原则，心理治疗中的主要原则还应是有效地培养个体的积极力量和积极品质。

　　在这些方面，佩塞斯基安所开创的积极心理治疗则与其有不谋而合之处。积极心理治疗反对过去以问题为核心的病理性心理治疗，它提倡心理治疗应把自己的注意力集中在增进和培养人自身的各种积极力量上，倡导用一种积极的心态来对个体的心理或行为问题作出新的解读，并在此基础上通过激发个体自身的内在积极潜力和优秀品质来使个体成为一个健康人。其核心是让病人自己通过累积或发展自己的积极力量来摆脱心理问题，或者是抑制心理问题的产生。积极心理治疗有一个预设：病人同时既有生病的能力也有健康的能力，治疗者的根本任务是激发和巩固病人获得和保持健康的能力，而不仅仅是消除病人所存在的问题。因此"治疗并非首先以消除病人身上现有的紊乱为准（目的），而是首先在于努力发动患者身上存在的种种能力和自助潜力。……事实和给定的东西不一定必然是障碍和紊乱，也是每个人与生俱来的种种能力。"（Peseschkian，1998）

227

积极心理治疗思想的产生和佩塞斯基安个人的生活经历有密切的关系，他曾先后在美国、德国、新西兰、澳大利亚、印度、瑞士等 10 多个国家的大学或学院讲学，从 1986 年起的 10 年间，他还曾 4 次来到中国讲学。佩塞斯基安的这种经历使他有机会接触到各种文化，在接触各种文化的过程中，他发现东方的寓言、神话、谚语等具有独特的跨文化价值，在解决人心理困惑方面有着重要的作用。因为这些东西都包含有一定的积极成分，而在跨文化的基础上只有人类的积极品质是共同的，这就是说，任何一个民族、任何一种宗教信仰的人都一定会有自信、自尊、满意、追求快乐等积极品质。因此，积极心理治疗的核心是着眼于冲突、烦恼和苦恼的积极方面，使病人在受到东方神话故事、谚语、寓言等影响的基础上加深自我认识，从而建立自我信任和安全的新生活模式。

二、积极心理治疗的历史渊源

积极心理治疗是典型的人文主义心理治疗范式，而且是人文主义心理治疗范式的新进展。这就是说，积极心理治疗的发展一方面得益于佩塞斯基安个人的人格魅力，在另一方面似乎更得益于人文主义范式的心理治疗传统。如果我们要追寻积极心理治疗的直接来源的话，那么罗杰斯的"来访者中心疗法"和格拉塞的"现实疗法"则对它的影响最大。

228

（一）来访者中心疗法

来访者中心疗法最初被称为是非指导性疗法，它是由卡尔·罗杰斯（Carl R. Rogers）发展的一种心理疗法。罗杰斯认为人性是天生善良的，每个人都趋向于实现自我完善，"人格的最深层面，……在本性上是积极的——从根本上说是社会性的，是向前运动的，是理性的，是现实的。"（罗杰斯，2004）因此心理治疗应对患者抱有一种积极的态度。也正是基于这种积极的态度，罗杰斯把他的治疗对象称为来访者而不是病人。

来访者中心疗法的核心理念是强调发挥人的自我实现功能，其在操作上的最大特点是将人类的核心积极品质，如真诚、接纳、移情等应用于改变人类的行为。自我实现这一概念最早是由葛尔德斯坦（Kurt Goldstein）提出的，该理论认为每个人都在追求发展并希望能够健康的发展，进而全面地表达他们自己全部。这一概念后来成了马斯洛人本主义心理学的核心概念，同时也成为他的需要层次理论的最高级需要。

来访者中心疗法的目标是来自于病人自己对自我深刻理解基础上的人格成长，这种目标强调以自我指导为主，而不是过多地考虑他人或取悦他人的愿望。这样，心理治疗师并不为病人选择要达到的目标，而是助长一种良好的治疗气氛，病人在这种气氛中变得更加关注自我，因而也就能产生变得更加完善的动力和愿望，这种愿望最终会使病人产生积极的思想和行为目标。罗杰斯认为来访者中心疗法成功进行要具备6个条件（Richard S. Shart，2000）：

1. 心理沟通。指治疗双方要确定一种双方都能相互影响的关系，从而建立一种使双方都能对对方存在意义理解的心理气氛。

2. 不协调。这是指个体对自己的认识和实际体验之间的不协调，从而体验到焦虑和脆弱。在许多时候，来访者可能并没有意识到这种不协调的存在，治疗师的一个重要任务是帮助来访者提高认识，从而使他们认识到这种不协调，并真诚地面对治疗体验。

3. 平等和真诚。罗杰斯曾用一段话来定义平等和真诚："治疗中的真诚意味着治疗师以他的真实自我去同病人（作者注：罗杰斯后期是反对用'病人'这个词的，但在这里我们引用时仍然使用原文。）交往，他毫无掩饰地公开自己当时的感情和态度。这涉及自我认识，即治疗师的感情对病人的认识是有利的，并且他可以在治疗关系中分享并体验这份感情。如果这份感情持续下去，那么就可以互相沟通。治疗师坦诚地对待病人，在人和人的基础上对待他。他就是他自己，而不是否认自己。"（Richard S. Shart，2000）在这里我们可以看到，罗杰斯强调的平等和真诚主要包含有三层意思：首先是治疗师要摆脱角色的限制，特别是不拘泥于专业角色，从而与来访者进行自然而然的、发自内心的交流；其次是非教导的态度，这就是说治疗师要理解来访者已有的体验，并和他一起探讨这种体验。在这过程中治疗师本人要通过言语和非言语的表现，来表达出自己的真实态度和情感；再次是同一性，即治疗师的态度、观念、行为、情感等要始终表里如一，不能只有职业态度和职业微笑。

4. 无条件积极关注或接受。这一点是来访者心理治疗的核心。无条件积极关注或接受有两层意思，它的第一层意思是指治疗师必须无条件接受来访者的任何本来状态或本来面目，任何古怪的想法、任何异常的行为都要为治疗者所接受。但这里要有一个概念区分，接受并不是意味着同意，更不是对来访者问题的妥协，接受的真实含义是指治疗师尊重来访者的人格，相信来访者一定会具有自我发展成长的能力和潜力。从另一个角度上说，治疗师的这种接受更是一种对来访者的鼓励，鼓励来访者充分地表现自我并积极地发挥自己的潜力和能力。因为当治疗师对来访者无条件接受以后，来访者也就会从心底里接受治疗师，并把治疗师看做是一个可倾听的人和可信任的人，他就会把自己的一切都毫无防卫地拿出来与治疗师沟通。这样的无隔阂沟通本身能使来访者逐渐深刻地认识自我，并朝着积极的方向转变。

无条件积极关注或接受的第二层意思是指治疗师不对来访者的积极和消极的品质进行价值判断。在罗杰斯看来，治疗师的判断是一种外在的价值判断，一旦做出以后就有可能会强加给来访者，这种强加本身会使来访者产生矛盾，这不利于问题本身的解决。治疗师主要在于引导来访者深入地认识自我，在认识自我的

229

基础上产生对自我的积极关注。

5. 移情。移情概念现在已成了心理学中最常用的一个概念，这功劳毫无疑问应该归功于罗杰斯。移情就是指不受个体已有的观点和价值的影响，而进入他人的内心世界，从而能与对方分享共同的体验。罗杰斯对移情过程做了详细的描述：

所谓的移情是指站在别人的角度去考虑问题，包含有几个方面的情况。它意味着进入他人的私人认知世界中，并完全地扎根于其中。它是敏感的，动态变化的，随着他人的变化而改变感受的一种技术，它体会到他经历的害怕或愤怒，或温柔或困惑或任何一种心理反应。它意味着暂时地过着他的生活，敏感地行动但不作出判断，认识到他很少知道的含义。但并不企图揭示个体完全没有意识到的情感，因为这可能有很多威胁。它包含着当你以新奇和不惧的眼光去看个体感到害怕的东西时，用这种感受与他沟通。它意味着依照你正确的感受来检测他，并且通过你的反应来引导他们。在个体的内心世界中，你是一个自信的伙伴，根据个体的经历，你指出其可能的含义以帮助个体关注这种有用的参考，去体验意义更丰富、更加深入的这种经历。（Richard S. Shart, 2000）

230

从这里看出，移情是一个过程，它具有三个特点：首先移情是一种接受以后的真实体验，是一种所谓的"神入式体验"，不是同情，更不是一种爱心；其次，移情是一种治疗师的治疗技术，这就是说治疗师要时刻把握住自己而不被这种"移来的情"所左右，正如罗杰斯所说的是"暂时地过着他的生活"；再次，移情是一种治疗方式，其直接目的是与来访者建立起良好的、相互了解和相互信任的关系，其最终目的则是引导来访者明白经历的意义。

6. 来访者对治疗师移情和无条件接受的知觉。要想使心理治疗取得成效，光有治疗师无条件地接受和移情地理解来访者还远远不够。治疗师必须使来访者觉察到自己正以某种方式在被治疗师理解和接受，在这过程中，来访者其实是在某种程度上知觉到自己正被社会所接受，因为在来访者心目中治疗师就是社会的一个代表或化身。要想使来访者知觉到治疗师的无条件关注和移情，治疗师就必须运用良好的言语或非言语的技巧。非言语的技巧如治疗师的身体姿态、面部表情、眼神与目光、语气语调等。言语的技巧主要是指治疗师要能读懂对方，并使对方读懂自己。也就是说治疗师一方面要能准确地理解来访者的举止及言语中所包含的有关认识和情感的内容，同时又要使来访者觉察到治疗师的这种准确理解。如：

来访者：那次考试之后我的感觉非常坏，我没想到我考得那么糟糕。

甲治疗师：你对这次考试感到很失望。

乙治疗师：你对你这次考试的情况感到惊讶和失望。特别是因为你曾希望自己做得更好一些。（汪新建，2003）

　　在这里的对话中，我们可看到，甲治疗师只是在用另一种方式重复了来访者本身要表达的意思。而乙治疗师显然理解了来访者要表达的真实意思，对来访者的情感也理解得更深刻，因而，乙治疗师的言语更有助于来访者对其自我与自我的体验之间的关系做进一步的深入思考，同时来访者也能从中觉察到治疗师对自己的理解。但不管是言语的还是非言语的技巧，它们都必须是自然的而不是做作的或人为的。

　　通过前面的分析我们可以发现，积极心理治疗和来访者中心疗法两者之间有着很大的共同之处：如两者都比较注重病人在治疗过程中的主体地位；治疗过程中特别强调病人自身的主体作用等。因此，我们可以说积极心理治疗的核心思想是在来访者中心疗法思想的基础上发展起来的。不过，积极心理治疗与来访者中心疗法之间也有着很大的不同，如果说来访者中心疗法还是和"来访者"在同一种文化层面上谈论问题的话，而积极心理治疗则主张用另一种更合理的、更积极的文化来对被治疗者的问题作出解析，通过跨文化分析的方法来使被治疗者对问题产生一种新的认识（主要是积极的认识）。来访者为中心疗法的核心概念是治疗者对"来访者"的移情，通过移情来达到治疗双方对存在问题的沟通。而积极心理治疗则是一种反移情，即让被治疗者来感受治疗者的积极认识和积极情感而激发起自身的积极力量，并在此基础上双方最终达成共识，这样被治疗者的原有观念就被新的积极观念所代替，从而病人也就能保持自己的身体健康及充分发挥自己的身体和心理潜力。

231

　　（二）现实疗法

　　对积极心理治疗的产生起着重大影响的另一个理论是现实疗法，现实疗法的创立者是威廉·格拉塞（William Glasser），这种心理治疗是建立在控制理论的基础之上的，强调个体应承担选择的责任。现实疗法假设每一个人都有四种最重要的需要：归属、力量、自由和快乐，而现实生活中的人都可以对自己的生活、行为、感受和思想负责，都可以选择对自己有利的行为。因此，现实治疗师们更关注来访者可以做些什么积极的来改变主体当前的面貌，即使在谈论错误时也采用积极的态度，要使人产生一种"积极沉迷"。所谓积极沉迷是相对于消极沉迷而言的，消极沉迷是指一个人对消极的东西产生了依赖感，如毒品、暴力、抑郁等；而积极沉迷就是指一个人迷恋用一种积极的态度或方式去对待生活中的一切，当一个人陷入积极沉迷之后，他就会在积极沉迷停止时产生不舒服的感觉。格拉塞认为生活中有许多积极沉迷的活动，如跑步、游泳、坐禅、瑜伽等，这些活动大部分有利于促进人的创造性。

　　既然每个人都可以对自己的行为加以控制，那为什么有些人会选择那些对自己不利的行为呢？格拉塞认为主要有四个方面的原因（Richard S. Shart，2000）。第一，通过选择抑郁和焦虑等消极，人们可以控制自己的愤怒，而人在抑郁中会比在愤怒中有更多的自我控制和对其他人的权利要求，愤怒会带来暴力和监禁，但抑郁却不会。第二，抑郁等消极方式是人们想得到帮助而不需要企求的最有力的方式，这就是说，如果一个人选择了抑郁或焦虑，别人就会来帮助他，从而实现了人的归属的需要。第三，有些人选择消极是为自己不愿意选择更有效的行为做借口，因为人们选择有效的积极行为会有更大的困难。如一个人失业后，选择抑郁就要比选择寻找一个工作要容易得多。第四，选择抑郁和焦虑等消极行为可以控制别人。如一个人选择了焦虑，别人就可能会为他做些什么——安慰、鼓励或照顾等。格拉塞曾把一个人比作是一辆汽车，个体本身的基本需要（归属、自由、权利、自由和快乐等需要）是发动机，个体的意愿是运载东西的车厢，主观感受和生理活动是后车轮，思想则是前轮。格拉塞在这里要说明的是人的主观感受虽然也承载着人的意愿，但却是不能控制的——就如汽车的后车轮，人只能够控制自己的前车轮——思想。因此，要改变一个的行为的关键是改变一个人的思想，而不能总是在人的主观感受上去做文章。概括起来现实疗法主要有三个特点。

1. 反医学模式。格拉塞从一开始就对精神分析观点的心理治疗不满，认为精神分析是一种典型的医学式心理治疗，是因别人的过去而指责别人的一种对人不负责任的心理学。它不是告诉人要对自己负责，而是告诉人要对过去负责，你已被你的过去经历决定了，并且为这种过去正在付出代价。因此，现实疗法认为所谓的"精神分裂症"、"压抑性精神病"不是人对外部事件的心理反应，而是人为了试图控制自己周围环境或事件的一种主动选择，其目的中一定包含有某种积极意义。尽管许多时候这种选择收效甚微，但这种选择却反映了病人要控制自己生活的一种意愿。所以心理治疗应该是在保护病人积极力量的同时，促使他提高自我认识，从而做出正确、适当的选择。这就是说，不能把病人存在的问题看做是一种客观的因果必然，问题其实是一种主观现象，只是主体控制不当的结果。

2. 强调自己决定自己。既然病人的问题是自己选择的结果，因此，在描述病人心理问题时，格拉塞反对用形容词来描述，如不用抑郁的、愤怒的、焦虑的、恐慌的等词，而是强调用动词来描述，如抑郁、愤怒、焦虑、恐慌等词。因为动词意味着包含有主体的主动行动和主动选择，这突出了主体的自主性和自我决定性。格拉塞以此种方式来说明病人是自己决定自己的，其目的暗含着病人也可以有另一种选择来实现其另一种状态，这就为他的现实性疗法打下了基础。

3. 强调个体同一性的获得。现实疗法强调个体在主动选择过程中必须承担起行为的责任，因此个体必须在众多应对环境的方式中寻求到一种最为有效的应对方式。这种方式的一个最大的特点是具有个体同一性，也就是说，这种方式在最大限度地满足自己的四种需要时又不对他人造成妨碍。"责任对个体来说意味着对生活用品进行了有效的控制，如果没能做到这一点，负责任的个体能及时地加以调整。成功的同一性是指个体把自己视为能够给予别人爱，亦能从别人那里获得爱，感到自己在别人心目中是重要的，并且以不损害他人的利益的方法来满足自己的需要。"（汪新建，2003）在这里，格拉塞其实是强调个体要选择整体行为，因为整体行为才真正反应了个体的同一性，整体行为包括一个人的做、想、感受和生理活动。

三、积极心理治疗的基本理论

积极心理治疗主要致力于被治疗者的现实能力，而现实能力主要可以分为两种基本能力：认识能力和爱的能力。积极心理治疗认为，人的心理疾病是由于这两种基本能力在不同的文化条件下分化为每个人的现实能力时而发生冲突的结果。

第一，激发人的认识能力；佩塞斯基安把认识能力称之为第二能力，它包括准时、清洁、条理、服从、礼貌、诚实、忠诚、正义、勤奋、节俭、认真等。第二能力是人们在日常生活中用来表达自己的看法或对他人做出评价的，伴随着这种看法和评价，主体就会产生相应的体验。佩塞斯基安又进一步把人的认识能力（第二能力）分为四种具体形式：即感知（感知觉能力）、理性（也就是基于思维的理性能力）、学习（在已有经验传统基础上的学习能力）和直觉（灵感能力）。佩塞斯基安认为，在日常生活中，许多人的心理疾病主要是由于以上四种认识能力发生偏差而导致的，也就是第二能力发生紊乱的结果。人类在生活过程中，总是对关于周围世界和关于自己的事件会做出一定的因果解释，而这种解释的总趋势是保持因与果的合理一致性。因此，佩塞斯基安认为，心理治疗要致力于帮助病人抛弃对自己古怪行为的传统认识，取而代之使病人建立起一种积极认识，并使病人在日常生活中对这种积极的解释抱有始终的坚定性。在这过程中，积极心理治疗主要采用两种方法。

首先，积极心理治疗主要以跨文化的方法来对有关的心理问题作出积极解释，从而使病人能感受到自己古怪行为的合理化、正常化的一面。以下是积极心理治疗对一些传统心理问题的积极解释。

表 7 - 1　积极心理治疗对一些传统心理问题的积极解释

	传统解释	积极的解释
性欲缺乏	无法达到性快感	能不以身委人
抑郁	被动的情绪低落	能对冲突作出深刻的情绪反应
懒惰	没志气、不勤奋、性格软弱	能避免争强好胜
怕独处	跟自己都处不来	说明要求与他人相处
神经性呕吐	食欲缺乏、青春期过分地追求苗条	能约束自己；能用饥饿摆脱女性角色；能分担世界饥荒

（Peseschkian, 1998）

233

积极心理治疗在使病人获得积极认识时强调病人的自助，也即病人通过与治疗者的相互交流而自己感悟到对问题的积极认识。当然积极心理治疗使病人坚信自己古怪行为的合理性并不是要病人永远保持这种行为，而是希望病人能借助积极认识的力量来扩大视野，使自己保持一种良好的心态，从而摆脱心理阴影。

其次，积极心理治疗从不承认人有所谓的消极心理，他们认为人之所以产生消极的心理，主要是因为人在积极发展各种心理保护模式来降低自己受到更多伤害的可能性。这样，积极心理治疗就把人的消极心理理解为了保护性心理，一个人也就不会因为他的某种古怪心理或古怪行为而受到批评，同时病人自己在自我认识上也不会为此感到内疚，病人反而会因保护的需要而对自己的古怪行为产生认识上的自我接受。例如，一个人形成了"我是个笨蛋"的自卑心理，实际上，"我是个笨蛋"的自卑心理有着以下的保护作用：首先是降低了自己对自己的期望，这就使错误和失败再不会像从前那样严重伤害自己；其次也降低了别人对自己的期望，这样别人面对自己的失败时能心平气和，同时一旦自己超越了别人的期待，还能激起别人的惊喜，从而获得别人的尊重和敬佩。从某种角度上说，中国人习惯于谦虚正是这种保护模式的具体体现。

第二，激发对象爱的能力——包括爱人与被爱的能力，也就是激发对象的积极情感能力，佩塞斯基安把这种能力称为第一能力。第一能力和第二能力一样都首先是在一定的关系中得到发展，而一个人的亲情关系，尤其是与父母之间的亲情关系对其的第一能力起着特别重大的影响。第一能力主要包括：爱、榜样、耐心、时间、交往、性、信任、希望、信仰、怀疑、肯定、统一等范畴。佩塞斯基安之所以把这些能力称为第一能力，并不是因为这些能力比认识能力更高级，而是因为这些能力更接近一个人的情感领域，它的变化能直接引起一个人的情绪变化。对于两种能力的关系，佩塞斯基安认为，第一能力是基础，第二能力是在第一能力的基础上才引起相应的感情共鸣。如一个人由于缺乏耐心，他就会因为别人的不准时而感到恼火和烦恼，而如果一个人有足够的耐心，即使他人出现了不守时的现象，他也不会产生恼火和烦恼的情绪。

为了说明第一能力对个体心理产生的影响，佩塞斯基安把第一能力具体分解为四种基本关系：与自我的关系（真实的自己与自我意识的关系，也即能否达到自我同一性）、与他人的关系（自己与周围单个个体的关系）、与群体的关系（主要指自己与利益集体、社会群体甚至整个人类的关系）和与原始我们的关系（主要指自己与宗教、世界观和生活哲学的关系）。同认识能力一样，积极心理治疗也把病人在这四种关系中产生的消极情感当做是一种自我保护模式，并提倡用积极的方式来对它作出解释。

在实际临床的操作上，积极心理治疗常常用积极情感来消解人的消极情感，或者在被治疗者的消极情感中寻找积极的成分，并通过这些积极情感所形成的个人长久资源来使病人得到自我恢复和自我实现。如美国心理治疗专家沙比诺博士常用"如果说……会怎么样？"的问话方式引导对象的积极情感体验，并使对象在感受积极体验的基础上产生克服问题的能力。如："你能不能想象如果这个世界没有焦虑、恐怖、羞耻、罪恶，会怎么样？……"这时候如果病人能很快就进入到积极状态之中，便鼓励他继续深入。如果不能，那就多问几个"如果"，从而寻找到他愿意进入的积极领域。一旦病人进入了积极状态之后，便要求对象将自己融入那种积极的感觉，享受那种积极的感觉。这种方法的目的在于深入挖掘对象的积极经验和积极潜力，并使对象产生对情景的掌控信心和掌控能力。下面是沙比诺博士治疗一个在前一天团体治疗中遭遇到惊恐之后的对象的对话（田缘，张弘，1997）。

　　治疗者："治疗团体中是不是也有好人？"

　　对象："某某人还不坏，但我很害羞，无法告诉他我的感觉。"

　　治疗者："如果你不害羞，会怎样做？"

　　对象："我会觉得自己长大了些，不会老是仰望别人。我会直接瞪着他的双眼，觉得彼此处于平等的地位。我会觉得更安全，会付出更多，也会得到更多。"

　　治疗者："付出与得到就像是你与别人之间的一座桥。"

　　对象："我很害怕，仿佛一步要跨进海里，我不会游泳，但喜欢把脚打湿。现在我觉得正正走进大海，既害怕又渴望。有些兴奋的感觉……"（对象开始笑）（再笑）

235

　　治疗者："你现在觉得怎么样？"

　　对象："有点激动……但并非不快乐……这种感觉很熟悉……又有些特别……"

　　治疗者："再深入的感觉。"

　　对象："我站在海滩上，海水不很平静，有些波浪，波涛令我不安，我不能走近海洋，我要离开，我对自己没有信心。"

　　治疗者："如果浪不太大，你会怎样？"

　　对象："我会立刻去游泳。"

　　治疗者："继续感觉。"

　　对象："我感到有信心。"

　　治疗者："哪一类信心？"

　　对象："我觉得完全自由了。"

　　以上这段对话，也许每一句单独的话都是我们平常所熟悉的，但如果把它们联系起来，我们就会发现积极心理治疗的思想核心——治疗的一切都是围绕增进对象的积极经验而展开的，积极体验增加的同时也使对象的认识能力和爱的能力得到了提高。

四、影响积极心理治疗的几个重要因素

（一）直觉

人的直觉是人天生就有的一种本能，是人的自然倾向，也是人最基本的或最原始的心理运算，人正是凭着这种运算而开始自己作为人的生活。"直觉作为一种大胆的判断、选择和推测，具有简单明了、迅速、果断的特征，它不需要繁杂的分析和推理就能进达真理。"（张之沧，2003）直觉既是人心理的自由构造，同时也是人心理自发的、直接构造，一般说来，直觉属于人的无意识心理（如果把人的心理二分为有意识和无意识两部分）层次。我们都知道，人的无意识层次聚集了人的许多心理能量，这些心理能量会对人外在的言语或行为等产生影响。而无意识心理能量在对人的外在行为或言语产生影响时常常以巧妙的、隐藏的方式，在主体不觉知的情况下进行。主体不觉知，自然也就不会产生排斥，因此，无意识心理对人的外在的行为或言语的影响是最有效和最深刻的。积极心理治疗认为，每个人的心灵深处都有一种实现自我和寻找人生意义的内在需要，许多人之所以在现实之中意识不到这种需要而出现一些心理问题，主要是因为主体在受到一些现实问题的困扰后会把这种需要压入到自己的无意识层面。积极心理治疗的原理就在于帮助病人搬开阻挡这种内在需要被主体意识到的障碍物，从而使这种需要由无意识上升到意识的层面，当人意识到这种需要之后，这种内在需要就会外化成为人行为或言语的意向或动机，人也会因此改变原来的状态而变得更健康（任俊，叶浩生，2004）。

（二）想象

想象是人在现实的基础上，对自己已储存的表象进行加工而形成新形象的心理过程。想象依赖于一个人已有的表象和已存在的客观现实，但实际上想象更依赖于主体对客观现实的具体理解，客观现实只是存在的一个实在或文本，如果个体对其的理解不同，那产生的想象也就一定会有差异，想象具有对事物的认识功能和满足主体自身需要的功能（任俊，叶浩生，2004）。积极心理治疗正是运用了想象的这些原理特点，在心理治疗过程中，治疗者常运用一定的故事作为与治疗对象进行沟通的媒介，治疗者所采用的故事一般不与治疗对象已有的观念发生正面的直接冲突，而是从问题的另一方面做出一种新的积极的解释。这一过程实际上就是帮助被治疗者形成积极的想象（这既提高了被治疗者的认识，同时也满足了被治疗者的自身需要），当被治疗者在治疗者的帮助下形成了一种积极想象之后，这种积极想象就会使被治疗者对自己已有的行为或观念产生新的理解，并在此基础上建立起一套相应的思想及行为模式。积极心理治疗在临床上对积极想象影响人的心理和生理健康方面做了很多研究，如泰勒等人（Taylor & Kemeny，2000）对积极幻想与人的身心健康关系的研究表明，如果把病人的消极幻想转变为积极幻想，大多数人的心理状态会向好的方面发生转化，有时甚至能对人的一

些身体疾病起到医治的作用。

（三）跨文化性

积极心理治疗认为，人在出生以后，个体经验的建立主要依赖于对内外环境的体验，不同的文化背景形成了每个人具体的、独一无二的心理经验。因此每个人在与其他人打交道时都存在一个跨文化的问题。如果我们能使病人相信，同样的行为在另一种文化或另一个时代会受到另一种尺度的评价，会被认作是异常的或受欢迎的，病人的视野就会得到扩大。积极心理治疗认为，直接影响人心理发展的文化背景主要来自两个方面：首先是社区文化背景；每个人生活在不同的社区，不同的社区有不同的文化基调，人生活在某个社区自然就会形成与社区文化基调相接近的文化特征。其次，不同的人生活在不同的家庭，不同的家庭有它独特的教养方式，这就会使每个人具有了独特的文化编码（cultural code）。因此，积极心理治疗的一个最重要的方法就是对每一个人的文化现象作出具体分析，并在跨文化的基础上激发起每个人自身的积极体验，并产生相应的积极情感（任俊，叶浩生，2004）。由于每个人都是在社区和家庭的背景下以自己的方式去体验世界，并且发展出了符合自身特性的反应方式，因此家庭治疗模式和社区治疗模式是积极心理治疗常用的模式。

（四）冲突

冲突是影响积极心理治疗的一个最重要因素。积极心理治疗认为，主体所具有的两种基本能力在对现实的作用过程中会派生出许多的现实能力（如由认识能力派生出的守时、礼貌、诚实等，由爱的能力派生出的耐心、信心、团结等），当受到不同的环境和文化的影响时，其所派生出的现实能力就出现不一致（如观念与行为间的不一致、个体与群体间的不一致，不同文化间的不一致等），这样冲突就产生了。冲突既可以表现在人的内心领域也可以表现在人的外在人际关系领域。不同的冲突对人心理的影响是不同的，积极心理治疗以冲突内容的不同为标准把冲突分为四种：躯体感觉冲突、成就冲突、交往冲突和未来冲突（佩塞斯基安，1998）。躯体感觉冲突主要是指人以躯体感觉疾病的方式来反映对自己躯体的觉察，也就是说，身体本来没病，而自己总是觉得自己身体的某个方面有病；成就冲突主要指个体的成就与个体的自我概念发生的偏差，具体表现为要么逃避工作，要么逃避成就；交往冲突主要反映在与他人或社会群体的关系上，它常常受传统的方式以及个人的学习经验所决定；未来冲突是指个体的直觉和幻想超越了现实而产生的结果，大多数正常人也会利用直觉和幻想来反映自己的未来，但这种直觉和幻想并不经常体现在自己的现实生活中，而有些人则不同，他们总是把直觉和幻想的结果当做了当时的生活现实，并以此作为自己的生活行动原则，这就产生了问题。尽管直觉和幻想可以是冲突的一个方面的内容，但它本身对其他各种冲突的解决却具有很大的作用。

237

（五）积极人格特质

积极心理治疗在个体水平上主要关注个体的积极人格特质，期望通过培养积极人格特质来使病人具有稳定的、来自于内在的积极力量。积极心理学家们认为，积极的人格特质主要是通过对个体的各种现实能力加以激发和强化，当激发和强化使某种现实能力变成一种习惯性的方式时，积极人格特质就形成了。积极心理治疗家们在不同的场合曾提出过许多种积极人格特质，并对其中的一些积极人格特质进行了因素分析，这一部分内容我们在"积极人格"一章中已作了仔细的分析。

第二节　积极心理治疗的具体实施过程

积极心理治疗的整个全过程可以分为两个部分：第一部分是辅助部分，它包括初始谈话和辅助性治疗，这一部分既是为第二部分做准备，同时也承担着巩固第二部分所取得的成果的作用；第二部分是主导治疗部分，是整个积极心理治疗的核心。

一、辅助部分

辅助部分主要由初始谈话和辅助性治疗两个部分组成。

238

（一）初始谈话

初始谈话是治疗师与病人的第一次见面，这是以后进一步治疗的基础。初始谈话有多个目的：首先治疗师需要通过这次谈话来获得治疗的有关具体数据，如发生症状的时间、频度、强度等，从而为病人选择合适的治疗方案；其次，使治疗师与病人之间建立良好的关系，特别是增强病人对治疗师的心理包容力；再次，首次谈话本身就包含有一定的治疗因素，它实际上就是一次初步的治疗。佩塞斯基安根据谈话的重点把初次谈话分为相互联系的三个部分：

1. 联系阶段：这一阶段治疗师要采取相对被动的态度，要善意地倾听患者的各种陈述，以期获得患者最详尽的信息。但这种被动只是相对的，并不是患者讲什么，治疗师就听什么。治疗师在这一阶段要有目的地提出一些问题，以便使自己获得足够的治疗所需要信息。在通常情况下，要让患者就一个问题尽可能多的说出自己的想法，但治疗师如果觉得患者已讲清了自己所提的问题，治疗师也可以用委婉的方式中止患者的言语。

一般来说，这一阶段主要是为了弄清楚三个问题：患者是怎么知道要到这里来；患者是因为什么原因而来到这儿；患者的身体发展情况、既往病史以及以前接受心理或精神治疗的情况。不管是为了弄清楚哪个问题，治疗师在这一过程都要有良好的态度和委婉的语气，并要注意倾听，同时要随时对重要信息做好记录（这种记录最好不要让患者察觉）。

2. 鉴别阶段：这一阶段主要是弄清患者心理冲突的社会背景，具体包括两个方面：第一是估量和界定冲突的发展可能性，也就是冲突的性质和程度；其次是确定患者所描述的心理冲突及心理症状的具体内容。在鉴别阶段，治疗师的提问应主要基于前面所提到的现实能力，以便于工作能够搞清楚患者对现实问题的承受能力。在这一阶段，佩塞斯基安建议使用一种鉴别分析表来对患者的问题进行鉴别，该调查表主要用来鉴别患者对自己现实能力的主观评价以及患者对冲突伙伴的现实能力的评价（见下例表7-2）。表中的（＋＋＋）表示患者对所评领域中的现实能力的最高评价，（－－－）表示患者对所评领域中的现实能力的最低评价，（＋－）则是中等评价，其他的（－－）、（－）、（＋＋）、（＋）则是表示患者所做出的程度不同的相应主观评价。

表7-2　现实能力鉴别分析表

现实能力	患者对自我的评价	患者对冲突伙伴的评价	患者的自发陈述内容
准时	＋＋＋	－ － －	（具体内容：略）
清洁	＋＋	＋ －	（具体内容：略）

3. 整合阶段：这是首次治疗谈话的最后一个阶段，在这一阶段，治疗师要对自己所了解的各种情况以及由此而做出的一些判断和结论进行整合，并最终形成一个完整的诊断报告。在这里特别要引起注意，这个诊断报告并不具有标签的职能，更不是用来为患者定性的。这个诊断报告是用来帮助治疗师以确定采取何种治疗措施的一个根据，同时也是患者今后发生任何变化的一个比较依据。这一个阶段有一个明显的特点，那就是患者与治疗师是分离的，所以佩塞斯基安有时也称这个阶段为分离阶段。不过，尽管从形式上看，患者与治疗师之间在这个阶段是分离的，但实际上这是个最终确定治疗方案的阶段，它在某种程度上可以说是心理治疗的正式开始。

（二）辅助性治疗

积极心理治疗的一个很大的特点是把给患者讲故事（特别是给患者讲授东方的寓言、故事和神话等）当做是一种重要的辅助性的心理治疗。之所以把给患者讲授故事当做一种辅助性的心理治疗，主要是因为这种方式并不是心理治疗本身，它们只是在激发患者的联想、向患者提供处理冲突的补充观念或反观念方面有着一定的作用，是治疗的一种催化剂。同时，这种方式还可以在病人和治疗师之间创造良好的交流气氛，从而使治疗师更容易得到病人的认同。另外，生动的故事从直觉、幻想和传统等方面，使得所沟通的内容变得形象化而便于患者理解和记忆。不仅如此，故事还能发挥长久的影响作用，即便在治疗师不在场的情况下，患者也能回忆起故事的内容，并且检验这些故事对自己当前处境的意义。

佩塞斯基安搜集了许多东方的神话和故事，这些故事要么源于宗教内容，要么和人们的集体生活有关。因而这些故事既可以被用作是娱乐和开心的材料，同时也可以使人们从故事中获得启示或把它们用于自省。讲故事这种辅助性治疗既可以在正式的心理治疗之前或之后进行，也可以伴随在正式的心理治疗过程中进行，这主要由心理治疗师根据当时治疗的实际情况和病人的实际状况而定。

二、主导治疗

积极心理治疗的核心是主导治疗，它的全过程主要包括五个阶段：观察和保持距离阶段、调查阶段、场合鼓励阶段、语言表达阶段和扩大目标阶段。

（一）观察和保持距离阶段

在这里，观察和保持距离都是指患者自己而不是指治疗师。所以，观察的特定意义是指患者观察自己在什么情况下同自己的伙伴或同伴发生冲突和争吵，这些冲突和争吵又带来了什么样的结果呢？为了使患者的观察能更有效，并发挥更长久的影响，治疗师应提醒患者对自己的这些观察作好记录，因为这些记录在许多时候可以充当患者的镜子，可以使患者能经常地思考自己所面临的冲突。

观察的目的是为了帮助患者对自己的处境进行有效的分析，这就要求患者要把对事件的抽象描述转变为具体描述，也就是说要防止患者产生一般化的泛泛描述。要达到以上这些目的，患者就应该要获得从一定距离来看待自己处境的能力。如果一个人觉得自己和另一个人有着某种联系——特别是有着某种责任关联时，他就会用一种不同于其他一般人的眼光来看待这个人，他会不由自主地将自己的愿望转移到这个人的身上，并且期待对方会像自己所希望那样去做事或说话。这主要是因为，这个人在对方身上已有了一种强烈的感情投入，这种感情投入就会使得这个人把对方的事当做是自己的事，并对它们进行干涉。一般而论，对方和当事人越是亲近，当事人的这种感情投入的程度就越深。当一个人处于这样极度感情投入的条件时，他就会把对方的个别特征放到突出的位置而加以关注，形成一种片面的个性图像，这种片面的个性图像使得当事人不再能客观地、平等地看待对方或对方所做的事，这几乎是所有影响产生心理或社会冲突的前提。

那么，治疗师如何帮助患者获得从一定的距离来看待自己处境的能力呢？第一，要让患者全面观察自己在什么情况下与对方发生的冲突与争吵，并对这些情况做下记录。许多时候患者与自己的冲突对象太亲近了，这种亲近性使得患者不愿意放弃自己习以为常的交往形式，更不要说能客观地接受对方了。但如果把这种情况记录下来，情况就会有所不同，因为人们更愿意从理性上、逻辑上对所记录的东西作出认识和评价。第二，让患者用对冲突伙伴的观察来取代批评。批评本身是在消极情绪影响下的一种行为，它只能扩大冲突的范围或程度，并最终使自己的认知能力带有一种情绪化。第三，不要让冲突牵涉到无关的第三者。在冲

240

突发生过程中，要让患者明白，这是他和对方之间的事，不要把其他人牵涉进来。牵涉到的人越多，情况就越复杂，患者就越不能客观地看待自己的处境。别人也许会为对方出一些主意，但这些都不是问题或冲突产生的根本原因，因此不必把他牵涉进来。

（二）调查阶段

在治疗师和患者之间的首次谈话中就已经形成了一个分析调查表，这个分析调查表在当时主要是被用来对患者进行诊断的。但与此相类似的分析调查表同样也可以被用来进行心理治疗。具体做法是治疗师在两次治疗期间，要求患者按照治疗师早先制作的分析调查表格式，分别对自己和与自己发生冲突的伙伴进行一个鉴别分析调查（和前面一样，这一分析调查也主要是在现实能力的范围内）。当然，这一分析调查过程是患者的一个自助过程，治疗师不应把自己早先做的鉴别分析调查表给对方看，也不要和患者就某个问题进行讨论。通过这样的调查，患者可以更全面地认识到自己和伙伴的品质、行为方式和能力，从而得出一幅关于自己和伙伴的足够全面的图像。在这一过程中，一般是先让患者进行自我评价，尔后再让患者对伙伴进行评价。

其实这一评价过程本身就是一个治疗过程，当一个人在评价自己和评价伙伴时，他其实是在体验着一种与评价内容相应的情绪，而这种情绪又会使他产生一种新的认识。如"我原来并不是那么完美，我自己都能发现自己有这么多的消极东西，看来我也该好好反省反省自己。"或者"我的伙伴根本不像我原来想象的那么坏，他还是有许多的优点的，他甚至还有这么多很有价值的积极能力，我以前怎么就没有发现呢！"

在患者完成分析调查表之后，治疗师要和患者一起对这两份分析调查表进行评析。通过双方的共同评析，患者就会逐步确定自己及其冲突伙伴在哪些行为领域具有积极的品质，又在哪些行为领域具有消极的品质。在此基础上，治疗师还能借助分析调查表向患者说明其产生心理紊乱的原因——片面地重视个别现实能力的同时而忽视了其他现实能力。

对于患者来说，有些人即使在认识到了自己问题之所在，他也觉得对自己的这种消极态度无可奈何，因为他常常觉得这种态度和自己的人格特点是联系在一起的，是没办法改变的。治疗师要和患者一起，设法帮助患者澄清这些态度的生活来源史，从而使患者了解到自己的态度并不是天生的，而是可以控制和改变的。"随着患者搞清了自己的孕育冲突的、制造痛苦压力的态度和行为方式的发展史前提，他就越来越能控制这些态度和行为了。他懂得了这样一个道理，就是如同他过去能在自己的生活史过程中形成自己的冲突一样，现在他也能影响自己的冲突。"（Peseschkian，1998）

（三）场合鼓励阶段

和前两个阶段一样，场合鼓励阶段也是以患者为中心，也就是说患者在一定

241

的场合要对自己的冲突伙伴进行各种形式的鼓励。患者在这一阶段直接充当自己周围环境、尤其是自己冲突伙伴的治疗师。因此，治疗师就必须帮助患者与自己的冲突对象建立起新型的、良好的相互信任关系。而要建立这种新型的信任关系，首要的就是让患者主动承认和肯定冲突伙伴的积极品质，"我们可以这样开始，就是我们不是批评自己的伙伴，而是对他进行鼓励，如果我们认为他做好或者做对了某件事情的话。如果我们只是一般地说'你是个可爱的人'、'我喜欢你'、'你有一双美丽的眼睛'等等，那还不够。这类话大多没有具体的所指，在伙伴关系中，更重要的是要强化对方的具体行为。……我们应该在伙伴表现出积极行为之后，立即对他进行具体的鼓励。"（Peseschkian，1998）

但在这里，积极心理治疗的这种对积极行为的鼓励并不等同于行为疗法中对问题消除的强化，场合鼓励阶段的目的并不在于消除有问题的行为，它只侧重于通过肯定伙伴的积极品质来改变患者与对象的交往方式、促进伙伴间的信任以及改变患者的态度。因此，场合鼓励阶段表扬和肯定是患者唯一要做的行为，即使患者的冲突伙伴存在一些缺点或消极行为，患者也要放弃自己的批评念头，要假装对它们视而不见。在实际过程中，许多患者会认为伙伴的某些积极品质是应该有的，没有什么大惊小怪；或者害怕一旦承认冲突伙伴的积极品质会改变自己与对方的力量对比，从而使对方会变得傲慢而给自己的心灵带来不快。治疗师在场合鼓励阶段的一个重要任务就是帮助患者抛弃这种疑虑而学会表扬和鼓励，而这主要是通过让患者在一定的时间内通过多次的练习摆脱旧的交往习惯而形成一种新习惯，同时还应与患者就责备与夸奖对基本冲突进行公开讨论，帮助患者用别的积极的解释来补充自己已有的消极解释。事实上，他人的行为本身并没有什么特别的消极意义，而是每个人通过期望的眼镜把它看成是消极的了，在你看来是消极的东西，但在你的同伴看来却并不是这样。

（四）语言表达阶段

在大多数情况下，人际关系出现障碍是因为人际沟通出了问题，而在这过程中，语言误解和曲解又是一个很普遍的情况。按照佩塞斯基安的观点，语言之所以会产生误解，主要是因为语言经常存在着形式上的歪曲和内容上的歪曲。

从形式上说，人们在生活中更多地使用电文式和自白式语言风格。电文式语言方式有一个典型的特征：不完整。因而这种语言形式在不同的场合就会产生不同的意义，其造成的相互间的沟通也就具有片面的特性。在冲突发生时人们通常都是连续不断地重复使用一些简短的陈述句和祈使句，如"是的"、"或许"、"没有"、"让我安静会儿吧"等。这些电文式的语言由于简短有力，所以常被认为是有意顶牛，因而又能引起对方的进一步批评，这样双方的交流也就陷入了恶性循环。语言的另一种紊乱形式是自白式语言，即一方喋喋不休地说个不停，不给对方任何的说话机会，这种方式使交流变成了演讲会，从而使对方在情绪上出现反抗的性质。总的来说，电文式和自白式语言表达形式都不能实现沟通者的本意。

从内容上看，沟通双方对不同的现实能力有着不同的评价，但彼此之间又意识不到这种区别，于是这也就造成了语言上的歪曲。如礼貌与诚实这两种现实能力之间就经常出现评价上的冲突，礼貌要求你遵守交往的社会规则，要求你尊重别人的感觉和利益而忽视自己的感觉和利益等；与礼貌相反，诚实则意味着坚持自己的需要和利益，自然它就与礼貌产生了冲突。如"我总是要公开说出我心里所要表达的意见，不管这种意见是不是合别人的意"。

佩塞斯基安认为在语言表达阶段要着力帮助患者学会消除语言曲解的能力，这些能力的获得主要可以通过对冲突内容的分析和鉴别，通过对孕育冲突的各种语言形式的讨论并在此基础上制定相应的练习规划等，但不管怎样，最终要帮助患者形成良好的语言沟通习惯。

语言表达本身具有三种心理治疗的功能：首先，语言表达是一种治疗手段。患者用准确的语言把自己的问题和冲突表达出来了，这本身就具有一种治疗的意义，这就如我们把我们隐藏在心底的思想拿出来见太阳一样，这也需要勇气和诚心。当然这一过程需要得到治疗师的帮助，治疗师要在对语言形式和内容分析的基础上帮助患者对自己所存在的问题和冲突进行重新认识和把握。其次，语言表达本身就是心理治疗目的。对于患者来说，如果他能用语言很好地和他人进行有效的沟通，那他也就不太容易出现人际交流障碍。对于治疗师来说，用语言这个工具来把握冲突及其条件、并寻求解决办法的过程其实也就是提高患者语言能力的过程。在进行谈话时，患者向治疗师谈论自己的问题，而治疗师则向其提供一些新的概念，患者就会运用这些新概念来重新认识和把握自己及自己所面临的冲突。另外，治疗师还经常利用讲故事来打动患者的直觉，使患者得到一定的启发，这在一定程度上也丰富了患者的语言能力。再次，语言表达还能影响到患者的社会性行为和交往技术。在这一阶段，治疗师与患者之间相互讨论后者交往风格的背景、形式和结果，并让患者掌握另外一些可取的交往形式。这样患者就可以在治疗师的帮助下扩展自己的交往风格，提高自己的交往技术，这最终将使患者的社会性行为得到改善。当然，在这里"治疗师不是只想用一些有效的新技术去克服患者的社会行为障碍或不合群的行为方式，而是要向患者揭示他的冲突的具体内容以及这些冲突所涉及的现实能力和基本能力媒介。我们提出这样的问题：您和谁在礼貌和诚实行为方面有冲突？这类冲突发生的次数如何？这些冲突是怎样以及在什么时候表现出来的？它们都涉及哪些现实能力？"（佩塞斯基安，1998）这样患者在这过程中就能使自己原本欠缺的能力得到发展，并在此基础上建立起新的、更为可取的交往方式。

（五）扩大目标阶段

让我们先看这样一个平时经常见到的例子，一个母亲对他的女儿说："我为

243

你整整哭了一天，因为你不讲道理而且还撒谎，这个星期天你不要再指望我会带你去郊游了，我没有这份心情和精力了。"在这里，当事人把有效的现实能力——行为规范当做是对伙伴进行奖惩的标准，并把它当做是对双方共同活动的总的限制，因而这种惩罚就被理解为是伙伴之间相互关系的冷淡化，佩塞斯基安称这一过程为目标限制过程。

正如上面所提到的这位母亲，她放弃了自己本来乐意做的事情，仅仅是为了对女儿进行惩罚，她其实在这过程中也限制了自己的可能性和目标。因为她通过放弃郊游而迫使她女儿也放弃郊游，并想通过这种做法使自己的女儿产生负疚感。但其实这种做法只使她女儿看到了自己的行为受到了限制——不能去郊游，而不能使她女儿把这种限制真正与她的现实能力结合起来，也就是说这位母亲真正要达到的目标受到了限制。

积极心理治疗强调要扩大目标而不能限制目标，扩大目标就是说："伙伴关系不仅仅受眼前冲突的影响，眼前这个问题只是其他许多问题当中的一个问题；除了眼前的冲突之外，当事人和自己的伙伴还有其他许多关系。"（佩塞斯基安，1998）简单地说，扩大目标其实就是消除患者的视野狭隘性，让患者不要把冲突转移到其他的行为领域。对于当事人来说，一味地限制自己的目标本身就是心理障碍患者的特征，因此，克服患者对自己目标的限制就成了扩大目标阶段的一个重要的具体治疗内容。为此，治疗师应该要让患者知道：人们不仅需要坐在写字台后看书工作，也需要到外面散步或娱乐；人们不仅要为家务操劳，也要看电视和读报纸等。所以对于任何一个人来说，你都没有权利只要求对方做你认为应该做的事。如只要求自己的子女一味地做功课，而不让他们玩；只要求自己的妻子或丈夫做家务，而反对他们休闲。

扩大目标阶段是整个心理治疗的最重要阶段，这不仅是因为在大多数情况下，人心理发生问题的产生都是因为目标受到了限制，而且从整个心理治疗过程来看，这也是心理治疗的最后一个阶段。患者在经过这个阶段之后，他就要脱离开治疗师的帮助，而去和他的家人、朋友等生活了。治疗师在经过这个阶段之后，他就要抽开自己的那只一直扶着的手，并对自己这个时期工作的治疗效果进行评估。在扩大目标阶段的心理治疗主要应该注意两个问题：第一是要有意把患者的冲突伙伴吸纳到治疗过程中来。人际冲突的一个特点是目标受到限制（有意冷落回避、作消极的片面反应等），而在目标受到限制过程中，患者常常把个别的现实能力当成是反对伙伴的主要武器（如只看到对方的无条理、不守时等）。因此，当患者的冲突伙伴也来到现场后，他们的认识能力和爱的能力都会在治疗师的帮助下得到一个质的提高（这当然也是归功于前期的治疗工作），事实上，目标受到限制的情况经常是双方同时发生的，双方有机会共同坐下来探讨这个问题自然会更有好处。第二个要注意的问题是要强调患者的自助。因为患者最终要靠自己去生活，要靠自己的勇气和能力去克服生活中碰到的许多问题，哪个人也不可能一辈子都在心理治疗师的治疗方案里活着。所以这一阶段强调自助本身不仅具有治疗意义，而且对患者来说更具有生活意义。

当然，心理治疗的这五个阶段的顺序并不是一成不变的，它常常会因人而异或因问题而异，在具体的心理治疗过程中，心理治疗师应根据具体的实际情况而进行不同的调整。但不管怎么调整，这五个阶段在本质上都应以鼓励患者的积极品质、发挥患者的积极力量和积极潜力为主，这是在任何情况下都不能改变的。

第三节　对积极心理治疗的评价

一、积极心理治疗的积极意义

第一，从理论上说，积极心理治疗最大的意义在于它弥补了心理治疗知识体系的空当。心理治疗长期以来以所谓的消极心理学为理论基础，以医学病理学为模仿对象，把心理治疗及研究局限在对人的心理问题、心理疾病的症状、特征等的诊断与治疗上（James Morrison，2001），形成了心理治疗的为问题而问题的发展倾向，从而限制了心理治疗理论在更广泛意义上的发展与应用。积极心理治疗转换了自己的研究基点，把人类自身的美德、潜力等积极力量作为出发点，这一全新理念不仅丰富了心理治疗理论，而且为新的心理治疗实践开辟了道路。正如塞利格曼所说："积极心理学在心理治疗中的应用揭示了心理治疗结果中所存在的一个盲点：经验性证实疗法已经寻找到了它现在的形式——通过证实某种DSM-Ⅳ（作者注：DSM 目前最新的第四版）目录中所列心理疾病的特定修理性技术来限制我们，这种限制使我们失去了一件帮助病人使自己变得更强壮的最有力武器。……由于投入了病理性心理治疗的怀抱，我们已经失去了自己作为心理治疗师天生所具有的权利——一种既医治缺点问题又培育积极力量的权利。"（Seligman，2002）

第二，现代社会是一个开放的社会，同时更是一个讲究生活质量的社会，从实践上说，积极心理治疗以人固有的积极力量来解决人内心的和外在的问题，这在当今时代具有重要的社会意义。社会学的研究告诉我们，一个人交往的范围越大，其产生心理问题的可能性也就越大，从目前的社会发展来看，现代科学技术已经使地球的时空距离缩小了很多。因此积极心理治疗的跨文化思想对当前世界越来越多的如跨文化婚姻、国际交流、国际援助、宗教及政治冲突等问题的处理上有着较大的借鉴意义。

第三，积极心理治疗以社会现实为基础，提倡对许多心理问题进行积极的评估，这就使得病人更容易接纳治疗者及其思想观点。积极心理治疗的这种贴近实际的治疗方法，能使人的心理更富有弹性，这种弹性心理具有更大的包容力，能使人经常保持一种乐观开朗的情绪状态，也能使人在面对心理压力时能作出很好的回应。

245

第四，积极心理治疗还体现了较大的人性意义。在心理治疗中，积极心理治疗提倡不仅要接受病人历史地形成的形态，同时也要肯定他们拥有未知的能力和发展的可能性。积极心理治疗通过对被治疗者的积极关注，从而激发起被治疗者自身的力量而使被治疗者改变对问题的片面看法，这对病人本身的身心不会造成巨大的冲击，积极心理治疗的这种做法和以前的心理治疗有很大的不同。如行为疗法强调"超道德性"（amorality）（Woolfolk & Richardson，1984），其许多手段在治好病人的同时也容易给病人造成一些其他的不必要的痛苦，有时甚至在治好病人的某种心理疾病的同时又引起了病人的另外一种心理疾病。另外，积极心理治疗在治疗手段、方法上的这种充分体现了心理治疗道德性原则的人性化特点，使它在非心理治疗领域也可得到广泛的应用，如在教育、管理、经济等领域的应用。

二、积极心理治疗存在的不足

首先，积极心理治疗最大的不足在于它还尚未形成一套连贯一致的、行之有效的理论框架和成熟的操作范式，在临床的运用上，治疗效果对治疗者本身的主体特性有很大的依赖性，人们一般很难寻找到某些特定积极效果的决定因素（Cowen & Kilmer，2002）。同时积极心理治疗还需要认知疗法、行为疗法等的配合，特别是针对一些行为严重异常者，光靠积极心理治疗一般难以取得良好效果。因此，积极心理治疗从现阶段来看更主要的还是体现出一种先进的治疗思想和治疗观念，其理论观点和实践模式还有待临床的进一步检验和发展。

其次，积极心理治疗在一定程度上造成了心理学概念的混乱。如积极心理治疗把人的现实一切统称为现实能力，把现实能力与社会规范、社会期望等同了起来，在积极心理治疗那儿，现实能力成了一个无所不包的"百宝箱"，这就泛化了能力的概念。

再次，积极心理治疗对心理问题的跨文化解释常常给人以强词夺理之嫌，而且，其是否具有良好的效果也值得怀疑，因为毕竟一个人在经受了长期的文化传统的影响后，要改变其本来的文化观念不是一件简单的事。况且，对不同的个体来说，接受另一种文化的解释也有一个可能性问题。所以一些其他心理疗法的学者常指责积极心理疗法是类似于对现实歪曲理解的非理性方法，是对人心理防御机制的一种简单放大。另外积极心理治疗对人格特质的分析还停留在泛泛而谈的地步，它似乎只是在满足普通人美好的愿望而已。

从目前临床心理治疗的发展现状来看，心理治疗有点类似于盲人摸象，"有的心理治疗学派把人视为本能和欲望的存在物；有的学派把人视为反射束；有的学派把人理解为社会互动的载体；还有的学派则把人视为他自身遗传条件的结果，（即）他的传统、他的直觉、他的理性、他的意志（识）或无意识的结果。

由于不同的心理治疗流派各持己见，于是造成了多种心理治疗和心理卫生理论并存的局面，有的还不能相互沟通。"（Peseschkian，1998）在这种情况下，我们不应对积极心理治疗这一新生事物求全责备，毕竟发展人性的优点比修复人性的疾病更具有价值意义。另外，从一定程度上说，积极心理治疗的兴起不仅仅是心理学理论发展的一个标志，同时这也是人类社会发展的一个标志。我们可以这样说，积极心理治疗所带来的既是心理病人的幸福，同时也是更广泛意义上的人类福祉。

【建议参考资料】

1. 任俊，叶浩生. 积极心理治疗思想概要［J］. 心理科学，2004，27（3）：746 - 749.

2. 佩塞斯基安. 积极心理治疗［M］. 白锡方，译. 北京：社会科学文献出版社，1998.

3. SELIGMAN E P. Positive psychology, positive prevention, and positive therapy.［M］//SNYDER C R，LOPEZ S J. Handbook of positive psychology. New York：Oxford University Press，2002.

【问题与思考】

1. 来访者中心疗法成功进行需要具备哪些条件？

2. 影响积极心理治疗的重要因素有哪些？

3. 在积极心理治疗中，主导治疗的全过程主要包括哪五个阶段？

4. 积极心理治疗与传统心理治疗有哪些异同？

247

第八章　积极心理学的价值意义

【本章提要】

　　积极心理学是响应时代感召的一个心理学思潮，是 20 世纪末最早在西方兴起的一股重要的心理学力量。它主要研究人的美德和潜力，以帮助所有人获得幸福为目标。积极心理学研究范式的出现不仅是对前期消极心理学的反动，也是对消极心理学的一种发展和超越，它在一定意义上体现了当代心理学研究的核心价值。尽管积极心理学目前存在一些局限和不足，但是它对心理学发展的促进意义是显著而无法忽视的，积极心理学是帮助我们寻找到幸福落脚点的最好选择。为了在 21 世纪及今后的历史长河中完成新世纪的积极革命，实现建设幸福生活、积极人生、和谐社会乃至和谐世界的目标，积极心理学家还需要不断攀登，不断探索，进一步研究，证明积极心理学存在的价值并造福人类。

248

【学习重点】

1. 积极心理学对心理学发展的促进意义。
2. 积极心理学存在的局限和不足。

【重要术语】

　　平衡　视角　纵向研究　发展模型　话语霸权

　　2005 年 5 月，我从河南开封坐火车回南京，同座是一位已退休但精力仍很充沛的老太太，她问了我许多关于我职业的问题。当我告诉她我现在正在做积极心理学研究时，她非常好奇，不知道积极心理学是一门什么样的学科。于是一路上我就给她讲了很多有关积极心理学方面的知识，在快到南京时，她说："我现在明白了，积极心理学是一种使所有人都生活幸福的心理学！"我听了她的话一愣，我发现老太太也许给积极心理学下了一个最佳的定义。尽管生活中的幸福是每个人的一种非常个性化的体验，有时可能是想象，有时又可能是感受。但我们可以说，幸福其实离我们不远，它常常是一种平淡，是一种心境，我们周围的平凡之中也许就隐藏着极度的幸福，只要我们寻找到了幸福的落脚点，幸福是无需要刻意追求的，积极心理学也许正是帮助我们寻找到这种幸福落脚点的最好选择。关于这一部分，我们前面有了太多的论述，本章主要从心理学本身的角度来系统探讨一下积极心理学的价值意义和其还存在的一些不足。

第一节　积极心理学对心理学发展的促进意义

从人类的文化历史来看，尽管各民族文化的建构出发点不同，但人类对个体的终极幸福的描述都有类似的地方，如中国传统的儒家文化强调个体的"天人合一"，佛教文化的"涅槃"，基督教的"进天堂与上帝同在"，伊斯兰教苏菲派的"神人合一"，人本主义心理学的"高峰体验"，甚至尼采哲学中的"酒神的迷狂"等。积极心理学在这方面也不例外，只是积极心理学和它们最大的区别在于积极心理学把这种幸福更具体化了，并把普通人的生活纳入了实现这一目标的途径，积极心理学的这一变化对心理学本身来说也具有两个方面的重要意义。

一、从不平衡到平衡：对心理学现代重构的意义

积极心理学这个词最早于 1954 年出现在马斯洛的著作《动机与人格》（*Motivation and Personality*）中，当时该书的最后一章的标题为"走向积极心理学"（*Toward a Positive Psychology*）。但此后的几十年中，这个词并没有引起人们太多的注意，直到塞利格曼在 1998 年的 APA（美国心理学会）年度大会上明确提出把建立积极心理学作为自己任职 APA 主席的一大任务时，积极心理学才开始正式受到世人的关注。如此看来，积极心理学似乎是突然出现的一个新名词，其实不然，尽管在过去的几十年中，积极心理学这个名词没有被人们所提及，但许多心理学家——包括人本主义心理学家和心理健康专家却在积极心理学领域做了许多有益的工作（这一部分内容我们在第一章和第二章中曾提到过）。正是这些专家学者们在各自领域里的辛勤劳作，才使得积极心理学的思想逐渐明朗起来，也才有了积极心理学运动今天发展的阵势。

从本意上说，积极心理学的兴起并不是要把以问题为核心的病理性心理学排挤出心理学的阵营，积极心理学本身只是对病理性心理学的一种补充，这种补充的最大意义在于使心理学从不平衡到平衡。病理性心理学是人类的一大宝贵财富，它在过去曾对改善人类的生活、促进社会的进步起过重要的作用，不仅如此，病理性心理学今后仍将继续在人类进步和社会发展中扮演着重要的角色。人类需要研究各种社会和心理问题，需要弄清楚这些问题的病因，需要掌握解决或摆脱各种问题的方法和手段。但生活不是一种苦难和创伤的记忆，心理学不能仅仅只是盯住人类的各种问题和不幸，医治问题和不幸不能成为心理学的唯一任务，心理学还应该为人类的幸福和健康作出自己的贡献，还应该为正常人过上有爱的生活提供技术支持。正如美国哲学家蒂里希所说："若没有推动每一件存在着的事物趋向另一件存在着的事物的爱，存在就是不可能的，也是不现实的，在人对于爱的体验中，生命的本性才变得明显。"（Tillick，1999）积极不只是人的

一种原始活力，它也是人原始感性力量的一种"理性"运动。因而，心理学不仅要讲述积极的智慧，还要以积极待人，创造积极的精神，提供积极的机会，肯定积极的价值，使它的服务对象在感受积极的过程中，学会创造积极，给予积极，并最终获得一种实实在在的积极力量。因此，心理学只有包含了积极，它才是一种完整的科学，才是一种有生命力和战斗力的科学。

也许对病理性心理学的指责会引起许多心理学家的反感，但事实上，不平衡的病理性心理学至少存在两个不足：第一，心理学家们在病理学的范畴内对特定的人或特定的现象做出研究时，他们也可能会涉及到人的某些积极力量，但这种涉及绝对是浅尝辄止的。因为病理性的模型已经为心理学划好了一片活动的领地，心理学只能在这片领地里去寻找知识。这就像一个国家的警察在追赶罪犯时，当罪犯超过边界进入另一个国家时，追赶者就只能停下来看着罪犯逃走。因此，从某种意义上说，不平衡的病理性心理学对心理学追求知识起到了限制作用。第二，在病理性心理学的视野里，即使当心理学家研究了人的积极力量或积极品质时，他的研究也一定总是去检验这些积极力量或积极品质与心理问题之间的关系而不是去检验人的积极力量与人的健康心理状态之间的关系。因为心理学家对心理健康状态一无所知，他不知道如何解释积极力量和健康心理状态之间的关系，也不知道人类积极品质和积极力量的形成机理，他自然就不可能在这方面深入下去。

250

积极心理学作为一种正式运动而兴起还不足十年，但它对心理学价值平衡观的诠释，在很大程度上恢复了积极力量和积极品质在心理学中的位置，这种恢复过程在心理学上的意义是使被遗忘了的某些心理学知识得到了重新确认，存在于人性中的消极与积极的力量得到了某种程度上的平衡。从本质上说，积极心理学运动所作的这一切实际上是赋予了心理学本身以智慧，因为智慧是植根于生命的本原，而心理学的本原则是一种对问题和美德（包括才能）的兼顾。智慧是人生命发展过程中一种最重要的理性力量，没有智慧的生命只能陷于盲目的冲动，并最终迷失自己的发展方向。智慧不仅只是一种对客体进行认知的知性力量，它也是一种对自我进行探求并追寻意义的反思力量。智慧给生命以力量，同样智慧也给心理学以力量，有了智慧的心理学才能真实地把握自己，才能向世界无限开放，才能去怀疑和批判世界并同时承受世界的怀疑和批判。

二、从单一视角到双重视角：对现代心理学功能完善的意义

如果我们把积极心理学的兴起看做是一种对现代心理学的拯救，这似乎有点过分，因为尽管病理性心理学直接导致了人积极价值的流失，但它为现代社会所做出的贡献却是有目共睹。而且病理性的心理学还为心理学的发展打下了扎实的根基，从一定意义上说，积极心理学所取得的成就在很大程度上要感谢病理性心

理所提供的技术和方法的支持。但如果我们说，积极心理学的兴起使现代心理学的功能得以完善，这应该是一个客观的事实。积极心理学对现代心理学功能的完善意义主要体现在以下两个方面：

第一，在心理的评估和测量方面的意义。评估和测量是心理学最重要的功能之一，积极心理学的兴起使得心理学的评估和测量变得更准确，也变得更有现实意义。心理学在过去的很长一段时间，总是按照 DSM（Diagnostic and Statistical Manual of Mental Disorders）的标准来进行评估和测量，而 DSM 只提供了有关问题的评估和测量标准而没有提供任何有关积极的评估和测量标准，这使得心理学的评估和测量本身带有了某种消极的特性。任何一个人，即使他有再多的问题，但也一定总有积极的东西，如果心理学在对他进行评估和测量时没有看到他的积极方面，那这种评估和测量的结果就肯定是不正确的，至少是不精确的。下面的这个例子也许能充分说明这一点。

一个做问题青少年康复咨询的心理咨询员曾对心理学家 Wright（Wright & Lopez，2002）提到了一个名叫约翰的 14 岁少年，他列举了约翰的 10 种心理问题：攻击性、乱发脾气、偷窃（曾偷窃汽车）、无故纵火、自残行为（曾从飞驰的汽车上跳下来）、威胁伤害他人、老想引起别人注意、恶意破坏、情绪不稳定、较低的学业成就。在这 10 条心理问题的背后，如果按照 DSM（心理障碍的诊断和统计手册）的五轴标准①来进行评估和测量的话，第一轴标准的描述应该是操行有障碍的、没有充分社会化的、好侵犯性的，具有精神抑郁的可能；按照第二轴标准来描述，则约翰应该是属于被动性侵犯特征人格；第三轴标准没有，因为该咨询员没有列举约翰有任何身体障碍；按照第四轴标准来描述应该是受到了外在的紧张性刺激，咨询员特别提到了约翰年幼时母亲的去世以及随后他经历的各种复杂人际关系和家庭的变化；在第五轴标准上，约翰被描述为缺乏高水平的健康功能。

251

在仔细阅读了以上这些由 DSM 标准为约翰画的消极画像的描述之后，Wright 又问咨询员一个问题："约翰是否有一些让人喜欢的地方？"该咨询员接着就对 Wright 提到了约翰总是把他的房间弄得很整洁、比较注意个人卫生、也喜欢帮助别人、喜欢学校、智商测试高达 140。在这里我们注意到，随着约翰的一系列优点被列举出来，约翰在我们心中的形象就发生了很大的改变，而在此之前，由于我们只看到了约翰的消极方面，我们对约翰的印象简直是一团糟。尽管约翰的品行不良导致了他出现了许多的不轨行为，但他所具有一些积极的东西却仍然存

---

① DSM 提供了五个层面的标准来对病人进行生理、心理和社会等方面的诊断，这五个层面就被称为五个轴。第一轴是心理障碍方面状况的描述，第二轴是人格障碍和智力迟钝方面的描述，第三轴是生理和身体障碍状况的描述，第四轴是社会和环境问题的描述，第五轴是当前总的功能评估。

在，只是在先前的评估和测量中没有被注意到罢了。

这难道是一个极端的例子吗？其实不是，在消极心理学的背景条件下，这样的事例是多之又多，人们总是忘记了在看到问题的同时，自己的对象不管是在人格方面还是在外在行为方面仍然存在着许多积极的东西。当然，我们不能去怪罪这个咨询员目光短浅，这主要是因为过去的心理学没有提供一个对积极品质进行评估和测量的标准、相应的办法、手段等。积极心理学在这方面为偏向的、带有消极特征的心理学评估和测量做了一个很好的弥补，一些研究积极人格的积极心理学家很早就和盖洛普基金会（Gallup Foundation）合作，共同编制了一个关于测量积极品质的量表，名字叫做"心理健康的源泉"（Wellsprings & Seligman，2003）。这是世界上第一个专门用来测量个体、集体甚至一个国家全体民众心理健康程度（不是问题程度）的量表，它总共有 107 个条目组成，目前这一量表已成为积极心理学实证研究最重要的工具之一。积极心理学所提出的这个量表的最大特点在于：它能告诉我们已在幸福的道路上走了有多远，我们已经具有了多少积极品质。

传统主流心理学的评估和测量总是告诉我们已在消极的道路上走了多远，我们已经具有了哪些消极品质。虽然积极心理学的评估和测量与 DSM 指导下的评估和测量在形式上比较接近，但它们其实是两种完全不同性质的描述，正如你在生活中打保龄球，当你一击之后打倒了 7 个，一个人说："真不错，打倒了 7 个！"而另一个人则说："怎么还有 3 个没倒？"虽然都正确地描述了同一个事实，但前一种是积极的描述，显然更具有人性意义，也更能激励我们，而后一种则是消极的描述，它只会使我们心中产生一些不愉快或气馁。

第二，在心理或行为干预方面的意义。过去我们一想到干预，我们头脑中就会产生一种想法，又出现了什么问题？其实，心理学不仅仅是要对种种心理问题进行了干预，同时它也应对种种健康进行干预，使健康再向新的或更高的健康发展。去掉问题的人并不一定意味着是一个健康的人，也并不意味着他已经是一个得到了发展的人。事实上，人的生命系统是一个开放的、自我决定的系统，他既有潜在的自我内心冲突机制，也有潜在的自我完善的内在能力机制。从目前的研究来看，这两套机制是相互独立起作用的，是一个系统的两个子系统，彼此间并不存在着必然的因果关系。也就是说，人心理或行为问题去掉的本身并不一定意味着个体就能自然形成一种良好的心理或行为模式。因此，当我们把工作的重心完全放在研究潜在的自我内心冲突机制上时，我们其实忘记了人还有求得发展、求得自我实现的本性和能力。积极心理学认为心理学在致力于帮助人们去除各种问题的同时，还要致力于研究人的各种积极力量和积极品质，特别是研究各种积极力量和积极品质在人一生中的发展状况，因为对一个人来说，发展主要还是靠自身所具有的积极的累积而不仅仅是靠问题的消除。因此，积极心理学在这里就表现出了真正的健康关怀理念。

在另一方面，即使是对问题本身的干预，积极心理学也为人类寻找到了另一条有效的干预途径，那就是通过增强人的积极力量或积极品质来克服问题。人的生命过程是一个受多种外在因素影响的过程，在这个过程中，和身体一样，我们的心理不可避免地会出现各种问题，当然我们有必要对所出现的问题本身作出分析，并针对问题寻找到有效的解决办法。但这并不是克服问题的唯一途径，我们还可以通过另一条增强人的积极力量或积极品质的途径来克服问题。现代人都有这样一种常识，医治身体的疾病必须一方面要通过手术切除病变的组织，另一方面也要通过增加营养或锻炼来提高人自身的体质，从而提高身体的免疫力，这样身体才会真正恢复健康，民间有句俗话，所谓"吃药吃不出健康！"人的心理健康也是同样的道理，光靠对问题本身的解决是不能真正解决问题的，人在解决问题的同时也要有意识地培养自己的积极力量，也就是增强自己心理的"体质"，只要心理的"体质"提高了，人心理的免疫力也会相应提高。这就是说，和身体健康一样，心理健康也必须——借用现在的一句流行话语——"两条腿走路"。

积极心理治疗就是通过增强人的积极力量或积极品质来干预人心理或行为问题的集中体现，积极心理治疗致力于人自身固有的积极力量，提倡用积极的心态来对个体的心理问题或行为问题作出新的解读，并在此基础上通过激发个体自身的内在积极潜力和优秀品质来使个体成为一个健康人，它的核心是让病人自己通过累积或发展自己已有的积极力量或积极品质来摆脱各种问题。因此，和其他模式的心理治疗相比，积极心理治疗就体现出了较好的人性意义，其在实践中表现出了良好的效果。如2001年美国"9·11"事件发生后，据随后的调查发现：63%的普通美国人具有焦虑和担心的情绪，害怕自己的人身安全得不到保障；54%的人担心自己的家人或亲人成为恐怖分子的牺牲品，而在"9·11"之前这一担心比例只有24%（Gallup News Service，2001）。面对这种情况，积极心理学家们运用积极心理学的"情感扩建理论"，通过培养个体本身的积极情感来阻止危机或减缓对人们的影响，从而有效地帮助许多人摆脱了危机所带来的阴影（Fredrickson et al，2003）。

第二节　积极心理学存在的局限和不足

正如前面我们所提到的，1998年是积极心理学与传统病理性心理学的分水岭，2002年是积极心理学正式成为一种心理学运动的独立年，因此，从理论上说，积极心理学还是一个不折不扣的新生儿。新生的东西总有它的不足和不完善的地方，从目前来看，积极心理学在其发展过程中主要还存在以下一些问题。

一、研究对象上存在的不足

辛德等人在2000年做了一个关于积极心理学研究被试情况的调查，他们针对 1998 年美国出版的 6 种主要的心理学杂志，从中选取了有关论述积极心理学的文章共 100 篇，在对这 100 篇文章中所涉及到的研究被试的情况做了一个统计分析，其中大学生占 45%，社区居民占 24%，门诊病人占 13%，儿童或青少年占 9%，医院里的心理健康病人（指没有心理疾病的其他病人）占 8%，精神病住院病人占 1%。如果再对这些文章中所涉及的被试做一个民族分类的话，具体数据如下：白人 75.6%，非裔美国人 18.9%，美籍西班牙人 4.6%，亚洲人 2.8%，其他 1.8%。而在所有的文章中，只有约一半的文章所涉及的被试具有民族混合的特性，其他都是单一性质的被试（Snyde & Tennen et al, 2000）。从这些数据中，我们至少可以发现两个问题：

首先，积极心理学表现出典型的成人化取向。积极心理学的研究对象绝大多数都是成年人，成年人是一个已经被充分社会化的群体，他们身上的社会"气息"特别浓厚，而且成人群体是一个社会的主宰群体，他们在社会中拥有绝对的统治地位，他们所反映出的一些心理和行为常常和社会其他社会群体不一样。这种成人化研究的价值取向就使得积极心理学不能很好地对个体的积极结果的发展历程、发展途径和一些的相关影响因素作出客观而公正的分析。因此，仅以他们为样本而得出的结论就存在一个普适性的问题。

254 关于儿童的研究在积极心理学的研究中只占很小的比例，几乎可以忽略不计，这是一种典型的成人化倾向。事实上，积极心理学应更多地关注儿童的发展，因为积极心理学的宗旨就是提高所有人的生活幸福度。不仅如此，老年人的有关问题也应被列入积极心理学的研究范围，因为他们也是我们的一部分，而且由于五六十年代生育的高峰期，现在我们的社会已逐渐开始进入老年性的社会，对老年问题的关注更具有时代的意义。

其次，从上面的数据中我们可以看到，和过去的心理学一样，积极心理学在其研究过程中还存在着"白人价值观为主"的取向。这就是说，积极心理学的研究结果主要是以白人（特别是美国社会的中产阶级白人）心理为主，以致科文（Cowen）等人称积极心理学是"纽约人眼中的世界地图"（Cowen，2002）。我们知道，人的心理受社会文化的影响颇深，不同民族都有其特定的文化背景，有其特定的价值观，一个民族的价值观不可能代替所有其他民族的价值观。一个人的幸福、快乐等是与其价值观、生活背景、社会文化特点和生理特点等因素错综复杂地联系在一起的，我们不能用一个民族的幸福涵盖所有其他民族（如非洲人、东方人等）的幸福。

在对积极心理学研究对象的分析中也发现了一个有趣的现象，即在所有以上这些被试中有 56.4% 是女性，43.6% 是男性。这一点和早期的研究不太一样，早期的大部分心理学研究总是男性被试多于女性。这可能和现代社会的择业趋向有关，据统计，目前在美国临床和心理咨询领域的心理学在读博士有接近 80% 是女性，这表明女性对心理学或与其相关的职业更感兴趣，这也许是以后心理学研究的又一个重要课题。

积极心理学要想真正成为一种世界性的运动，它不能光靠人类的一种对积极的热情来吸引世人的眼球，它必须要有自己严格的科学规范和缜密的实验设计。不管是在理论研究还是在应用研究领域，积极心理学的研究对象都应覆盖各个年龄层次以及不同民族的人，这样的研究成果才是积极心理学本应追求的价值。也就是说，积极心理学要进一步重视文化差异的研究，要能说明哪些积极特性是世界民族通用的，哪些是某些民族特有的，这一点非常重要。而且这一点也是积极心理学在心理学舞台上立足的基础，因为积极心理学的本意就是成为全部人而不仅仅只是一部分人的心理学。

二、缺少令人信服的纵向研究

法国心理学家推孟（Louis Terman）曾用了几十年的时间来研究超常儿童的智力问题，从而提出了经典的智力测量理论；沃纳（Emmy Werner）也长期走访、考察出生在不良环境中的儿童，以便观察他们对生活的适应状况，并最终提出了他的归因理论。这些都是心理学史上有名的纵向研究，从在心理学发展历史中的地位来看，这些纵向研究比即时的横向比较研究具有更大的价值。这主要是因为，一方面这些纵向研究所获得的资料更丰富、更全面，由此得出的结论自然更经得起时间的检验，同时另一方面，纵向研究的方式也更符合生活本来的样子，毕竟生活是一种长期的感受，它并不是心理的一种即时感受。但积极心理学由于其发展历史还较短，它几乎还没有进行过（事实上也不可能）有重大影响的纵向研究。因此，积极心理学的一些结论常常只能在一种假设或在有限的横向比较基础上得出，这就影响了这些结论的生命力，而且还有落入哲学思辨的危险。

255

如积极心理学有一个最根本的预设和假定：人所具有的各种心理力量和能力是一个人心理发展过程中不可或缺的基础性资源，对个体来说，"所有人都有各种心理力量和能力来获得最佳的心理健康。"（Lopez & Snyder，2003）积极心理学的绝大多数研究都是以此为假设基础而开展的，如积极心理学提倡的自我实现、自我预防、自我健康的理论就是如此。我们可以用一张图来形象地说明积极心理学的这种预设理论思想，参阅图8-1。

图8-1的外围是各种外在的社会环境，这意味着人积极心理的发展是在不同的社会文化环境下实现的。图8-1的右边，两个直线箭头所指的方向意味着人的各种心理力量和能力能形成人良好的、健康的心理过程，而有效健康的心理过程则直接导致了个体的自我实现。右边的一个曲线箭头则表示某些心理力量和能力可以直接产生自我实现，如爱或者是满意等，因为爱或满意等既是人的心理力量

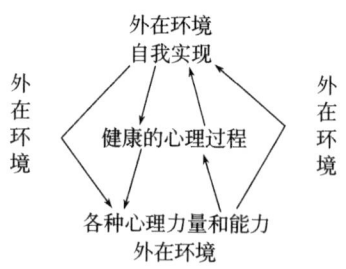

图 8-1   积极心理的发展模型

和能力，同时又是健康心理的直接组成部分，因此它们可以直接导致个体的自我实现。

反过来，图 8-1 的左边主要指个体的自我实现状态对个体健康心理过程和心理力量和能力的影响，两个直线箭头表示自我实现状态的人能对环境适应得更好，这种良好的适应能使个体保持一种健康的心理过程，并促使个体能有效保持或发展自己的各种心理力量或能力。左边的曲线箭头表示人在自我实现状态下可能会直接发展自己的各种心理力量和能力，这正如马斯洛所谓的"高峰体验"之后会产生"存在性认知"一样。

这是一个看起来很不错的论述，但问题是它更像一种哲学思辨，因为这一理论没有经过人类长期的生活实践检验，也没有当代神经科学的有力支持，因而其生命力也必定是有限的。心理学发展历史上有很多这样的例子，如精神分析提出人具有意识、前意识和无意识三种状态，人在本质上是冲突的，存在着本我、自我和超我的矛盾和冲突。尽管这一理论听起来是多么合理，但由于它主要是建立在假设的基础之上，因而它在人类生活中的意义就比较小，只是更多地体现了一种理论意义。积极心理学现在要大力加强纵向方面的研究，通过这种研究来帮助人们寻找到应对日常生活压力、正确面对生命中的不幸，从而使人类真正寻找到生活幸福的方法和途径。

三、积极心理学表现出一定的话语霸权

积极心理学从一开始就是一种自上而下的运动，也就是说，积极心理学运动是由少数身居要职的心理学权威提出和发起的。如果我们假定积极心理学不是由塞利格曼提出，塞利格曼也不是 APA 的主席，很难说积极心理学运动就一定会有今天的命运。正因为积极心理学是一种自上而下的运动，所以积极心理学在表述自己观点的时候就有一种居高临下的话语霸权，对传统心理学过多地采取了一种批判的口气和态度。这种口气和态度明显偏爱了积极而忽视了人的消极性所具有的某些有益功能，当积极心理学家声称积极是人天生所拥有的本性并能促进人的身心健康发展时，谁又能说消极性就一定不是人的天生本性、就一定不会对人

的身心健康发展有利呢？海尔德（Held）把积极心理学的这种现象称为"积极态度的专制"（Held，2002），这一现象已成为当前心理学界出现的一个有待解决的新问题。

尽管积极心理学已经做了相当多关于积极性对人发展的有效作用的实证研究，但积极心理学家们的这种单向式的、结论性的话语有可能会使许多人陷入一种"缺乏积极的困惑"。假如人们对生活中的许多困难感到情况不妙时，并且不管他们怎样努力去学习乐观、学习积极，他们也不能设法超越他们已有的痛苦时，他们可能会变得比原来更加痛苦。因为他们会认为，当积极都不能挽救自己时，自己也许再也无可救药了——在他心里积极是一种能包治百病的灵丹妙药。而当人们面临痛苦和不幸时，人们可能会因为没有采取一种正确的态度（积极的态度）而内心感到有一种罪恶感或内疚感。积极心理学的这种集万千宠爱于积极一身的话语，其本身就是一种错误，对于人类来说，消极在许多时候也是一种必要和必然，有时候它的意义甚至大过于积极。具体来说，消极至少具有两种积极的功能。

第一是保护功能。消极从某种程度上说也是人类的一种自我保护，它可以有效地保护自己免遭更多的伤害和羞辱。如我们平时经常说到的消极思想就有一定的保护性作用，当一个人具有了诸如"我是一个笨蛋"等的消极思想之后，他的这种想法实际上具有以下一些保护作用：1. 降低了自己对自己的期望，这样即使以后再出现了错误和失败，这些错误和失败也不会像从前那样沉重地打击自己。2. 当这种想法被一个人说出口时，这也降低了别人对他的期望，他就会有正当的理由去避免冒不必要的风险。3. 当自己和别人都只对自己抱有较低的期望时，他本身也许就会有一份轻松的心情，而且一旦自己稍稍做出些成就之后，自己反而可能引起别人的惊喜和认同。

同样个体具有的消极态度也是一种自我保护性态度。这种保护首先体现在对个体身心的保护上，我们知道，每个人自己才是自己心灵的最大保护神，消极态度在某种程度上是为自己的心灵筑起了一道保护的围墙（任何人都不会轻易去惹一个对自己不友好的人），使自己的心灵免受更多的伤害，从某种意义上说，这是对自己心灵的一种最大防护和照顾。其次，消极态度的经常出现还能帮助个体绕开限制自己发展的种种障碍，如虚荣、轻率、过分紧张和急躁等，这也许反而能帮助（也是一种保护）个体在自我实现的道路上走得更远。

有人甚至认为消极行为本身也是一种自我保护性行为，这就如你生活在一个不安全的世界里要保持低调行为一样，如果你在不安全的世界里也保持高调行为，你就很容易受到外界的伤害。即使是侵犯这样的极端消极行为，一些心理学家的研究也表明它具有一定的自我保护作用。具有侵犯性行为的人本身常常在内心深处具有不安全感，他们在内心坚信自己是毫无价值的，于是他就采用侵犯来

257

保证对方对自己的忠诚，或保护自己不受别人的拒绝或排斥。在另一方面，侵犯也可以把所有的不安从自己身上转移到其他人的身上，可以保护自己不必去面对自己的脆弱，并使自己获得自信或自尊等。

　　第二是提醒功能。消极也是一种善意提醒——特别是对自己的提醒，提醒自己在心灵深处存在着需要疗伤的区域，提醒自己注意对自己幸福构成的威胁，提醒自己需要采取某些应对威胁的措施等。积极心理学特别反对消极情感，这些情感包括恐惧、抑郁、内疚、愤怒、怨恨、挫折、不满、悲痛和嫉妒等。其实不然，以上的这些消极情感并不完全就一定具有消极的作用，它们在某种意义上也可以提醒你注意到一些需要应对的矛盾冲突。大多数情况下人所具有的一些矛盾冲突是隐藏在潜意识中的，你可能自己都没有意识到，因而这种提醒就尤其显得具有价值意义。如恐惧的直接动机可能是"不想让自己在他人面前出丑或成为别人的牺牲品"，但在个体的潜意识中，这种情感可能提醒个体需要被别人喜欢、接受、尊重和爱，因为人类在进化过程中已形成了一种刻板的信念：为了被爱和接受，我们最好不要失败；抑郁在心理学上甚至被看做是一种病态，但其实抑郁可以提醒个体促使自己采取一系列内部或外部的行动来减少对自己自尊构成的威胁以及遭人拒绝的可能性；同样地，内疚可以唤醒个体潜意识中的正义和良知，使个体变得明智和关心他人；愤怒可以提醒你注意对自尊构成的威胁和保护你不受攻击，并为采取保护行动或需要改变的行为提供能量；怨恨在性质上有点类似于愤怒，只是两者在表现方式上有所不同，前者的表现方式通常比较外显，如侵犯等，而后者则比较内隐，如生闷气、不说话等，它显然也具有一定的提醒功能，提醒自己要做出适当的自我保护；挫折可以使你更清楚地了解自我，不去冒险或者回避将来可能遇到的风险，同时它还能提醒你去为解决所面对的障碍而做点什么；不满则能提醒自己需要做点什么来为自己将来的选择做好准备，同时也可以提醒我们要注意避免潜在的威胁；悲痛可以提醒我们在某段时间内有必要去寻求支持、安慰、温暖和安静；嫉妒的作用是"保护你免受你所害怕的拒绝或防止你害怕失去自己的伴侣、情人或朋友，并且，在更深程度上，提醒你注意到对自我的拒绝和抛弃。"（Tony Humphreys，2002）

　　这样来看，如果我们换一个角度，消极还真不是只意味着"消极"。针对这一现象，有人（Norem & Chang，2002）提出了当前积极心理学研究应该注意的五个问题：1. 和积极思想、消极思想一样，乐观主义和悲观主义只是包含了一定概念的保护性术语，它们之间的区别还有必要做进一步的澄清。2. 一种形式的乐观或悲观所导致的缺点和优点并不是自动地可以套用到其他形式的乐观或悲观上的。3. 乐观主义和悲观主义、积极思想和消极思想都有一定的优点，也有一定的缺点，但在对一些影响因素的分析中，我们过分强调了乐观的好处而忽视了它可能的潜在不足。4. 乐观主义和悲观主义、积极思想和消极思想的优点和缺点可能在不同的文化背景下有不同的理解或不同的定义，因此，我们在研究过程中的实验设计、结果的解释、观点的倡导、心理或行为的干预及训练等都要因时、因地和因人而异。5. 积极心理学绝对不是积极思想和乐观主义的同义词（Norem & Chang，2002）。至少从目前来看，这五个方面点到了积极心理学研究中所存在问题的要害。

四、积极心理学和早期的一些相关研究存在着一定的脱节

积极心理学在操作层面上的一个失误是没有把心理学早期的初级预防（primary prevention）、增进幸福（wellness enhancement）甚至于人本主义心理学等的研究成果很好地整合到自己的理论之中（在前面的章节我们已作过论述）。同样的情况还体现在积极心理学的一个核心概念——主观幸福感（subject well-being）上，主观幸福感其实早就是社会心理学的研究对象，斯达克（Fritz Strack），阿杰勒（Michale Argyle）和斯沃茨（Norbert Schwarz）等人早在 1991 年就出版了一个主观幸福感的专辑，这一专辑的书名就叫做《主观幸福感》（*Subject Well-Being*），其中包含有 12 篇极有价值的研究论文，但积极心理学在其研究中却很少提到。如果说积极心理学早期故意地不承认它与过去心理学的联系是一种策略，是为了通过标新立异而求得自己的独立。但现在积极心理学作为一种心理学运动已被心理学界所承认，积极心理学是到了该补上这一课的时候了。

259

另外，积极心理学的这种脱节还表现在对传统心理学的批评过于苛刻，也过于武断。其实，如果我们对积极心理学做一个仔细而全面的分析的话，我们就会发现，积极心理学在很大程度上和传统心理学的主张有着很大的相似之处（至少是受传统心理学的影响），只不过各自研究的出发点或落脚点不同。积极心理学的理论主张主要有三个方面：一是如何看待心理学的发展和人的发展，二是如何预防心理问题，三是如何看待和治疗心理问题。其中后两个问题本身也是传统心理学的研究核心，因此，我们说积极心理学对传统心理学是贬损有加，继承不足，这也许会影响到它的进一步发展。

不管怎么样，积极心理学的这种脱离早期研究的做法使它既显得基础单薄，又显得内容不够丰富，因而积极心理学也就缺少一个完整有效的理论框架。积极心理学的许多概念总是散落于各种文章之中，缺少一条把它们串联起来的红线，这使得积极心理学理论显得散乱而不成系统，同时也缺乏可操作性。这一现象典型地表现在积极心理学理论在心理治疗中的应用，积极心理治疗在一定程度上似乎只是行为疗法、认知疗法等的补充。甚至有人认为积极心理治疗只是一种对现实歪曲理解的非理性手段，是对人心理防御机制的一种简单放大。

当然，积极心理学的发展并不会因其还存有许多问题而停止。我们应该承认，我们对人类心理的无知要比对它的有知要广阔得多，然而正是我们这种无知

的勇敢坦白，我们才能不断寻找到心理学未来进步的保证。也许有人会质疑积极心理学只是一种一厢情愿的空想。但我们说没有空想的预见，就不会有好的策略和目标，任何旨在改变人类命运的多数事业都势必包含有一些空想的成分，人类历史上的许多真知灼见都曾被指责为空想主义。积极心理学也许有那么一点幻想或空想的成分，但事实是：产生这种积极变化的条件恰巧具备了，它也是符合当前社会发展的需要，又能很好地诠释当前的许多社会困惑，那我们就应该在理论上探讨并在实践中大胆践行（任俊，叶浩生，2004）。

【建议参考资料】

1. 任俊，叶浩生. 积极——当代心理学研究的价值核心［J］. 陕西师范大学学报，2004，33（4）：106－111.

2. 任俊，叶浩生. 当代积极心理学运动存在的几个问题［J］. 心理科学进展，2006，14（5）：787－794.

3. NOREM J K, CHANG E C. The positive psychology of negative thinking［J］. Journal of Clinical Psychology，2002，58（9）：993－1001.

4. SNYDER C R, TENNEN H, AFFLECK G, CHEAVENS J. Social, personality, clinical, and health psychology tributaries: the merging of a scholarly "river of dreams"［J］. Personality And Social Psychology Review，2000，4：16－29.

【问题与思考】

1. 积极心理学对心理学发展的促进意义有哪些？
2. 积极心理学存在的局限和不足有哪些？
3. 积极心理学的话语霸权表现在什么方面？
4. 谈谈你对积极心理学未来发展的看法。

图书在版编目(CIP)数据

积极心理学／任俊著. -北京：开明出版社，2012.10（2020.11 重印）
（新世纪心理与心理健康教育文库）
ISBN 978-7-5131-0221-6

Ⅰ.①积… Ⅱ.①任… Ⅲ.①心理学 Ⅳ.①B84

中国版本图书馆 CIP 数据核字（2011）第 119681 号

责任编辑：王桢　于洪　范英　杨怡

书　　名：积极心理学
出品人：焦向英
出　　版：开明出版社
　　　　　（北京海淀区西三环北路 25 号 邮编 100089）
经　　销：全国新华书店
印　　刷：天津行知印刷有限公司
开　　本：700×1000 1/16
印　　张：16.875
字　　数：269 千字
版　　次：2012 年 10 月 北京第 1 版
印　　次：2020 年 11 月 第 5 次印刷
定　　价：42.00 元

印刷、装订质量问题，出版社负责调换货　联系电话：(010)88817647